Sammlung Luchterhand 145

Sergej Tretjakow
Den Schi-Chua

Die Geschichte eines chinesischen Revolutionärs

Bio-Interview

Mit einem Nachwort von Yaak Karsunke

Luchterhand

Originaltitel:
Дзн Ши-хуа
Autorisierte Übersetzung aus dem Russischen
von Alfred Kurella
Mit freundlicher Genehmigung des Verlages
Neues Leben, Berlin, DDR, 1958
Die erste deutsche Ausgabe dieses Buches
erschien 1932 im Malik-Verlag, Berlin.
Die vorliegende Ausgabe wurde unwesentlich gekürzt.

Lektorat: Ingrid Krüger
Umschlag von Hannes Jähn
Ausstattung von Barbara Hehn

Gesamtherstellung bei Ebner, Ulm
ISBN 3-472-61145-6

Aus dem Vorwort zur russischen Ausgabe

Das Buch »Den Schi-Chua« haben zwei Menschen gemacht: Den Schi-Chua selbst hat den Rohstoff der Tatsachen geliefert, und ich habe sie ohne Entstellung gestaltet.
Sein eigenes Leben genau zu untersuchen ist eine schwierige Kunst. Den Schi-Chua beherrschte diese Kunst noch nicht. Mit Begeisterung nahm er meinen Vorschlag an, die genaue Biographie eines chinesischen Studenten niederzuschreiben. Ein halbes Jahr lang unterhielten wir uns täglich vier bis sechs Stunden. Er stellte mir freigebig die Tiefen seines wunderbaren Gedächtnisses zur Verfügung. Ich wühlte darin herum wie ein Bergmann. Ich war abwechselnd Untersuchungsrichter, Vertrauensmann, Interviewer, Gesprächspartner und Psychoanalytiker. Was ich auf diese Weise geschrieben habe, kann ich nicht anders nennen als ein Interview. Aber dieses Interview umfaßt mehr als 26 Jahre des Lebens eines Menschen, und deshalb nenne ich es ein »Bio-Interview«. Den Schi-Chua hörte bei mir als Student am russischen Seminar der Nationaluniversität in Peking. Seine Heimatprovinz ist Setschuan in Südchina, deren fruchtbaren Boden die Hacken von 70 Millionen Einwohnern bearbeiten. Lautlos war er in mein Zimmer in Peking gekommen, auf weichen Stoffpantoffeln, der kegelförmige Überrock auf seinen eckigen Schultern warf leichte Falten über der eingefallenen Brust; lautlos und unbemerkt ist Den Schi-Chua in seinem Lande wieder untergetaucht.
Er war kein Kommunist. Die Zugehörigkeit seines Vaters zur Kuomintang ging auf ihn sozusagen durch Erbschaft über. Auf den Verrat der Kuomintang-Generale antwortete er mit schmerzhafter Empörung, aber er trat nicht aus der Partei aus. In seiner Generation zerbricht offensichtlich die soziale Energie der führenden Klassen des alten Chinas. Die Führer des neuen Chinas kommen aus den Tiefen neuer Stände, gegen die Den Schi-Chua von Kind an sich abzugrenzen gelernt hatte.

Chinesen, die Stücke aus diesem Buch zu hören bekamen, sagten: »Das ist ja unsere Kindheit, unsere Schule, unser Leben.« – So typisch ist die Biographie Schi-Chuas für die junge chinesische Intelligenz seiner Zeit.

Moskau 1930 *Sergej Tretjakow*

ERSTER TEIL

MEINE FAMILIE

Ich heiße Den Schi-Chua. Ich bin Schi-Chua aus dem Geschlecht der Den, das in dem Setschuaner Dorf Den-djatschen am Jangtse-Fluß wohnt. Den Namen Schi-Chua gab mir bei der Geburt der älteste Onkel, ein ewig angetrunkener Philosoph und verunglückter Mandarin. Schi-Chua bedeutet »der Friede Chinas«. Gleichzeitig heißt es auch »helle Blume«.

»Friede Chinas«, »helle Blume« – das sind sonderbare Namen in unsern Tagen, da in China der Krieg tobt.

Chua ist mein Eigenname. Schi der Name unserer Generation. Er findet sich auch im Namen meiner Schwester Schiguee und in den Namen meiner Vettern.

Mein Vater heißt Den Ja-Pu, und der Name Pu kennzeichnet die ganze Generation meines Vaters. Ihn tragen auch die Onkel, der ältere Den Ssau-Pu und der jüngere Den Ti-Pu.

Ich bin in dem großen Haus der Sippe Den im Januar geboren, in der Zeit, da der prächtige Jangtse, seicht und blau geworden wie von einer Hungerkrankheit, lärmend zwischen engen, steilen Ufern durch die Provinz Setschuan dahinfließt. Unser Haus ist ein ganzes System von Höfen, die von Zimmern und Terrassen umstanden sind, und zieht sich an einem Berghang in die Höhe. Von den obersten Terrassen aus sieht man durch die Baumwipfel den blauen Flußleib leuchten. Im Gebetsaale, dem Litang, liegt das Familienbuch. In ihm ist die ganze Geschichte des Geschlechts der Den aufgezeichnet.

Unser Geschlecht beginnt vor zweitausend Jahren mit dem mythischen Den Tsi, einem Schüler des Konfuzius. Die chinesischen Geschlechter pflegen sich immer irgendeinen berühmten oder heiligen Begründer des Geschlechts zuzulegen. Mit diesem Den Tsi beginnend, sind nur immer die Oberhäupter aufgezeichnet. Das ist der legendäre Teil.

Der geschichtliche Teil des Buches beginnt mit der Zeit vor dreihundert Jahren. Mit der Übernahme der Macht durch die fremdländische Mandschu-Dynastie ging der der gestürzten chinesischen Dynastie treue Mandarin und Befehlshaber Den Fyn-Wu nach Setschuan in die freiwillige Verbannung.

Damals war Setschuan beinahe eine Wüste. Der Terror der Räuberbanden von Tschan Sjän-tschun und Li Tschu-tschen rottete ganze Kreise aus. Setschuan wurde menschenleer. Nur ein Kreis hielt sich die Räuber vom Halse. An seiner Spitze stand eine Frau als Heerführer. In diesem Kreise ist bis heute die ursprüngliche Setschuaner Sprache erhalten geblieben. Im übrigen Setschuan ist die Sprache fast die gleiche wie in den nördlichen chinesischen Urprovinzen Tschili, Schensi und Hunan. Diese Sprache ist durch Einwanderer hergebracht worden.

Land gab es genug – wer da mochte, konnte es nehmen. Den Fyn-Wu setzte sich mit seiner Familie auf dem Lande fest. Die Familie vermehrte sich zu einem ganzen Dorfe: Den-djatschen, was übersetzt soviel bedeutet wie: das Dorf mit Namen Den. Anfangs trugen alle diese Leute im Dorfe den Namen Den und waren Verwandte. Dann siedelten einige Dens, die sich verzankt hatten, nach andern Gegenden um, und an ihre Stelle traten neue Ansiedler.

Noch jetzt tragen viele Leute im Dorfe Den-dja-tschen den Namen Den.

Aber für mich sind sie schon keine Verwandten mehr. Sie liegen jenseits des fünften Verwandtschaftsgrades. Wir rechnen Verwandte im sechsten Grade schon als Fremde.

Als ich geboren wurde, lebten im Hause unserer Sippe siebzehn Dens und drei Hausangestellte. Früher einmal war das Haus viel größer. Die Dens vermehrten sich und siedelten ihre Kinder und Enkel innerhalb des riesigen Hauses der Sippe an. Aber es kam eine Zeit, da einige von ihnen verarmten und herunterkamen und die Wacholderschnaps- und

Weizenfuselhändler Stücke des alten Besitzes ankauften. Einmal schlenderte ich in der Neujahrsnacht von Tür zu Tür durchs Dorf und warf einen Blick in die Fuselbrennerei dieser reichen Leute. Vom Kessel über dem Feuer führte eine Bambusröhre in den Kühler. Schwerer, dumpfer Spritgeruch stieg mir in die Nase. Ich sprang über die zerbröckelnden Quader der einstigen Teile unseres alten Besitztums zu dem Tor, hinter dem die lebenden Dens wohnten.

DAS HAUS

Die Ufer des Jangtse sind steinig und lehmig. Bröcklig ist der Stein in der Nähe der Anlegeplätze, wo sich die Kähne der Schiffer und Fährleute drängen.
In der Kindheit konnte ich gut unterscheiden, was am andern Ufer vor sich ging. Aber jetzt haben der Pekinger Nordwind und der Staub meine Augen verdorben. Im Frühling ist der Jangste prächtig: Die hügeligen Ufer sind nicht nur grün, sondern rot, gelb und blau vor Blumen, und diese Blumen spiegeln sich in dem reinen, blauen Wasser wider. Gegen den Sommer zu wird der Jangste fuchsigrot und schwillt an von trübem Schlamm – das kommt von den Wolkenbrüchen, die an seinen fernen Quellen in den wilden Bergen an der tibetanischen Grenze niedergehen. Wenn das Wasser des Jangtse blau ist, trinken wir es, aber wir kochen es vorher. Die Kulis, die wandernden Schnitter und die Treidler trinken es unabgekocht, wenn sie von der Arbeit müde und durstig sind. Sie trinken es und kauen dazu bittere Zwiebeln, die nach ihrer Meinung jedes Wasser gesund machen.
Auf dem Abhang zwischen Haus und Fluß steht eine Reihe von Bäumen. Wenn man vom Fluß aus zu unserem Dorf hinüberblickt, so ist es durch das Baumgrün hindurch kaum zu erkennen. Jedes Stückchen Land, jedes Stück Mauer wird nach strengen Regeln mit Bäumen umsetzt, nach den Anweisungen des ehrwürdigen Feng-schui.

Feng heißt Wind, schui Wasser. Feng-schui, das ist der Mann, der den Ansiedlern zeigt, wo sie ihr Haus hinstellen müssen, damit es die beste Sonne bekommt, damit die Winde an seinen Mauern zerbrechen, und wie und mit welchen Bäumen es am besten umpflanzt wird. Er ist es auch, der, wenn jemand stirbt, den geeignetsten Platz für das Grab sucht, so daß schöne Blumen in der Nähe wachsen und die Leiche nicht vom Grundwasser gefressen wird und daß man schöne Aussicht von der Stelle hat, von der aus, nach dem buddhistischen Glauben, die Seele ihre unendliche Wanderung nach dem Tode antritt. Der Feng-schui, das ist der Wahrsager und Astrologe des Dorfes. Durch die ringsum stehenden Bäume dringt der Blick nicht bis zu den Mauern und Toren vor. Grün sind die dichten Gärten und rein ist die Luft in unserem Setschuan.
Auf dem ersten großen Hofe befindet sich zwischen Bäumen ein riesiges Steinbassin von mehr als einem Meter Tiefe. In ihm wird das Regenwasser gesammelt, und gold- und braungestreifte und violett-silbrige Fischchen schwimmen darin umher. Aus diesem Bassin werden die Pflanzen begossen, die innerhalb der Mauern des Hauses wachsen. In einer Reihe stehen Muskatnußbäume. Sie sind sehr kostbar. Damit man sie nicht stehlen kann, sind sie unter dem vorspringenden Dach der Hauptmauer des Hauses angepflanzt. Das Haus ist um drei terrassenförmige Höfe gebaut und wird oben durch die Gartenterrasse abgeschlossen. Treppen führen zwischen Wänden hindurch von Hof zu Hof. Zwischen dem zweiten und dritten Hof liegt die Durchgangshalle, wo die Gäste empfangen werden. Hinter dem Gastraum kommt der letzte Hof, und daran schließen sich die Hauptzimmer an. In der Mitte befindet sich der Gebetsaal; neben dem Saal – das Zimmer des Großvaters, des Vorstehers der Sippe und des Hauses. Auf der andern Seite wohnt sein Bruder. Hinter der oberen Mauer des Hauses liegt ein Gemüsegarten mit Bäumen und einem halbkreisförmigen Zaun aus lebendem Bambus. Er geht in den Obstgarten über. Dort gibt es Maulbeer-

bäume, Granatäpfel, Aprikosen, Apfelsinen, Pfirsiche, Kastanien, Mandarinen (die geben durchschnittlich bis zu 500 Früchten pro Baum) und Nüsse. Die beiden Gärten um das Haus herum nehmen zusammen mit dem Hause selbst zwanzig Mu ein. Das sind etwa $1\frac{1}{4}$ Hektar. Von dem Bodenertrag leben 17 Menschen, die das Haus bewohnen, auskömmlich. Der Gemüsegarten ist reich wie ein botanischer Garten. Da gibt es die verschiedensten Arten von Setschuaner Kohl, vor allem Grünkohl. Er wird in Fässer eingelegt und gesalzen und den Jangtse hinunter zum Verkauf gebracht. Da gibt es Gurken, Radieschen, Rettiche, Rüben, Topinambur (ein Sonnenblumengewächs mit eßbaren Wurzelknollen), Erbsen, Salat, Netzgurken. Diese Grünwaren wandern jeden Tag aus den Beeten auf unsern Mittagstisch. Nur die Ältesten essen täglich ein bißchen Fleisch, die übrigen bekommen nicht öfter als alle 14 Tage ein Stückchen. Die Generationen sind über den Berghang verteilt. Die Wohnungen der Ältesten liegen oben, rings um den Sippenaltar und umgeben von den Vorratskammern. Dann kommen die Zimmer des Vaters, der Onkel, das Gastzimmer und die Küche und schließlich ganz unten die der dritten Generation und die Zimmer für Durchreisende, das Pförtnerzimmer und das große Schulzimmer, wo mein ältester Onkel den Dorfkindern Unterricht erteilt. Neben den Räumen der Großväter und Väter liegen die engen Kämmerchen der Dienstboten, so groß wie ein kleiner Korridor oder Vorratsraum.

Im Betsaal, im Litang, steht der Eingangstür grade gegenüber der Altar, der einem europäischen Büfett ähnelt. Das ist der »Schenkan«. Er ist schwarz und riesenhaft. Sein Holz ist kunstvoll geschnitzt und mit Bein ausgelegt.

Auf dem schwarzen Holz seiner oberen Hälfte ziehen sich von oben nach unten Reihen goldner Schriftzeichen. Es sind ihrer fünf; sie bedeuten »Himmel«, »Erde«, »Kaiser«, »Ahnen«, »Lehrer«. Diese Schriftzeichenkolonnen stehen unten auf einem sechsten Schriftzeichen »Altar«. Zu beiden Seiten dieser Hauptfläche, die an die Ikone der Altarwand in den russischen Kirchen erinnert, hängen Brettchen aus Zypressenholz. Auf diesen Brettchen sind die Namen der Vorfahren der letzten drei Generationen aufgezeichnet, des Großvaters, Urgroßvaters und Ur-Urgroßvaters. Die Namen der älteren Vorfahren sind schon weggenommen und in die Dorfkirche überführt worden. Von oben nach unten schlängeln sich die Bezeichnungen der Namen, des gelehrten Grades und Ranges, wobei rechts der Name des Vorfahren und links der seiner Frau steht.

Der untere Teil des Schenkan ist viel breiter als der obere, wodurch ein Absatz entsteht. In der Mitte dieses Absatzes steht ein Räucherfaß aus Porzellan mit Henkeln; es ist so groß wie ein Eimer. In ihm sammelt sich die flockige Asche der Räucherstäbchen an.

Der untere Teil des Altars enthält einen Schrank. Dort werden die Räucherstäbchen aufbewahrt, das Öl für die Lampen, die Bänder von den Geldbarren, die aus Silberpapier geklebt sind und am Gedenktag der Toten verbrannt werden, und das Familienbuch. In ihm sind die Daten der Geburten, der Hochzeiten und Todesfälle, die Tage der Erteilung der gelehrten Grade und Ernennungen und die Tage der Abreise aus der Heimat in fremde Länder eingetragen. Jeden Tag, morgens und abends, steckt einer von den kleinen Dens – gewöhnlich ist das die Aufgabe der Enkel – in die Asche drei Stäbchen und entzündet ihre oberen Enden an der gelben Flamme, die an der Schnute des großen, einer Sauciere ähnelnden Leuchters züngelt. Solange die Familie genug Geld hatte, brannte dieser Leuchter im Litang Tag und Nacht. Seitdem die Dens aber kein Geld mehr für Öl haben, zünden sie den Leuchter nur noch über Nacht an. Er wurde zu einem Nachtlicht.

Die Stäbchen glimmen, blaue Fäden steigen lustig von ihnen auf, zu den Täfelchen, und die weiße Asche fällt in Zylinderchen in da Rauchgefäß. Wenn die Asche bis an den Rand gestiegen ist, wird sie vor dem Hause in den Fluß geschüttet.

»Die heilige Asche in das heilige Wasser des Jangtse«, murmelt die Großmutter, wenn sie den Enkeln das schwere Räucherfaß übergibt.
Neben dem Räucherfaß stehen Vasen mit Blumen und eine Kupferschale. Diese Schale ist ein Gong. Man schlägt sie mit einem Stäbchen, und dann ruft sie die Seelen der Ahnen zum Festessen an den Tisch, der an Feiertagen, an denen es sich gehört, der Ahnen zu gedenken, in der Mitte des Litangs aufgebaut wird. Die Schale singt an Geburtstagen der Ahnen, zum Neujahrstag, zum Sommerfest des Herrschers des Wassers, des Drachens, zum Fest des jungen Reises, zum Fest des Herbstbeginns und zum Hauptfesttag, dem Gedenktag aller Ahnen. Auf dem Tisch vor dem Schrank werden die besten Speisen aufgebaut. Da gibt es Fleisch und Fisch und junges Gemüse.
Jetzt ist es gerade Mai. Die Hausfrauen pflücken in den gelb werdenden Beeten frische Gurken für den Tisch.
Die Enkel (die Erwachsenen haben keine Zeit) malen aufmerksam die Namen der Ahnen auf quadratische Papierchen und legen diese Visitenkarten der Toten vor deren Täfelchen hin. Das bedeutet, daß die Ahnen gekommen sind und am Mittagstisch Platz genommen haben. Nun kniet die ganze Familie nieder und verneigt sich dreimal vor der Haupttafel, entblößten Hauptes, die glänzenden Käppchen in den Händen haltend. Dann tragen die Frauen die Speisen ins Eßzimmer, und die Kinder sammeln die Visitenkarten der Ahnen, tragen sie hinaus und verbrennen sie vorsichtig auf den Steinfliesen des Hofes, damit keine Funken in die papiernen Fensterbespannungen fliegen oder die Bretterwände des Hauses versengen.
So beginnt das Festessen. Wir essen selber an Stelle der Geister, und der Altar steht wichtig und stumm im halbdunklen Litang. Ich war sechs Jahre alt, als ich mir die erste Ketzerei gegenüber dieser heiligen Gewohnheit erlaubte.
Ich erinnere mich, wie ich die Großmutter in Den-dja-tschen besuchte. Ich betrachte die Blumen in den Vasen; sie duften

nach Feldern und Ufern. Ich sage:
»Wozu brauchen die Ahnen Blumen?«
»Warum sagst du das?« Der älteste Onkel runzelt die Stirn.
»Aber sie riechen doch so schön.«
»Das gefällt ja auch den Geistern der Ahnen.«
»Aber haben denn die Geister auch Nasen, daß sie riechen können?«
»Schämst du dich nicht, Schi-Chua«, sagt der Onkel, »der Großvater blickt dich an.«
Von der Wand des Litangs blickt das Bild des Großvaters herab, der in den ersten Jahren meines Lebens gestorben war.
Wie es sich für jeden Familienvorstand ziemt, hatte er an seinem fünfzigsten Geburtstag für 20 Silbertael bei einem Maler sein Porträt bestellt. Der Familienvorstand muß ein Denkmal hinterlassen, bevor der Tod ihn abholt. Der Großvater war ein Gelehrter zweiten Grades gewesen. Er hatte einen hängenden, leicht angegrauten Schnurrbart, trug die oben geteilte Mütze aus der Mandschuzeit und an der Brust das Mandarinenquadrat auf dem Überrock mit gestickten seidenen und goldenen Vögeln.
Ich besinne mich im übrigen schlecht und stückweise auf das Haus in Den-dja-tschen. Ich war in ihm nur gelegentlich. Als ich zwei Jahre alt war, brachte man mich in das Dorf Sjanschi. Nach eurer Rechnung mit einem Jahr.
Wir Chinesen rechnen das Geburtsjahr als das erste Lebensjahr.

DER ÄLTERE ONKEL

Mein Vater ist in Japan auf der Universität. Ich kenne ihn nicht.
Nahe und vertraut war mir in den Tagen der frühen Kindheit mein älterer Onkel, ein Mann, der der Stolz der Familie hätte werden sollen, aber es nicht geworden war.

Schi — das ist der regierende Stand des alten Chinas, die Gelehrten. Nur wenn man die Examen ablegte und ein Schi wurde, durfte man den Uniformgürtel — den »Schen« — des Beamten anlegen, einen engen Reifen, der mit Steinen und Spiegelchen besetzt war.
Die Gelehrsamkeit war verbunden mit Staatsstellen und den Vorzügen, die diese brachten. Schen-schi — das sind die hervorragenden Familien, die Landbesitz haben und ihre Kinder etwas lernen lassen, damit sie später Amt und Würden erringen und aus deren Einkünften den Landbesitz vergrößern.
Wir, die Dens, waren auch Schen-schi, nur verarmte.
Schon lange vor meiner Geburt hatte mein Onkel nach Beendigung der Mittelschule den Titel eines Studenten erhalten. Drei Jahre später legte er in der Kreisstadt das Doktorexamen ab. Nach weiteren drei Jahren fuhr der Onkel nach Tschengtu, der Hauptstadt von Setschuan, um das Examen des gelehrten zweiten Grades abzulegen.
Er erzählte mir öfter, wie das vor sich ging. Man setzte die Examinanden in Käfige. Das geschah zu dem Zweck, um dem Examen äußerlich möglichst »ehrliche« Bedingungen zu sichern. Man nahm in den Käfig Papier, Pinsel und Tusche mit und Gehirne, die mit unheimlich vielen Namen, Zeilen, Aphorismen, Kommentaren und Daten vollgestopft waren. Die Examen wurden nur schriftlich abgelegt.
Die Überlieferung sagt, daß ein sittenloser oder verbrecherischer Mensch im Käfig von seinem Geiste verlassen wird und durchfällt. Deswegen mußte der Gelehrte, der sich zum Examen vorbereitet und in den Käfig ging, sehr auf sich aufpassen, um keine Sünde zu begehen, und sei sie noch so winzig. Die Gelehrten bewegten sich sogar auf besondere Art, vorsichtig, um nicht etwa einen Käfer oder eine Ameise zu zertreten oder einem der mikroskopischen Wesen, die in der Luft umherschweben, etwas zuleide zu tun. So lehrt es der Buddhismus.
Dem Gelehrten war es auch verboten, an Frauen, Liebschaften und an die Kurtisanen der Teehäuser zu denken. Begeg-

nete er auf der Straße einer Frau, so mußte er die Augen niederschlagen. Der Gelehrte kannte als einziges Vergnügen Wein und Opium. Wenn der Gelehrte, der das Examen abgelegt hatte, nicht Beamter wurde und seinen hohen Titel nicht nützlich anzuwenden verstand, blieb für ihn nur eins – Lehrer zu werden. Die Dens wurden selten Beamte, aber Lehrer gab es in unserem Geschlecht viele. Mein Vater und die beiden Onkel haben nicht wenig Stunden ihres Lebens am Schultisch verbracht, wo sie immer neue Generationen von kleinen, ernsten Menschlein in langen Kitteln heranbildeten. An den Tagen der Erholung versammelten sich die Gelehrten im Klub zur Trinkrunde mit den Freunden und Mitexaminanden. Bei diesen Gelagen veranstalteten die lustig gewordenen Schulmeister, runde Täßchen mit gewärmtem Reisschnaps in der Hand, Wettbewerbe, indem sie Verse auf bestimmte Themen improvisierten, bald zarte und lyrische, bald ironisch philosophierende. Diese Verse stiegen wie bunte Raketen aus den Gehirnen auf, die vollgepropft waren mit den Zeilen von Dichtern, deren Gebeine sich längst in tausendjährigen Staub verwandelt hatten.

Der Onkel war sehr begabt. Seine Prüfungsarbeiten wurden als außerordentlich anerkannt, auf Staatskosten gedruckt und an die Verwandten und Gelehrten versandt. Alles war dazu angetan, daß er nach drei Jahren in Peking als Gelehrter ersten Grades aus dem Käfig herauskommen und dann im Kaiserschloß das Examen für die höchste Gelehrtenstufe der Akademiker ablegen konnte.

Aber ... in der Familie gab es ein paar Todesfälle. Es starb des Onkels Großvater. Der Onkel legte die weiße Trauerkleidung an. Die strenge Trauer dauert drei Jahre, und während dieser drei Jahre darf man weder heiraten noch Examen ablegen. Der Onkel wartete geduldig. Die Trauerzeit ging zu Ende, aber da starb die Großmutter. Wieder hieß es drei Jahre warten. Nach der Großmutter trug der Onkel die Mutter, den Vater und die Stiefmutter zu Grabe.

So machte er fünfzehn Trauerjahre hintereinander durch.

Und als die Trauerzeit zu Ende war, da stellte es sich heraus, daß inzwischen (1904) das alte Prüfungssystem abgeschafft worden war. Und noch einige Jahre später (1911) stürzten die Anhänger Sun Jat-Sens die alte kaiserliche Dynastie und räumten mit den gelehrten Graden auf.

Der Onkel konnte das dem neuen China in Gestalt meines Vaters, eines Revolutionärs und Sun Jat-Sen-Mannes, niemals vergessen.

»Dein Vater ist ein Verräter«, sagte er später oft zu mir, wenn ihm, angetrunken, die Tränen kamen. »Seinetwegen konnte ich keinen gelehrten Grad erreichen.«

Nüchtern ist der Onkel mürrisch. Wenn er bei Tisch eine Kanne heißen, gelben Weins getrunken hat, verwandelt er sich in einen lustigen, witzigen und gutmütigen Monarchisten. Er wollte auch mich als Jungen immer gern betrunken machen; aber die Großmutter mischte sich ein. Ich erinnere mich, wie er einmal die Eßstäbchen in den Wein tauchte und mir zum Ablecken gab. Mir schmeckte der Wein nicht, er war zu bitter.

Außerdem raucht der Onkel Opium. Ich schlich mich manchmal zu ihm ins Zimmer. Dort steht ein Bett, ein riesiges Ding. Lager und Dach sind aus Holz. Das Dach ruht auf Säulchen. Zwischen ihnen hängt der Vorhang, der nachts zugezogen wird. Am Kopfende des Bettes steht ein Tischchen und neben ihm ein Schränkchen von der Art, die man in Europa Kommode nennt. An warmen Tagen kann man diese ganze Einrichtung auf den Hof hinausziehen und unter freiem Himmel schlafen. Man braucht sich auch nicht vor Regen zu fürchten. Er läuft an den Brettern über dem Bett ab. Im Zimmer ist das Dach über dem Bett notwendig, um zu verhindern, daß Tausendfüßler und anderes Ungeziefer von den Balken der Zimmerdecke auf den Schlafenden fallen.

Der Onkel greift in den Schrank und holt von dort die Opiumpfeife aus Bambus, die schwer ist von dem innen angesetzten Opium und dick wie eine Flöte. Dann nimmt er die Dose mit Opium, das zähflüssig ist wie Leim. Schließlich holt er einen Stein, eine Nadel und eine Lampe hervor. Die Lampe ist von besonderer Art, aus Kupfer. Die Flamme wird verdeckt durch eine gläserne Glocke, die oben ein kleines Loch hat, durch das ein heißer Feuerstrahl herausdringt. In der Mitte der Pfeife steckt ein zwiebelförmiges, hohles Glas. Unter der Lampenglocke brennt ein Docht, der in Senföl schwimmt; die Flamme ist geruchlos, das lieben die Opiumraucher.

Mit dem Ende der Nadel holt der Onkel einen Tropfen Opium aus der Dose und erhitzt ihn über der Lampe. Das Opium kocht und verwandelt sich in blasigen, weißen Schaum. Diesen Schaum knetet der Onkel auf dem polierten Stein zu einer festen Kugel, spießt sie auf wie eine Perle, legt diese Perle in die Höhlung der gläsernen Zwiebel, streckt sich auf dem Bett aus, die Mündung der Pfeife an den Lippen und die Kugel die ganze Zeit an der Lampenglocke wärmend. Während er den Opiumdampf einatmet, erzählt er:

»In dem Examenskäfig saß ich drei Tage. Ich hatte einen Bambuskorb mit Essen bei mir. Besondere Wächter untersuchten mich und den Korb. Sie sahen nach, ob in den Pasteten und den Gurken nicht etwa vorbereitete Artikel steckten. Ich hatte einen Kommentar zu den Lehren des Konfuzius zu schreiben. Ich habe das Examen mit Glanz abgelegt. Meine Arbeit wurde gedruckt und im ganzen Kreise an die Bekannten, Verwandten und Examenskollegen verschickt. Die Themen sag ich dir nicht. Du bist noch zu klein und verstehst sie nicht, und ich selber, fürchte ich, habe schon die komplizierten Überschriften vergessen.«

Der ekelhafte, süßliche Geruch des Opiums zieht durchs Zimmer. Der Onkel ist schon zu Märchen übergegangen. Von ihnen springt er über zu Gedichten.

Dann verstummt der Onkel, sein Gesicht wird blau, der Mund läßt die Pfeife fallen. Manchmal fürchte ich mich und setze ihn auf. Aber meistens laufe ich aus dem Zimmer, betäubt von dem schweren und Übelkeit erregenden Geruch.

Später hat sich das geändert. Auf dem Totenbett hat der

Großvater dem Onkel das Opiumrauchen verboten. Der Onkel war gehorsam. Aber die Macht der Gewohnheit war so groß, daß er nach dem Essen in sein Zimmer ging und dort alles zum Opiumrauchen nötige Zubehör aus dem Schränkchen nahm und neben sich legte. So lag er neben der kalten Pfeife. Aber er rauchte nicht.

Der Onkel ist der Älteste in der Familie. Er lebt jedoch getrennt von uns bei der Schule, in der er unterrichtet.

Er liebt mich, den Jüngsten, sehr. Die Erwachsenen tragen mich noch immer auf dem Arm, und ich habe eben erst zu sprechen angefangen. Mein Vater weilt zum Studium im fernen Japan.

Ich erinnere mich an einen Feiertag. Am Flußufer stehen die Kinder. Sie zerren ihre Väter an den Schößen der neuen Gewänder und betteln um Spielzeug und Konfekt. Sie sind immer um ihre Väter herum, und das Wort »Baba« (so nennt man den Vater in der chinesischen Volkssprache) läuft am Ufer von Mund zu Mund. Ich frage meinen Onkel:

»Onkel, hab' ich denn keinen Vater?«

Aber ich nenne den Vater nicht Baba, sondern »Fu-tjin«, mit einem Ausdruck aus der chinesischen schönen Literatur, wie es der Onkel mich gelehrt hat. Einmal, in einer schwachen Stunde, wollte Onkel mir seine Mandarinenmütze mit der elfenbeinernen Kokarde schenken, die seinen gelehrten Grad zum Ausdruck bringt. Ich weigerte mich, dieses große, ungeschickte Ding anzunehmen. Es gefiel mir nicht. Der Onkel wandte sich ab und weinte leise vor sich hin. Er war überhaupt weinerlich.

DIE GROSSMUTTER

In der grauen verfließenden Dämmerung der Kindheit tauchen Gesichter auf, Worte, Dinge, der blaue Jangtse, blumenbedeckte Berge. Das Haus in Sjan-schi war um vieles kleiner als das Familienhaus. Im neuen Haus war alles eng und ärmlich. Der Vater war in Japan. Man mußte sich einschränken. Wir hatten nur ein Dienstmädchen, und auch dieses nur an den Tagen, da Mutter krank war. Einen Gemüsegarten gab es nicht, dafür aber einen kleinen Obstgarten mit Pfirsichen und Bananen und einem Mandarinenhain, der zum Hause gehörte.

Die Großmutter gibt mir Sonnenblumenkerne zu essen, die in der Sonne getrocknet sind. Sie legt die Kerne bloß und lehrt mich – Samen für Samen – zählen. Und dann erzählt sie Märchen.

»Es waren einmal, in alten Zeiten, Kinder, die hörten nicht auf die Erwachsenen. Einmal ging die Mutter fort, um die Großmutter einzuladen, und sagte:

›Kinder, verlaßt nicht das Haus, denn in den Bergen wohnt eine böse Hexe, die Kinder frißt.‹

Die Mutter ging fort, und die Kinder warteten und warteten geduldig. Aber schließlich riß ihnen die Geduld. Eins war unter ihnen, das nie stillsitzen und nie gehorchen konnte. Das beschloß, im Garten spazierenzugehen, und brachte auch die andern dazu, mitzugehen. Wie die Hexe die Kinder sah, zog sie sich als Großmutter an und kam zu ihnen zu Gast.

›Wo ist denn eure Mutter?‹ fragte die Hexe, und die Kinder antworteten:

›Sie wollte dich holen.‹

›Ach, dann haben wir uns unterwegs verfehlt.‹

Die Kinder freuten sich über die Großmutter, und nach dem Abendessen gingen sie mit ihr zusammen schlafen.

Sie legten sich in ihre Bettchen. Die Hexe nahm das Allerkleinste von ihnen zu sich unter die Decke, und als die Kinder eingeschlafen waren, da fraß sie es unter der Decke auf. Die Hexe fraß, und die Knöchelchen krachten. Von dem Krachen wachten die Kinder auf und fragten:

›Großmütterchen, was ißt du denn?‹

Und die Hexe antwortete:

›Ich kaue Bohnen und bin auf eine harte gekommen.‹

Die Kinder wurden munter:

›Gib uns auch welche.‹

›Gut, einem will ich was geben‹, sagte die Hexe und rief den Kleinsten zu sich unter die Decke und fraß ihn auf wie den ersten.

So fraß sie alle Kinder auf bis zum ältesten. Der Älteste lag in seinem Bett und wunderte sich, woher die Großmutter soviel Bohnen hatte. Kaum war die satte Hexe eingeschlafen, da stahl er ihr eine Bohne und sah, daß es des Bruders Finger war.«

Hier hörte das Märchen auf. Wenn die Großmutter es erzählte, riß sie die Augen auf und machte schreckliche Grimassen. Ich fürchtete mich vor diesem Märchen und wollte nirgends allein hingehen.

Die Großmutter war die zweite Frau meines Großvaters, dessen Bild im Litang an der Wand hängt. Sie war meines Vaters Stiefmutter; selbst hatte sie keine Kinder, deswegen gab sie sich so unermüdlich mit mir ab.

Die Mutter arbeitet in der Küche oder gibt den Mädchen, die ins Haus kommen, Unterricht. Auf meine Mutter bin ich stolz. Frauen, die lesen und schreiben konnten, und gar Lehrerinnen, gab es zur Zeit meiner Kindheit in China wenige.

Die Großmutter näht, und ich sitze neben ihr auf einem niedrigen Stühlchen. Ich habe ein Kittelchen an und trage über meinen weißen Socken blumenbestickte Pantoffeln. Barfuß darf man nicht gehen, dann lachen sie einen aus. Barfuß gehen nur die Kulis. Ku heißt Last, Li Kraft. Kulis — das sind die niederen Leute, beschmiert, roh, abgerissen; Fuhrleute, Treidler, Lastträger, wandernde Schnitter — mit einem Wort alle die, die für die kupfernen Geldmünzen mit dem quadratischen Loch in der Mitte ihre riesigen braunen, durch Arbeit und Rauferei gestählten Muskelbündel verkaufen. Ich habe Angst vor den Kulis. Aber in unserem Hause gibt man sich Mühe mit ihnen, besonders mein jüngerer Onkel, der mit uns wohnt. Deswegen hegen die reichen Leute Verdacht gegen ihn. Auch er ist Lehrer.

Ein kühler Wind bringt Bewegung in die heiße Luft; in der

Küche summt und surrt das Wasser, und das Geschirr in Mutters Händen klappert. Weit unten, vom Ufer des Jangtse herauf, hört man die Fischer schreien und Kinder sich kreischend im Wasser tummeln. Ich möchte gern zum Fluß hinunter, aber man läßt mich nicht. Die Mutter hat Angst, man könnte mir weh tun, mich beleidigen oder mich ins Wasser stoßen. »Gut, dann geh ich im Garten spazieren«, sage ich. Die Mutter blickt mich mißtrauisch an, führt mich ins Schulzimmer, tunkt einen Pinsel in den kupfernen Tuschebehälter, läßt mich niederknien und malt mit dem feinen, kitzligen Pinsel dreiblättrige schwarze Blumen auf meine Handteller und auf die leinenen Sohlen meiner Pantoffeln.
Jetzt kann ich gehen; wenn ich über feuchten Grund laufe oder mit den Händen im Wasser spiele, werden die Blumen weggewaschen und ich bin verraten.

AM MORGEN

Ich wache sehr früh auf. Es ist dunkel. Die Hähne krähen ins Morgengrauen. Neben mir atmet gleichmäßig die Mutter. Ihr Kopf liegt ruhig auf der viereckigen Kopfstütze. Sie und die Großmutter sind spät schlafen gegangen; für Mutter ist es noch zu früh, es fällt ihr schwer, aufzuwachen.
Ich drehe mich um. Davon wacht Mutter auf, obwohl das gepreßte Stroh im Strohsack unter der flachen, wattierten Matratze nicht raschelte. Während der Nacht hat eine wattierte Decke mich gewärmt. Jetzt will ich spazierengehen. Ich liebe es, im bläulichen Morgengrauen, ehe die Sonne kommt, zuzugucken, wie über den Dächern von Sjan-schi von dem Holz in den Herdfeuern graublauer Rauch aufsteigt. »Wo jau dji nai«, flüstre ich der Mutter ins Ohr: »Ich möchte aufstehen.«
Mutter küßt oder drückt mich nicht, sie streichelt mir den Kopf und sagt ein zärtliches Wort; das ist alles.
Bald setzt sich auch Mutter im Bett auf und zieht sich an.

Ihre Füße sind nur wenig kleiner als gewöhnliche Füße. Der Spann ist ein bißchen überhöht. Ich habe Mutters Füße lieber als Großmutters »Goldlilien«. Die Großmutter läuft auf ihren Füßen so ungeschickt, für jeden Schritt braucht sie eine Minute, und ich habe es immer eilig.

Schnell hat Mutter die selbstgestrickten weißen Strümpfe und die Seidenpantoffeln übergestreift, die Beine in die langen blauen Hosen gesteckt und den bis zu den Knien reichenden Überrock angezogen. Nun nimmt sie sich meiner an. Sie knöpft mein Überröckchen an der Seite zu und bringt mich dann zum Waschen. Aus der Küche holt sie heißes Wasser in einer Kupferschüssel (die ganze Nacht über haben unter den Kesseln in der Küche die Kohlen geglüht), tunkt einen Zipfel des haarigen Handtuchs ins Wasser, drückt ihn aus, seift ihn ein und putzt mir mit diesem seifigen Ende sorgfältig Stirne, Gesicht, Hals und Ohren. Während ich noch durch den Seifenschaum blinzle, hat sie schon das Handtuch ausgespült und wischt die Seife weg. Dann bringt sie eine neue Portion heißen Wassers und wäscht mit dem in frischem Wasser gespülten Handtuch das ganze Gesicht kräftig nach. Gern gebe ich aus ihren Fingern nach und nach Augen, Nase und das offenstehende Mäulchen frei.

Als ich noch klein war und bei Mutter und Großmutter von Arm zu Arm ging, pflegte die Mutter mir mit einem um den Finger gewickelten Läppchen das Zahnfleisch zu reinigen, auf dem wie Stückchen Zucker die Zähne zu wachsen anfingen.

Aber jetzt bin ich groß. Ich habe meine weiche Bürste aus Roßhaar, das salzig schmeckende Zahnpulver lockt den Speichel hervor, und dann spüle ich lange den Mund mit Wasser, das beim Reiskochen abgegossen wird.

Viermal am Tage wasche ich mich und putze mir die Zähne, morgens, abends und nach den zwei Mahlzeiten.

Die Setschuaner haben hellblinkende Zähne. Alle, auch die Kulis, putzen sich die Zähne oder spülen sich doch jedenfalls nach dem Essen den Mund. Deshalb gibt's auch bei uns wenig Zahnärzte.

Und wenn man bei den reichen Kaufleuten, wenn sie lachen, einen goldenen Schneidezahn sieht, so nicht deshalb, weil sie ihn sich am Konfekt verdorben oder ihn bei einer Schlägerei verloren haben. Sich einen goldenen Zahn einsetzen zu lassen, gilt bei den Kaufleuten als besonderer Schick. Sie lassen sich ganz gesunde Zähne abfeilen, nur um eine feine Krone aus dem gelben Metall darüberziehen zu können.

Ich bin fertig. Jetzt fängt die Mutter bei sich an. Auf dem Tischchen am Kopfende ihres Bettes stehen eine Schale und ein Spiegel. Sie kämmt sich mit einem Kamm aus Palmenholz die Haare, fettet sie mit Öl ein, teilt sie in Strähnen, dreht die Strähnen im Nacken zusammen und glättet das so entstehende Haarkotelett mit silbernen Haarspangen, die flach sind wie Löffel.

Meine komplizierte Frisur vertraue ich den Händen der Großmutter an.

»Tjin-wen«, sage ich höflich beim Eintritt in Großmutters Zimmer, »wie geht es Ihnen?«

Über der Stirn sind mir die Haare ausrasiert. Aber hinter den Ohren hat man sie lang wachsen lassen. Die Großmutter flicht mir zwei Zöpfchen an den Seiten. Die Länge der Zöpfchen – das ist mein und der Großmutter Stolz. Wenn ich groß bin, wird der lange Zopf des Erwachsenen mir auf den Rücken hängen.

Die Großmutter gibt sich viel Mühe mit meinen Haaren und wäscht mir alle drei Tage den Kopf mit heißem Wasser.

Die Toilette ist beendet, bis zum Essen ist noch viel Zeit. Mutters und Großmutters Wege trennen sich jetzt. Mutter verschwindet in der Küche, Großmutter und ich nehmen einen Bambuskorb vom Küchentisch und gehen nach Gemüse auf die Straße.

Die Verkäufer laufen gebeugt unter den federnden Tragstangen. Kohl, Gurken und Rettiche lasten auf ihren Schultern. Krause Kohlköpfe und stumpfnäsige Gurken wandern aus den Körben der Verkäufer in den unsrigen. Hier haben wir keinen eigenen Gemüsegarten wie in Den-dja-tschen.

Besonders freue ich mich, wenn die Großmutter Schweinespeck und die braunen, scharfen Sojabohnen einholt. Die werden dann zu Hause zusammen zubereitet. Das gibt einen dunklen Brei – meine Lieblingsspeise.

Der Laden ist eng und dunkel und sieht aus wie ein Korridor. In schwarzen Töpfen stehen auf Brettern Soja, Salz, Essig, Pfeffer und andere Zutaten. Nebenan ist eine Bude mit Süßigkeiten. Da gibt es ein gelbliches Pulver von unbeschreiblicher Süßigkeit, aus Zuckerrohr hergestellt; ferner die grünen Sprossen dieses Zuckerrohrs, die in Bottichen mit Wasser frisch gehalten werden; dann noch getrocknete Früchte, Eingemachtes in Tontöpfen und Gläsern und Walnüsse.

Der Eigentümer dieser Bude ist ein Verwandter von uns. Er reicht mir ein Bonbon. Ich blicke schweigend der Großmutter in die Augen. Wenn sie es erlaubt, nehme ich das Bonbon. Aber es kommt vor, daß sie im Laden rumfegt, die Waren beriecht und meinen bittenden Blick nicht bemerkt – dann gehe ich ohne Bonbon fort.

Niemals würde ich heimlich oder auf eigene Faust etwas annehmen. Der ältere Onkel sagt immer: Man darf keine fremden Sachen nehmen. Auch wenn man mir bei Besuchen ein Spielzeug schenkt, stelle ich es beim Weggehen heimlich in eine Ecke.

Ich mache mir übrigens nicht viel aus Bonbons. Obwohl ich erst vier Jahre alt bin, überlege ich mir doch: Vom Konfekt bekommt man schlechte Zähne, und die schwarzen Zahnstummel im Mund einiger mir bekannter Schulkinder bereiten mir Angst.

Großmutter und ich begeben uns auf den Heimweg. Wir kommen an der Apotheke vorbei. Ich werde ganz benommen von dem drückenden Geruch der Arzneien, der aus dem halbdunklen Kämmerchen dringt, wo an den gleich Bienenwaben eingeteilten Wänden Schübe mit Aufschriften prangen. In den Schüben sind Zweige, trockene Blumen, Blätter, Gräser, Beeren und Wurzeln. In anderen Schüben stinken getrocknete Giftinsekten: Skorpione und spanische Fliegen.

Man legt sie auf Entzündungen, auf Geschwüre, um sie schneller zum Aufgehen zu bringen. Weiße Tigerknochen zerstößt man und trinkt sie mit Schnaps oder vermengt sie als Pulver mit Fett und legt sie als Pflaster auf. Tigerknochen werden verwendet bei Knochenfraß, Knochenbrüchen und denjenigen Knochenkrankheiten, bei denen die Kranken an Krücken gehen. Der Bast verbreitet Verwesungsgestank, er wird vom frischen Geweih junger Damhirsche gewonnen; er sieht aus wie samtähnliche Knollen, drin ist getrocknetes Blut. Die Knollen werden in Wasser gekocht, dann getrocknet und zu Pulver verrieben. Pillen und Bast essen Leute, die nach langen Krankheiten blaß und durchsichtig geworden sind, Greise, die allzu klapprig sind, und Männer, die keine Söhne zustande bringen. Ein solches Horn reicht lange, und das Horn ist teuer.

Der obere Panzer der Seeschildkröte wird so wie der Bast gekocht und dient als Medizin für Schwache und besonders zur Heilung von quälenden und schwierigen Frauenkrankheiten. Aber wenn der Arzt einem kranken Reichen in unserem Sjan-schi zerstoßene Rubine oder Topase oder die Wurzel »Shen-schen« verschriebe, die teurer ist als Gold, oder das getrocknete Herz eines Verbrechers, so würde er es in unserer Apotheke nicht bekommen. Unsere Apotheke ist nur die Dorffiliale der reichen Kreisapotheke.

Immer höher und höher klettert die Sonne und wärmt die Straße mit ihren Verkäufern, Hausfrauen und Kindern, die zur Schule laufen. Ich biege um den beweglichen Klappschirm, der vor unserem Tor steht, und trete in den von der übrigen Welt abgeschnittenen Bereich unseres Hofes.

Ich weiß, wozu der Schirm dient. Deshalb gebe ich mir auch immer Mühe, ihn nicht anzurühren oder umzustoßen. Er schützt unseren Hof nicht nur vor fremden Blicken, sondern auch vor den bösen Geistern, von denen es in der Luft mehr gibt als Fliegen über einem Aas, als Mücken über einem Sumpf. Kein Windstoß kann jetzt dieses Geschmeiß zu uns auf den Hof treiben.

Zu Neujahr befestigt man an den Türen und Torschirmen rote Papierzettel zum Abschrecken der Geister. Auf den Zetteln steht geschrieben: »Tschun Tai-Gun ist hier.«
Tschun Tai-Gun ist jener Held, der es fertiggebracht hat, das ganze Gesindel und Teufelszeug der Totenwelt hinter Schloß und Riegel zu bringen. Die Geister fürchten seinen Namen wie Fliegen den Fliegenpilz.
Auf unserem Schirm steht der Name Tschun Tai-Gun nicht. Unsere Erwachsenen interessieren sich nicht für ihn, und ich bin noch zu klein und kann keine Zeichen schreiben, weil ich den Pinsel noch nicht in der Hand zu halten verstehe.
Es ist acht Uhr morgens, Zeit zum Frühstücken.
An dem quadratischen Tisch im Speisezimmer sitzen Mutter, Großmutter, Onkel und ich. Wir essen Reis, gekochten grünen Kohl, Sojabohnen mit Speck, Quark aus Bohnenmilch, Salzgurken und Rettich. Alle diese Gerichte stehen auf dem Tisch, und vor jedem Esser liegen neben dem Napf die Eßstäbchen.
Als ich klein war, aß ich mit dem Löffel aus meiner Schale. Sehr stolz war ich, als ich zum erstenmal die Stäbchen bekam und wie ein Erwachsener aß. Aber ich war beleidigt, daß Mutter und Großmutter mir noch das Essen auf den Teller legten. In meiner gekränkten Eigenliebe kniete ich mich auf den Stuhl und langte selber mit den Stäbchen in die Gemüseschüssel. Aber ich hielt mich nicht auf den Knien, verlor das Gleichgewicht und schlug mit der Schläfe auf die Tischkante. Mit einem Schrei verlor ich die Besinnung. Alle sprangen auf. Der Onkel faßte mich am Arm und drückte Mutters Tuch auf die blutende Wunde und lief dann mit mir zum Arzt.
Der schwarzbärtige Arzt klebte ein Pflaster auf die Wunde. Sie eiterte zwölf Tage, dann heilte sie. Die Narbe über der Braue ist heute noch zu sehen.
Tee trinke ich, wann ich will. Ich gehe in die Küche und gieße ihn mir aus dem kupfernen Teekessel ein, der dort den ganzen Tag über auf dem Feuer steht.

In der Küche ist es so rauchig, daß Mutters Augen den ganzen Morgen über tränen. Unter den drei in die Herdplatte eingemauerten Kesseln schlagen Flammen und Rauchkringel hervor. Das zu enge Ofenrohr nimmt den Feuerstrahl nicht auf, der aus der einen mit Holz und den zwei mit Kohlen geheizten Feuerstellen emporschlägt. Riesige Holzscheite knistern unter den Kesseln. Die Scheite kommen zu uns in die Küche aus den Wäldern, die mit ihren nicht zu umspannenden Bäumen hoch in den Bergen im oberen Setschuan wachsen. Die Baumstämme schwimmen zu Wasser auf den Bergflüssen herunter und werden von Bauern, die sich in der Zeit zwischen den Feldbestellungen mit Holzfällen ihr Brot verdienen, weitertransportiert. Das Holz ist billig. Ein Holzscheit von einem Meter Länge und einem viertel Meter Dicke kostet einen Kupferkäsch, einen Pfennig.

Die Kohle kommt den Jangtse herauf aus den Gruben, die vierzig Li von Sjan-schi entfernt liegen.

Ich höre von der Treppe her ein Gezwitscher, halb wie von Vögeln und halb wie von Menschen. Die Mädchen sind gekommen, Mutters Schülerinnen.

Mit den von Rauch geröteten Augen blinzelnd, wischt sich Mutter ihre berußten Hände ab, streicht Hose und Jacke glatt und macht sich zur Stunde fertig. Diese Mädchen sind meine einzigen Spielgefährtinnen. Ich bin der Sohn ihrer Lehrerin, und darum sind sie nett zu mir und nennen mich Bruder.

Im Sommer sind die Mädchen weiß gekleidet, im Frühling und Herbst sind ihre Blusen und Hosen blau, im Winter schwarz. Der Zopf ist bei allen mit einem bunten Band zusammengebunden. In die Stirn fällt ihnen ein Schopf, unter dem kleine Mausäugelchen hin und her laufen.

Die Mädchen sprechen nicht, sie flüstern; sie gucken nicht, sie blinzeln; sie lachen nicht, sie kichern. Was auch geschehen mag, alles kommt ihnen komisch vor. Sie prusten in ihre Tüchelchen. Im Kreise zusammengedrängelt, beraten sie und bekritteln, wer hübsch ist, wer häßlich, wer ungeschickt, wer geizig und wer unordentlich ist. In der Freizeit, zwischen den

Stunden, rufen sie mich zu ihren Spielen. Aber ich verstehe nichts davon und gehe nur hin, um zuzugucken, wie sie sich mit einem Federfußball vergnügen, der unter den geschickten Stößen ihrer Füße in die Luft fliegt und überhaupt nicht auf die Steine herunterkommt.

Sie spielen »Abheben«: sie schlingen sich einen Bindfaden um die Hände, und eine hebt bei der anderen den Faden ab; der Ring verwandelt sich in Schnurornamente, Gitter und andere Muster.

Die Mädchen geben mir Unterricht im Schachspiel. Dies Schachspiel gleicht nicht dem europäischen. Auf dem Brett sind neunmal neun Quadrate. Es gibt keine geschnitzten Figuren. Auf die schwarzen oder roten Steine sind Schriftzeichen gemalt. Es gibt 5 Bauern, 2 Kanonen, 2 Munitionswagen, 2 Pferde, 2 Kanzler, 2 Gelehrte und einen Kaiser. Die ganze Armee verteilt sich nicht auf 2 Reihen wie in Deutschland, sondern auf 3, und nicht auf das Innere der Quadrate, sondern auf die Kreuzungspunkte der Linien. Zwischen den Lagern ist eine neutrale Zone – »der Fluß«. Und dann spielen die Mädchen Flöte. Feine, verschnörkelte, plötzlich abbrechende Melodien.

Ich sitze auf den heißen Fliesen des Hofes und gucke den kleinen gelben Ameisen zu, die von Ritze zu Ritze eilen. Die Ameisen muß man achten – sie sind ein Musterbeispiel für Gemeinschaftsleben. So sagt mir die Großmutter.

Mit einem Pferdeschwanz, der in einem Handgriff steckt, jagen die Mädchen fette Fliegen. Sie geben sie mir, und ich füttere die Ameisen damit. Die hingeworfene Fliege ist schnell mit den gelben Tröpfchen der Ameisen bedeckt, und eine Minute später ist nur noch das feine Gewebe der Flügel übrig.

Großmutter näht winzige Pantöffelchen für ihre »Goldlilien«. Ich bin der Ameisen überdrüssig. Ich setze mich auf das Stühlchen neben ihr, lege meinen Kopf auf ihre Knie und dämmere so bis zum Essen, das es um die Mittagsstunde gibt.

Um elf Uhr machen die Mädchen einen Knicks vor der Mutter, sagen ihr »Ninhau« – guten Tag, auf Wiedersehen –, und der ganze Schwarm verschwindet plappernd und zwitschernd.
Nach dem Essen sollen die Menschen eigentlich nicht schlafen. Schon Konfuzius hat seinen Schülern gesagt: »Ein Mensch, der zuviel schläft, ist wie ein wurmstichiger Klotz, aus dem man keine Statue hauen kann«, aber mich geht das nichts an. Ich schlafe nach dem Essen.
Der Wind, der vom Jangtse heraufkommt, rauscht in den Blättern und kühlt die heiße Luft. Auf dem Hofe waschen Mutter und Großmutter die Wäsche im Zuber und im Trog. Die graue Seife, die bei uns aus einem besonders fetten Ton gemacht wird, gleitet über die nassen, klatschenden Stoffe. Diese Seife macht den Ruhm der chinesischen Wäschereien aus. Man verwendet nur sie und benützt die europäischen Fettseifen nicht.
Auf dünnen Stangen aus Bambusholz hängen schwer die nassen, ausgewrungenen Hemden. Die Sonne wird das herausziehen, was Mutters schwache Hände nicht herausbekommen haben.
Ich wache auf. Großmutter ruft mich zum Spazierengehen auf den Feldern hinter dem Dorf.

FELDER

Unsere Sohlen trappeln über den feuchten Weg. Neben uns her laufen gebückt Jungen. Sie halten papierne Drachen an Bindfäden. Die Drachen haben die Form von schrecklichen Männern, Tausendfüßlern, Libellen oder Schmetterlinge. Die Kinder bauen sie sich selber; sie kaufen für 3 Kupferkäsch Papier, für 10 Kupferkäsch Schnur und schneiden selbst die Gerippe aus Bambusstäben zurecht.
Auf 5000 Einwohner von Sjan-schi kommen nicht mehr als 50 Pferde. Aber die Pferde sind nicht für die Feldarbeit da.

Sie gehören den Reichen zum Reiten oder Lastentragen; auf unseren Bergwegen fahren keine Wagen. Nur die Militärs, die Wirte der Ausspanngasthöfe und die Unternehmer haben Pferde. Letztere vermieten sie zum Reiten und geben Führer dazu.

Die Bauern haben keine Pferde. Sie haben Kühe. Die Kühe sind nicht zum Melken da. Ich kenne den Geschmack ihrer Milch gar nicht.

Die Kühe werden auch nicht wegen ihres Fleisches gehalten: Vor vierhundert Jahren erschien ein besonderes Gesetz, das verbietet, Rindfleisch zu essen, und schon lange vor diesem Gesetz verbot die buddhistische Lehre, Tierblut zu vergießen. Die Kühe sind bei uns für die Feldarbeit da.

Am Rande von Sjan-schi liegen die Häuschen und Felder der Bauern, die – ich kann es von hier aus sehen – auf den Feldern arbeiten. Ich betrachte sie mit Achtung. Ihr Stand »Nung« kommt gleich nach unserem, dem »Schi«. Erst nach den Bauern kommen die »Gung« – die Handwerker – und an letzter Stelle die am wenigsten geachteten »Schang«, die Kaufleute.

Kulis und Soldaten stehen außerhalb der Stände.

Am Fuß der Bergabhänge ziehen sich die Reisfelder mit dem Netz ihrer aus Lehm gebauten Einfassungen hin. Ein Reisfeld ist wie ein Teich. Man läßt es mit Wasser vollaufen und legt dann den Grund mit einem Pflug um, der einem gebogenen Dolche ähnlich ist. Eine Kuh ist davorgespannt. Die Kuh geht und stampft und wühlt mit Hufen und Knien den gelben Schlamm um. Der Pflüger drückt mit den Armen und der Brust den Griff des Pfluges in den Boden. Der Pflug wirft den festen Boden auf und bringt schlüpfrige Klumpen nach oben. Diese Klumpen werden dann mit Rechen zerschlagen, und das schlammige Bett ist fertig für die Reissaat.

In den nur eben mit Wasser bedeckten Zuchtbeeten wachsen die grünspanfarbigen Reissämlinge. Wenn sie etwa 20 Zentimeter hoch sind, nimmt man sie heraus und setzt sie in Bündeln zu je 10 in den Schlamm der Reisfeldteiche. Die Bündel

stehen einen halben Meter weit auseinander. Das Abendrot spiegelt sich in den Reisteichen, über deren Wasseroberfläche, kaum sichtbar, grüne Spitzen hervorragen.
Die Reisspelzen wachsen schnell heran. Es kommt der Sommer mit seinen fürchterlichen Wolkenbrüchen, da das Wasser von den Bergen strömt wie der Schweiß von den Rippen eines abgetriebenen Pferdes. Die kleinen Seen, die so angelegt sind, daß sie die terrassenförmig unter ihnen angeordneten Reisfelder mit Wasser beliefern, werden übervoll. Das Wasser fließt über die Ränder der Felder, zerfrißt die Lehmdämme und droht, in breiten Strömen, die sich neue Wege bahnen, den langsam heranreifenden Reis zu überfluten.
In dieser Zeit der Wolkenbrüche stehen die Bauern durchnäßt und hungrig Tag und Nacht bis zum Gürtel im Wasser und schlagen die Angriffe des wütenden Elements zurück. Sie rennen an den Schutzwällen aus Lehm entlang, stopfen die vom Wasser gefressenen Breschen zu und regulieren den Zulauf des Wassers durch Schleusenbretter.
Auf den Reisfeldern findet man keine Frauen. Die Arbeit im Reis ist eine schwere Arbeit, eine Männerarbeit.
Dafür findet man in den Gräbern längs der Reisfelder viele Jungen, die sich die Hosen bis über die Knie gekrempelt haben und mit den Händen bis zum Ellenbogen im Schlamm wühlen. Sie buddeln unter den Steinen und biegen den dichten, reifenden Reis auseinander. Sie suchen nach Krabben.
Zum Herbst kommen die Krabben aus den schwarzen Höhlen der Bäche, fressen den schmackhaften Reis und werden fett. Die Jungen packen die Krabben von der Seite und werfen sie in ihre Körbe, um sie am anderen Tage in den Straßen von Sjan-schi zu verkaufen.
Die Reisfelder tragen nur einmal im Jahr. Dafür ist auf den anderen Feldern das ganze Jahr über etwas los.
Im Frühjahr reifen auf ihnen der Winterweizen und die im Dezember gesetzten Bohnen. Im April tritt an die Stelle der Bohnen Mais, der in graden Reihen angepflanzt wird. Nach drei Monaten ist der zwei Meter hohe Mais reif, und unten

zwischen den Stauden schwellen wasserreiche und süße Gurken, Garten- und Wassermelonen. Das Maiskorn ist für die Menschen bestimmt, die Blätter kaut das Vieh. Die Maisstengel werden eingeweicht, zerstampft und zum Düngen der Felder verwendet oder getrocknet und verfeuert.

Nach der Maisernte wird im heißesten Sommer das Feld noch einmal umgepflügt und mit Buchweizen bestellt. Im Spätherbst wird der Buchweizen eingebracht, und dann kommen Winterweizen und Bohnen in die Erde.

Am meisten liebe ich die Felder mit den Bohnenblüten im Frühjahr. Die geflügelten Blumen sehen aus wie Millionen von Schmetterlingen, die sich auf dem Grün niedergelassen haben.

Unsere Felder ruhen niemals aus. Ich las in Büchern von der Dreifelderwirtschaft und wunderte mich, wie man Land brachliegen lassen kann. Wir geben der mager gewordenen Erde ihr Fett in Gestalt von eingeweichten, halbfaulen Blättern wieder. Wir überschütten die Felder mit der Asche von Reisstroh, wir pflügen Knochenasche hinein, die sackweise aus den Städten angefahren wird. Bei den Frühjahrsüberschwemmungen kommt schlüpfriger Schlamm auf die Felder. Die Nordwestwinde tragen fruchtbaren Lößstaub heran. Unsere Reisfelder bringen mehr als hundert Körner auf ein ausgesätes Korn.

Da, wo die Felder in die steinigen Bergabhänge übergehen, wächst der Tung-dse – der Ölbaum. Schon drei Jahre nach der Anpflanzung trägt er bräunlichgrüne Früchte, die den Pflaumen ähnlich sind und innen kleine Kerne haben. Im Frühjahr bringt kein Wind den über den Ufern des Jangtse liegenden Duft der weißen Blüten des Tsung-dse weg. Und im Herbst schmatzen die fetten Ölpflaumen und krachen die Kerne unter den Pressen; die Bauern drücken sie einfach zwischen Brettern aus. Aus den Pressen fließt in Mengen das helle Öl – einer der größten Reichtümer Setschuans. Mit diesem Öl schmieren die Schiffsbauer der ganzen Welt, nach dem Beispiel der Setschuaner Fischer, die unter Wasser liegenden

Teile ihrer Barken, Dschunken, Sampane und Schiffe, damit das Holz nicht naß wird, nicht fault, und damit keine Holzwürmer hineinkommen. Dieses Öl brennt in unseren Leuchtern und kämpft um den Docht mit dem Petroleum, das in den hellen Tanks der Standard Oil aus Amerika zu uns kommt. Über den Tung-dse-Hainen kriechen dichte, buschige Wälder die bergigen Abhänge hinauf. In ihnen herrscht freies, wildes Leben; selten trifft man einmal auf Pfade oder auf die aus Fässern gemachten Bienenstöcke der Waldbienenzüchter, die die Schwärme wilder Bienen aus den hohlen Bäumen an sich locken.

Wo die Wälder aufhören, dehnen sich die graugrünen Abhänge der Wiesen zu den Wolken hinauf. Hier klettern, angeführt von einem Hirtenjungen und dem Leithammel, die Herden der kostbaren, dünnschwänzigen Setschuaner Schafe umher.

Ich habe Angst vor den spitzen Bockshörnern, liebe es aber, die Finger in die warme, zottige Schafwolle zu stecken.

Die Sonne geht bald unter. Es wird gegen sieben Uhr sein. Bald gibt es die Abendmahlzeit. Auf dem Rückweg pflücke ich Blumen. Ich strecke die Hand nach den goldenen Blüten der Senfstaude aus. Die Großmutter zieht mich an der Schulter zurück.

»Nicht doch. Den Senf haben die Bauern angepflanzt. Den darfst du nicht abreißen, das haben sie nicht gerne.«

In den Zimmern wird es dunkel. Ich klettere auf einen Stuhl und stecke meinen Strauß in eine Vase auf dem Schreibtisch. Mutter gießt Wasser in die Vase. Ich setze mich auf mein Stühlchen und ruhe aus. Ich bin still. Ich sehe zu, wie die Mutter den Tisch deckt und heißen Reis bringt.

Dampf steigt von allen Schüsseln auf. Heute gibt es nichts Kaltes.

Beim Abendessen fallen mir die Augen zu.

Schlafen, schlafen, schlafen!

Mutter zieht mich aus. Liebevoll deckt sie mich mit der Decke zu und sagt:

»Schlaf ruhig, bring die Decke nicht durcheinander, strample nicht.«
Auf dem Hofe läuten die Grillen wie Sturmglöckchen die Dunkelheit ein. Mückengesumm sitzt in den Zimmerecken. Mutter hockt neben mir, streicht mit der Hand meine Decke und singt ein Lied ohne Worte. Ich blicke auf den Vorhang aus feinem Leinen. Pflaumenblüten sind darauf gemalt: rosa Blüten und bläuliche Blätter. Von den Brettern des Daches über dem Bett hängt ein Körbchen herunter. In ihm liegen weiße Blumen — I-lai-sjan. Den ganzen Tag über sind diese Blätter geruchlos. Aber jetzt dringt ein feiner, frischer Duft durch die Stangen des Körbchens.
Über dem Bett jedes Chinesen hängt über Nacht ein Korb mit I-lai-sjan. Mutters Lied vermischt sich mit dem Geruch der Blumen, mit der Dunkelheit, dem Gesang der Grillen und den fernen glatten Ufern des Jangtse. So schlafe ich ein.

ICH KOMME IN DIE SCHULE

Der ältere Onkel geht mit besonders vergnügter Miene umher. Sein Gesicht leuchtet, die Augen blicken verschmitzt, grade als wollte er jeden Augenblick etwas Komisches erzählen.
Ich bin schon fünf Jahre alt (nach europäischen Begriffen vier). Der Onkel führt mich in ein Zimmer, an dessen Wand vier lange Papierstreifen mit sorgfältig gemalten Schriftzeichen hängen. Der Onkel zeigt auf das obere Schriftzeichen und sagt: »Wang«. Ich wiederhole: »Wang«. Der Onkel macht eine Pause, damit das »Wang« sich in meinem Gehirn festsetzt, und nennt dann das nächste Zeichen: »Tschen.« Sobald ich das »Tschen« richtig behalten habe, nennt der Onkel mir das Zeichen »Tin«.
»Wang Tschen-Tin.« Ich präge mir diesen Namen ein, indem ich mit dem ausgestreckten Finger in der Luft die Linien der Schriftzeichen wiederhole. Wang Tschen-Tin, so heißt der

Lehrer, den ich noch nie gesehen habe, zu dem ich aber bald gebracht werde.
»Wang Tschen-Tin, Wang Tschen-Tin« – eindringlich und mit einem dunklen Gefühl von Achtung wiederhole ich diesen Namen.
Anderthalb Jahrzehnte später sollte ich den Namen Wang Tschen-Tin freudig und voller politischer Begeisterung ausrufen, als der Namensvetter meines ersten Lehrers, ein hoher Pekinger Würdenträger, einen Vertrag unterschrieben hatte, den ersten Vertrag auf der Grundlage der Gleichberechtigung zwischen China und der Sowjetunion.
Zu Hause fängt mein Ohr auf, wie der Onkel und Mutter beratschlagen, wo man mich hinschicken soll; in die öffentliche Schule, wo der Unterricht umsonst ist, oder in die Privatschule, wo man besser unterrichtet, wo man aber bezahlen muß, und zwar nicht wenig.
»Die Söhne unseres Nachbarn zahlen dort sechs Silbertael im Jahr, und der Neffe des dicken Tuchhändlers Tun kostet gar zwanzig Silbertael im Jahr. Zwanzig Silbertael! Wir vier verbrauchen für Essen, Heizung und Waschen noch nicht einmal zwanzig Silbertael im Monat!«
Zwanzig Silbertael, das sind ungefähr fünfundvierzig Mark. Der Onkel geht mit leisen Schritten auf und ab, blinzelt Mutter listig an und sagt, ihren bekümmerten Ton nachahmend:
»Für Schi-Chua werden wir nur zwei Silbertael im Jahr zahlen. Der Lehrer Wang Tschen-Tin macht es billiger, weil Schi-Chua mein Neffe ist.« Der Onkel ist stolz darauf, daß er mit der Achtung prunken kann, die man ihm in Sjan-schi erweist.
Es sind die kalten Tage um Neujahr. Die Neujahrsfeiertage mit ihrer Spannung und Feststimmung gehen zu Ende. Bei uns zu Hause redet man nur von Lehrern und Schulen. Onkel sagt ärgerlich:
»Sjan-schi ist ein großes Dorf – 5000 Seelen –, und doch hat es nur eine öffentliche Schule. Ein unerhörter Zustand! In

anderen Dörfern gibt es doch außer Elementar- auch noch Mittelschulen. Was döst unser Ssi-Tung? (Ssi-Tung ist der Beamte, dem das Schulwesen im Dorf unterstellt ist und der die Direktoren ernennt.)

Der Onkel legt mir ein Blatt Papier vor. Darauf stehen drei Zeichen. Eins von ihnen kenne ich, es ist das Zeichen »Wang«, der Familienname des Lehrers, aber die beiden anderen kenne ich nicht. Der Onkel liest sie mir vor: »Sja-wang«. Wang, das ist ein Talkessel, der halbkreisförmig von Bergen eingeschlossen wird. Sja-wang – das ist der Stadtteil, wo der Lehrer wohnt. Dorthin muß ich dieser Tage gehen.

Ich schlendere an den grünlichen Ziegeln der Mauer unseres Hauses entlang. Mit einem Stöckchen male ich phantastische Zeichen an die Mauer und bilde mir ein:

Ich lerne, ich schreibe schon. Jetzt bin ich schon ein berühmter Schönschreiber, und für jedes Schriftzeichen bekomme ich fünf Silbertael.

Durch das Fenster blickt mich das dunkle Zimmer an. Das Fenster ist vertikal geteilt, die eine Hälfte ist mit Glas versehen, die andere hat grünliches, halbdurchsichtiges Papier, das an die Fensterrahmen geklebt ist. Das Papier ist zerschlissen und löchrig. Der Wind spielt mit den Papierfetzen am Rande der Löcher, und durch das Fenster höre ich die gedämpften Laute eines Gesprächs. Die gröbere, lautere Stimme ist die des Onkels, die leisere und weiche Mutters Stimme.

»Zwei Silbertael, aus Achtung vor mir. Zwei Silbertael.«

Neujahr ist vorüber, und der große Tag kommt heran.

»Chua, zieh dir die Ma-gua an.«

Mutter zieht mir über meinen neuen Kittel eine glänzende schwarze Atlasweste mit langen Ärmeln, die bis über die Handgelenke reichen. Ich verstehe, was los ist. Nur an besonders feierlichen Fest- und Besuchstagen zogen meine Onkel, das hatte ich beobachtet, solche glänzenden Parade-Magua an.

Die beiden Onkel, Mutter und Großmutter bringen mich aufmerksam und vorsorglich bis zum Tor in der dicken aus Stroh und Lehm gemachten Mauer, die unseren Hof umgibt und oben mit dunklen Ziegeln gedeckt ist.

»Jetzt bist du ein Schüler.«

»Mit Kindereien und Nichtstun ist jetzt Schluß.«

»Jetzt heißt es lernen.«

So begleiten mich ihre vor verhaltener Aufregung zitternden Stimmen auf den Weg.

Zur Schule bringt mich der jüngere Onkel. Ich gehe neben ihm, ohne zurückzubleiben und ohne mich nach unserem Tor umzudrehen, durch das mir drei Augenpaare nachblicken: das listige des Onkels, das altersschwache der Großmutter und das liebste – das der Mutter.

Ich gehe aufgeregt, aber vergnügt. Zu Hause bin ich allein und muß den Erwachsenen nachlaufen. Jetzt aber erwartet mich eine fröhliche, interessante und unternehmungslustige Gefährtenschar. Am Arm trage ich ein Körbchen, in dem die Fibel, Räucherstäbchen, ein paar rote Kerzen und eine jetzt noch stumme Rakete liegen, die aus kleinen, an einer gemeinsamen Zündschnur befestigten Knallkörpern besteht.

Nahe der Schule fahren mich zwei Hunde mit heiserem Bellen an. Ich erschrecke. Ich krieche unter Onkels Kittel. Der Onkel nimmt mich auf den Arm.

Der Lehrer hat uns vom Fenster aus gesehen; er unterbricht die Stunde und kommt uns entgegen.

Des Lehrers Gesicht ist voller Runzeln. Der Scheitel, die Brauen und das Kinn sind mit milchigem Grauhaar geziert. Auf dem Gesicht haben nur das Netz von Runzeln und die ernsten Augen Platz. Ein Lachen läßt sich nicht unterbringen.

Auf der Schwelle des Hauses machen Onkel und Lehrer halt. Jeder verneigt sich lange vor dem anderen, zeigt mit der einen Hand ins Haus und versucht mit der anderen, den neben ihm Stehenden behutsam vor sich herzuschieben.

Als wir über den Hof gehen, höre ich hinter den Fensterscheiben gedämpften Lärm, und als ich hinüberschiele, sehe ich hinter den Scheiben in einer Pyramide, wie Pflaumen beim Händler, die neugierigen Köpfe der zahlreichen Schülerschar.

Jetzt sind der Onkel, der Lehrer und ich im Litang, dem Festsaal der Schule. Vor uns steht ein Altar mit Räuchergefäßen und Blumenvasen, und an der Wand dahinter prangt eine lange, von oben nach unten gehende Inschrift. Die Zeichen bedeuten: »Hier ist der Altar des vollkommensten Weisen und Lehrers des Altertums – Konfuzius.«

Im Litang wird es einen Augenblick dunkel – eine Frauengestalt verdeckt das Licht, das durch die Tür eindringt. Die Frau des Lehrers tritt neben uns.

Lange verneigen sich Onkel und Lehrer voreinander, wobei jeder die ineinandergelegten Hände in Brusthöhe hin und her bewegt. Dann sagt der Onkel, indem er auf mich zeigt:

»Das ist mein kleiner dummer Neffe. Ich übergebe ihn Ihnen als dem besten aller Lehrer; vielleicht gelingt es ihm, unter Ihrem Einfluß ein guter Junge zu werden.«

Der Lehrer antwortet:

»Ihr Neffe ist, wie ich sehe, ein sehr gescheiter Junge und viel klüger als andere in seinem Alter. Ich bin überzeugt, daß aus ihm ein ebenso ehrwürdiger Mensch wird, wie Sie und Ihr hochverehrter älterer Bruder es sind.« (Das bezieht sich auf den älteren Onkel; ihn kennt jedermann im Kreise als Dichter und Literaturkenner.)

Nach diesen Reden verneige ich mich bis zur Erde vor den Schriftzeichen des Konfuzius und knie dann der Reihe nach vor dem Lehrer und seiner Frau hin: Die Frau des Lehrers ist für den Schüler soviel wie eine zweite Mutter. Ich werde sie »Ssüä-mu« nennen, das heißt »Lehrmutter«.

Während ich mich verneige, hat der Onkel die Räucherstäbchen im Rauchgefäß auf dem Altar angesteckt und zündet jetzt die beiden roten Lichter an. Ich stehe auf, eine Hand an der laufenden Nase, während die andere den Staub abklopft, der sich am Kittel festgesetzt hat.

Trra ... p ... p ... pp ... pach! Das ist die Rakete, die jetzt auf dem Hofe losgeht und lärmend der ganzen Welt die

Neuigkeit mitteilt: der Schi-Chua ist Schüler geworden.
Lehrer und Onkel führen mich in die Klasse. Die zwanzig Köpfe, die ich vorhin am Fenster gesehen hatte, sind schon hinter Tischen verteilt. Hier sind in einem Zimmer verschiedene Jahrgänge und Gruppen zusammen. Die gesenkten Augen reden von Wohlanständigkeit, Gehorsam und Bescheidenheit. Der Lehrer stellt mich der Klasse vor:
»Das ist mein neuer Schüler. Er ist noch sehr klein, wie ihr seht. Ihr sollt ihn wie euren jüngsten Bruder behandeln. Lernt gut zusammen.«
Ich setze mich auf die Bank, hinter eines der Tischchen und rücke möglichst nahe zum Lehrer hin.
Auf dem Tisch des Lehrers liegt eine ganze Sammlung interessanter Dinge. Ein Stein zum Verreiben der Tusche befindet sich neben einem Porzellanschälchen für Wasser. Die Tuschpinsel stehen entweder aufrecht in den kupfernen Futteralen des Pinselhalters oder liegen schräg auf dem Untersatz. Da liegt noch ein Holzbrett von der Dicke eines ordentlichen Buches auf dem Tisch. Mit diesem Brett haut der Lehrer, wenn die Klasse zu laut wird, auf den Tisch, so daß es wie ein Flintenschuß knallt. In der Hand hält er einen Zeigestock, mit dem er in den Fibeln die gesuchten Zeichen aufspürt. An der Wand hinter dem Lehrer hängt ein poliertes, leichtgekrümmtes Bambuslineal.
Aber dieses Lineal ist nicht zum Zeichnen da!
Wenn der Lehrer einen Schüler etwas fragt, so springt dieser schnell von der Bank auf und plappert eilfertig, Lippen und Augen bewegend, um die gut auswendig gelernte Lektion vorzubringen oder er steht verlegen da, mit aufgerissenen Augen, während das aufgesperrte Schafsmäulchen weinerlich und gedrückt unverständlichen Unsinn hervorbringt.
Der Lehrer wendet sich mit einer Frage an mich. Ich springe eilig von der Bank, aber ich verschwinde ganz hinter dem Tisch, so klein bin ich. Und weil es nicht gut angeht, einen Unsichtbaren zu unterrichten, der unter dem Tisch steht, erlaubt mir der Lehrer, ihm sitzend zu antworten – so ist we-

nigstens der Kopf zu sehen.

Die Klasse ist gespannt. Der Neue antwortet! Das Buch vor mir ist auf der ersten Seite aufgeschlagen. Angespannt und aufgeregt blicke ich heimlich über die Klasse weg – ob sie am Ende über mich lachen? Nein. Alle sind nicht weniger ernst als ich. Der Zeigestock des Lehrers berührt das erste Zeichen im Buch.

Der Lehrer sagt: »Tjän.« – »Tjän«, wiederhole ich.

Ich wiederhole mehr aus Höflichkeit, weil ich aus der Zeichnung neben dem Zeichen schon weiß, daß »Tjän« »Himmel« bedeutet.

Der Lehrer erklärt:

»Tjän, das ist der Teil des blauen, sichtbaren Raumes, der über dir ist, wo die Wolken ziehen, an dem die Sterne sitzen und durch den Sonne und Mond wandern.«

Der Zeigestock des Lehrers schreitet zur nächsten Zeichnung. Bevor noch der Lehrer die Zeichnung nennt, sage ich: »Di« (Di bedeutet – Erde).

Der Zeigestock geht weiter zu einer Abbildung des großen Bären.

»Tou«, sage ich.

»Richtig«, stimmt der Lehrer zu. Der Stock wandert nach unten und bleibt auf der Zeichnung eines Sterns stehen.

»Ssing«, erkläre ich voller Selbstzufriedenheit.

Die Runzeln im Gesicht des Lehrers werden glatter, er kommt in Bewegung. Der Stab springt noch tiefer auf eine krause Wolke.

»Jün«, spreche ich aus.

Der Zeigestock springt weiter. Die schrägen Linien des abgemalten Regens begrüße ich mit dem Wort »Jü«.

»Jen«, sage ich in dem Augenblick, da der Stock in einer Wolke schwarzen Rauchs über einem Feuerchen haltmacht, und das Wort »Ping« bringe ich noch früher heraus, als der Stock auf die achte Zeichnung kommt, auf der »Eis« dargestellt ist.

So habe ich in der ersten Stunde acht Zeichen gelesen.

Fürs erstemal ist das eine hübsche Portion aus dem Buch Tjän dse wen, das tausend Zeichen enthält.

»Für heute ist's genug«, sagt der Lehrer, offenbar befriedigt über meine Kenntnisse.

»Du kannst jetzt mit dem Onkel nach Hause gehen. Morgen kommt mein Sohn dich holen. Du wirst in der Klasse neben ihm sitzen.«

Er ruft einen zarten Knaben von dreizehn Jahren heran, der wohl doppelt so groß ist wie ich.

»Wenn du etwas im Unterricht nicht verstehst, so frage ihn.«

Schweigend blicken der Sohn des Lehrers und ich einander an; ich lege mein Buch ins Körbchen, rutsche von der Bank unter den Tisch, komme unter dem Tisch hervor und schreite ehrpusselig und ruhig, ohne mich einmal nach der schweigenden, mir nachblickenden Klasse umzusehen, auf den Hof zum Onkel.

Zu Hause stürzen der ältere Onkel, die Großmutter und die Mutter über mich her. Sie nehmen mir das Körbchen ab, ziehen mir die Ma-gua aus und überfallen mein Ohr mit Fragen.

»Hat man dich gefragt?«

»Hast du geantwortet?«

»Hast du nicht geweint?«

Ich bin verwundert.

»Geweint? Warum sollte ich weinen? Es hat mich doch niemand geschlagen oder beschimpft?«

Ich antworte den aufdringlichen Erwachsenen auf ihre Fragen höflich, aber ohne Begeisterung. Ich verstehe nicht, was sie sich so aufregen.

Am anderen Tage kommt des Lehrers Sohn nach dem Frühstück mich holen, und wir gehen jetzt schon ohne Feierlichkeiten und ohne Begleitung über die steingedeckten, noch morgendlich kühlen krummen Straßen von Sjan-schi zur Schule und unterhalten uns über die Schule, darüber, wieviel Tage man braucht, um das ganze Buch mit den Zeichen

auswendig zu lernen, und darüber, daß der dumme Tun die Namen auswendig lernt, aber nicht weiß, zu welchem Zeichen sie gehören, und wie der flinke Liu Zeichen behält, wenn er sie nur einmal gesehen hat.
Der Lehrerssohn gefällt mir gleich. Er behandelt mich wie seinesgleichen, er bläst sich nicht auf, spricht natürlich, mit einem Wort, er macht sich nicht wichtig.
Er achtet mich, weil ich an einem Tage ebenso viele Zeichen behalten kann wie er Bäume besteigen. Er ist ein genialer Kletterer. Im ganzen Leben habe ich keinen solchen mehr getroffen. Geschickt wie ein Affe klettert er am Stamm in die Höhe, läuft über einen Seitenast hinauf, bringt ihn ins Schaukeln wie ein Sprungbrett, sucht mit den Augen im dichten Grün einen Nachbarbaum und schwingt sich, wie ein fliegender Hund in der Nacht, von einem Baum zum anderen. Aber mehr noch, manchmal zeigt er sein höchstes Können, indem er sich die Augen verbindet und blind auf den Baum klettert.
Ein Jahr nach unserer Bekanntschaft kletterte er einmal auf einen Baum bis in die obersten Wipfel, fing an zu schaukeln, sprang ab, um auf den Nachbarbaum zu kommen ... und sprang vorbei. Er sauste senkrecht herunter, daß die Blätter stoben. Schlug auf die Erde und war tot.

LERNEN

Der zweite Schultag. Ich schreibe die ersten Schriftzeichen.
Auf ein Blatt Papier zeichnet der Lehrer mit leichten, tanzenden Fingerbewegungen, den Pinsel in die rote Tusche tauchend, ein großes rotes Schriftzeichen.
Ich muß das Rote mit Schwarz umrändern. Der Lehrer steht über mich gebeugt und paßt auf, wie ich den Pinsel halte: »Halt den Pinsel mit drei Fingern ganz frei über dem Papier und so, daß das obere Ende gerade vor die Nasenspitze zu stehen kommt.«

Ich bin noch kein Held im Schreiben. Ich fasse den Pinsel unten bei den Haaren an und stütze das Handgelenk auf den Tisch. Nicht weit von mir lassen die Schüler, die schon das dritte oder vierte Jahr zur Schule gehen, den Pinsel geschickt über das Papier tanzen; sie halten ihn in der Mitte. Manchmal zeigt der Lehrer uns seine Kunstfertigkeit im Schreiben. Er faßt den Pinsel am äußersten Ende und malt, ohne mit dem Ellenbogen den Tisch zu berühren, winzig kleine exakte Schnörkel.

Ich zeige mich gelehrig. Wenn ich so den Pinsel des Lehrers betrachte, so glaube ich, daß meine Finger nur ein Jahr brauchen, um den Weg von dem Haarbüschel bis ans oberste Ende des Schilfrohrs zurückzulegen.

Mir zittern die Finger. Anstatt mit der äußersten Spitze das Papier zu berühren, schmiert mein Pinsel einen zackigen, schwarzen Strich.

Man hört die Schüler beim Schreiben schnaufen.

Nachdem ich alle roten Schriftzeichen schwarz umrändert habe, lege ich meine Pinselei auf des Lehrers Tisch.

An meinem ersten Zeichen geht des Lehrers Pinsel vorbei. Neben dem zweiten zeichnet er einen kleinen Kreis. Die älteren Schüler recken von ihren Plätzen die Köpfe herüber wie die Gänse und flüstern durch die ganze Klasse: »Ein Ei.«

Mit einem »Ei« merkt der Lehrer alle gut geschriebenen Zeichen an, die verklexten und krakeligen streicht er durch. Wenn die Schüler ihre vollgeschriebenen Blätter vom Tisch des Lehrers zurückbringen, zeigen sie der Klasse mit den Fingern, wieviel Eier sie bekommen haben.

Zu Hause bestürmen mich Großvater, Großmutter und Mutter mit Fragen: »Wieviel Eier?«

Ich erhielt am ersten Tage meines Schreibunterrichts vier Eier.

»Wenn du für jedes Schriftzeichen ein Ei bekommst«, scherzt die Großmutter, »so gebe ich dir ein richtiges Ei zur Belohnung.«

Ein Tag folgt dem anderen, wie Eisenbahnschwellen einander folgen. Und ich laufe wie eine eilige Lokomotive von Schriftzeichen zu Schriftzeichen, von Seite zu Seite, die dummen Schüler überholend und mit den fähigen Kameraden wetteifernd.

Ich hatte übrigens zu jener Zeit noch keine Lokomotiven gesehen und wußte nichts von ihnen. Ich sage »Lokomotive« und »Schwelle« nur der Bildhaftigkeit halber.

Nach einem Monat habe ich die Schüler überholt, die schon ein halbes Jahr in der Klasse sitzen. Meine Arbeit wird schwieriger. Der Lehrer malt jetzt Schriftzeichen, zwischen denen er oben und unten einige Stellen offenläßt. An diese Stellen muß man andere Zeichen malen, so daß ein zusammenhängender Satz dabei herauskommt.

Die fetten, trägen Faulpelze meiner Klasse betrachten meine Erfolge mit Gleichgültigkeit.

Während dreier Jahre haben sie weniger gelernt als ich in drei Monaten. Die Schule ist für sie eine einzige Langeweile. Wie dumme Hühner picken sie zwanzig-, dreißigmal an dem Schriftzeichenkorn herum und können es doch nicht verschlucken. Ihre Augen kriechen über die Seiten und bleiben dann immer wieder am Fenster kleben, hinter dem die roten, gelben und orangefarbenen Früchte des Lehrergartens im dicken Grün verschwinden.

Aber die fleißigeren Kameraden, deren Ehrgeiz nicht weniger rege ist als der meine, behaupten spielend ihren Vorsprung.

Ich erinnere mich an einen. Mit ihm konnte ich es nicht aufnehmen. Er brauchte das allerschwierigste Zeichen nur einmal anzusehen, um es zu behalten. Er spazierte lächelnd durch das verworrene Gebüsch der Schriftzeichen, als ob es gar nichts wäre.

Später ging er in unserem Dorf betteln. Er konnte die Schule nicht beenden. Und das kam so: Seine Mutter, eine Witwe, rauchte Opium. Außer Opium hatte sie nichts im Leben. Mit dem Opiumrauch flogen Haus, Garten und ihr ganzes Vermögen zum dicken Schornstein hinaus.

Damals fiel meinem Schulkameraden eine Erbschaft von einem kinderlosen Onkel zu. Die Mutter hatte kein Anrecht auf diesen Besitz. Um sich dieser Erbschaft zu bemächtigen, brachte sie ihrem Sohn, dem Schuljungen, das Opiumrauchen bei. Er hörte auf zu lernen. Seine Augen wurden wäßrig, die Kräfte verließen ihn. Den ganzen Tag über war er schlapp und schläfrig, und erst zur Nachtzeit wurde er lebendig. Die Opiumraucher sind ja, wie die Fledermäuse, Nachttiere. Er verlernte, den Pinsel zu halten. Man jagte ihn aus der Schule. Seine Augen leuchteten erst auf, wenn er die Opiumpfeife sah, in der mit leichtem Rauch des Onkels Erbe verschwand. Und als es dann mit der Erbschaft aus war, trieb er sich an den Wegkreuzungen von Sjan-schi herum, und in seiner Hand klingelten die ersten Bettelpfennige.

Aber er bettelt das Geld nicht für Brot zusammen. Er brauchte es für die Opiumpfeife.

In den Pausen zwischen den Stunden laufen die Musterschüler mit einem Buch herum, die Nase immer zwischen den Seiten. Die Faulpelze aber werden lebendig und verschwinden in den Garten, dahin, wo die Früchte leuchten. Die Lehrersfrau sieht sie, aber sie läßt gleich den Blick sinken. Sie ist zu gut und zu freundlich, um eine Strafe über sie heraufzubeschwören. Sie geht durch den Garten, ohne jemanden zu bemerken.

Die kleinen Diebe essen schmatzend die Früchte, rascheln mit den Blättern und werden frech. Einmal bringt der Lehrer einen ertappten Obstdieb in die Klasse. Der Lehrer ist böse. Er zittert. Wie Hagel prasseln seine Worte auf den Kopf des Übeltäters.

»Nicht das ist schlimm, daß du Obst gegessen hast; mein Garten steht allen Schülern offen, die dessen würdig sind. Aber es ist schändlich, daß so ein ausgemachter Faulpelz und Nichtsnutz wie du, statt Bücher zu lesen, meine Aprikosen stiehlt! Ich verbiete solchen Faulpelzen wie dir, meine Früchte anzurühren!«

Dann nimmt er das Bambuslineal von der Wand, das er nicht zum Zeichnen braucht, faßt den Schuldigen an den Fingern der linken Hand und schlägt ihn auf die Handfläche und auf den Handrücken.
Vor Schmerzen mit den Beinen strampelnd, stöhnt und schreit der Schüler. Aber seine Angstrufe übertönt mein Schrei; ich bin zu Tode erschrocken. Ich sehe zum erstenmal eine körperliche Züchtigung, und das halten meine Nerven nicht aus.
Alle sind erstaunt: die Schüler, der Lehrer, sogar der Übeltäter. Der Lehrer hört auf zu schlagen, die Schüler sehen mich mit großen Augen an.
»Was ist denn los?«
»Ich habe solche Angst«, antworte ich.
Die ganze Klasse bricht in Lachen aus. Selbst der Geschlagene zwinkert mit den tränennassen Augen. Auch der immer ernste Lehrer lächelt. Aber er erstickt sofort das Lächeln, klopft mit dem Stock auf den Tisch, nimmt mich bei der Hand und führt mich zu seiner Frau. Als ich in die Klasse zurückkomme, ist wieder alles in Ordnung. Nur von Zeit zu Zeit hört man den Bestraften über seinem Papier glucksen.
Seit dieser Zeit schickte mich der Lehrer vor jeder Bestrafung zu seiner Frau. Die stille, gute Ssüä-Mu gab mir dann Bonbons oder Pfirsiche oder führte mich an der Hand in den Garten, weiter weg vom Klassenzimmer, wo zur selben Zeit unter dem klatschenden Bambusstock der Bestrafte sich wand, bäumte und schrie.
Eines Tages kommt mein Vetter zu uns ins Haus, ein Neffe der Mutter, Ljau Gwee-Tschan. Ljau ist der Familienname der Mutter. Ljau ist mein Altersgenosse und zur selben Zeit wie ich in die Schule gekommen.
Wir leben zusammen, wir lernen zusammen und gewöhnen uns aneinander.
Gwee-Tschan ist listig wie fünf Diplomaten und erfinderisch wie Edison.
Auf mich, den Stubenhocker und guten Bürger, machen seine

Vorliebe für weite und schwierige Spaziergänge und sein Blasrohr aus Bambus einen tiefen Eindruck. Er schießt mit kleinen Kugeln aus gekautem Papier. Gwee-Tschans Taschen sind immer voller Papierschnitzel, die er in der Schule aufliest. (Unser chinesisches Schreibpapier ähnelt eurem europäischen Löschpapier. Es saugt schnell jede Feuchtigkeit auf.) Man muß ein dünnes Bambusreis abschneiden, den inneren Kanal ausputzen, in beide Enden einen nassen Papierpfropfen stecken und mit einem Stock nachstoßen. Dann fliegt ein Pfropfen knallend hinaus wie eine Kugel, und der andere wird zur Kugel für den nächsten Schuß.

Das Blasrohr Gwee-Tschans steckt an wie Scharlach. Nach zehn Tagen gibt es schon keinen Schüler mehr ohne Blasrohr.

Zuerst schießen wir aufeinander, auf dem Hof, in den Pausen. Dann fangen wir an, während der Stunden zu schießen. Schließlich verwandelt sich das Klassenzimmer in den reinsten Artillerieschießstand. Und am Ende trifft eine Kugel den Lehrer.

Er fragt: »Wer ist der Anstifter?«

Die Klasse schweigt.

Der Lehrer nimmt das Bambuslineal vom Haken, schlägt auf den Tisch und erklärt, daß er alle der Reihe nach verhauen wird, wenn wir es nicht sagen.

Da steht hinter einem Tisch ein Verräter auf und zeigt auf Gwee-Tschan.

Der Lehrer läßt dreißig Hiebe auf Gwee-Tschans linke Handfläche sausen, dann drückt er ihn mit der Nase ins Buch und befiehlt ihm zu lesen.

Ljau weigert sich. Er ist der Meinung, daß man in einer Stunde unmöglich zwei so ernste Sachen wie Prügel und Lesen zugleich erledigen kann. Der Lehrer blickt ihn an und verstummt.

Es gibt keinen Schüler in der Klasse, den der Lehrer häufiger ausschilt als Ljau Gwee-Tschan. Ljau ist außerordentlich begabt und nimmt die Schulweisheit im Fluge auf. Er weiß auf

jede Frage des Lehrers zu antworten. Wegen seiner Gescheitheit, seiner Begabung und Lebendigkeit hegt der Alte für ihn eine empfindliche, eifersüchtige Liebe. Mehr als einmal sagt er, wenn er das Bambuslineal wieder aufhängt:
»Wenn du, Gwee-Tschan, aufhören möchtest, so ein Spielfritz zu sein, könntest du es zu wer weiß was bringen!«

DER VATER

Der jüngere Onkel ist ein großer, blühend aussehender junger Mann. Er unterrichtet die Kinder in der öffentlichen Schule von Sjan-schi, und die Kinder lieben diesen immer lächelnden Riesen.
Der ältere Onkel ist verschlagen, umständlich und nervös. Der jüngere immer einfach und geradeheraus.
Der Pinsel liegt schon fester in meiner Hand. In meinem Kopfe wächst die Zahl der Schriftzeichen. Ich bringe ungezählte »Eier« aus meinen Schreibstunden nach Hause. Die Zeichen, die ich schreibe, werden kleiner und kleiner – das bedeutet, das ich jetzt schon verstehe, mit dem Pinsel umzugehen.
Der ältere Onkel kommt schnell und feierlich ins Haus.
»Bald kehrt Vater zurück. Setz dich hin und hör mir zu.«
Und mit langsam singender Stimme, die Worte einer mir schwer verständlichen Sprache formend, liest er mir alte Gedichte aus der Zeit der Tang-Dynastie vor. Ich blicke ihm auf die Lippen und versuche, die feierlichen und getragenen Verse zu behalten, die einem Menschen gewidmet sind, der nach jahrelanger Abwesenheit zu seiner Familie zurückkehrt.
»Als Jüngling gingst du von Hause fort,
Als Greis kehrst du zurück nach Haus.
Wie ehdem klingt der Deinen Rede;
Doch Bart und Haare sind ergraut.
Lächelnd erblicken dich die Kinder,

und lächelnd fragen sie den Gast, den Unbekannten:
Wie heißen Sie?
Woher kommen Sie?
Was wünschen Sie?«

Ich muß bei den letzten Zeilen lächeln.

Es sind dieselben Worte, die ich mit dem obligatorischen Lächeln am Neujahrstag und am Drachenfest spreche, wenn ich zur Entlastung der müden Mutter die Rolle des Hausherrn spiele, wenn ich – der Dreikäsehoch – im Gastzimmer den grauen, kahlköpfigen und mürrischen Bekannten entgegengehe, die uns besuchen kommen:
Wie heißen Sie?
Woher kommen Sie?
Was wünschen Sie?

»Mit diesen Versen sollst du Vater empfangen«, sagt der Onkel aufgeregt und entfernt sich mit abgewandtem Blick.

Ich versteh' nicht recht: Was geht in dem Onkel vor?

Wenn man Vaters Namen ausspricht, so wird der Onkel gewöhnlich mürrisch und schimpft, weil der Vater die gute Stelle eines Lehrers aufgegeben hat und auf eigene Faust nach Japan abgereist ist.

Für seine Reise hatte Vater bei dem Mann der Schwester des Großvaters 70 Silbertael geborgt und war mit ihnen bis Schanghai gekommen. Erst von dort schrieb er zum erstenmal an seine Familie. Und nur aus diesem Brief erfuhr der Onkel, wohin Vater gereist war. Er wurde sehr böse und schwor, Vater keinen Pfennig zu geben. Deswegen mußte der jüngere Onkel Rundanleihen organisieren.

Stolz auf seinen gelehrten Titel Djü-jen, Monarchist und Kenner der Lyrik des Altertums, war der ältere Onkel böse darüber, daß Vater den alten Weg der Gelehrsamkeit verlassen und zum Studium in das »Land der Barbaren« gereist war.

Bei jeder Kanne Schnaps geriet er aufs neue außer sich und überschüttete Vater mit Anklagen, und jetzt auf einmal, am Vorabend von Vaters Rückkehr, kommt er, um mir Begrüßungsverse für ihn beizubringen. Ich gehe an Mutters Kommode und ziehe aus ihr die Fotografie eines jungen Mannes von 25 Jahren mit ruhigem, strengem Gesicht hervor. Dieser Mann trägt keinen Zopf.

Das ist Vater. Ich kenne ihn nur von diesem Bild, das er aus Japan geschickt hat.

Nachts wache ich auf. Irgend etwas läßt mich nicht schlafen. Das Haus ist voller Lärm.

Was ist los? Brennt's? Ist jemand gestorben? Ein Überfall?

Mein Zimmer ist hell vom Lampenschein, Mutters Bett ist leer.

Auch Großmutter ist nicht da. Es lärmt und poltert, es wird immer lauter und dann wieder still.

Ich rufe: »Großmutter, Großmutter!« Ich habe Angst, gleich fang' ich an zu weinen.

Da kommt Großmutter herein und sagt mit fröhlicher Stimme:

»Steh auf! Dein Vater ist gekommen.«

Hosen, Überrock, Strümpfe und Pantoffeln fliegen durch die Luft und sind in Windeseile angezogen. Großmutter nimmt mich bei der Hand und führt mich in den Litang.

Der Saal ist schwarz von Menschen. Wir drängen uns zwischen den Leuten durch zur Mitte, wo etwas mehr Platz ist. Ich stolpere über einen offenen Koffer und verrenke Großmutter beinah den Arm. Ich hebe die Augen und sehe vor mir den Vater in europäischem Anzug, mit kurzgeschnittenen Haaren. Mir gefällt gleich alles: der Anzug, daß Vater keinen Zopf trägt und daß er mich mit kühlen, ernsten Augen anblickt und keinen Schritt, keine Bewegung auf mich zu macht. Vater gegenüber stehen die beiden Onkel. Über ihre Schultern hinweg sieht man die Menge ihre Köpfe recken.

An den Gewändern der Onkel vorbei strecken sich jemandes Hände vor und befühlen die Nähte an Vaters Jackett. Eine andere Hand in einem zerrissenen blauen Ärmel – vielleicht die Hand eines Fischers oder eines Lastträgers – versucht Vaters ausrasierten Nacken zu betasten, zieht sich aber zu-

rück, als ob sie es doch nicht wagte.
Der ältere Onkel strahlt wie die hellste Petroleumlampe.
»Tritt vor, Schi-Chua!«
Damit meint er mich, und vergeblich bemüht, ein Lächeln zurückzuhalten, das durch die vielen Falten seines Gesichts hervorbricht, sagt er:
»Schi-Chua, weißt du noch die Verse, die ich dich gelehrt habe?«
Mein Mückenstimmchen läßt sich hören. Es wird still.

»Wie heißen Sie?
Woher kommen Sie?
Was wünschen Sie?«

Ich habe geendet. In der Stille wendet sich der Onkel stolz zu Vater:
»Nun, Ja-Pu, habe ich ihn nicht gut unterrichtet, wie? Dein Sohn liest schon Tang-Gedichte.«
Vater beugt sich zu mir herunter, zieht mich an sich und fragt halb zärtlich, halb ironisch:
»Deklamierst du die Verse bloß oder verstehst du sie auch?«
Ohne seinen kühlen, neugierigen Blicken auszuweichen, antworte ich zwischen den Zähnen hervor: »Ich verstehe sie.«
»Und wieso verstehst du sie?«
An Vaters Ohr vorbeiblickend, flüstere ich:
»O . . . A . . . I . . . I . . . E . . . Ä . . .«
»Sprich deutlicher!«
»Onkel hat sie mir erklärt.«
Vater hebt mich auf einen Koffer. Nun kann ich alles übersehen.
Die Menge will nicht mehr stillbleiben. Schatten tanzen an den Wänden. Eine grobe, rauhe Stimme ruft unter allgemeinem Lachen:
»Jang-gwee-dse, Jang-gwee-dse« (Ausländischer Teufel).
Und wirklich, Vaters Gesicht, Sprache und Name sind wie bei uns, aber das ganze Äußere wirkt fremd.
Von meinem Koffer aus sehe ich erst, was für eine Menge Leute sich bei uns zusammengefunden haben. Aus dem Dun-

kel der Nacht drängen immer noch mehr herein. Auf dem Wege ihre Kleider ordnend, kommen die verschlafenen, aufgeregten Nachbarn ins Haus. Die muskulösen Arme über den lehmbeschmierten Hemden verschränkt, so stehen die Ruderknechte da, die Vater den Jangtse heraufgebracht haben.
Die Träger der Sänften, in denen man auf unseren Wegen reist, stehen auf kräftigen Beinen und flüstern mit verhaltenen Stimmen. Sogar der Nachtwächter, der den Schlaf der 5000 Einwohner von Sjan-schi zu bewachen hat, blickt über die Schultern der Leute ins Zimmer, und an seinem Knie dröhnt leise der riesige Wächtergong.
Beinah erdrückt von der ihn anstaunenden, betastenden und ihm ins Gesicht atmenden Menge, tut Vater einen halben Schritt zurück und sagt:
»Leider ist mein Haus nur klein, und ich kann in ihm nicht alle meine lieben Nachbarn empfangen. Aber ich will mir erlauben, Ihnen ein kleines Vergnügen zu machen.«
Er beugt sich über einen der Koffer, raschelt mit Papieren, stellt verschiedene Kartonschachteln zur Seite und zieht einen nickelglänzenden Kasten hervor. Unter einer riesigen metallenen Blüte läuft eine schwarze, glänzende Scheibe, und aus dem Sprachrohr tönt über die Menge hinweg die zittrige Melodie eines Kampfliedes. Die Menge drängt zur Tür zurück. Jemand schreit auf. Dann hört man ein Lachen.
Die Nachbarn kommen wieder vor und drängen sich, nachdem der erste Schrecken überwunden ist, um das Grammophon. Während der Vater die Kurbel dreht und die glänzende Scheibe umwendet, betasten die neugierigen Finger der Nachbarn das Sprachrohr, den Nickel, die Scheibe und berühren sogar die scharfe Nadel, was die Trompete mit einem heiseren Husten beantwortet.
Aber in den hinteren Reihen schüttelt man mißbilligend den Kopf. Vater hebt die Hand und beruhigt die Leute.
»In diesem Kasten sitzt niemand. Es wäre jetzt zu umständlich, in ein paar Worten zu erklären, wie diese Maschine funktioniert. Aber ich verspreche euch, alles genau zu erzäh-

len, sobald sich dazu eine bessere Gelegenheit bietet.«
Die Menge verzeiht dem Grammophon für eine Weile die Menschenstimmen und die Orchesterklänge, die es von sich gibt, und wendet sich dem übrigen Gepäck zu.
Die Finger der Nachbarn befühlen die Leinwand der Koffer. Leinenkoffer sind in Sjan-schi unbekannt. Die Leute legen ihre Sachen hier in lederne oder hölzerne Kästen.
Hände greifen unter den Koffer. Sie versuchen, das schwere Riesending anzuheben. Es rührt sich nicht. Mißtrauisch blikken die Nachbarn einander an. Sie ziehen die Brauen zusammen. Aus dem Flüstern, das von Mund zu Mund bis zu den dunklen Türen läuft, höre ich das schwerwiegende Wort: »Gold.«
Vater zieht den Schlüssel hervor. Der Koffer springt auf, und mit leichtem Rascheln fallen aus seinem Innern glänzende, ein bißchen klebrige, viereckige Dinger: Bücher.
Die Leute wiegen die Bücher auf der Hand, schnalzen und ziehen verwundert die Brauen hoch. – So schwere Bücher? Die chinesischen Bücher sind leicht wie Federkissen und anders gemacht. Ein langer Papierstreifen wird nur einseitig bedruckt und dann wie eine Harmonika gefaltet und auf der einen Seite durch den Buchrücken zusammengehalten.
Aber diese ausländischen Bücher bestehen aus einzelnen Blättern, die auf beiden Seiten bedruckt sind. Die Schriftzeichen sind in diesen Büchern anders. Die Leute drehen die Bücher in den Händen, stellen sie auf den Kopf und lachen, weil sie die japanischen Worte nicht lesen können.
»So eine barbarische Sprache! Was für barbarische Worte!«
Der Lärm der Schritte und der vielen Stimmen läßt nicht nach, bis das graublaue Morgenlicht viereckig durch die Tür in den Saal dringt.
Ich stehe immer noch auf meinem Koffer. Aber die Müdigkeit zerrt an meinen Augenlidern. Die Leute gehen fort, ich höre das undeutliche Scharren ihrer Schritte. Über meinem Kopf ertönt die Stimme des jüngeren Onkels:
»Der Junge muß schlafen gehen.«

Großmutter nimmt mich bei der Hand, und ich gehe, kaum fähig die Füße zu heben, mit ihr fort.
Aber das Schwerste, was in den Koffern war, hat Vater den Nachbarn wohlweislich nicht gezeigt:
Schwarze, japanische Handgranaten.
Noch heute verstehe ich nicht, daß die Schanghaier Zollbehörden sie durchgelassen haben.

DER POLIZEICHEF

Auf der japanischen Universität hatte Vater an der juristischen Fakultät studiert. An dieser Fakultät werden auch Militärwissenschaften gelehrt. Sie dient schließlich zur Ausbildung leitender Polizeibeamter. Vater hatte die Fachrichtung Polizeiwesen gewählt.
Als Vater nach fünfjähriger Abwesenheit nach Sjan-schi zurückkehrte, schrieb man das Jahr 1910. Nicht lange vor dieser Zeit hatte die von Sun Jat-Sen im Jahre 1905 gegründete Vereinigung der revolutionären Gesellschaften – »Tung-meng-hui« – ihren Mitgliedern befohlen, in alle Ritzen des Staatsapparates einzudringen und alle möglichen Posten zu besetzen, besonders im Heer und in der Polizei. Da waren ja die Waffen, und Waffen fehlten den Revolutionären besonders.
Sechzig Li (etwa dreißig Kilometer) von Sjan-schi entfernt liegt unsere Kreishauptstadt Tejan. Der Dau-tai von Tejan hatte bald erfahren, daß aus Japan ein gebildeter Chinese nach Sjan-schi zurückgekommen war, der das Polizeigeschäft kannte.
Er beruft Vater nach Tejan und bietet ihm den Posten des Leiters der Kreispolizei an.
»Das ist eine neue Einrichtung«, sagt der listige Alte, »im Budget habe ich dafür kein Geld, ich kann Ihnen nur acht Silbertael monatlich dafür zahlen.«
»Ich verstehe«, antwortet mein Vater.

»Man muß eine Instrukteurschule organisieren«, fährt der Dau-tai fort, »und den Halsabschneidern, die wir bisher hatten, ein bißchen Schliff und höhere Kultur beibringen.«
»Ich verstehe«, sagt mein Vater.
»Dann brauchen wir keine Angst mehr vor den Liebhabern von Aufständen und Unruhen zu haben«, schließt das Oberhaupt der Stadt Tejan.
Vater verläßt sein Kabinett als Chef der Kreispolizei.
Als er mit dieser Nachricht nach Hause kommt, geht die Mutter auf seine kurze Anweisung fort, um seine Sachen zu packen: Er wird in Tejan leben und nur selten nach Sjanschi kommen.
Mein älterer Onkel ist außer sich. Er vergißt von den acht Lebensregeln die zweite: die Bruderliebe, die fünfte: die Höflichkeit, und sogar die siebente: die Uneigennützigkeit.
Er vergißt seine Gelehrsamkeit und den ganzen Berg Verszeilen der alten Dynastien. Er rennt im Zimmer vor dem Vater auf und ab und schimpft:
»Du bist verrückt! Acht Silbertael im Monat! Dann schon lieber eine Sänfte schleppen oder Fische fangen! Acht Silbertael im Monat ...! Du hast dich im Ausland in Schulden gestürzt. Bis über beide Ohren sitzt du drin ... Du mußt ans Zurückzahlen denken ... Schi-Chua wird man bald von der Schule weisen, weil er kein Schulgeld zahlt! Deine Frau bringt sich um ohne Dienstmädchen. Mit Fingern wird man im ganzen Kreis auf dich zeigen! Acht Silbertael im Monat ... Und das nimmst du an? Du mußt diesen Posten ausschlagen! Mögen ihn jene Spitzbuben besetzen, die aus acht Silbertael achthundert im Monat machen können!«
Vater verfolgt unbeweglich und still den vor Wut zitternden Bruder mit den Augen.
»Warum schweigst du?« fragt der aufgebracht: »Sprech' ich etwa nicht die Wahrheit? Ich, als der ältere, bin verpflichtet, sie dir zu sagen.«
Müde vor Anstrengung nimmt der Onkel im Sessel Platz, zuckt die Achseln und runzelt die Brauen. Der Vater lächelt.

»Hören Sie doch auf! Können Sie mir irgend etwas Gescheites sagen? Was verstehen Sie denn davon?«

Nach den Regeln der höflichen Anrede sagt mein Vater zu dem älteren Bruder »Sie«.

Außer sich rennt der Onkel zur Tür, hinter der Mutter, über einen Koffer gebückt, die Sachen packt, wirft aufgeregt die Arme in die Luft und läuft hinaus.

Die Hände fest auf den Tisch gestützt, steht Vater mit einer leichten Bewegung auf, befestigt zwei Taschen mit den Revolvern an seinem Gürtel und hängt den langen Polizeisäbel um.

Ich denke, daß er jetzt zu mir kommen wird. Seit der Nacht seiner Ankunft hat er mich nicht mehr beachtet. Er steuert auf mich zu, und ich versuche gespannt zu erraten, was diese niemals freundlichen Augen mir befehlen.

Aber ich habe mich getäuscht. Er blickt an mir vorbei. Nur ein Luftzug trifft meine Wangen, als er vorbeischreitet.

Der jüngere Onkel folgt ihm geräuschlos, und im Vorbeigehen streichelt er mit seiner warmen Hand zärtlich meinen struppigen Kopf ...

Vater ist ganz und gar in Tejan beschäftigt, wo er die Polizeischule organisiert. Er bildet in ihr hundert Anwärter für zukünftige Polizeiwachtmeisterstellen und zweihundert einfache Polizisten aus. Bei uns ist er ein seltener Gast geworden.

Einmal, selten zweimal im Monat bringt ihn der Kahn aus Tejan herauf.

Auf den Fliesen des Hofs hört man die metallene Säbelscheide klirren; hinter dem Vater schreiten zwei bis an den Hals zugeknöpfte Ordonnanzen einher.

Vater nickt schnell der Mutter zu, und schon steht er vor dem lächelnden jüngeren Onkel. Sowie Vater den Schritt des älteren Onkels hört, der herauskommt, um den seltenen Gast zu begrüßen, flüstert er dem jüngeren zu:

»Man muß Ssau-Pu wegbringen.«

Dann geht er dem lächelnden älteren Onkel entgegen, der

schon ironisch mit den Augen zwinkert und sich bemüht, irgendein besonders feines, passendes Gedicht eines alten Poeten aufzusagen; aber Vaters Worte vertreiben schnell Ironie, Lächeln und Verse. »Lau-Ssau, ich bitte Sie sehr, während der zwei oder drei Tage, die ich hier sein werde, in die Schule überzusiedeln. Das Haus ist eng, und ich habe meine Soldaten bei mir. Ich fürchte, daß Sie Ungelegenheiten haben werden.«

Der ältere Onkel blickt den jüngeren wütend an. Der Vater fängt diesen Blick auf.

»Mit Ti-Dse habe ich schon gesprochen. Er wird auch in der Schule schlafen.«

Der jüngere Onkel blickt enttäuscht auf, neigt aber bejahend den Kopf. Der Liebhaber der Verse will sich nicht gleich fügen. Auch der ehrerbietige Zusatz »Lau« (Alter), den Vater seinem Namen beifügt, während er den jüngeren Bruder familiär »Dse« nennt, macht auf ihn keinen Eindruck.

»Das ist doch unerhört! Warum hast du überhaupt den Posten bei der Polizei für acht Silbertael angenommen? Du hättest eine einträglichere Stellung haben und ein besseres Haus mieten können, als es dieser Käfig ist. Man kann sich mit dir nicht einmal unterhalten, wenn du kommst.«

Der Vater lächelt.

»Ich verstehe, ich verstehe. Man muß Geduld haben. Es werden andere Zeiten kommen. Wir werden eine große Wohnung haben. Dann werden Sie, so erlaube ich mir zu hoffen, immer bei mir wohnen können. Dann werden wir uns auch aussprechen, wie es sich gehört.«

Der Onkel zuckt die Achseln und scharrt unzufrieden mit den Pantoffeln, die er an den dünn gewordenen Beinen trägt.

Vater spricht inzwischen mit dem jüngeren.

»Mach ihm nachher einen Besuch und beschäftige dich mit ihm bis Sonnenuntergang. Dann komm her und übernimm statt meiner die Leitung der Versammlung, ich geh' dann inzwischen zu ihm. Sonst wird es ihm noch langweilig und

er kommt hierher schnüffeln.«
An solchen Tagen hat Mutter nicht einen Augenblick Zeit, um nach mir zu sehen, auch dann nicht, wenn ich in die Küche komme, mir eine Tasse Tee einzugießen.
Im Speisezimmer unterhält sich Vater im Flüsterton mit dem jüngeren Onkel.
»Ist jemand von Sun Jat-Sen gekommen?«
»Ja. Zwei.«
»Waren sie lange da? Hat man sich um sie gekümmert? Haben sie Quartier bekommen und Essen?«
»Ja.«
»Wann sind sie abgereist?«
»Spät in der Nacht.«
»Quietscht das hintere Gatter auch nicht?«
»Nein, ich habe es geschmiert.«
Sie reden von den nächtlichen Gästen, den geheimnisvollen, die keiner von uns kennt, die von weit her kommen, vorsichtig unser Haus betreten, nach dem Vater fragen, in den entfernteren Zimmern des Hauses sitzen und bei Nacht und Nebel wieder verschwinden, wenn ganz Sjan-schi schläft und nur der Nachtwächter mit Gongschlägen eine der fünf Wachen verkündet, in die die altchinesische Nacht eingeteilt ist.
Mutter begleitet die Gäste hinaus und kommt dann ins Schlafzimmer zurück. Leise stellt sie die Lampe auf den Tisch, um mich nicht zu wecken. Aber dann bemerkt sie, daß ich nicht schlafe, sieht meine Augen, die wie Fragezeichen sind, beugt sich über mich und streicht mit ihren müden Fingern über die Bettdecke.
»Gib acht, Schi-Chua, erzähl nie jemand, daß in der Nacht unbekannte Leute zu uns kommen.«
Tage vergehen.
Es ist abend. Ich wasche mir die tagsüber staubig gewordenen Füße. Durch das Plantschen des Wassers hindurch höre ich das Rascheln von Pantoffeln und dann ein leichtes Klopfen am Tor.

»Onkel«, sage ich leise.
»Was?« höre ich durch die mit Papier beklebten Wände Onkels Stimme so laut, als stände er neben mir im Zimmer.
»Es klopft am Tor.«
Onkel springt nur so zum Tor. Nach ihm Vater. Ohne mir die Füße abzutrocknen, laufe ich ihnen nach und blicke durch eine Ritze in der Tür.
Vor Vater steht ein junger Mann. Vater blickt ihn an und erkennt ihn nicht. Aber dann ruft er mit verhaltener Stimme:
»Lö-Wu! Tschang Lö-Wu!«
In dieser Nacht wache ich oft auf. Die ganze Zeit über brennt Licht in Vaters Zimmer, und man hört zwei Stimmen geheimnisvoll flüstern.
Gegen Morgen reist der Gast ab. Er verabschiedet sich von Vater; in seinen Augen sind Tränen und Vaters Kinnladen zucken.
Nach der Revolution, die die Mandschu-Dynastie stürzte, wurde Tschang Lö-Wu einer der zwei revolutionären Gouverneure, denen Setschuan unterstellt wurde. Später, als die Revolution zusammenbrach, ließ ihn der Diktator Jüan Schi-Kai erschießen.
Eines Abends hören wir vor den Toren des Hauses den Lärm von Pferdehufen. Vater ist zu Hause. Wir laufen hinaus.
Einer der Ankömmlinge springt vom Pferd und ruft vergnügt, zu seinen Gefährten gewandt:
»Hat keiner von euch vergessen, wo sein Quartier ist?«
»Wer ist das?« flüstert der jüngere Onkel, unsicher ins Dunkel hinausblickend, hinter Vaters Rücken.
»Sse Din-Tschen.« Vater macht einen Schritt nach vorn: »Din-Tschen . . . alle deine Genossen finden Nachtlager in meinem Hause, beeilt euch etwas! Führt die Pferde in den Hof!«
Trappelnd und mit Hufgeklapper verschwindet die ganze nach Pferdeschweiß und schmutzigen, müden Körpern riechende Gesellschaft in den engen Höfen unseres Hauses. Die

Pferde werden übrigens bald anderswohin geführt.
Sse Din-Tschen ist bescheiden wie Mutters Schülerinnen. Ich bewundere seinen großen schwarzen Bart, der gleich Fransen eines großen Seidenschals zwischen Ohren und Kinn herunterhängt.
Die Gäste haben am Tisch Platz genommen. Sie legen die schweren, an Ketten hängenden Revolver ab, befestigen sie an den Stuhllehnen oder legen sie neben ihre Eßstäbchen. Ich flüstere dem jüngeren Onkel zu: »Sse Din-Tschen gefällt mir.« Der Onkel antwortet mir ebenso flüsternd, auch ihm gefalle Sse Din-Tschen:
»Niemand in Setschuan versteht so gut wie er, Bomben herzustellen. Der Dau-tai ist hinter ihm her. Tausend Silbertael sind auf seinen Kopf ausgesetzt.«
Samt dem Bart? wäre ich beinah herausgeplatzt; sosehr gefällt mir Sse Din-Tschens Bart.
Am Tisch wird diskutiert.
»Woher nehmen wir Flinten?«
»Macht sie doch selbst«, ruft Sse Din-Tschen und lacht übers ganze Gesicht; er greift in die Tasche und wirft ein sonderbares schwarzes Ding auf den Tisch, nach dem der Vater sofort greift, um es zu betrachten.
»Das ist ein Gewehrschloß.«
Nach dem Abendessen kümmert sich Vater um das Nachtlager Sse Din-Tschens und seiner Gefährten. Sie haben ihre Jacken ausgezogen, sitzen in Hemdsärmeln und kratzen sich die Brust.
»Wo sind eure Sachen?« fragt Onkel.
»Was wir an uns haben ist alles; mehr haben wir nicht.« Onkel ist verwirrt.
Vater ruft Mutter etwas zu, sie nimmt die leisen Anordnungen entgegen.
»Näh jedem ein Hemd. Laß ihre Wäsche waschen. Sie bleiben fünf Tage hier. Man muß Reisegeld für sie auftreiben. Haben wir nicht eine seidene Decke, die man aufs Pfandhaus bringen kann?«

Sse Din-Tschen interessiert mich immer mehr.
Kaum bin ich morgens aufgewacht, so laufe ich schon in sein Zimmer. Erschrocken bleibe ich in der Tür stehen. Der schöne schwarze Bart fällt unter den Bewegungen eines Rasiermessers in Flocken zu Boden.
Sse Din-Tschen begrüßt mich lachend:
»Guten Morgen, kleiner Schi-Chua aus der Familie Den.«
Sein Gesicht ist völlig verändert, die ganze Würde liegt mit dem Bart zusammen auf der Erde.
»Haben Sie heute schon gefrühstückt, verehrter Schi-Chua, Erstgeborener meines Freundes Den Ja-Pu?«
Er macht sich über mich lustig, weil ich immer noch stumm und steif dastehe. Aber nun tut er etwas, was ich ganz und gar nicht verstehe.
Er nimmt aus einer Schachtel künstliche, dunkle Warzen mit kleinen Haarbüscheln und klebt sie sich ins Gesicht. Dann öffnet er seine dicke Aktentasche, die voll sonderbarer handgroßer Büchlein mit lustigen Bildern auf dem Umschlag steckt. Er prüft die Patronen in der Trommel seines Revolvers und macht den Fensterladen so weit auf, daß ein schmaler Spalt entsteht; ein Lichtstrahl fällt herein, in dem Stäubchen tanzen. Dann setzt er sich und beginnt zu lesen, indem er die Seiten eines Büchleins ins Licht hält. Verwundert ziehe ich mich zurück. Aus dem Zimmer ruft mir eine lustige Stimme nach: »Schi-Chua, mach die Tür zu, aber ordentlich.«
Diesen ganzen Tag über laufe ich im Garten umher und denke nach über den Bart, die Warzen und die geschlossenen Fensterläden.
Es vergehen ein paar Stunden. Das Geheimnis des verschlossenen Zimmers läßt mir keine Ruhe. Ich drücke vorsichtig die Tür auf, stecke den Kopf hinein und versuche das dunkle Innere des Zimmers mit den Augen zu durchdringen.
Sse Din-Tschen entdeckt mich eher als ich ihn.
»Was gibt's, junge Spürnase?«
Ich fasse mir ein Herz und frage:
»Ist es Ihnen hier nicht langweilig?«

Er lacht, schwenkt das Büchlein, zieht dann eine Tasche zu sich heran und wiegt sie auf der Hand.
»Guck, wieviel das sind. Denkst du, daß einem dabei langweilig werden kann?«
Er bleibt länger bei uns wohnen als die anderen.

ZWEI SITZUNGEN

Das Mittagessen ist beendet. Die Gäste kauen noch an ihrem Reis und trocknen sich Hände und Gesicht mit heißen, feuchten Servietten. Mutter trägt das Geschirr weg.
Von irgendwoher tauchen, als wären sie unter den Stühlen im Zimmer versteckt gewesen, drei neue, bisher unsichtbare Gäste auf. Sie tauschen Begrüßungen mit unserem warzenbedeckten Besucher und seinen Freunden aus. Vater läßt sie am Tisch Platz nehmen und sagt: »Fangen wir an.«
Als Vater sieht, daß ich sitzen bleibe und aufmerksam dem Gespräch zuhöre, wendet er mir seine ernsten Augen zu und befiehlt mir mit einem gleichgültigen Blick, mit dem man Hunde oder Katzen betrachtet, aus dem Zimmer zu gehen. Ich rutsche langsam von meinem Stuhl. Aber eine kräftige Hand faßt mich an der Schulter.
Das ist der Mann mit den Warzen. Er hält mich fest, blickt Vater bittend an und sagt zögernd:
»Laß ihn doch bei der Sitzung bleiben, Den. Er soll doch einmal unser Werk fortsetzen. Mag er lernen.«
Vater blickt von mir fort.
Ich beginne zu verstehen. Das ist eine Sitzung der Revolutionäre. Der Mann, der von weit her gekommen ist, als Bote von Sun Jat-Sen selber, erkundigt sich angelegentlich bei Vater, wieviel Leute er schon gesammelt habe und ob er mit seinen zwei mit europäischen Flinten ausgerüsteten Bataillonen gegen den Dau-tai losschlagen könne. Vater antwortet ruhig und gedämpft:
»Ich habe schon neulich einen Mann mit einem Bericht an

Dr. Sun geschickt. Ich wiederhole noch einmal kurz, wie die Dinge liegen. Unsere Hauptstütze in diesem Bezirk ist der ›Ko-lau-hui‹, der ›Geheimbund der Älteren Brüder‹ (Ko – Bruder, lau – der Ältere, hui – Bund).

Als ich hierher zurückkehrte und vom Parteikomitee den Befehl erhielt, mich auf den Ko-lau-hui zu stützen, erkannte ich bald, daß dieser alte Bund mit seiner klaren Losung ›Nieder mit der Räuberdynastie der Mandschu‹ brüchig geworden war. Er hatte sich in eine Art Verein für gegenseitige Hilfe, in eine Art Landsmannschaft verwandelt und war keine revolutionäre Kampforganisation mehr. Die Zusammensetzung des Bundes war außerordentlich gemischt. Die Mitgliedschaft zerfiel in drei Kategorien.

Die oberste Gruppe bildeten die ›Schen‹ (bessere und wohlgeborene Leute). Sie nannten sich Mitglieder des Bundes, interessierten sich in Wirklichkeit aber nicht für sein Schicksal. Alle diese Offiziere, Grundbesitzer und Lehrer waren nur aus alter Tradition im Bund und trommelten wie die Spechte die überlebten und für uns schädlichen Losungen von der Wiedereinsetzung der chinesischen Ming- an Stelle der Mandschu-Dynastie.

Zu der zweiten Gruppe, genannt ›I‹, was soviel bedeutet wie ›Wohltäter‹, gehörten hauptsächlich umherziehende Komödianten, Soldaten und Banditen, die nur darauf aus waren, möglichst viel zu stehlen und zu fressen und sich dann zu verdrücken und bei anderen Mitgliedern des Bundes versteckt zu halten. Sie hatten längst das alte Gesetz des Bundes vergessen, das bestimmt, daß Enteignungen nur mit Erlaubnis der Bundesversammlung oder auf Anordnung des Bundesältesten vorgenommen werden dürfen und daß nur reiche Leute, Wucherer und Bedrücker des Volkes beraubt werden dürfen. Sie hatten vergessen, daß das fortgenommene Geld in die Bundeskasse abzuliefern ist und nicht dazu da ist, um es im Würfelspiel zu verschwenden oder in den Jahrmarktskneipen zu versaufen. Sie führten sich so auf, daß die Bezeichnung ›I‹ zu einer Verhöhnung der alten Gesetze des

›Bundes der Älteren Brüder‹ wurde.

Die Mitglieder der dritten Gruppe nannten sich ›Li‹, das heißt ›Zeremonie‹. Das waren kleine, arme, verlassene Leute: Kulis oder Fischer, Sänftenträger oder Kahnschlepper, arme Bauern oder Bettler, die bald von kleinen Diebstählen lebten, bald von Tagelöhnerarbeit auf irgendeinem ärmlichen Felde. Für sie alle bedeutete der Bund nur ein Mittel, um kleine Geldsummen fürs tägliche Leben zu bekommen oder sich für ihre Leichen eine anständige Beerdigung zu sichern.

Meine Aufgabe bestand darin, diesen Menschenstaub fest in die Hand zu nehmen, um aus ihm einen Stein zu pressen. Man mußte die Menschen aus ihrer Ruhe bringen und sie wieder mit dem Haß gegen die Mandschu laden, einem Haß, der unter der grauen Asche ihrer alltäglichen Gleichgültigkeit noch glomm. Ich bin jetzt der Da-ko (der Älteste) oder, wie man mich noch nennt, der erste ältere Bruder für den ganzen Osten Setschuans. Meine Mitarbeiter sind: Genosse Tu-En, der dritte ältere Bruder; er ist den ganzen Tag mit den Streitereien, den Geschäften, der Kasse und der Schlichtung von Mißverständnissen innerhalb des Bundes beschäftigt. Der fünfte ältere Bruder – Fu – ist ständig unterwegs. Kurze Zeit vor euch war er hier. Jetzt ist er abgereist, Sun Jat-Sen meinen Bericht zu überbringen. Die Posten des zweiten und vierten Bruders sind nicht besetzt.

Außer dieser leitenden Dreiergruppe arbeitet noch eine Fünfergruppe von Brüdern, der sechste, siebente, achte, neunte und zehnte. Wenn die Kugel oder das Richtbeil des Dau-tai einen der drei Hauptanführer aus unseren Reihen reißen, nimmt jemand aus der Fünfergruppe seine Stelle ein.

Alle Jungen, die in meiner Polizeischule lernen, sind Mitglieder des Ko-lau-hui. Sie bilden die zuverlässigste Gruppe, und außerdem haben sie Revolver und Säbel.

Alle Mitglieder des Ko-lau-hui, die zu mir kommen, um in die Polizeischule aufgenommen zu werden, lasse ich als Soldaten oder Bataillonsschreiber eintreten. Da bekommen sie auch Flinten und warten auf das Signal. Wir haben jetzt in allen Dörfern Setschuans Ortskomitees des Ko-lau-hui. Das sind jetzt nicht mehr Klubs reicher, untätiger Dichter und keine Räuberbanden mehr, die bereit sind, über wen auch immer herzufallen, auch nicht kümmerliche Vereine zu gegenseitiger Hilfe. Die Ortskomitees sind militärische Abteilungen. In ihnen wird Unterricht im Boxen und im Kampf mit Schwert und Pike erteilt. An einem fehlt es uns noch: an Flinten. Unseren Banditen habe ich den Auftrag gegeben, statt Geld Flinten heranzuschaffen. Aber ich fürchte, daß der Dau-tai später dahinterkommt, was diese ständigen Überfälle auf die Arsenale, Zeughäuser und Wachstuben bedeuten.«

»Und gibt es keinen Verräter im Bunde?« fragt mein Freund mit den Warzen.

»Wir hatten zwei. Einer von ihnen wurde erdolcht, der andere mit einem Stein um den Hals in den Jangtse geworfen, genau drei Stunden, nachdem beide ihre Meldung über die Versammlungen in meinem Hause gemacht hatten.«

»Und wie ist dein Haus verschont geblieben?«

Vater lächelt.

»Wir haben Glück gehabt. Der Mann, dem sie ihre Meldung erstatteten, war zufällig auch Mitglied des Ko-lau-hui. Wir haben unsere Leute an Stellen, wo man es nicht erwartet. Sun Jat-Sen hat sehr weise gehandelt, als er beschloß, sich auf den ›Bund der Älteren Brüder‹ zu stützen.«

»Man kann also die Vorbereitung als beendet bezeichnen?« fragt einer der Unbekannten ungeduldig.

Vater runzelt die Stirn und schüttelt den Kopf.

»Wir dürfen uns nicht übereilen; wir haben noch zuwenig Waffen. Man muß die Organisation noch weiter ausbauen, die Disziplin muß fester werden; aber die Hauptsache ist: Der Schlag gegen die Mandschu muß in allen Provinzen am selben Tag, zu selben Stunde, zur selben Minute geführt werden. Nur dann werden sie stürzen und sich nicht wieder erheben. Und wie steht es in den anderen Provinzen mit den geheimen Gesellschaften?«

Einer der Fremden antwortet:
»Im Süden steht es sehr gut. Dort arbeiten wir mit der geheimen Gesellschaft ›Ssan-ho-hui‹ zusammen. Sie besteht fast ganz aus Bauern. Es ist ein hitziges Volk. In ihren Familien leben heute noch alte Leute, die sich an die Zeiten des Tai-ping-Aufstandes erinnern, als die Bauern sich die Zöpfe abschnitten und in ganz Südchina ihren eigenen Staat ausriefen. Schwieriger ist es im Norden längs des Meeres. Dort bestand einmal ein sehr mächtiger Bund, die ›I-ho-tuan‹, die Boxer. Aber unter ihnen haben die ausländischen Strafexpeditionen nach dem Aufstand von 1900 so aufgeräumt, und die mandschurische Dynastie, die diesen Aufstand angezettelt hatte, hat ihnen so böse mitgespielt, daß sie bis heute noch nicht recht auf die Beine gekommen sind.«
Vater hört schon nicht mehr zu, er horcht nach der Eingangstür hin. Er springt auf, öffnet im Laufen die Revolvertasche und zeigt, zu den Gästen gewandt, nach oben, wo eine Tür in den Garten führt.
»Schi-Chua, zeig ihnen den Weg!«
Er selber läuft schnell dorthin, wo er das Geräusch gehört hat.
Einen Augenblick später kommt er zurück:
»Es war nur meine Ordonnanz.«
Die Gäste, die aufgesprungen waren und sich zu einem Haufen zusammengedrängt hatten, nehmen wieder auf den Sesseln Platz.
Mein Kopf vermag kaum alles das zu fassen. Ich höre Bruchstücke eines Gesprächs zwischen Vater und meinem Freund mit den Warzen. Das Gespräch wird leise geführt und erscheint mir wie ein Brei, der die Ohren verklebt. Aus dem Geflüster fange ich nur einzelne Worte auf: »... die Mandschu ... Sun Jat-Sen ... der Dau-tai ... Flinten ...«
»Das allerschlimmste ist, daß es Tote sind, die uns an der Gurgel halten. Fünf Millionen Mandschu haben vor dreihundert Jahren China erobert. Von ihnen sind heute nur noch ein paar große Würdenträger, ein Haufen Hofschran-

zen und ein paar hunderttausend Faulpelze von Gendarmen übrig, die in den Provinzen herumsitzen. Sie haben sogar ihre Muttersprache vergessen. Die Mandschu und die Beamten saugen zu ihrem Vergnügen das chinesische Volk aus. Dreihundert Jahre lang machen die Chinesen einen Aufstand nach dem anderen, und jedesmal werfen die Mandschu diese Aufstände nieder. Sollen jetzt auch wieder die Toten stärker sein als die Lebenden? Sollen auch unsere Köpfe über die Höfe der Machthaber rollen?«
Mein Freund mit den Warzen sieht zu, wie die Bewegungen meines Gesichts denen des Vaters folgen: Runzelt der Vater die Stirn, tu ich dasselbe, preßt Vater die Lippen zusammen, so presse auch ich sie zusammen. Vaters Worte unterbrechend, sagt er auf einmal:
»Den, schick deinen Schi-Chua nach Japan, daß er schauspielern lernt.«
Rasch einen Blick auf mich werfend, fragt Vater Sse Din-Tschen mißtrauisch:
»Glaubst du nicht an den Sieg des Aufstandes? Willst du ihn in Sicherheit bringen, damit das Geschlecht nicht ausstirbt? Von dort wegschaffen, wo man sich verbrennen kann? Was?«
Sse antwortet, indem er die Brauen mit all den aufgeklebten Warzen bis unter die Haare hochzieht:
»So war es nicht gemeint. Schi-Chua hat das Zeug zu einem ausgezeichneten Agitator. Schauspieler können überall hinkommen: in die Stadt, aufs Dorf, ins Gutshaus, zu privaten Leuten, und kein Dau-tai wird Verdacht gegen sie haben.«
»Geh schlafen, Schi-Chua«, beendet der Vater meine erste Teilnahme an einer politischen Sitzung der Setschuaner Abteilung der Tung-meng-hui-Partei, in der Sun Jat-Sen die freiheitsliebende Intelligenz vereinigte.
Während ich mich ausziehe, höre ich, wie die Versammelten auseinandergehen. Die Schritte der einen verlieren sich nach dem Gatter zu, die der anderen in dem dunklen Zimmer mit den geschlossenen Läden.

Wieder andere Schritte, vereinzelte und schwere, hört man draußen auf den Steinen, mit denen unser Hof gepflastert ist. Ein kurzes Klirren der Revolverkette auf dem Stein, und dann ist Stille. Das ist der Da-ko von Ostsetschuan, der über seine Grundbesitzer, Räuber und Lastschlepper nachdenkt. Es ist mein Vater, der, müde vom langen Hinundhergehen, auf der Schwelle ausruht.

Es ist noch nicht viel Zeit seit der Sitzung des Tung-meng-hui vergangen, an der ich teilnahm.

Tiefe Nacht. Ich wache auf und liege lange ohne Schlaf. Von weit her schwingt über die Ziegeldächer von Sjan-schi der dreifache Schlag des Gongs herüber. Der Nachtwächter kündet die dritte Nachtwache an. Aber ich fühle, daß unser Haus nicht schläft. Es ist wahr, man hört keinen Schrei, kein Geschirrklappern, keinen Schritt; aber irgendein undeutliches Rascheln, das aus der Richtung des Saales kommt, beunruhigt mich.

Ich klettere aus dem Bett, werfe mein Röckchen über und drücke mich an der Wand entlang zum Saal. Schon bin ich am Saalfenster. Ich schiebe die Zacken eines in das Papierfenster gebohrten Loches auseinander und blicke neugierig und aufgeregt hindurch. Ein dichter Ring von Menschen steht und sitzt um den Tisch. Man könnte meinen, daß im Innern des Rings Würfel gespielt wird. So fest aneinandergedrängte Menschenringe sah ich manchmal auf Jahrmärkten. Lichter stehen auf dem Tisch, auf dem Schrank, auf den Fensterbrettern. Sie brennen trübe in dieser warmen, stickigen Luft. Rasierte Schädel, mit Handtüchern umwundene Köpfe, zottige Fellmützen drängen sich um die, die am Tische sitzen. Dort sitzt der Älteste und Anführer all dieser heimlich in unserem Saal versammelten Leute. Es ist mein Vater. Einer der Köpfe biegt sich zu ihm hinunter und teilt ihm flüsternd eine Neuigkeit mit. Vater denkt eine Weile nach – in der Stille höre ich, wie irgendwo Stuck herunterrieselt, den eine Ratte auf dem Speicher in Bewegung gebracht haben mag.

Vater redet. Seine abgerissenen Worte klingen wie Revolverschüsse.
»Brüder, man teilt mir eben mit, daß unser Bruder Lo Han von einer Abteilung des Dau-tai gefaßt worden ist. Er hat aus der Kaserne der Abteilung Flinten geholt. Morgen wird er verhört und übermorgen hingerichtet. Vierzehn seiner Familienangehörigen werden davon betroffen. Er ist ihr einziger Ernährer. Was aber die Hauptsache ist: Ihn unserer Abteilung wegnehmen bedeutet soviel wie uns die Hände abhacken. Auf ihm hat die ganze Waffenbeschaffung gelegen. Wir brauchen ihn. Er muß morgen wieder an die Arbeit.«
Eine Stimme – ich kann nicht sehen, wessen – unterbricht Vater:
»Unter den Gefängniswächtern sind Bundesmitglieder. Man kann ihn noch heute nacht befreien.«
Vater fährt fort. »Ihn befreien, würde bedeuten, vierzehn unschuldige Menschen dem Henker ausliefern, besonders aber preisgeben, daß Lo Han mit der Organisation verbunden ist. Der Dau-tai muß glauben, daß Lo Han hingerichtet ist.«
Man hört eine zweite Stimme, die, als setze sie die Rede Vaters fort, feststellt:
»Lo Han muß durch einen anderen Bruder ersetzt werden.«
Der Kreis der Köpfe um Vater wird plötzlich weiter, als führen die Menschen vor ihm zurück. Vater blickt ruhig im Kreise umher.
Eine belegte Stimme durchbricht das unerträgliche Schweigen.
»Da-ko, sag du, wer an Lo Hans Stelle treten soll.«
Jetzt höre ich zum erstenmal einen freundlichen Klang in Vaters Stimme. Vater erklärt, daß das alte Bundesgesetz des Ko-lau-hui dem Bundesältesten das Recht gibt, ein Bundesmitglied an Stelle eines anderen dem Henker auszuliefern. Aber er will jetzt keinen Namen nennen. Man hat noch die ganze Nacht Zeit. Er will nachdenken. Am Morgen will er demjenigen, der statt des Befreiten in die Zelle geschmuggelt

werden soll, davon Mitteilung machen.
Zwei Männer wenden sich Vater zu. Den einen kenne ich; es ist der Besitzer der Teestube an unserem Marktplatz. Der andere ist, nach der Kleidung zu urteilen, ein Bauer aus den Bergtälern.
Der Bauer beschwert sich:
»Da-ko, ich habe zwei Tage lang nichts gegessen. Ich bin in die Teestube gegangen, wie mir gesagt worden war; ich habe das Losungswort gesagt und den Tee so eingegossen, wie man es machen muß, damit die Brüder einander erkennen. Und er hat getan, als wenn er mich nicht versteht, und hat mich rausgeschmissen. Ich weiß nicht, Da-ko, ist das richtig?«
Der Teestubenwirt verteidigt sich:
»Der Bruder, der da gekommen ist, hat die Losung nicht richtig gesagt. Ich habe ihn früher nie gesehen. Die Spione des Dau-tai lungern überall herum. Wie konnte ich wissen, daß er einer von den Unseren ist?«
Vater schlichtet den Streit:
»Nimm ihn in Quartier und gib ihm gut zu essen.«
Zufrieden verläßt der Bauer den Tisch.
Einer nach dem andern neigen sich die Köpfe dem Vater zu. Er sitzt und sitzt und nimmt unbewegt die kurzen Berichte der ernsten, spitzköpfigen Menschen entgegen, die zu Fuß, zu Pferd und auf dem Fluß, aus Städten, Dörfern, Gutshäusern, Kanzleien und Fischerorten von Ostsetschuan hierhergekommen sind.
Als keiner mehr etwas mitzuteilen hat, steht Vater auf. Er erzählt die Geschichte der Mandschu-Dynastie. Die mandschurischen Truppen erstürmten die Städte, die treu zur chinesischen Ming-Dynastie hielten, und metzelten in diesen Städten alles Lebende nieder: bis auf das letzte Kind, bis auf den letzten Hund, bis auf die letzte Henne. Er erzählt weiter von Japan, dem starken Staat auf den östlichen Inseln, der stahlumkleidete Schiffe hat und Heere, die die Europäer geschlagen haben, und Zeitungen, die von Hunderttausenden von Leuten gelesen werden. Er spricht davon, wie der Reis

in China teurer wird, weil die gierigen und mächtigen Dampfer der Ausländer die Reichtümer der chinesischen Erde – Kohle, Eisen, Baumwolle, Tee, Reis und Öl – für Kupferkäsch aufkaufen und ausführen. Er spricht davon, wie diese Jang-gwee-dse, die ausländischen Teufel, eine Stadt nach der anderen, eine Provinz nach der anderen aus China herausreißen. Die chinesischen Eisenbahnen gehören den Ausländern, in den chinesischen Zollämtern sitzen Ausländer, das chinesische Geld fließt in die Taschen der Ausländer.
»Vergeßt nicht«, ruft er, »was die kanadischen Missionare mit dem Bruder Din gemacht haben. Sie kauften ihm Land für ihre Kirche ab, und als Din die Scheine, die er erhalten hatte, zur Bank brachte, stellten sie sich als falsch heraus. Vor Gericht sagten die kanadischen Geistlichen lächelnd, daß Din lüge und daß er echtes Geld von ihnen bekommen habe. Der Richter antwortete Din: ›Ich kann die Ausländer nicht pfänden. Da haben Sie eben einmal Unglück gehabt. Ich kann Ihnen nicht helfen.‹ Ich habe Din zurückgehalten, als er sich ins Wasser stürzen wollte. Ich habe zu ihm gesagt: ›Warte, es kommt der Tag, an dem wir die kanadischen Geistlichen mit dem Gesicht über die harte Erde schleifen werden, die sie dir abgegaunert haben.‹«
In Vaters Stimme klingt eine einfache und verständliche Wut.
Diese Kanadier, von denen ich in jener Nacht zum erstenmal hörte, erweckten meinen Haß gegen die Ausländer in China. Schwerfällige, ernste Männer lauschen Vater in der schweren, dicken Luft. Mir ist, als wäre ich in der Schule und vernähme die Worte des Lehrers.
»Solange wir die Mandschu nicht stürzen«, sagt Vater mit seiner klaren und verständlichen Stimme, »wird nichts das furchtbare Schicksal des chinesischen Volkes ändern.«
Schnell zieht er aus der schwarzen Jacke seine schwarze Taschenuhr. Die Sitzung ist beendet.
Bevor mich die aus der Tür flutende Menge umringt, bevor mich die schwer zu ertragenden ernsten Augen des Vaters

entdeckt haben, laufe ich über den Hof, klettere die Treppe hinauf, durchquere die Gaststube und verschwinde hinter dem Vorhang und unter meiner weichen wattierten Decke; in der Nähe atmet die Mutter.
Fern, irgendwo in Sjan-schi, schlägt der Nachtwächter an dem tönenden Gong mit fünf Schlägen die letzte Nachtwache an. –
Ich lerne jetzt schon nicht mehr bei Wang Tschen-Tin, sondern bei dem jüngeren Onkel.

ERSTE STRAFE

Onkel erteilt den Unterricht in einem verlassenen Tempel. In der einen Hälfte, wo friedliche Holzgötter unter ihren Baldachinen stehen, haust der Priester, in der anderen – der Onkel mit unserer lärmenden und im Chor lesenden Gesellschaft. Der Unterricht findet auf der mit Steinornamenten verzierten Terrasse statt. Zwischen zwei mächtigen Tulpenbäumen hindurch, deren viergeteilte Blätter aussehen wie die Pfoten eines unbekannten Riesentieres, führt die mit Fliesen belegte Treppe in den Hof hinunter.
Eben erst habe ich mit meinem Vetter Tschan, demselben, der das Blasrohr so gut handhabt, die Terrasse betreten.
Es ist ein klarer, kühler Herbsttag. Ich fröstle in meinem wattierten Überrock. Ich habe keine Lust zum Lesen. Heute nacht ist Vater aus Tejan gekommen; in unserem Haus geht alles auf Fußspitzen, und man muß ganz still sein.
Die Blätterpfoten blitzen in der Sonne. Sie sinken rot und mit leichtem Rascheln vom Baum herunter. Das ist interessant.
Aus Schnitten in der Baumrinde tropft ein dicker Saft. Er macht die Haare der Dorfweiber so tiefglänzend, als seien sie lackiert. Die geizigen alten Weiber, die kein Geld für Haarcreme ausgeben wollen, schmieren sich damit den Scheitel ein. Sich dieses Harz anzusehen, ist auch interessant.

Während die Schüler mit matten, gleichgültigen Stimmen Gedichte und alte Prosatexte auswendig herunterleiern, betrachten wir die tanzenden Blätter. Da kommen zwei herunter, dort fünf, hier eins und da eine ganze Menge, die man gar nicht mehr zählen kann.

Zählen, wieviel Blätter vorbeifliegen – das ist auch eine Art Spiel, das ist noch interessanter als aus Bambusrohren schießen ...

»... Faulpelze!«

Es stellt sich heraus, daß der Onkel schon zum drittenmal dieses Wort über uns ausspricht. Nie früher habe ich gesehen, daß auch er böse sein kann.

»Ich habe keine Lust, mich mit euch zu beschäftigen, marsch, nach Hause! Mag dein Vater euch selbst in die Lehre nehmen!« (Mir läuft es kalt den Rücken hinunter, die Augen meines Vetters irren unsicher über das Podium.) »Vielleicht interessiert es euch, zu erfahren, wie er über Faulpelze denkt.«

Wir brauchen viel Zeit, um unsere Bücher in die Mappen zu stopfen, und verlassen nur langsam die Terrasse, aber der Onkel schweigt.

Der Weg ist lang. Tschan erzählt mir unbekannte Neuigkeiten aus dem Leben meines Vaters. Damals, als er noch Lehrer war, fürchteten ihn alle Schüler wie einen Drachen.

»Klar, er wird uns schlagen, gehörig schlagen!« sagt Tschan. »Wir müssen etwas unternehmen, um unsere Handflächen vor dem scheußlichen Bambuslineal zu schützen. – Ich habe einen Plan: Unten an der Landungsbrücke steht ein Zelt. Das gehört einem Mann, der mit einer Menagerie den Jangtse heraufgekommen ist. Er hat einen Bären, dann ein Tier mit zwei Höckern und einen Vogel, der läuft wie ein Pferd. Gehen wir dahin und sehen es uns an. So gewinnen wir Zeit und kommen gerade dann nach Hause, wenn die Schule zu Ende ist. Dem Vater sagen wir, daß wir bis zum Ende in der Schule waren, und dann passen wir auf der Straße den Onkel ab und sagen ihm, daß wir die Stunde beim Vater schon hinter uns haben. Das ist alles.«

Ich bin verblüfft über die geniale Strategie meines Vetters. An der Landungsstelle, zwischen zum Trocknen aufgehängten Netzen und mit dem Boden nach oben gekehrten Kähnen, bläht das Zelt unter dem Uferwind seine seidenen Backen. Wir gehen hinein, und gleich sind Schule, Vater, Onkel, Blätter und Strafe vergessen.

Im Zelt sind zwei Männer. Der eine sieht nicht besonders merkwürdig aus und trägt einen einfachen Kittel. Der andere trägt eine weiße, spitze Mütze, und sein Gesicht ist so mit schwarzen und weißen Ornamenten bemalt, daß es nicht wie ein Gesicht aussieht, sondern wie eine Brauttruhe.

Die beiden reden auf uns ein, aber ihre Worte klingen nicht aufrichtig. Wir hören ihnen nicht zu. Wir interessieren uns für die Tiere.

Das erste ist ein Kamel. Es wird geführt von einem Knaben, der ihm bis zu den Knien reicht. Wir wundern uns, daß ein so kleiner Junge ein so großes Tier bändigen kann. Wahrscheinlich ist der Junge etwas Besonderes und hat eine große Zukunft vor sich. Wenn er schon als Dreikäsehoch dieses Riesentier, wie er will, an der Nase führen kann, was für ein Held muß er in zwanzig Jahren sein.

Nach dem Kamel bringt der Junge einen Strauß an und schwingt sich auf ihn. Wir beide fangen an zu träumen. Wenn wir solch einen starken Vogel hätten! Jeden Morgen würden wir auf ihm in die Schule reiten.

Der Strauß verschwindet hinter einem geheimnisvollen Vorhang.

Der eine langweilige Erwachsene führt an einer klirrenden Kette einen schrecklich haarigen und griesgrämigen Bären vor, der seine lila Zunge heraushängen läßt.

Das ist gar nicht interessant. Viel Fell und viel Dreck. Der Bär gefällt uns nicht.

Schnell und leichtfüßig haben wir den Weg nach Hause zurückgelegt. Mit ehrlichen, offenen Gesichtern lügen wir dem Vater vor:

»Die Stunde ist zu Ende.«
Der Vater fragt:
»Warum so früh?«
Auf diese Frage war ich nicht gefaßt, und mir ist gleich, als hätte ich Grütze im Mund. Aber Tschan antwortet höflich:
»Sie war deshalb so früh zu Ende, weil Sie, Onkel, heute zu Hause sind. Der jüngere Onkel hat uns vor Schluß fortgehen lassen.«
»Und wieviel habt ihr heute gelesen?«
»Ebensoviel wie gestern, Onkel.«
Dann laufen wir gleich auf die Straße, um den jüngeren Onkel abzupassen, der mit großen Schritten daherkommt. Fröhlich treten wir ihm entgegen.
»Nun, wie war's? Hat der Vater euch eine Lehre erteilt?«
»Ja«, antworteten wir wie ein Mann.
»Und hat es weh getan?«
»Nein«, rufen wir wieder wie ein Mann.
Wir begleiten den Onkel. Gleich beim Eintritt ins Zimmer wendet er sich mit der Frage an Vater:
»Nun, wie haben sie bei Ihnen gelesen?«
»Du hast sie doch unterrichtet, was fragst du mich?« sagt Vater verwundert.
»Sie waren heute faul, und darum habe ich sie zu Ihnen nach Hause geschickt, damit Sie sie bestrafen«, enthüllt der Onkel das Geheimnis.
Vater erblaßt.
Ich habe ihn nur einmal so furchtbar gesehen. Er saß gerade am Eßtisch und dachte nach. Da sprang ein Huhn, das sich über irgend etwas erschreckt hatte, auf den Tisch. Vater fuhr zusammen, zog den Revolver aus dem Futteral und schoß das Huhn nieder. Das Blut spritzte herum, und das Huhn zuckte auf dem Boden ...
Vaters Hände fassen unsere Schultern mit eisernem Griff. Er schüttelt uns und schreit:
»Ihr Nichtsnutze, ihr Lügner. In alter Zeit hat einmal in Amerika Washington zum Spaß den Lieblingsbaum seines

Vaters umgehauen. Als der Vater ihn, böse geworden, fragte, wer das getan habe, sagte Washington die Wahrheit, ohne sich vor Strafe zu fürchten. Warum hast du deinen Vater angelogen? Wie kannst du es wagen, deinen Vater zu belügen?«

Er nimmt das Bambuslineal und schlägt uns abwechselnd über die linke Hand. Besonders schlimm schlägt er mich. Ich schreie, und Vaters erregtes Gesicht vor mir blinkt, verdoppelt sich, wird groß und zittert, weil Tränen über Tränen aus meinen Augen laufen.

Vier Tage lang kann ich mit meiner geschwollenen Hand nichts anfassen.

Und noch jetzt, wenn ich die linke Hand offen vor mich hin strecke, fallen mir die Worte über Washington, das Sausen des Bambusstockes und das Gesicht meines Vaters ein. Der Vetter blieb übrigens nach dieser Geschichte nicht mehr lange in der Schule. Er war begabt, aber schrecklich faul, und seine Eltern waren arm, beinah Bettler. Statt des Schreibpinsels mußten seine Finger bald die Stäbchen handhaben, mit denen man in den Seidenspinnereien die Kokons aus dem kochenden Wasser fischt.

Nur an den freien Tagen zu Neujahr, wenn alles mit roten Sprüchen beklebt wird, kam er zu mir herübergelaufen und vergrub sich in die Bücher, zu denen es ihn immer wieder zog. Über seine Arbeit sprach er nicht gern. Sie war ihm zuwider.

Aus der Seidenspinnerei ging er weg und wurde Verkäufer in einem Kramladen in der Stadt Tschungking. Viele Jahre lang war er Laufjunge, arbeitete mehr als zwölf Stunden täglich und verdiente nur zwei oder drei Silbertael im Monat.

In der Schule war er ein fixer, helläugiger und rotbackiger Wildfang gewesen. Der Laden löschte das Rot von seinen Wangen und machte ihn still wie eine Spinne. Seine Augen, die so hell gewesen waren wie das Wasser des Jangtse im Winter, wurden trübe.

Onkels Schule ist in einen anderen Tempel übergesiedelt, in einen größeren, der aber auch weiter von unserem Haus entfernt ist. Damit ich nicht immer den langen Weg vom Haus zur Schule gehen muß, nimmt mich der Onkel zu sich in seine Wohnung und schickt mich nur Sonnabends nach Hause. Onkel hat europäische Sitten eingeführt. In seiner Schule, die eine öffentliche Schule ist, gibt es einmal in der Woche einen freien Tag, während in den Privatschulen die Schüler von Feiertag zu Feiertag über den Büchern hocken. Und das ist keine Kleinigkeit. Denn Feiertage sind in China so selten wie Bäche in der Wüste.

Es ist Schultag. Man ruft mich aus der Klasse. Unser Dienstmädchen steht draußen. Ich ahne schon: Mutter geht es nicht gut. Das Mädchen taucht in unserem Haus nur auf, wenn Mutter nicht auf dem Posten ist.

Ich beeile mich. Unterwegs teilt mir das Mädchen etwas mit, was ich nicht erwartet hatte.

»Deine Mutter hat dir ein Schwesterchen geboren.«

Ich freue mich, denn allein im Hause ist es langweilig.

Das Mädchen übergibt mich der Großmutter. Mit verheißungsvollem und feierlichem Ausdruck führt die Alte mich in Mutters Zimmer. Mutter liegt, die Hände auf der Decke, bleich und mager im Bett und schweigt.

Neben ihr steht ein kleines Kinderbett. Darin liegt in weißen Windeln ein faltiges Etwas.

»Ein Mädchen«, sagt Großmutter.

Ich möchte die Schwester gern anfassen, aber Großmutter erlaubt es mir nicht. Daraufhin beschließe ich, gleich in den Laden zu gehen und ihr ein Bonbon zu kaufen. Großmutter setzt sich auf Mutters Bett und lacht lange. Sie hört auf, blickt mich an, wiederholt: »Ein Bonbon!« und lacht von neuem. Dieses Bonbon kommt mich teuer zu stehen. Großmutter versteht es, sich lustig zu machen. Ich sage zu ihr: »Wie schön, daß es ein Mädchen geworden ist.«

»O nein, das ist schlimm«, widerspricht sie mit wichtiger Miene. »Bei uns in Setschuan muß die Braut doch eine Aussteuer mitbringen. Das ist immer eine Last! Wenn wir in Kiangsu leben würden, hätte sie gut getan, als Mädchen geboren zu werden; dort zahlt man der Familie der Braut ein Kaufgeld.«

Ich bin anderer Meinung als Großmutter. Aber sie lacht schon wieder. Wahrscheinlich ist ihr wieder das Bonbon eingefallen.

Das Mädchen bringt vorsichtig, um nichts zu verschütten, eine Schale mit Hühnerbrühe für Mutter herein. Jede Wöchnerin in China bekommt an den Tagen nach der Geburt Huhn zu essen. Huhn schmeckt gut. Ich blicke mit gierigen Augen in die Schale. Mutter läßt mich neben sich Platz nehmen, und wir haben die Schale im Handumdrehen geleert.

Als Großmutter die leere Schale wegnimmt, blickt sie mich wieder ernst an und sagt geschäftig:

»Nicht wahr, Schi-Chua, es wäre gar nicht übel, wenn Mutter jedes Jahr einen Bruder oder eine Schwester zur Welt brächte; dann könntest du oft Huhn essen.«

Einen Monat später wimmelt es in unserem stillen Haus von Verwandten. Welch eine Menge! Mutter läuft geschäftig umher, aber sie ist noch bleich und mager, obwohl sie den ganzen Monat über nicht gearbeitet hat. Mit dem Schwesterchen auf dem Arm kommt sie ins Wohnzimmer, und alle Verwandten treten der Reihe nach hinzu und beaugenscheinigen das rundäugige Mädelchen, auf dessen nacktem Bauch, zum Schutz gegen Erkältungen, ein rotes Flanellschürzchen hängt. Man spricht davon, von wem sie die Nase hat, an wen ihre Augen erinnern, wessen Lippen ihre Lippen gleichen, und bringt Glückwünsche dar:

»Möge sie so klug werden wie ihre Mutter.«

»Möge sie eine tüchtige Hausfrau werden.«

»Sie soll die schönste Braut in Sjan-schin sein.«

»Sie wird einmal eine Nü-tsai-dse.«

Nü-tsai-dse bedeutet: berühmte Schriftstellerin. Diesen

Wunsch bringt der ältere Onkel vor. Ich weiß, er selbst schreibt gern und sagt deshalb allen Neugeborenen immer dieses eine.
Die Vorstellung ist beendet, das Schwesterchen ist wieder in Windeln gepackt und fortgebracht. Die Verwandten geben Mutter ihre Geschenke. Da sind Körbe mit Eiern, glucksende Hennen, Zuckerhüte, ausgesuchter Reis, der sich leicht kocht und so durchsichtig und fein ist, daß man ihn am liebsten auffädeln und als Kette tragen möchte, so schön ist er, und Bonbons ...
Ach, Bonbons!
Großmutter blickt von einer Bonbonschachtel zu mir auf und lacht wieder.
Die Verwandten strömen ins Eßzimmer.
Auf dem Tisch liegen die Gegengeschenke unserer Familie für sie bereit. Zwei rote Eier für jeden.
Ich bin traurig: Wir hatten nicht genug Geld, sonst hätte ich auf jedes Ei das Wort »Glück« aus Goldpapier aufkleben können.
Ein Jahr später, zum Geburtstag der Schwester, drängen sich dieselben Verwandten wieder im Haus. Der Tisch im Saal ist mit einem roten Tuch bedeckt, und auf ihm liegen verschiedene Gegenstände: Nadel und Faden, ein Kochtopf, ein Teekessel, ein Pinsel, ein Stempel, Tusche, ein Messer, ein Gedichtbuch, ein Band Erzählungen, ein biegsamer Degen, ein Lehrbuch und ein Stück bestickter Seide. Man bringt die Kleine, die in ihrer Verlegenheit am großen Zeh saugt, an den Tisch und wartet, nach welchem Ding sie greifen wird. Nimmt sie den Pinsel, so wird sie eine Schriftstellerin; nimmt sie den Kochtopf, so wird sie eine gute Hausfrau; greift sie nach der Seide, so wird aus ihr eine feine Dame; packt sie den Degen, so wird sie berühmt als Heerführerin und Heldin.
Ich weiß nicht, wonach meine Schwester damals gegriffen hat. Da sie jetzt auf der Pekinger Universität großes Interesse für Literatur zeigt, wird es wohl der Pinsel oder das Buch

gewesen sein. Sie ist ja auch die Nichte von zwei Lehrern. Auf dem roten Tuch lag eine solche Menge von Büchern, Papier und Schreibgerät, daß Nadel und Faden so gut wie gar keine Chancen hatten, in die Hände der kleinen Schiguee zu fallen.
Zu jener Zeit spielte sie die Hauptrolle im Hause, und ich trat merklich in den Hintergrund. Ich machte mir übrigens nichts daraus. Ich war ja erwachsen, ich war ganze sechs Jahre älter als sie.

MEINE KRANKHEIT

Die schweren Wochen des Heranreifens der Revolution, während deren Flinten, Abteilungen und die Kampfstimmung wachsen, gehen an meinem heißen Kopf vorüber, ohne daß ich sie bemerke.
Ich bin krank. Ein schweres Fieber wirft mich zwischen feuchter Hitze und klebriger Kälte hin und her. Immerfort sehe ich den Schrecklichen, der mich haßt und umbringen will, seinen bösen Rüssel hinter dem Bettvorhang hervorstrecken. Immer wieder kommt der Arzt von Sjan-schi, um mir den Puls zu fühlen und die Zunge anzusehen. Er versteht nicht, was los ist. Mutter packt mich in wattierte Decken, der jüngere Onkel trägt mich hinunter zum Fluß, und dann erinnere ich mich nur noch an das aus Weiden geflochtene Dach des großen Kahns, den drei Ruderer mit schweren Ruderschlägen den gurgelnden und schäumenden Jangtse hinab nach der Stadt Tejan führen.
Acht Monate lang liege ich in einem Zimmer von Vaters Wohnung und schwinde im Feuer der Krankheit dahin. Durch meine Halluzination hindurch höre ich manchmal Vaters feste Schritte im Nebenzimmer. Er kommt nicht zu mir herein. Er interessiert sich nicht für uns. Das krähende Schwesterchen, das auf Mutters Armen herumkrabbelt, gilt ihm nicht mehr als der Schleierschwanzfisch, der in der Glas-

vase schwimmt. Vater ist ganz dort, wo die Revolution vorbereitet wird: bei den Leuten mit den häßlichen, groben Stimmen. Menschen kommen und gehen bei ihm wie die Luftperlchen in einem Kessel, in dem es zu kochen anfängt.
Oft besucht mich der Arzt, aber er läßt sich schon nicht mehr die Zunge zeigen und fühlt nicht mehr den Puls. Er zieht immer nur erstaunt die Brauen hoch, als wundere er sich: Nein, so was, er lebt immer noch! Er schreibt Rezepte. Gräßlich bittere Medizinen fließen meine schon ganz ausgepichte Kehle hinunter, aber das Fieber wühlt ohne Unterlaß in mir. Mein Bett hebt sich vom Boden, und das Zimmer, die Dekkenbalken, die Fensterscheiben und die Gläser auf dem Tisch fangen plötzlich an, um mich herumzutanzen. So dreht sich in der Nacht der Himmelsbogen mit den aufgesteckten Sternen um die stille Erdkugel.
Das Zimmer dreht sich im Kreise, ich rede ungereimtes Zeug, und neben mir auf dem Stuhl quält sich Mutter ab, schaukelt das Schwesterchen und legt es in die Wiege.
Noch immer keine Krise. Meine Krankheit zieht sich hin wie ein unabsehbarer Sumpf. Die wenigen lichten Momente lassen nicht erkennen, ob sie die Wendung zur Gesundheit oder nur das Klarwerden des gequälten Gehirns vor dem Tode sind.
Manchmal wird das Fieber leichter, läßt mich los und stürzt mich dann aufs neue in Halluzinationen und Hitze.
Ich erinnere mich, wie manchmal hinter dem Nebel, der Schwäche und dem tanzenden Zimmer die stillen Nächte auftauchten, der unerträgliche, immer gleiche Docht der Petroleumlampe und die Mutter, die mit ihrer straffgezogenen Haarfrisur und der weiß leuchtenden Stirn vor der Lampe sitzt und Nacht für Nacht näht und näht und Berge von weißem Stoff mit roten Ornamenten oder Schriftzeichen bedeckt.
Ich frage sie: »Mutter, was nähst du?«
Seufzend schiebt sie den Stoff auf einen Haufen und antwortet:

»Ich nähe einen neuen Anzug für dich, Schi-Chua, wenn du gesund bist.«
Ich glaube ihr nicht. Ich frage schon nicht mehr. Erstens, was soll ich mit soviel Anzügen, und zweitens sehe ich doch: Immerfort kommen Leute, bald am Tage, bald in der Nacht, und tragen ganze Stoffstöße, die Mutter benäht hat, fort, und doch wird der Berg vor ihr nicht kleiner.
Der Sommer geht zu Ende. Die Krankheit klingt langsam ab. Meine roten Backen sind verschwunden. Die Krankheit hat mich welk und durchsichtig gemacht.
Und bis heute liegt die Tatze der Krankheit auf meiner eingefallenen Brust, obwohl ich schon ein erwachsener Mann bin.
Der goldene Oktober zieht in Setschuan ein. Die Revolution steht vor der Tür. Sie läßt sich nicht mehr verheimlichen. Sie tritt bald hier, bald da in einem unbesonnenen Wort, einem Schuß, einem Messerstich ans Licht.
Vater ist schrecklich anzusehen. Niemand von uns wagt, sich ihm zu nähern. Er ist ganz abgemagert. Seine Augen liegen tief in den Höhlen, Lippen und Kinn verschwinden im schwarzen Wald des unrasierten Bartes, die Haare sind schmuddlig und verfilzt wie bei einem Mönch.
Der Aufstand steht nahe bevor; vielleicht in drei Tagen, vielleicht schon übermorgen geht es los.
Der jüngere Onkel erscheint in unserem Hause; er ist gekommen, mich ins Dorf fortzubringen. Mutter weint bitterlich, als wolle man sie in Stücke reißen. Ich mag auch nicht ins Dorf zurück. Ich will bei Mutter bleiben. Vater ist böse und schreit. Er befiehlt es. Ich bin leicht und durchscheinend und schwanke in meiner Schwäche fast ebenso wie Großmutter auf ihren Goldlilien. Mutter nimmt mich vor Vater in Schutz, streicht mir schnell über den Kopf und sagt leise:
»Fahr nur ins Dorf zurück, ich komm' dir bald nach.«
Heute weiß ich, daß sie gern bei mir geblieben wäre: Ich war mit Mühe und Not ins Leben zurückgekrochen, und sie fing damals schon an, still aus dem Leben zu scheiden. Ich werde

schnell verstaut. Mutters flinke Hände packen meine Schulbücher mit den Bildern, eine Blechbüchse mit Marmelade, mein geliebtes Schachspiel und meinen Freund, ein Stehaufmännchen, in den Sack.

Ich warte auf Mutter einen Tag, einen zweiten, aber sie kommt nicht. Statt ihrer ist Großmutter um mich. Aber ich kenne sie nicht wieder. Es ist, als horche sie die ganze Zeit auf das, was sechzig Li von hier entfernt, in Tejan, vor sich geht. Sie läuft umher wie aufgezogen und fährt bei jedem Geräusch, Quietschen, Klopfen oder Schritt zusammen.

Ich fange an zu verstehen, warum man mich aus der Stadt fortgebracht hat. Aber warum kommt Mutter nicht?

Sie ist auch später nicht gekommen.

In der Stadt ging alles drunter und drüber.

Es lief das Gerücht um, daß mein Vater ein Revolutionär sei.

Das Gerücht drang bis zum Dau-tai:

»Wie? Der Polizeichef ein Revolutionär?«

Der mißtrauische Alte geht dem Gerücht mit aller Vorsicht nach.

Die Frau des Dau-tai kommt zu meiner Mutter zu Besuch. Sie hat eine ewig schnatternde Zunge, scharfe Äuglein und sehr feine Ohren.

Man trinkt Tee, man unterhält sich, man schwatzt.

Mutter ist lustig und zuvorkommend: Ach, sie ist ja so erfreut, die verehrte Frau des Vorgesetzten ihres Mannes bei sich zu sehen. Ach, sie ist so glücklich, mit ihr ein wenig über alles mögliche zu plaudern und die Stunden des Schlafs und der Ruhe vergessen zu können!

Am nächsten Tage stattet Mutter der Frau des Dau-tai einen Gegenbesuch ab. Wieder trinkt man Tee. Wieder kann sie sich nicht genug tun in Ausdrücken ehrlicher Freundschaft.

Wie hätte Mutter ins Dorf zurückreisen können, wo es galt, dem Dau-tai mit süßen, klebrigen Schmeicheleien Augen und Ohren zu schließen, wenn nicht bald das warme, klebrige Blut der Hinrichtung Vater, ihr selbst und mir, der im fernen Sjan-schi auf sie wartete, aus Augen und Ohren fließen sollte!

Man mußte den Eindruck vermeiden, als würden vor den entscheidenden Tagen des Aufstands die Familienmitglieder rechtzeitig aufs Land geschickt.
Der Dau-tai gab sich nicht mit der Prüfung durch seine Frau zufrieden. Man überbringt Vater eine prächtige rote Visitenkarte. Der Dau-tai lädt ihn zu sich zum Bankett.
Gehen oder nicht gehen? Am Ende fällt man plötzlich während des Banketts schwarz unter den Tisch, vergiftet mit einem Becher Ehrenwein.
Oder mitten im Bankett packen dich grade nach den schmackhaften, schleimigen Haifischflossen die Hände der Leibwache des Dau-tai im Genick, führen dich auf den Hof und überliefern dich dem Henker; der böse Alte hat eine Lieblingshinrichtung erfunden: Mit einem Stock, dick wie ein Wagenbaum, wird man in drei Stunden langsam zu Tode geschlagen.
Aber nicht hingehen bedeutet, die Vorbereitung des Aufstands aufs Spiel zu setzen.
Vater geht nach allen Regeln der Etikette zum Bankett, ohne einen einzigen Mann seiner Leibwache mitzunehmen. Bei Tisch werden rührend unschuldige Gespräche geführt. Die angeregte Unterhaltung beruhigt den Alten zu drei Vierteln. Aber er gibt dennoch Befehl, Vaters Haus zu überwachen.
Sonderbare Nichtstuer tauchen von diesem Tage an in den Straßen rings um die Polizeiverwaltung und Vaters Wohnung auf. Fliegende Händler, die man bisher nie gesehen hatte, breiten ihre Waren an den nächsten Straßenkreuzungen aus. Als Antwort ordnet Vater an, daß alle geheimen Sitzungen von nun an außerhalb der Stadt abgehalten werden. Jede weitere Arbeit ist unerträglich erschwert.
Jeden Morgen tritt Vater auf den Hof der Polizeiverwaltung hinaus, schließt hinter sich die Tür seines Zimmers, vor der Posten stehen, und gibt Befehl, niemand zu empfangen. Eine halbe Stunde später verläßt ein lumpiger, bärtiger Bauer das Haus, offenbar ein Trottel aus den fernen Bergen. Das Gesicht unter einem mächtigen Strohhut verborgen, geht er mit

schwankenden Schritten in Begleitung eines Polizisten zwischen den gelangweilten Spionen hindurch.
Gegen Abend führt derselbe Polizist einen mageren Obsthändler zum Tor der Polizeiverwaltung, der an einem biegsamen Rohr Bambuskörbe mit Pfirsichen und Weintrauben trägt. Man sieht ihm gleich an, daß er keine Handelserlaubnis hat.
Und wieder eine halbe Stunde später schreitet aus dem Tor der Polizeiverwaltung, zwischen den salutierenden Posten hindurch, Vater, der nach einem arbeitsreichen Tag in sein Haus zurückgeht. Die Geheimversammlung hat stattgefunden, die neuen Abteilungen sind gemustert, die Anweisungen erteilt worden.
Das Kästchen mit Schminkfarben, die künstlichen Bärte, der Hut des Fruchthändlers und die Lumpen des Bauern liegen wieder unter Verschluß im Zimmer des Chefs der Polizeiverwaltung.
Morgen beginnt das gefährliche Spiel aufs neue.

DER STURZ DER MANDSCHU

Wir schreiben das Jahr 1911 nach europäischer Rechnung; das dritte Jahr der Herrschaft des minderjährigen Kaisers Pu Si nach chinesischer Rechnung. Es geht auf November zu.
Vaters Genosse, der Organisator des Aufstands im benachbarten Kreis, mit dem der Tag und die Stunde des gemeinsamen Losschlagens verabredet war, wirft den Plan um.
Zwei Tage vor dem Termin verhaftet er den Dau-tai seines Kreises und schickt am anderen Tage Truppen zur Unterstützung meines Vaters ab. Aber den Truppen fliegt schneller, als man laufen kann, das Gerücht von dem Aufstand voraus. Vaters Truppen sind noch nicht bereit.
Mit Windeseile kommen die furchtbaren Neuigkeiten dem Dau-tai zu Ohren. Der Dau-tai befiehlt dem Bataillonskom-

mandeur, den Vater zu verhaften. Eine Gruppe Soldaten erhält diesen Auftrag. Einer der Soldaten ist Mitglied der Ko-lau-hui.

Die Gruppe erscheint vollzählig bei Vater und berichtet:

»Der Dau-tai hat uns befohlen, Sie zu verhaften. Wir sollen heute nacht in Ihre Wohnung eindringen, um Sie zu überraschen.«

In aller Eile mobilisiert Vater die der Stadt am nächsten liegende Abteilung des Ko-lau-hui, die Polizeischule und die anwesende Gruppe.

Zur selben Stunde, da die Soldaten nach der Berechnung des Dau-tai greifen sollen, ist dieser nicht in seinem Bett. Er führt am anderen Ende der Stadt die Polizeitruppe an, die das Haus des Dau-tai besetzt.

Der Dau-tai wird verhaftet. In dieser nächtlichen Stunde fällt die Macht der Mandschu in Tejan.

Erst am anderen Morgen verstehen die Bürger, daß die Revolution Wirklichkeit geworden ist. Auf den Häusern und Kasernen des Dau-tai weht nicht mehr die gelbe Fahne mit dem schwarzen Drachen.

Über dem aufständischen Tejan flattern an hohen Bambusstangen die Fahnen der Revolution: weiß mit einem roten Ring in der Mitte, in dem, ebenfalls in Rot, das Wort »Han« prangt, der alte Stammesname der Chinesen.

Das sind also die Kleider, die meine Mutter während meiner Krankheit genäht hat.

Die Tore des Gefängnisses werden geöffnet. Aber kein Revolutionär ist mehr darin. Der Dau-tai hat sie den Tag der Revolution nicht mehr erleben lassen. Sie wurden alle hingerichtet.

Noch hat die Revolution trockne Hände. Niemand wird hingerichtet. Sogar der Dau-tai, der mit Hausarrest festsitzt, bleibt ungeschoren.

Die Stadt ist verstört. Man spricht halblaut, man wundert sich, man glaubt nicht recht, man flüstert. Besonders ängstlich redet man in den Kaufläden:

»Das ist Verrat am Kaiser.«
»Wenn das so weitergeht, wird es die Stadt mit vielen Hinrichtungen büßen müssen.«
Und die Kaufleute verkrümeln sich, verschwinden wie Wasser in den Ritzen.
Die Intellektuellen, die Träger gelehrter Grade, fallen über Vater wegen seiner Teilnahme am Aufstand her.
»Wie kann ein Mann mit einem gelehrten Grad, ein geistiger Aristokrat, sich an die Spitze von Lastschleppern und Banditen stellen und das Kaiserhaus verraten!«
Vater hört dieses Gerede nicht oder tut wenigstens so. Er ist Tag und Nacht auf den Beinen und hat alle Hände voll zu tun. Er gibt Befehle zu Verhaftungen und übernimmt zwei Bataillone des Dau-tai und die lange erwarteten Waffen, an denen es bisher so gefehlt hat.
Aus den Dörfern kommen tagelang, einzeln, in Gruppen und in ganzen Abteilungen, Leute in sein Haus, Leute mit zweizinkigen Gabeln, Piken, krummen Säbeln, dünnen, langen Degen oder einfach mit mächtigen Boxerfäusten, und fordern Waffen, Patronen, Quartier und Essen. In der Stadt ist schon kein Tempel mehr frei, in dem nicht auf den Fliesen vor den bemalten Holzgöttern statt der schwelenden Räucherfässer offene Feuer brennen; über ihnen wird für die im kühlen Novembernebel fröstelnden Leute Tee heiß gemacht.
Hier sind Holzfäller aus den fernen Schluchten, in kurzen Jacken und Bastsandalen, mit ihren Äxten auf dem Rücken. Die Fischer und Lastschlepper, die der schäumende Jangtse ernährt, tragen bis zu den Knien reichende Hosen und schwere Hemden von der Farbe trockenen Schlamms. Die blauen Blusen der Bauern haben ein dickes Wattefutter. Arbeitslose Bettler drängen sich um das Feuer; ihre Köpfe sind mit weißen, blauen und schwarzen Tüchern umwunden. Die Bandenführer der Bettler unterscheiden sich von ihren Leuten nur dadurch, daß ihre Turbane aus Seide sind. Mancher mustert die unwahrscheinlichen Löcher seiner Hose und schneidet mit dem krummen Messer Stücke aus dem Kopf-

tuch, um die Löcher zu flicken.
Über die Wege, die wie Bäche von den Bergen herabkommen, strömen von allen Seiten Abteilungen in Tejan zusammen, und es scheint, daß die Stadt dieses Gedränge bald nicht mehr aushält und in den steinernen Nähten platzt.
Noch nie hat die Stadt so viele Berufsbanditen aus der Umgegend gesehen, und doch muß man sich wundern, wie wenig Diebstähle vorkommen.
Aber in den Lagern und Sammelpunkten der revolutionären Truppen geht es nicht immer still zu. Alle Augenblicke brechen Zank und Streit zwischen den Abteilungen aus. Vorläufig wird nur mit den Zungen geschossen, aber bald können auch die Gewehre losgehen. Immerfort tauchen Gerüchte und Klatschgeschichten auf und kriechen von Lager zu Lager.
»Man beleidigt uns. Die anderen haben Munition bekommen und wir nicht. An die anderen ist schon Reis ausgeteilt worden, an uns noch nicht.«
Rettung bringt die beschlagnahmte Kasse des Dau-tai. In ihr fand man 800 000 Silbertael. Von diesem Geld werden die Abteilungen ernährt, gekleidet, untergebracht und bewaffnet.
Zu den Posten, die vor dem Tor der Kasse stehen, gehört ein entfernter Vetter von mir, Offizier einer Abteilung. Ihn wundert die Form der Silberbarren, die wie Holzscheite an den dicken Wänden des Kassengewölbes aufgestapelt sind. Er hatte bis dahin nur Stücke im Werte von zehn Tael in der Form von kleinen Schuhen gesehen, und hier liegen ganze Klötze zu fünfzig Tael. Er nimmt sich einen Barren . . . nur einen Barren.
Vaters Haftbefehl gegen ihn trifft ihn nicht mehr an. Er weiß, was ein Haftbefehl Den Ja-Pus bedeutet. Von eisigem Schrecken gejagt, ist er in die Wälder, in die Berge, in die Wildnis gelaufen. Niemals hat ihn jemand wiedergesehen.
Nach einer Woche erleiden die Aufständischen die erste Niederlage.

Vaters Genosse, der ihm damals aus dem Nachbarkreis eine Abteilung zu Hilfe geschickt hatte, ging selbst mit einer anderen gegen die Kreisstadt Ljanschan zum Angriff vor, die in der Gewalt eines chinesischen, aber den Mandschu treuen Dau-tai war. In Setschuan hatte die Revolution die Mandschu nicht getroffen. Eigentliche Mandschu gab es in Setschuan nur in der Person des Vizekönigs und zwei, drei hoher Beamter.
Der Dau-tai von Ljanschan ist ein hinterlistiger Kerl. Er empfing die in die Stadt einziehende Abteilung unseres Genossen.
»Auch ich bin für die Revolution«, säuselte er, unzählige Male sich verneigend und süßlich lächelnd. »Erlauben Sie mir, daß ich Ihnen meine Garnison zur Verfügung stelle. Mit Ihren Truppen vereinigt, wird sie den weiteren Kampf mit noch größerem Erfolg führen können.«
Der Genosse vertraute ihm. Der Dau-tai blieb frei.
Der Genosse nimmt Nachtlager im Gasthaus. Die Novembernächte in Ljanschan sind dunkel. Die langen Märsche der Revolution haben unsern Genossen und seine Leibwache schläfrig gemacht. Um Mitternacht dringt der Dau-tai mit Soldaten in das Schlafzimmer ein. Ehe der Genosse noch aufwacht, haben ihn die breiten Schwerter der Soldaten zerstückt, und das Bett ist rot von seinem Blute.
Allein geblieben, hat es mein Vater schwer. In seiner Flanke droht der Dau-tai von Ljanschan. Mit den Bewohnern von Tejan wird es schwieriger. Sie fangen schon wieder an zu behaupten, daß das gar keine Revolution sei, sondern ein Banditenaufstand. Geh einmal hin und beweise ihnen, daß in ganz China der Tung-meng-hui die Mandschu gestürzt hat. Vater übergibt die oberste Gewalt über die Stadt seinem Genossen, dem Revolutionär Li, und eilt selbst an der Spitze einer Abteilung, die nur aus »Älteren Brüdern« und seinen Polizisten besteht, nach Ljanschan hinüber. Im Laufe eines Monats verwandeln sich das verräterische Ljanschan und noch zwei andere den Mandschu treue Kreise in revolutionäre Kreise. Die Truppen des Dau-tai, des Mörders unseres Ge-

nossen, werden in das Regiment des Vaters aufgenommen. Den Dau-tai hat man verhaftet. Vater läßt ihn auf das Grab des von ihm ermordeten Genossen bringen und enthaupten.

Für die erfolgreichen Militäroperationen gibt die revolutionäre Regierung Vater eine besondere Prämie von 1000 Silbertael.

Sendboten Vaters haben mich zwei Tage nach dem Aufstand in die Stadt geholt. Ich fahre allein dorthin. Großmutter hat es abgelehnt mitzukommen. Sie glaubt nicht an einen Erfolg. Ihre Nerven zittern, sie hat sich nicht mehr in der Gewalt, sie lächelt nicht mehr. Entweder sitzt sie stundenlang wie versteinert und blickt vor sich hin, ohne sich zu rühren, als wolle sie mit ihren vorstehenden Augen die hölzerne Wand durchbohren, oder sie blickt in das Zimmer, in dem außer ihr niemand ist, und fängt an, sich mit jemand zu unterhalten.

Stört man sie bei diesen Unterhaltungen und fragt: »Mit wem sprichst du, Großmutter?«, dann sagt sie:

»Ich? Sprechen? Was ist das für ein Unsinn!«

Aber dabei sieht sie aus, als hätte man sie mit einem Eimer kalten Wassers mitten aus dem tiefsten Schlaf geweckt.

Ich verschwinde zwischen den Leuten, die in einem fort unser Haus betreten; sie lassen mich nicht zur Besinnung kommen, bringen mich aus der Fassung. Die ganze Stadt ist aufgescheucht, alles lärmt und läuft durcheinander, schimpft, treibt vorsichtig Handel oder schleift Waffen.

Man schneidet sich die Zöpfe ab. Auch mein von Mutter und Großmutter so sorgsam gepflegtes Zöpfchen fällt unter dem Schermesser. Ich weine ihm nicht nach. Mag es auf die Erde fallen. Der Zopf im Nacken des Chinesen und die Inschrift »Mandschusklave« auf der Stirn sind ein und dasselbe.

An den Mauern leuchten viereckige Bekanntmachungen:

»Jedem, der innerhalb zehn Tagen nicht den Zopf ablegt, wird er zwangsweise auf Staatskosten abgeschnitten.« An den Toren von Tejan, dort, wo die Wege aus den Vororten die Mauern der Stadt erreichen und, sie durchbrechend, sich in städtische Straßen verwandeln, stehen Soldaten mit Flinten und Scheren. Neben den Soldaten auf der Erde wachsen weiche Haufen von Zöpfen. An den Toren hört man die geschorenen Reisenden schimpfen, die die Revolution zu fühlen bekommen haben. Sie schämen sich mehr über den abgeschnittenen Zopf, als wenn man ihnen die Hosen ausgezogen hätte. Namhafte Intellektuelle protestieren.

»Das ist ja Gewalt! Die Pfote eines schmutzigen Tu-fee, der sich noch gestern als Räuber auf den Straßen herumgetrieben hat, wagt es, unsere wohlgeborenen Zöpfe zu berühren? Der Zopf ist nicht das Symbol der Sklaverei, der Zopf ist das Zeichen der Treue zum Kaiserhaus, zu den Vorfahren, zu den alten Gesetzen und der alten Wissenschaft. Mit den Zöpfen fangen sie an und hören damit auf, daß sie die Hausaltäre umstürzen und die besten der Menschen aus den Stammeshäusern verjagen wie räudige Hunde.«

Auch die Bauern regen sich auf:

»Hat man so was schon gehört? Seit Jahrhunderten haben wir mit Zöpfen gelebt . . . Väter und Großväter sind mit dem Zopf gegangen . . . Auslachen wird man uns auf dem Dorf wie schwanzlose Hunde.«

Nur die Kulis freuen sich über das Gratishaarschneiden und halten gern ihre Zöpfe, die in verschwitzten, verlausten, übelriechenden Knoten auf den rasierten Schädeln sitzen, unter die Scheren der Soldaten. Ist gut so! So wird man weniger Schererei mit dem Waschen und dem Ungeziefer haben. Sie hätten sie auch früher schon abgeschnitten, wenn es das Gesetz der Mandschu nicht verboten hätte.

Manche legen ihren Zopf im Dunkel des Torbogens sorgfältig zu einem kleinen Kauz zusammen und verstecken ihn unter einer Seidenkappe. Aber die Soldaten kommen schnell dahinter. Sie packen die Kappe bei ihrem Schwänzchen, heben sie auf wie den Deckel einer Teekanne, und den blitzenden Scheren rollt lustig der Zopf entgegen.

Die Haaraufkäufer sind unbedingte Anhänger der Revolution. Noch nie gab es in China eine solche Ernte in billigen Menschenhaaren.

Genosse Li, den der Vater in der Stadt gelassen hat, ist jung. Er wird mit den Kommandeuren der Abteilungen nicht fertig.

Vaters strenge Hand hat sie in Gehorsam gehalten. Aber bei seinem Weggang war jeder von ihnen überzeugt gewesen, daß grade er sein Nachfolger hätte werden müssen.

Einer der Kommandeure versammelt die mit ihm sympathisierenden Anführer und erklärt auf der Versammlung:

»Dieser Milchbart hat uns lange genug kommandiert! Es ist Zeit, ihn in seine Grenzen zu weisen!«

Aber die Kommandeure fürchten sich, noch einen Umsturz anzuzetteln. Statt Li festzunehmen, rufen sie Vater von seinem Feldzug zurück. Zu Neujahr kommt Vater nach Tejan zurück.

Im Zentrum der Stadt liegt der Jamen. Dieses große Besitztum ist ein ganzer Komplex, hinter dessen dicken, hohen Mauern viele Häuser liegen. Da sind das Haus des Dau-tai mit seinen Kanzleien, die Unterkunft des Stadtkommandanten und seiner Abteilung, die Wohnung des Truppenkommandeurs, das Gericht, das Quartier des Steuereinnehmers und der hohe Palisadenzaun des Gefängnisses.

Vor der Revolution war der Jamen ein geheimnisvoller Ort. Wenn wir Kinder über den Platz vor seinen Toren gingen, die ewig von Posten bewacht waren, träumten wir davon, was dort für Säle, Speisetische, Teiche mit Marmorschiffen und vielerlei Arten von Goldfischen sein mochten.

Jetzt stehen die Tore des Jamen weit offen, rote Tuchstreifen umsäumen außen und innen seine Gesimse, und Ketten von Papierlampions schaukeln, mit kleinen Haken an Bambusreisern befestigt, wie durchsichtige, rote, gelbe und grüne Harmonikas im Winde.

Die Mitglieder der Militär- und Zivilverwaltung der Stadt gehen in Gruppen durch die Tore des Jamen aus und ein. Sie tragen neue graue Gewänder und darüber Paradejacken

aus schwarzem Atlas. Über der Schulter liegt eine Schärpe, und auf ihr ist ein Schriftzeichen gestickt, das den Rang des Trägers angibt.
Vater hat die revolutionären Anführer des Kreises zusammengerufen, um den Streit zwischen den unzufriedenen Kommandeuren und seinem Vertreter Li zu schlichten.

NOCH EINMAL BESTRAFT

Es ist jetzt klar: die Revolution hat gesiegt. Wenn sich auch noch nicht alle Dau-tais ergeben haben, so kommen doch aus Hankau von der revolutionären Regierung gute Nachrichten.
Nachbarn und Verwandte bringen Vater Geschenke. Er lehnt sie höflich ab und schickt die verdutzten Boten und die sie begleitenden Kulis mit den Tragestangen, an denen schwere Säcke, Bündel und Kisten hängen, nach Hause zurück.
Die Nachbarn und Verwandten halten Vater für einen Banditen. Sie sind überzeugt, daß es nicht mehr lange dauert, bis er seinen zweibeinigen, wilden Tieren aus den Schluchten des Setschuan den Befehl gibt, die Häuser auszurauben. Sie warten erstaunt, wann denn endlich Deng Ja-Pu, der Mann, der in eine so mächtige Stellung gekommen ist, anfängt, den geschickt von ihm vorbereiteten Umsturz für sich auszunutzen? Vielleicht ist seine Absage nur eine geschickte Andeutung: ihr müßt mehr bringen.
Und wieder kommen Kulis mit schweren Lasten von Stoffen, knisternder Seide, goldenen Früchten und schweren Silberbarren zur Tür unseres Hauses. Aufgeregt wimmeln die Geber selbst zwischen ihren Geschenken herum, verneigen sich lächelnd, bringen die schönsten Redensarten vor, und ihre erschrockenen und listigen Augen suchen unruhig das Gesicht des Vaters, ob es ihnen gelungen ist, ihn für sich zu gewinnen.
Vaters Gesicht ist ruhig, als trüge er eine Maske. Er erklärt

den Verwandten und Nachbarn, daß er das Obst annimmt, weil die Soldaten Nahrungsmittel brauchen und die Früchte verderben können. Aber er bittet sie, Stoffe und Geld wieder zurückzunehmen. Die Revolution braucht augenblicklich kein Geld. Er bedauert nur, daß ihm niemand damals das Geld gebracht hat, als man es zur Vorbereitung des Aufstandes brauchte, oder wenigstens vor zwei Monaten.

Ich gehe zwischen den Bambuskörben, aus deren Geflecht Mandarinen hervorschauen, und zwischen den großen Kisten, die nach Birnen duften, herum. Ich höre Vaters Stimme, die Mutter anweist: »Laß die Früchte auf den Speicher bringen und sie zu Neujahr den Soldaten schicken.«

Neujahr steht vor der Tür. Nicht das chinesische Neujahr. Denn das fällt jedes Jahr auf einen anderen Tag, weil in China die Monate genau der Bewegung des Mondes folgen. Jeder Monat hat 28 bis 29 Tage, und drei Jahre lang gibt es zwölf, im vierten aber dreizehn Monate im Jahr. Vaters Anweisung bezieht sich auf das neue Neujahr nach europäischem Stil. Dieses Neujahr wird zum erstenmal gefeiert. Erst die Revolution hat es eingeführt.

Vater geht, ohne aufzusehen, mit schnellem Blick an mir vorbei, und ich verstecke mein Gesicht vor seinem Blick, als fühlte ich mich schuldig. Er hätte mich ohnehin nicht angesehen, so sehr ist er beschäftigt, dort oben über meinem Kopf.

Die Mutter hat in den hinteren Zimmern mit den Gästen zu tun. Sie sind ziemlich zahlreich erschienen, als hätten wir eine Hochzeit oder eine Beerdigung. Und für jeden muß sie eine Tasse Tee, ein freundliches Lächeln, ein paar Minuten höflichen Gesprächs bereithalten. Eine Minute kommt zur anderen, sie werden zu ganzen Tagen, und aus den Tagen werden Wochen.

Die Zeit, da der Vater acht Silbertael im Monat verdiente, ist vorbei. Sein Gehalt beträgt jetzt zweihundert Silbertael. Mutter braucht sich nun nicht mehr im Rauch der Küche rote Augen zu holen. Sie hat jetzt ein Dienstmädchen.

Wie ein kleiner, bleicher Schatten, nur mühsam mich von der eben erst überstandenen Krankheit erholend, gehe ich durch das Haus und am Speicher vorbei. Ich sehe, wie die Soldaten – sie sind roh und unsauber, und ich fürchte mich vor ihnen – durch die Ritzen der Bambuskörbe Mandarinen hervorangeln oder mit den Schwertern die Kisten aufbrechen und, in die reifen Birnen beißend, die Fliesen unseres Hofes verschmieren.

Ich sehe ihnen zu und bin eher neidisch als böse: Obst ist mir vom Arzt unter Androhung des Todes oder einer neuen schweren Erkrankung verboten.

Neujahr ist gekommen. Man trägt das Obst in die Kasernen. Vater macht einen Rundgang. Er bleibt vor den beschädigten Kisten und den halbleeren Körben stehen und fragt wütend die Träger, die die Kisten vom Wagen in den Kasernenhof abladen:

»Wer war hier an den Früchten?«

Die Träger antworten, daß sie die Kisten so aus dem Speicher bekommen hätten.

Wie eine Gewitterwolke jagt Vater in das Haus und in das Zimmer.

»Wer hat von den Früchten genommen?«

Mutter zuckt die Schultern.

Vater stürzt auf das Dienstmädchen. (Sie hat, ich habe es gesehen, mehr als einmal eine Mandarine aus den aufgerissenen Körben genommen.)

Den Zorn Den Ja-Pus auf sich zu laden, scheint dem Mädchen nicht angebracht. Noch einmal fragt der Vater: »Wer hat von den Früchten genommen?«

Sie zeigt auf den einzigen Menschen, der die Fruchtkörbe nicht berührt hat, auf mich.

Meine verwirrte Rechtfertigung geht in Vaters Vorwürfen unter.

»Der Arzt hat dir das Obst verboten. Du hast das Verbot des Arztes durchbrochen. Wenn du schon genommen hast, so solltest du es auch eingestehen. Du hast es heimlich ge-

tan, du bist ein Betrüger und Dieb.«
Mutter versucht mich in Schutz zu nehmen.
»Aber hier fehlen doch ganze Tonnen. Es ist doch klar, daß ein kleines Kind nicht eine solche Menge Früchte hat fortbringen können.«
Der zornige Vater schiebt Mutter mit einer Bewegung beiseite, die keinen Widerspruch duldet.
»Ich sage ja auch gar nicht, daß er alle gegessen hat. Ich sage nur, daß mein Sohn am Diebstahl von Früchten beteiligt ist, die für das Heer bestimmt sind. Wie kannst du dich für einen Dieb einsetzen?«
Das stille Eintreten der Mutter für mich läßt Vater mit der Gewalt einer schwarzen japanischen Bombe explodieren. Mein Stammeln geht unter und zerbricht an seiner Wut.
Zum zweitenmal in meinem Leben saust der Bambusstab durch die Luft und trifft meine Hand und meinen Rücken.
Mein armer Rücken muß für die erwachsenen Diebe und Fresser herhalten. Meine Entrüstung läßt mich den Schmerz noch mehr empfinden.
Eine fremde Hand faßt mich und entreißt mich dem Sausen des Bambusrohrs. Ich sehe den Vater nicht mehr. Eine Frauengestalt verdeckt ihn. Vater wirft den Stock in die Ecke und schweigt; sein Gesicht ist zur Gipsmaske erstarrt. Meine Retterin ist die ältere Tante. Sie ist eben angekommen und grade im Moment der Bestrafung ins Zimmer getreten. Gegen den Gast, gegen die ältere Schwester wagt Vater weder Hand noch Stimme zu erheben.
Durch alle Türen blicken die Soldaten, die in unserem Hause Wache haben, dem Zusammenstoß der Generationen zu.
Mit drei Worten erklärt man der Tante, was geschehen ist.
Sie wendet sich gegen den Vater:
»Bevor du den Jungen schlugst, hättest du erst einmal den Sachverhalt aufklären und wenigstens die Soldaten fragen müssen, die das Haus bewachen.«
Und ohne Vaters Antwort abzuwarten, überschüttet sie die Soldaten mit Fragen:

»Wißt ihr etwa nicht, wer das Obst genommen hat?«

Die Soldaten winden sich, aber ... erstens sind sie »Brüder« aus dem Bund Ko-lau-hui, zweitens spricht mit ihnen eine Verwandte ihres Da-ko, und drittens haben sie mein Weinen gehört und wissen, daß der Vater mich geschlagen hat.

»Ja, wir haben von den Früchten genommen – und andere Soldaten auch«, gestehen sie ein.

Vater dreht sich schweigend auf dem Absatz um und geht fort. Er glaubt niemand: weder mir noch der Mutter, noch der Tante oder den Soldaten. Er ist überzeugt, daß ich ein Dieb bin, und das genügt ihm.

Die Dienstmagd ist aus dem Haus verschwunden. Als die Tante ihr Verhör anfing, lief sie weg. Es ist schon gleichgültig, dachte sie, die Frau jagt mich doch weg, wenn sie die Wahrheit erfährt. So vergehen einige Tage. Die Magd bleibt fort. Mutter schickt Leute nach ihr. Sie kommt in unser Haus, als ginge sie vor Gericht. Auf die Frage, warum sie weggelaufen sei, gesteht das ganz gebrochene und zitternde Mädchen alles: sie habe solche Angst vor Vater gehabt, sie habe von den Früchten gegessen und mich hineingelegt. Die Mutter gibt ihr ihren Lohn und fragt:

»Willst du weiter bei uns dienen?«

Sie hat bei uns bis zu Mutters Tod gearbeitet, und es gab am Bett der kranken Mutter keine treuere und liebevollere Krankenwärterin als sie.

Neujahr ist vorüber. Das Festtagsgewimmel in unserem Stadthaus hat aufgehört. Mutter ist im Dorf bei der kranken Großmutter.

Mit der Alten steht es schlecht. Sie ißt nichts mehr. Ein bißchen Milch von Sojabohnen, das ist ihre ganze tägliche Mahlzeit. Der Arzt macht ein besorgtes Gesicht.

»Gegen Alter gibt es keine Medizin. Sie ist ja schon siebzig.«

Großmutter liegt im Bett und bewegt die Lippen. Zu guter Letzt versteht man, was sie will:

»Ich möchte Schi-Chua sehen.«

Aber dann unterbricht sie sich gleich.
»Es ist nicht nötig, er soll dort bleiben. Ich möchte nicht, daß er mein verwelktes Gesicht sieht. Er wird nur weinen.«
Als sie starb, war nur Mutter, auch sie schon todkrank, bei ihr.
Großmutter wird in aller Stille beerdigt.
Bei Den-dja-tschen — dem Dorf, das den Namen unseres Stammes trägt — liegt ein Hügel. Dort ist unser Erbbegräbnis. Aber in ihm werden Kinder und Kinderlose nicht beigesetzt. Großmutter war nicht die richtige Mutter Vaters, sondern seine Stiefmutter und dazu kinderlos. Man begräbt sie auf dem allgemeinen Friedhof. Der Feng-schui unseres Dorfes ordnet an, wie ihr Körper, der nun nicht mehr auf den enggeschnürten Goldlilien schwankt, zwischen den zahllosen Gräbern der verschiedenen Dens beizusetzen ist.
Unsere Setschuaner Gräber sind sehr tief. Sie reichen durch die lehmige Oberschicht bis zu dem felsigen Grund hinunter. Das ist etwas anderes als in Kiangsu oder Tschekiang, den Provinzen an der Jangtse-Mündung, wo das Grundwasser hoch steht und der Sarg oben auf die Erde gestellt und mit einem Erdhügel bedeckt wird.
Großmutter ist ins Grab gelegt.
Vater geht in einen neuen Feldzug, und vor seinem Weggang bringt er uns aus der Stadt in das stille Dorf Sjan-schi zurück.

DIE REVOLUTION IN GEFAHR

Eine der Abteilungen erklärt dem Vater:
»Wir haben genug gekämpft. Was ist das für ein Durcheinander. Wir haben den Mandschu-Kaiser gestürzt, jetzt ist es Zeit, an seiner Stelle einen Chinesen-Kaiser zu ernennen. Wir haben genug von Ihrem Kommandieren und den Befehlen der revolutionären Regierung mit Ihrem Dr. Sun Jat-Sen.«

Die Abteilung erklärt sich unabhängig und veranstaltet in dem Dorf, in dem sie liegt, einen Pogrom und Plünderungen.
Man braucht nicht weit zu suchen, um zu verstehen, woher die Liebe der Abteilung für den chinesischen Kaiser kommt. Ihr Kommandeur war ein Mitglied der früheren kaiserlichen Leibgarde. Auf seiner Mandarinenmütze leuchtet die rote Kugel zum Zeichen dessen, daß er einen soliden Hofrang innehatte.
Vater überlegt, wie er die meuternde rote Kugel vernichten kann. Aber grade zu dieser Zeit erhält er von der Zentralregierung den Befehl, gegen den Tsung-tu, den Gouverneur von Wan-sjan vorzugehen, gegen den schon flußaufwärts eine starke Abteilung unter Ssün-Ke-Wu zieht.
Wan-sjan ist eine große Hafenstadt am Jangtse. Der Tsung-tu von Wan-sjan steht wie ein Keil zwischen den Revolutionären von Setschuan und Hupeh, in dessen Hauptstadt, Hankau, die revolutionäre Regierung sitzt.
Vater hat niemand, den er als seinen Vertreter in Tejan lassen kann, außer demselben Li, der schon einmal Krach mit den Kommandeuren gehabt hat.
Es wird Lis Aufgabe sein, die Abteilung der roten Kugel zu liquidieren, des Mannes, der übrigens auch Li heißt. Ein Li muß den anderen Li vernichten.
Vater instruiert seinen Vertreter.
»Mach es ohne Hinrichtungen, setz ihn gefangen. Solche Leute wie Li mit der roten Kugel gibt es in unseren Abteilungen viele. Alle zusammen kann man nicht hinrichten. Auch ohnedies reden die Leute auf den Märkten, in den Läden und Tempeln schon davon, daß wir Banditen und Bluthunde seien. Mach dich an die Abteilung nicht mit der Faust, sondern mit Agitation heran. Zieh sie zu dir herüber und entwaffne sie.«
Li ist jung und schnell in seinen Entschlüssen. Die vorsichtigen Ratschläge des Vaters sind nicht nach seinem Geschmack.

Vater ist mit seiner Abteilung schon weit fort von Tejan. Ihre Kähne schwimmen bereits auf dem welligen Rücken des Jangtse. Li, Vaters Stellvertreter, lädt den Mandarin Li mit der roten Kugel zum Bankett ein. Ein Gericht folgt auf das andere, die Köche stopfen den Gästen den Magen voll. Eine Schale Wein nach der anderen fließt die Kehle hinunter. Während des Essens gibt der Hausherr seiner Wache ein Zeichen. Soldaten fassen den Mandarin unter den Armen, führen ihn auf den Hof, und trockene Mauserschüsse geben den Gästen zu verstehen, daß der Besitzer der roten Kugel nie wieder Gelegenheit haben wird, über einen neuen Kaiser zu sprechen.

Die Erschießung während des Banketts findet Widerhall in einem dumpfen Murmeln, das durch die Reihen läuft. Die Leute flüstern, beraten sich, rufen einander zu.

»Wir sind von weit hergekommen, wir kämpfen gemeinsam; wenn wir Fehler machen, belehrt uns! Aber ihr stürzt euch gleich mit Hinrichtungen auf uns, ohne erst behutsamere Mittel anzuwenden. Solche Grausamkeit kann nur die Herzen unserer Götter böse machen, und sie können sich rächen, indem sie das Wasser von unseren Reisfeldern trinken, Heuschrecken auf unseren Weizen schicken, mit Wolkenbrüchen unsere Maisfelder vernichten und unseren Familien unheilbare Krankheiten schicken.«

So reden die Krieger, die von den entfernten Dörfern hergekommen sind; sie sitzen und wärmen sich ihre Hände an den steinernen Öfen in den weiten Höfen der Tempel; hier stehen Altäre mit tönernen und bemalten hölzernen Figuren der Götter und Höllengeister, die über holzgeschnitzten Feuern hängende Sünder foltern.

Li stellt eine ausgewählte Abteilung zusammen, führt die Soldaten in einen der Tempelhöfe, läßt sie vor den phantastischen Tonpuppen Aufstellung nehmen und kommandiert: »Zerschlagen!«

Die Soldaten werden unruhig. Li richtet den Revolver auf sie.

Unter den dicken Stöcken in den Händen der Soldaten fliegen klirrende Scherben auf die Tempelfliesen, und jahrhundertealter Staub stiebt auf, den früher die Mönche mit feinen, aus Hühnerfedern gefertigten Staubbesen weggefegt haben. Der Tempel steht ohne Götter da. Hinter den kalten Raucherpfannen liegen die Götter als Krüppel und Invaliden herum. Das Murren verwandelt sich in einen allgemeinen, nicht zu unterdrückenden Schrei. In den Schreibstuben, wo die Pinsel über das Papier eilen, in den Kaufläden, wo die kleinen Rechnungen anwachsen, in den Gärten, wo die Spaten an den Stein klirren – überall dieselben Gespräche:

»Er hat unsere Götter zerschlagen. Er hat unseren Glauben beschimpft. Er achtet unsere Bräuche nicht. Er darf nicht Oberhaupt der Stadt bleiben. Er muß fort.«

Wieder öffnen sich die Tore des Jamen, wieder gehen die Leute mit den Schärpen über der Schulter zur Sitzung. Die Gutsbesitzer, die Kaufleute, die beleidigten Schen-schi und die aufgeregten Handwerker schicken ihre Delegierten dorthin.

Die stolzen, bösen und erschrockenen Besitzer nehmen der Tung-meng-hui, der Partei Sun Jat-sens, die Macht aus den Händen. Die Versammlung wählt vornehme Leute, die sich durch große Läden, Gelehrsamkeit, Gärten und viele Pächter auf ihren Stammsitzen auszeichnen, für die leitenden Posten der Stadt.

Li verläßt Tejan.

Auch heute noch, 1927, lebt Li in seinem Heimatdorf in Setschuan, aber sein Fuß betritt niemals die Straßen von Tejan. Er haßt diese Stadt mit einem tiefen, sechzehnjährigen Haß. Er tut niemals etwas für ihre Bewohner, als bestünde zwischen ihm und ihnen eine alte Blutrache. Jedesmal, wenn auf Tejan die Rede kommt, schwellen die Adern auf der Stirn des vierzig Jahre alten Radikalen an. Er springt auf, läuft erregt im Zimmer auf und ab und belegt die Tejaner mit Salven aller nur möglichen Flüche. Nur mit einem Bewohner von Tejan macht er eine Ausnahme. Dieser eine ist mein Vater.

Bei seinem Weggang ließ Vater in Tejan ein Bataillon zum Schutz der Stadt zurück. Ein Regiment und ein Bataillon, die mit Polizeiwaffen ausgerüstet waren, nahm er mit zum Kampf gegen den Tsung-tu von Wan-sjan.

Die chinesischen Kommandeure haben folgende Gewohnheit: Wenn ein Kommandeur zwei Regimenter unter sich hat, nennt er sich Brigadegeneral, hat er aber drei Regimenter, so versucht er noch ein viertes zu bekommen, um sich den Titel Divisionsgeneral zulegen zu können. Die Einheiten haben folgende Stärke:

Eine Korporalschaft = 40 Mann.
Drei Korporalschaften = 1 Rotte = 120 Mann.
Vier Rotten = 1 Bataillon = 480 Mann.
Vier Bataillone = 1 Regiment = 1920 Mann.
Zwei Regimenter = 1 Brigade.
Zwei Brigaden = 1 Division.

Ssün Ke-Wu verfügt über zwei Regimenter. Er ist Oberbefehlshaber des Feldzugs gegen Wan-sjan. Vater ist sein Untergebener.

Der Tsung-tu von Wan-sjan, mit Namen Liu, sitzt mit seinem Stab, einem Bataillon europäisch ausgebildeter Soldaten und, was die Hauptsache ist, mit einem Vorrat ausgezeichneter Gewehre hinter dicken Mauern, die auf die Berge hinauf- und zum Fluß hinabsteigend die Stadt mit einem festen, durch dicke Turmknöpfe verzierten Gürtel umgeben.

Die revolutionären Truppen stehen auf den Bergen am anderen Ufer. Vater hat Maschinengewehre, Ssün Ke-Wu Kanonen; für die Artillerie gibt es etwas zu tun.

Es ist Morgen. Ein pelziger Nebel liegt über den Schluchten, auf den Wegen und über dem Fluß. Über die schmalen Bergpfade schleppen Soldaten an Gurten die Geschütze auf die Höhen. Bei jeder Anstrengung ächzen sie gedämpft. Man hat ihnen verboten zu schreien. Es sind entscheidende Stunden. Im Schutze des Nebels könnte der Feind seine Kompanien auf Kähnen über den Fluß bringen und die ärmlichen Bataillone der Revolutionäre zerschlagen.

Vater und Ssün Ke-Wu inspizieren selbst das Lager, die MG-Schützen, den Transport und die Posten. Sie gehen vor bis zu dem felsigen Uferabhang. Alles ist weiß. Man sieht weder Wan-sjan noch das Wasser, noch die Fischerhütten unten am Ufer. Jemand kriecht am Abhang herum. Immer, wenn sich der milchige Nebel etwas zerteilt, taucht er zwischen den Steinen auf und verschwindet dann wieder. Man ruft ihm zu: »Parole!« Aber die Stimmen verhallen im Nebel wie ein Schrei in einem Kissen. Die Gestalt kriecht weiter zwischen den Felsen herum. Ssün Ke-Wu befiehlt einem Mann seiner Leibgarde:
»Versuch's einmal mit einer Granate.«
Der Soldat macht die Handgranate, die wie eine Flasche aussieht, vom Gürtel los, faßt sie am Halse und schleudert sie mit sicherem Wurf den Pfad hinunter. Die Granate explodiert mit hellem Feuerschein an einem Felsstück, der Felsen schwankt und springt dann, erst langsam, dann immer lustiger und schneller den Abhang hinunter. Noch ein Sprung, und er saust, Bretter und Knochen zermalmend, in eine Fischerhütte, fünf Fischer mit sich in den Tod reißend.
Während das Felsstück abwärts saust, klettert die Gestalt eilig weiter aufwärts. Die Explosion hat den Mann nicht getroffen. Er schiebt sich auf dem Bauch den felsigen Hang hinauf vor die Füße Ssün Ke-Wus – es ist ein Offizier seines eigenen Stabes. Er war auf Patrouille gegangen und hatte die Parole vergessen.
Die Kanonen sind in Stellung gebracht. Geschosse dringen in das Innere der Häuser von Wan-sjan.
An anderen Tage führen die Posten eine Abordnung aus Wan-sjan zu Vater. Die Männer kommen mit verbundenen Augen. Sie sind in der Stadt gewählt worden und haben durch die Postenketten hindurch den Weg zum Stab der revolutionären Truppen gefunden, um mitzuteilen, daß der Tsung-tu in guter Deckung sitzt und die Beschließung ihm wenig Sorge bereitet, während die Hütten, Läden und Schulen der Einwohner nutzlos leiden.

Der Vater besteht darauf, daß Ssün Ke-Wu das Bombardement einstellt.
Der General ist hartnäckig. Was heißt hier Läden und Schulen? Soll doch die Einwohnerschaft einen Aufstand organisieren und den Tsung-tu hinausjagen.
»Wenn Sie einen Aufstand wollen«, sagt Vater zu dem Vorgesetzten, »so schicken Sie Organisatoren in die Stadt und nicht Schrapnells.«
Das Bombardement wird eingestellt.
Es schadet nichts. Die Revolutionäre brauchen nicht auf dem anderen Ufer zu bleiben. Der Tsung-tu Liu ist unfähig wie alle mandschurischen Dau-tais und Gouverneure in der Zeit des Zusammenbruchs der Monarchie. Er hat ein ganzes Arsenal von Flinten, aber er weiß nicht, was er mit ihnen anfangen soll. Seine Flinten dienen nur als Schüreisen, um die Kohlenfeuer auf den Herden zu schüren.
Der Tsung-tu hat ausgewählte Truppen, aber er weiß nicht, was er mit ihnen anstellen soll. Er hat Angst, daß die Soldaten ihn selbst in Stücke reißen. Eines schönen Tages verschwindet der Tsung-tu Liu bei Nacht und Nebel mit seinen nächsten Verwandten und Stabsoffizieren in Verkleidung aus der Stadt und macht sich über die Feldwege aus dem Staube.
Wan-sjan ist eingenommen. Der Bürgerrat der Stadt wählt Vater zum Oberrichter von Wan-sjan.
Vater erinnert sich an jene Granate, an den Felsen, der durch den Nebel zu Tal sprang, und an die fünf Leichen im weißen morgendlichen Grund. Der steinerne Tod hatte sie im Schlaf überrascht. Er fordert, daß ihren Familien Entschädigungen gezahlt werden, und besteht auf fünfhundert Silbertael. Ssün Ke-Wun regt sich auf:
»In einer dummen Kampfepisode ist eine Hütte eingedrückt worden, und Sie wollen dafür fünfhundert Silbertael bezahlen. Was werden Sie verlangen, wenn wir einmal in einem großen Gefecht Dutzende von Häusern in Klumpen schießen? Wir dürfen keine schädlichen Präzedenzfälle schaffen. Schon so kommt ganz Setschuan um Unterstützungen zu uns.

Krieg ist Krieg. Es ist eben ihr Unglück, daß sie damals unter die Felsen gekommen sind. Ich sage nicht, daß sie eine Schuld trifft, aber auch wir haben keine.«

Vater gibt seinem Vorgesetzten keine Antwort. Am nächsten Tage veranlaßt er, daß an die geschädigte Familie fünfhundert Silbertael aus der Kriegskasse gezahlt werden. Das ist Ssün Ke-Wu zuviel.

»Für eigenmächtige Leute ist kein Platz im Heer. Die fünfhundert Silbertael sind Den vom Gehalt abzuziehen.«

Vater ist böse. Er weigert sich, weiter mit Ssün Ke-Wun zusammenzuarbeiten, übergibt ihm sein Regiment und verläßt den Heeresdienst.

Jetzt hat Ssün Ke-Wu zu seinen zwei Regimentern noch das dritte von Vater, und Vaters Bataillon und das Bataillon von Wan-sjan bilden zusammen ein viertes Regiment. Jetzt ist Ssün Ke-Wu Divisionsgeneral.

Die Einwohner von Wan-sjan sehen Vater ungern scheiden.

Er geht nach Tschengtu, der Hauptstadt von Setschuan. Das juristische Institut von Tschengtu hat ihn eingeladen, den Studenten Vorlesungen über Bürger- und Kriminalrecht zu halten.

Aber von dem Institut holt ihn Genosse Tai, der Polizeichef von Setschuan fort; er ist Vaters Studiengenosse aus Japan und Mitglied der Tung-meng-hui.

»Sie haben große Erfahrung in Fragen der Polizeiorganisation«, schreibt Tai an Vater. »Sie wissen, daß der General Jüan Schi-Kai an Stelle von Sun Jat-Sen Präsident der chinesischen Republik geworden ist. Wir Revolutionäre müssen auf dem Posten sein.«

Ohne nach Hause zu kommen, fährt Vater nach Norden und empfängt dort im Jamen aus der Hand des Genossen Tai das Petschaft des Geschäftsführers als Zeichen seiner neuen Stellung.

In jenen aufregenden Tagen, als die Revolution vom Fieber erfaßt wurde, gründet Sun Jat-Sen die Kuomintang. Die

Kuomintang ist die Partei für den Aufbau des neuen Chinas. Sie hat drei Losungen: Nation, Demokratie, Sozialismus. Der Tung-meng-hui war eine Kampforganisation. Er hatte nur eine Losung: »Nieder mit den Mandschu.« Der Tung-meng-hui, der die Revolution von 1911 organisiert hatte, hört auf zu bestehen. Der dicke General mit dem Schnurrbart, Jüan Schi-Kai, der ehemalige Oberbefehlshaber des Kaisers, ist jetzt Präsident und fängt an von China Besitz zu ergreifen, indem er die Provinzen seinen obersten Generälen zur Herrschaft und Leitung ausliefert.
Wie nach dem altchinesischen Glauben in den bleiernen Minuten der Sonnenfinsternis der Drache die Sonne verschlingt, so wächst über China jetzt das böse Generalsungeheuer auf, daß die Keime der Revolution zu verschlingen droht. Noch spielt Jüan Schi-Kai mit der fünffarbigen Flagge der Republik. Vier Jahre später forderte er für sich den Kaiserthron und die goldene Drachenfahne.
Die Wege Vaters und Ssün Ke-Wus, die sich in den Straßen von Wan-sjan gekreuzt hatten, gehen auf immer in verschiedene Richtungen auseinander.

OHNE MUTTER

»Küi-kü-jang! Küi-kü-jang!« So ruft nachts in den Gärten von Setschuan ein Vogel mit roter Brust, den man Tu-tu-en nennt.
Er ruft jämmerlich und quälend und, wie die Leute sagen, so lange, bis er blutet; dann findet man ihn morgens mit blutigem Schnabel unter den Zweigen.
Die alten chinesischen Bücher enthalten Legenden darüber, woher dieser Vogel gekommen ist.
Ich glaube nicht an Märchen. Aber wenn ich nachts in Sjanschi den Ruf: »Küi-kü-jang« vernehme, so ist mir, als hörte ich die immer schwächer werdende Stimme meiner Mutter. Sie hustet Blut, und eine stille Sehnsucht verzehrt sie, weil

Vater weit fort ist auf den gefährlichen Feldzügen und ich und mein Schwesterchen noch klein sind.

Ich bin jetzt 26 Jahre alt. Auch ich bin Vater. Ich habe viele Bücher in vielen Sprachen gelesen. Aber ich muß mich hinlegen, damit meine tränengefüllten Augen nicht überlaufen, wenn ich an sie denke, an meinen armen kleinen Vogel, der an den Ufern des grünen Jangtse mit dem blutigen Tode rang.

Sie gibt sich mit der Schwester ab, empfängt tagaus, tagein eine Menge Gäste und stattet den jüngeren Onkel zur Hochzeit aus. Morgens hustet sie ängstlich, wendet sich von mir ab, dann fröstelt sie auf einmal, und der Husten hört auf. Das Blut steigt ihr im Halse hoch, und sie wartet so lange, bis das Blut dick wird und die Löcher in den Lungen verstopft.

Durch die Küchentür, über der sich bläulicher Rauch kräuselt, geht sie hinaus in den Mandarinengarten. Bald kommt der Aufkäufer, der die kommende Ernte vom Baum weg kauft.

Wenn die Ernte schlecht zu werden verspricht, gibt man einen Silbertael für den Baum, wird sie gut, eineinhalb Silbertael. Unter den beschnittenen Bäumen kriecht der Mann herum, beschaut die Blätter, Zweige und Wurzeln und sucht, ob er nicht den gefährlichen schwarzen Pilz oder die rote Blutlaus entdeckt. Mit geschultem Auge erspäht er in der Rinde die Öffnungen der Käferlöcher, fährt mit einer langen Nadel dem Baum ins Fleisch und zieht den Käfer hervor. Mit dem krummen Messer schneidet er die durch Maden verursachten Wucherungen heraus.

Das Dienstmädchen ruft Mutter ins Haus. Die Heiratsvermittlerin ist gekommen.

Gemessenen Schritts und lächelnd tritt die Vermittlerin ein. An den Ohren trägt sie goldene Gehänge. Kein einziges Haar kommt aus der glatt anliegenden Frisur hervor. Im Süden sagt man: Die Frisur muß so glatt sein, daß eine Fliege, die sich draufsetzt, abrutscht. Das Gesicht ist mit heißem Fett

eingerieben. In der Hand trägt sie ein Tüchlein, das sie alle Augenblicke an die Nasenlöcher hebt. Nur manchmal macht sie eine Pause und steckt das Tüchlein oben an der Achselhöhle in den weiten Ärmel.
Hinter der Vermittlerin kommt ein Mann herein. Er tritt bescheiden auf wie ein einfacher Bote. Das ist der Mann der Vermittlerin.
Der jüngere Onkel heiratet spät. Er ist schon dreißig Jahre alt. Mit dem Hinweis auf seine Armut hat er sich so lange wie es ging vor der Heirat gedrückt. Aber jetzt kann er sich nicht mehr auf seine Armut berufen: außer dem Mandarinengarten haben wir zweihundert Silbertael Gehalt vom Vater und als unantastbares Kapital die Prämie von tausend Silbertael.
Den Verhandlungen mit der Heiratsvermittlerin horchen die neugierigen Verwandten aus den umliegenden Straßen und den nächsten Dörfern zu.
Tag für Tag kommen auf der Durchreise Verwandte ins Haus zu Besuch und erkundigen sich dabei:
»Nun, wie steht's?«
Besonders setzen sie dem älteren Onkel zu.
»Wir haben gehört, daß Ihr verehrter jüngerer Bruder ein Fräulein Soundso heiraten will. Tun Sie uns den Gefallen, unsere zudringliche Neugierde zu befriedigen, und sagen Sie uns, ob Sie Ihr weises Einverständnis zu dieser Hochzeit geben.«
Der ältere Onkel läuft betrunken und böse herum. Ihm gefällt das alles nicht: die Revolution, Vaters Feldzüge, Mutters Krankheit – und vor allem, daß er, ein Gelehrter von Provinzrang, als Bruder des Emporkömmlings und Rebellen Den Ja-Pu dasteht.
Er stiert die Verwandten an und antwortet giftig:
»Aber ich bitte Sie, wir haben doch Revolution. Was kommt es da auf den älteren Verwandten an? Was geht mich die Hochzeit meines Bruders Den Ti-Pu an?«
In unserem Wohnzimmer drängen sich Kaufleute. Stoffhänd-

ler breiten Packen Seide auf dem Boden aus, Schneiderinnen behängen sich mit blumenbestickten Überröcken, Juweliere ziehen Schachteln aus der Tasche und lassen goldene Ringe und Ohrgehänge, silberne Haarspangen, die wie Bohnenschoten aussehen, und Nadeln mit Edelsteingehängen vor Mutters Augen tanzen. Man muß doch Geschenke für die Braut kaufen.
Geschäftsleute kommen, setzen sich, trinken Tee und nennen Zahlen, reden über das Wetter, über die Nachbarn, über die Gerüchte aus Tejan und nennen wieder Zahlen. Mutter will nämlich für die Hochzeitsfeierlichkeiten eigens ein Haus mieten, weil unsers zu klein ist.
In die Küche und die Vorratskammern kommt man jetzt nicht mehr hinein. Da stehen Fässer mit grünem Sauerkohl, und durchsichtige Brocken von glasartigem Setschuaner Salz warten darauf, daß man mit ihnen Speckseiten einreibt; es gibt kein besseres Salz als das Setschuaner. Unser Boden ist reich an Salzlagern. Manche Häuser haben Salzbrunnen: lange, enge Röhren, die durch den Boden und die dicke Kalkschicht bis zum Salzflöß vorgetrieben sind. Die Brunnenschale wird bis an den Rand mit Wasser vollgegossen, in dem sich das Salz auflöst; die durchsichtige Lösung wird mit Eimern abgeschöpft. Es gibt andere Höfe an den Bergabhängen, wo heißes Gas aus Felsspalten dringt. Man leitet es in Bambusröhren in die Küchen und heizt damit die Töpfe. Gegen Bezahlung können die Nachbarn diese Kochstellen mit benutzen.
Die Hochzeit wird im Sommer gefeiert, wenn die Tage warm und klar sind. Die Tische sind dicht mit Gästen besetzt. Das Brautpaar versorgt die Gäste mit Wein. Die Gäste antworten mit Trinksprüchen und Begrüßungen auf die Neuvermählten. Mutter steht auf, und der Lärm legt sich. Sie sagt, zum Onkel und seiner Frau gewandt:
»Ich habe vielleicht nicht mehr lange zu leben. Wenn ich nicht mehr da bin, bitte ich euch, daß ihr euch meiner Kinder annehmt wie eurer eigenen.«

Unzufriedenes Murmeln aus den Reihen der Gäste unterbricht Mutters Rede. Die Gäste protestieren.
»Heute ist ein roter Tag. Heute ist ein Freudentag. Heute darf man nicht so reden.«
Die Gäste rufen Mutter zu:
»Viel Glück für Ihr weiteres Leben. Bai niän-tschang-schou! Bai niän-tschang-schou! – Hundert Jahre! Langes Leben!«
Blaß und verwirrt lächelt Mutter und setzt sich wieder hin. Sie legt mir ihre Hand auf die Schulter; so daß es niemand von den Gästen hört, sagt sie zu mir:
»Besinnst du dich, Chua, worauf man noch ›Bai niän-tschang-schou‹ schreibt? Auf die Särge, die man als Geschenk bringt, schreibt man diese Worte.«
Ich habe noch nie einen Sarg gesehen, den man als Geschenk bringt, und ich weiß nicht, was man darauf schreibt. Aber ich besinne mich, daß die Erwachsenen mir oft auf meinen Gruß »Tsing-wen« höflich »Bai niän-tschang-schou« zur Antwort gegeben haben.
Der ältere Onkel ist aufgeblasen und unzufrieden. Nur ein halbes Jahr ist seit dem Tod der Großmutter vergangen, und schon wird im Haus eine Hochzeit gefeiert. Was ist aus den strengen Trauerregeln geworden? Diese Revolution bricht gar zu schnell mit den alten Bräuchen. Hat er nicht selbst alle seine Examen den Gesetzen der Volltrauer geopfert?
Die Hochzeit ist vorüber. Die Tische sind wieder auf die Zimmer verteilt. Die Nachbarn haben das geborgte Geschirr zurückbekommen, und die Köche, die man geholt hatte, sind aus der Küche verschwunden.
Jeden Tag kommt der Doktor zur Mutter. Er wiederholt eintönig wie die Glocke eines Straßenhändlers:
»Ruhe, Ruhe, Ruhe, nicht arbeiten.«
Aber die junge Frau des jüngeren Onkels versteht nichts von der Wirtschaft. Die leisen Füße der schweigsamen Mutter laufen treppauf, treppab über unsere Höfe, und ihre praktischen Hände bringen unsere nach der Hochzeit durcheinandergeratene Kasse wieder in Ordnung, so geschickt und

unmerklich, wie sie es in jenen schweren Tagen taten, als Vater in Japan studierte.
Zum Herbstfest ist Vaters Schwester bei uns zu Gast. Es ist dieselbe mutige Tante, die mich damals, als die Soldaten die Früchte gegessen hatten, vor der Bestrafung rettete.
Mutters Aussehen gefällt der Tante gar nicht. Zu dicht sitzt die dünn gewordene Haut auf den Schädelknochen.
Ein wenig feierlich und erregt sagt Mutter zur Tante:
»Ich weiß, was mir bevorsteht. Kümmern Sie sich um Schi-Chua und Schi-Guee. Ti-Pus Frau hat keine Zeit für sie. Sie wird selber bald Kinder haben. Für Sie ist es leichter. Ihre Kinder sind schon erwachsen. Nehmen Sie dieses Geld hier, ich hab' es Kupferkäsch um Kupferkäsch zurückgelegt. Bitten Sie zwanzig von Ihren Bekannten, sich zu einer Gruppe zur gegenseitigen Hilfe zusammenzuschließen, und geben Sie dieses Geld als Einlage. Schi-Chua soll jeden Monat etwas Taschengeld erhalten. Wer weiß, wie sich sein Leben noch gestaltet. Vielleicht kommt sein Vater nicht zurück und die Familie gerät ins Elend. Oder er bringt eine Stiefmutter mit, und die kommt dann nicht mit dem Jungen aus. Er ist ja noch klein, er ist eben erst neun Jahre.«
Mit sorgenvollem Gesicht nimmt die Tante das Geld, und lange sitzen die zwei Frauen nebeneinander in dem dunkel werdenden Zimmer und sprechen über die Sterbenden und die Lebenden.
Mutter wird immer schwächer. Jeden Tag fällt es ihr schwerer, aus dem Bett aufzustehen und über die Höfe zu gehen. Sie muß sich oft an den Wänden stützen, weil solche Schmerzen sie überfallen, daß sie sich krümmt.
Und jetzt steht sie schon nicht mehr vom Bett auf. Ihre Stirn und die Wangen sind hochrot. Manchmal sehe ich Schweißperlen auf ihrer Stirn. Sie hat es nicht gern, wenn ich zu ihr ins Zimmer komme, weil sie fürchtet, mich anzustecken. Für sie sorgt die Dienstmagd, dieselbe, deretwegen mich Vater damals schlug. Sie bringt Mutter die Tassen, räumt auf, wischt ihr den Schweiß ab, wäscht die blutbefleckten Hand-

tücher aus und bringt die Teller mit der nicht berührten Suppe aus Mutters Zimmer fort.
Außer dem Mädchen sorgt der Doktor für Mutter. Der jüngere Bruder hat ihn in unserem Haus Wohnung nehmen lassen. Nach einem Monat verläßt er uns; er sagt:
»Die Lage ist hoffnungslos. Ich bin hier überflüssig. Ich komme von Zeit zu Zeit, um nachzusehen.«
Ich hatte bis dahin beim jüngeren Onkel in der Schule gewohnt. Jetzt bringt man mich nach Hause zurück, damit ich in Mutters Nähe bin. Sie soll nicht sterben, während ich fort bin.
Ein langer Monat vergeht.
Morgens kommt der Arzt vom Besuch aus Mutters Zimmer und sagt:
»Es geht ihr viel besser.«
Man schickt mich in die Schule. Drei Stunden vergehen. Dann ruft mich der Schulleiter.
»Was ist los?«
»Man hat nach dir geschickt. Du sollst schnell nach Hause kommen.«
Draußen steht ein mir unbekannter Kuli. Wir laufen durch die Straßen von Sjan-schi. Vom schnellen Laufen komm' ich außer Atem. Die Vorübergehenden blicken mir nach. Aus den kurzen Worten des neben mir laufenden unbekannten Mannes weiß ich, daß Mutter im Sterben liegt. Ich fühle meine Beine nicht mehr. In meinen Ohren saust es, und mein Herz schlägt zum Zerspringen. Ich habe Angst: Werde ich noch zur rechten Zeit kommen?
Ich renne. Meine Füße klappern auf den Fliesen der Straße. Meine Gedanken sind in unserem Hause. Ich sehe Mutters Zimmer vor mir, das Bett, die hellen Fenster, Mutters magere Gestalt, die reifen Früchte am Kopfende des Bettes und die blaue Hand, die mit Mühe die saftige Birne zum Munde führt, als sei es keine Birne, sondern ein schweres Gewicht. Mutter saugt gierig den Birnensaft, ihre Kehle ist trocken, ein unstillbarer Durst quält sie. Sie lächelt mir freundlich und

offen zu und spricht leise, leiser als sonst. Noch nie habe ich ihre Stimme so leise gehört.
»Lerne fleißig, Schi-Chua, folge Onkel und Tante, fluche nicht und zank dich nicht.« Das war vor einer Woche.
Ich stürme durch das Haustor und renne mit der Schulter gegen den Pfosten. Vor mir sehe ich das Gesicht des Onkels mit roten, verriebenen Augen. Am Fenster steht die Tante und schluchzt in ihr Taschentuch.
Ich bin zu spät gekommen.
Mutter liegt auf dem langen, hölzernen Lager. Ein mit Spiritus getränktes Papier bedeckt ihr Gesicht. So pflegt man das Gesicht der Menschen zu bedecken, die an Schwindsucht gestorben sind. Der Aberglaube sagt, daß aus ihren Nasenlöchern Insekten fliegen, die die Ansteckung weitertragen.
Ich will das Papier aufheben. Wer wagt es, Mutters Gesicht vor mir zu verstecken? Der Onkel stürzt auf mich zu.
»Was machst du? Das ist verboten!«
Die dreijährige kleine Schwester steht neben dem Lager, macht eine Schnute und zieht mich am Ärmel:
»Pfui, schämst du dich nicht! Stör Mama nicht! Sie schläft!«

DIE BEERDIGUNG

In diesem Laden bin ich noch nie gewesen. Hier kann man sich verirren. Ich stehe da und sehe meine Umrisse an der Wand eines Sarges, der wie ein Flügel schwer und mit einer gläsernen Lackschicht bezogen ist. Hier gibt es die in ganz China berühmten Setschuaner Särge, die aus dem wertvollen jahrhundertealten Holz der Bäume unserer Berge gemacht werden.
Ich gehe aufmerksam um den teuersten Sarg herum, der auf seinen Käufer wartet, irgendeinen reichen Mann aus der Gegend, dem es nicht schwerfällt, über tausend Silbertael dafür zu zahlen. Die Sargwände sind mehr als spannendick. Der Sargdeckel ist von der Dicke eines halben Stammes.

Wände und Boden sind aus einzelnen ganzen Brettern gemacht. Sechzehn Mann sind nötig, um mit Mühe seine massive Last anzuheben. An seinem gewölbten vorderen Ende leuchten groß und golden die Schriftzeichen »Jung-scheng«, sie bedeuten »Ewigkeit«. Die Zeichen »Jung-scheng« werden von fünf goldenen Fledermäusen eingefaßt. Das Wort »Fledermaus« ist gleichlautend mit dem Wort »Glück«.

Diese Aufschrift ist das Symbol für langes Leben; ich bin ihm schon auf den Geschenken begegnet, die ich zum Geburtstag bekommen habe.

Ich halte mich am Rande des Sarges und blicke hinein. Das Zinnoberrot der Bemalung tut den Augen weh. In seinem Innern ist der Sarg von der Farbe einer aufgeschnittenen Wassermelone.

Das schwarze, lackierte Holzungetüm ist nur die äußere Schale.

Der äußere Sarg umschließt noch einen feinen inneren. Ein betäubender, süßer Geruch von Sandelholz geht von diesem aus. Er ist nicht bemalt, damit das kostbare Holz der verwesenden Leiche sein Aroma mitteilen kann.

Ich winde mich zwischen den aufgestapelten Särgen hindurch. Es sind kleine und große, teure und einfache, deren Wände aus mehreren dünnen Brettern gezimmert sind und die man für vierzig Silbertael bekommt.

Onkel spricht mit dem Sarghändler. Ich höre den Preis: hundert Silbertael. Vier Träger heben einen schwarzen, lackglänzenden Sarg auf die Schultern.

Er steht schon lange fertig da. Onkel hat ihn beim Sarghändler an jenem Tage bestellt, als der Arzt jede Hoffnung für eine Gesundung Mutters aufgegeben und unser Haus verlassen hatte.

Das Haus ist voll von Nachbarn und Verwandten. Woher sind sie bloß in so großer Zahl gekommen? Die ganze Nacht über nehmen der Lärm, das Schlurfen der Pantoffeln und die Vorbereitungsarbeiten in unserem Hause kein Ende. Ich höre Wasser plätschern: Man wäscht Mutters leichte, von der Krankheit ausgesogene Leiche. Frauen ziehen Mutter ein neues Kleid an und unterhalten sich flüsternd. Es ist nicht die erste Leiche, die sie mit großem Interesse für die letzte Reise herrichten.

»Wie die Zeiten sich ändern. Als die erste Großmutter gestorben war, bekleidete man sie nach dem Rang des Großvaters mit einem Mandarinenmantel und der Mütze mit der Kugel.«

Die Stimmen der Frauen werden lauter. Sie schimpfen jemand aus und jagen ihn fort. Unzufrieden trägt eine schwangere Verwandte ihren riesigen Leib, der die blauen Hosen nach oben zieht, aus dem Zimmer der Toten. Sie ist es, die man weggejagt hat. Schwangere dürfen sich keiner Leiche nähern.

Auf den Boden des Sarges wird eine wattierte, mit Seide überzogene Matratze gelegt, und an das Kopfende kommt ein Kissen, das mit wolkigem Flaum vollgestopft ist, den man in den Gräsern rund um das Dorf gesammelt hat.

Eine der Leichenankleiderinnen betrachtet geschäftig den ausstaffierten Sarg und erinnert sich: Der toten Großmutter steckte man einen Amethyst und ein Klümpchen Gold, drei Tropfen groß, in den Mund. Kostbarkeiten lassen den Körper nicht verwesen.

Höflich seufzend und vor der Petroleumlampe blinzelnd, fädelt die Ankleiderin eine Nadel ein und näht ein Gewand an Mutters Leibe fest zusammen. Dieses Kleid ist noch zu Mutters Lebzeiten in aller Heimlichkeit genäht worden. Es hat keine Knöpfe und wird ein für allemal zugenäht.

Das Mädchen zieht der Mutter Pantoffeln an, die nicht zum Gehen gemacht sind, und streicht zärtlich mit dem Finger über die weiche Stoffsohle.

Man legt Mutter in die tiefe Sargkiste und ordnet ihre Hände längs der Nähte an. Dann deckt man sie mit einem dünnen Tuch bis zum Kinn zu.

Ohne besondere Erlaubnis darf nur der Sarg des Ältesten der Familie in den Litang gestellt werden. Die Leichen von

Dienstboten, ihrer Kinder oder der Nebenfrauen des Hausherrn dürfen überhaupt nicht in den Gebetsaal gebracht werden.
Um Mutter in den Litang zu bringen, wird erst die Erlaubnis des zitternden, weißhaarigen Bruders meines Großvaters und des älteren Onkels eingeholt.
Quer durch den Gebetsaal ist ein weißer Vorhang gezogen. Er trennt den Altar mit den daran hängenden Tafeln der Vorfahren und den Sarg, der vor dem Altar steht, vom Eingang ab. Vor dem Vorhang steht ein festlich gedeckter Tisch. Er trägt eine große Porzellanschale, in der Gebetsstäbchen glimmen, und zwei bronzene Räucherfässer, in denen auf Kohlen Sandelholzspäne brennen; ihr süßlicher Rauch soll den Geist des Toten fernhalten. Neben den Räucherfässern leuchten zwei ewige Lämpchen. Hinter ihnen sollte auf dem Tisch Mutters Porträt stehen, aber es fehlt. Mutter hat sich immer geweigert, sich porträtieren zu lassen.
»Erstens«, hat sie gesagt, »sind jetzt schwere Zeiten; wir haben Revolution, und es ist gefährlich, Bilder im Hause zu haben. Das Glück kann uns untreu werden, und man kann uns nach den Bildern ausfindig machen. Und zweitens: Wenn ich sterbe, dann gehen die Kinder zu meinem Bild und weinen, und ich will nicht, daß sie weinen.«
An Stelle des Porträts steht auf dem Tisch das Seelenbrett, eine große Tafel, auf der von oben nach unten geschrieben steht:

Mutter
Die Geliebte
Die Gesetzmäßige
Den (der Name des Mannes)
Ljau (ihr Mädchenname)
Herrin
Seelenthron

Rechts von dieser Reihe ist Jahr, Monat und Tag ihres Todes vermerkt und links, ganz unten, stehen in kleiner Schrift die Namen von mir und meiner Schwester.

Zwei Tage und zwei Nächte lang gehen Leute vorbei, streifen den Vorhang, treten zum Tisch, stecken Gebetsstäbchen in die Asche und legen neben dem Tisch ihre Gaben nieder: wie Perlen auf Fäden gezogene Geldstücke, die aus Gold- und Silberpapier geformt sind. Man bringt auch papierne Prachtgewänder, eine ellenhohe Nachbildung des Hauses aus Papier, papierne Pferde, Wagen und Sänften an dünnen Bambusstangen.

Dann läßt man die Bündel nachgemachten Geldes in gelben Flammen aufgehen – die abergläubischen Verwandten schicken der Mutter in die ferne Welt des Jenseits Geld, damit sie dort etwas zum Leben hat. Unser Haus ist bis in die letzte Ecke voll von Menschen, und die verhaltenen Worte, mit denen sie ihre Trauer ausdrücken, füllen uns die Ohren. Aus fernen Dörfern kommen die verschiedenen Dens, die Verwandten Vaters, zum Sarge und zahllose Ljaus, die Verwandten der Mutter, die sie zu ihren Lebzeiten vielleicht niemals gesehen hat.

Der jüngere Onkel wandert indessen über die Hügel der Umgebung. Er sucht den Platz, wo Mutter bestattet werden soll, einen trockenen, blumigen Ort, von dem aus die fernen Berge, die schönen Wolken und der große Jangtse gut zu sehen sind. Nach dem Aberglauben muß man den Platz für die Grabstätte so aussuchen, daß der Tote damit zufrieden ist. Und dann kommt möglicherweise viele Jahre nach der Beerdigung jemand, der beweist, daß der Platz schlecht gewählt ist und die Seele sich quält und man die Leiche umbetten muß.

Weiß, die Farbe der Trauer, hüllt die Tage ein, an denen wir uns von der Mutter verabschieden. Die revolutionäre Regierung hat Schwarz als Trauerfarbe angeordnet, aber der Wille der Verwandten ist stärker. Ich trage einen weißen Überrock. An den schlecht geschnittenen Rändern seiner Ärmel und Falten hängen noch unordentlich weiße Fäden herum. Auch Onkel, Tante, das Schwesterchen und alle, die im Hause leben, tragen solche weißen Röcke.

Neunundvierzig Tage lang dürfen wir weder Fleisch noch Fett, weder Eier noch Milch genießen.
Einige aufdringliche und wenig bekannte Dens und Ljaus führen mich in den Raum, wo Mutter liegt, stellen mich an den Tisch und drücken mir ein Buch in die Hand, ein buddhistisches Gebetbuch. Ich sehe, wie Onkel die Stirn runzelt, mißbilligend den Kopf schüttelt und zu mir vorzudringen sucht. Aber eine Wand von Verwandten steht fest um mich herum. In diesen Tagen sind sie und nicht der Onkel Gesetzgeber in unserem Hause.
»Lies, kleiner Chua«, sagen sie feierlich zu mir. »Lies! Du kannst doch lesen. Du wirst uns doch nicht zwingen, einen Mönch zum Lesen einzuladen.«
»Lies, Chua-dse«, wiederholen die Mädchen und die Kulis. Tränen steigen in meinen Augenwinkeln auf, die Schriftzeichen vervierfachen und verfünffachen sich. Es ist schwer, zu lesen, wenn man bei jedem Wort schluchzen muß. Aber dann gewöhne ich mich daran, und ich lese die unbekannten und unverständlichen Zeilen; die Zeilen prägen sich ein, und schließlich sage ich sie her, ohne ins Buch zu blicken.
»... Die Guten werden glücklich, aber unendliches Unglück erwartet die Bösen ...«
Was für ein Unsinn steht in diesem Buch! Da liegt Mutter. War sie nicht gut, gerecht und still, und kann man ihr Leben glücklich nennen?
Ich lese die Trostgebete, aber ich glaube nicht an die Worte, und bittere Tränen steigen mir auf.
Mutter liegt nicht lange im Hause, nur eine Woche. Länger geht es nicht, das Geld wird knapp. Von allen Seiten kommen immer neue Gäste, man muß sie unterbringen und ernähren. Sie zünden Gebetsstäbchen, Kerzen und wohlriechende Holzspänchen an. Manche bringen diese Dinge allerdings mit, aber nicht alle.
Am Tag vor der Beerdigung erschüttern neue Töne unser Haus. Das ist das Trauerorchester. Es krächzt auf zwei Meter langen Flöten, quietscht auf Schalmeien, stöhnt auf Metall-

trompeten und poltert auf faßähnlichen Trommeln, kupfernen Gongs und klagenden Glocken. In diesem Orchester finden sich Mönche der verschiedenen Religionen friedlich zusammen. Der Buddhist schwingt seine lärmende Knarre neben dem dauistischen Mönch, der seiner vielröhrigen, wie ein Artischockenkopf aussehenden Flöte klägliche Melodien entlockt. Die Mönche singen einstimmig melancholische, manchmal in Geheul übergehende buddhistische Psalmen. Unter den Klängen dieser Musik möchte man sich den Kopf an dem gläsernen Lack von Mutters Sarg einstoßen. Dann bricht der Gesang ab, es dröhnen die Trommeln und zirpen die Zimbeln, und wieder setzt die quälende Melodie des Mönchchores ein.

Es ist Morgen. Vor dem Tor höre ich grobe, streitende Stimmen und gehe hinaus. Dort hängt eine traurige Inschrift: »Kein Empfang und keine Begleitung.« Das bedeutet, daß die Gäste nicht unzufrieden sein sollen, wenn sie an diesen traurigen Tagen von den Hausbewohnern nicht ihre volle Portion zeremonieller Höflichkeit vorgesetzt bekommen.

Vor dem Tor warten die Sargträger. Sie haben die Totenbahre aus Bambusrohr an die Wand gelehnt. Über ihren Lumpen tragen sie keine Paradegewänder. Ihnen die zeremonielle Kleidung zu besorgen wäre zu teuer geworden.

Unser Mädchen teilt weiße Handtücher an sie aus. Mit diesen Handtüchern umwickeln sie sich scherzend und fluchend die rasierten, mit Schorf bedeckten Köpfe. Die Handtücher sind ihre einzige Trauerkleidung. Sie verbleiben ihnen als Geschenk.

Wir knien neben Mutters Sarg nieder. Es ist totenstill. Die düstere Wand des Sarges glänzt. Jetzt wird der Deckel auf den Sarg gelegt. Mit einem Eisenhammer, unter den weicher Stoff gelegt ist, damit der Lack nicht beschädigt wird, treibt man den Deckel vorsichtig nach unten. Ein weißes Seidenband wird fest über die Fugen gezogen und dann mit einer nach Spiritus duftenden mehrfachen Lackschicht überzogen.

Wenn Mutter noch auf jemand gewartet hätte, der sie noch

einmal sehen wollte, wäre der Deckel nur fest aufgelegt, aber nicht mit dem Band abgedichtet worden. Dann hätte man ihn, wenn es nötig gewesen wäre, noch einmal aufmachen können.

Hätte man noch sehr lange warten müssen, so wäre der halbgeschlossene Sarg hier im Zimmer mit einem Hügel aus trokkenem Sand überschüttet worden; denn der Sand nimmt die schlechten Gase des verwesenden Körpers auf. Wären wir sehr reich gewesen, so hätten wir den Sarg mit Quecksilber ausgießen und die Leiche so am Boden des Sarges festhalten können. Aber wir haben auf niemand zu warten. Vater ist weit fort in Tschengtu. Er weiß nicht, daß Mutter gestorben ist. Er weiß nur, daß sie sterben muß, aber seine Arbeit ist wichtiger; er kämpft für die Revolution. Und deshalb geht er, über die Mutter und über unsere ganze Familie hinwegblickend, unentwegt seinen gefährlichen Weg.

Man trägt den schweren Sarg an Stricken aus dem Haus. Die Bambusstangen biegen sich unter der Last und die Schultern der Träger unter den Stangen. Der Weg bis zum Grabe ist ziemlich weit – zehn Li.

Alle Verwandten, soviel ihrer zu uns gekommen sind, begleiten in dichter Menge den Sarg bis zum Grabe.

Jetzt sind wir auf dem Hügel. Gestern haben hier unter Aufsicht des jüngeren Onkels Erdarbeiter eine tiefe Grube gegraben. Sie ist so tief, daß die Erdarbeiter die letzten Spaten Erde nur mit Mühe und Not nach oben werfen konnten.

»Und wenn man hier auch einmal eine Eisenbahn anlegt, wird man doch nicht bis an den Sarg kommen«, sagt der Onkel, die Tiefe des Grabes mit einem Blick messend.

Geräuschlos gleitet der Sarg von den Schultern der Träger auf die weichen Erdhügel neben dem Grabe nieder.

Die Träger ruhen aus und wischen sich mit den Enden der weißen Handtücher die Stirn. Die Lumpen auf ihren Schultern sind schweißgetränkt. Die Menge der Verwandten steht still da.

Ein Paukenschlag ertönt – dann ein metallischer Trompetenstoß und der Schrei einer der Frauen. Die Seile der Träger schieben sich knirschend unter den Sarg. Ächzend und im Flüsterton die Kommandos wiederholend, lassen die Träger das schwarze, lackierte Ungetüm schaukelnd in die Erde hinunter.

Schnell wird die Grube zugeworfen, und ein spitzer Hügel, so hoch wie der Onkel, wächst auf. Über den Berg frischer Erde gebeugt, besteckt ihn der Onkel mit matten, kraftlosen Blumen, und ganz oben auf der Spitze setzt er einen Baum, den dunkelgrünen Besen einer Zypresse.

Das Orchester schweigt. Statt der Gongs klirren schon die Teller. Von einer neben dem Grab errichteten Küche her zieht Rauch. Eilig kommen Leute gelaufen, die Schalen mit Reis, gedämpftem Fleisch und Gemüse an die Gäste verteilen. Die Dienstmagd drückt mir eine der Schalen in die Hand, mit denen sie beladen ist. Ich gebe sie höflich meinem Nachbarn. Ich darf kein Fleisch essen.

Gedrückt und müde, betäubt von den Trommeln, dem langen Weg und dem Kummer, kehren wir nach Hause zurück. Die Verwandten gehen in kleinen Gruppen, unterhalten sich über ihre Geschäfte, betrachten kritisch den Stand der Saaten und tauschen ihre Meinungen über den Preis der Mandarinen in diesem Jahr aus.

Zu Hause findet auf den Fliesen des Hofes eine Verbrennung statt. Auf offenem Feuer werden die Kleider verbrannt, in denen Mutter gestorben ist. Die zum Opfer gebrachten papiernen Pantoffeln, Kleider, Wagen und das ellenhohe Häuschen gehen in züngelnden Flammen auf. Über die Dächer tanzen Flocken weißer Asche und wollen nicht zu Boden kommen. Die Gäste reisen ab. Onkel steht am Tor und entläßt jeden mit einer Verbeugung. Onkels Frau räumt zusammen mit der Magd den weißen Vorhang im Gebetsaal fort und bringt den Tisch und die Räucherfässer auf ihre Plätze zurück.

Das Haus erscheint mir leer und ungemütlich.

Der Onkel legt seine große warme Hand auf meine Schulter und sagt:

»In zwei Wochen fährst du nach Tejan, Schi-Chua. Du sollst dort aufs Gymnasium gehen.«

MEINE FREUNDINNEN

Zu Hause ist es für mich unerträglich geworden. Ich brauche nur in Mutters Zimmer zu gehen oder einen Gegenstand zu sehen, der ihr gehört hat, so verkrieche ich mich in eine Ecke und weine. Ich war ohnedies noch matt von der Krankheit im Vorjahre. Aber nun, nach der Beerdigung, magere ich wieder ab, werde schwach und still. Der Onkel bringt mich in einer Pension bei der Schule unter. Die Wohnung ist frei, und für das Essen zahle ich eineinhalb Silbertael monatlich.
So vergehen viele Tage. Onkel wohnt in unserem Haus und ich in der Schule.
Um mich vom Hause abzulenken, nimmt mich der ältere Onkel oft in seine Mädchenschule mit. Dort habe ich eine Freundin. Noch bevor ich in die Schule kam, hatte sie bei meiner Mutter Stunde. Ich bin jetzt zehn Jahre alt, meine Freundin ist fünf Jahre älter als ich. Vorsichtig bringt sie mich von den traurigen Gedanken an Mutter ab. Sie setzt sich auf die Steinstufen im Hof, und ich lehne meinen müden Kopf an ihre Knie und höre zu, wie ihre Stimme über mir ein Märchen nach dem anderen erzählt.
Ihr Familienname ist Tschen.
Sie hat das Zeug, eine berühmte Schriftstellerin zu werden. Wenn sie erst Wein trinkt, wird es sicher gehen. Die alten Dichter sagen ja, daß nur ein Trunkenbold ein Genie werden kann. Als Beispiel gilt der Dichter Li Tai-Po, den man sinnlos betrunken ins Schloß brachte. Meine Freundin schreibt Gedichte, spielt auf der Flöte und auf der Tsin, der altchinesischen Lyra, und sie versteht es, sich mit den Leuten so klug und höflich zu unterhalten, daß in die Gesichter der mürrischsten und runzligsten Alten ein sonniges Lächeln steigt. An sie geschmiegt, blicke ich zu ihrem Gesicht und den Lip-

pen auf, die Verse flüstern. Mir scheint, daß sie wunderschön ist. Nicht nur in Setschuan, sondern in ganz China kann es niemand geben, der so schön ist.
In ganz China, sage ich, weil es außerhalb Chinas, in den fremden Ländern, natürlich überhaupt keine Gesichter gibt, die mir schön erscheinen. Kann man etwa von Schönheit sprechen bei den langnasigen, glotzäugigen Ausländern mit den Bergen von Federn und Stoff auf den struppigen Köpfen? Ich kenne sie aus illustrierten Blättern, die sich manchmal nach Sjan-schi verirren.
Tschen ist nicht gerade mager. Wie eine lustige Kugel rollt sie von Tür zu Tür. Sie gibt sich gern mit mir und ihrem kleinen Bruder ab. Er ist so alt wie ich, geht aber ein paar Klassen tiefer zur Schule; er ist ein dicker, kleiner Faulpelz, matt und träge, schläfrig und leicht beleidigt. Immer ist seine Schwester dabei, ihm etwas zu erklären oder beizubringen, sagt ihm mehrmals dasselbe, zankt ihn aus, aber er bewegt als Antwort nur die dicken Lippen und grunzt vor sich hin.
Ich nenne sie »dritte ältere« Schwester. Meine richtige Schwester ist jünger als ich, ich nenne sie »erste jüngere«. Die »zweite jüngere« ist ein Mädchen von ungefähr acht Jahren. Sie hat listige Augen und ist lebendig wie Quecksilber. Sie ist die Schwester meiner »dritten älteren« und heißt Tschen Tsai-In. Sie hat Ähnlichkeit mit ihrer älteren Schwester wie auch mit dem Bruder.
Obwohl Tsai-In zwei Jahre jünger ist als ihr Bruder, ist sie ihm doch in allen Dingen voraus. Die Umständlichkeit und Langsamkeit ihres Bruders läßt sie alle Augenblicke in Lachen herausplatzen.
Wir deklamieren Verse, aber unter seinen Igelhaaren bleiben die Zeilen nicht sitzen, und er muß immer wieder ins Buch gucken. Tsai-In schlägt ihm höflich vor, das Buch zuzumachen. Wir lachen. Der kleine Dicke verhaspelt sich und sagt Unsinn. Wir lachen wieder. Er schüttelt ärgerlich den Kopf. »Der Teufel soll euch holen! Wozu brauche ich eure dummen Gedichte? Spielen wir lieber Karten.«

Aber ein paar Minuten später merken wir aus Tsai-Ins lustigem Lachen, daß er auch im Kartenspiel den kürzeren zieht. Schon in den letzten Monaten vor Mutters Tod war ich fast immer mit diesen Mädchen zusammen. Jetzt bin ich entweder bei ihnen in der Schule, oder sie kommen zu mir zu Besuch, oder ich gehe in ihr Haus.

Sie haben einen dicken, schwerfälligen Vater. Er geht mit wichtiger Miene umher und spricht so langsam, daß man von einem Wort zum andern wieder vergißt, was er gesagt hat. Wenn ich ihn so ansehe, scheint es mir, als sähe ich seinen einzigen Sohn durch ein Vergrößerungsglas. Der Vater ist selten zu Hause. Meistens ist er irgendwo zu Besuch, ist zum Essen eingeladen oder zum Kartenspiel, geht auf die Bank, zu reichen Leuten oder zu den höheren Beamten.

Die Mutter Tschens ist sehr nett zu mir, ich glaube sogar, daß sie mich lieb hat. Warum soll man mich auch nicht gern haben, wenn ich niemand störe?

Das Haus sieht aus wie ein Antiquitätenladen, so viele alte Sachen gibt es darin. Sie riechen nach Staub und Keller und nach der Erde, unter der sie versteckt gelegen haben. Ich bleibe nicht gern lange im Saal des Hauses. Die Sachen dort sind alle zu wertvoll. Wirft man etwas um, so kann man es gar nicht wiedergutmachen. Mit den Händen auf dem Rükken betrachte ich ehrfurchtsvoll einen Weinpokal, der seine gebogenen Henkel gegen einen ganz mit kleinen Schriftzeichen bedeckten Bauch stemmt. Ich liebe diesen Pokal sehr. Er ist fünfhundert Jahre alt und ich nur zehn.

An den Wänden hängen schmale, mit der Zeit gelb gewordene Bilder auf Seide. Auf ihnen sind Vögel dargestellt, Bauern, die von den Bergen herunterkommen, und Weise. Manchmal sind sie auch nur mit Sprüchen in Schönschrift bedeckt.

In den Zimmern meiner Freundinnen erklingt immer Musik. Die Mädchen spielen auf allen alten Instrumenten. Das ganze Zimmer hängt voll davon. Da gibt es die »Hutjin« – eine zweisaitige Bambusgeige, wie man sie billig auf jedem Markte kaufen kann. An der Wand hängt eine langhalsige Zither. Auf ihrem aus Schildkrötenschalen gemachten Leib spielen die blinden Sänger, indem sie mit zitternder Hand auf die Schlangenhaut drücken, die den Leib des Instrumentes überspannt; der Klang wird dadurch merkwürdig erregt. Da ist die birnenförmige »Pipa«, eine Art viersaitiger Gitarre. Ein langes hölzernes Rohr, das auf der Rückseite mit sieben Saiten bespannt ist, die über dreißig Bünde gehen, heißt »Wusjän«; das ist das wertvollste Instrument im ganzen Zimmer und kostet fünfzig Silbertael. Da liegen schließlich noch Querflöten und Schalmeien, die man an dem einen Ende in den Mund nimmt.

Tsai-In und ihre ältere Schwester hantieren sicher in dieser musikalischen Küche herum. Viele von den Querflöten und Schalmeien haben sie selbst aus Bambusrohr geschnitten. Das ganze Dorf kennt ihre Vorliebe für die Musik.

Meine Freundinnen versuchten, auch mir das Flötenspiel beizubringen. Es fällt mir leicht und bereitet mir Freude. Sie machten eine Schalmei für mich. Aber Mutter nahm mir die Flöte vom Munde und sagte:

»Das darfst du nicht, du hast eine schwache Brust. Vergiß nicht, was der Arzt gesagt hat.«

Der jüngere Onkel liebt die Familie meiner Freundinnen nicht.

»Schlechter Samen gibt keine guten Pflanzen. Man darf nicht vergessen, wodurch ihr Vater und Großvater reich geworden sind. Sie waren Dau-tais. Der ganze Kreis hat unter ihren Spekulationen und ihrer Bestechlichkeit zu leiden gehabt. Die Mädchen sind mit dem Geld aufgezogen, das aus dem Blut der Bauern und Handwerker gepreßt worden ist.«

»Aber was können die Mädchen dafür?«

Der Onkel antwortet nicht. Wenn er den Tschens begegnet, ist er freundlich und höflich wie immer.

Der ältere Onkel nimmt mich in Schutz. Er hat eine besondere Vorliebe für die Schwestern Tschen. Wer kann besser klassische Gedichte deklamieren als sie? Er protestiert:

»Die Mädchen tragen keine Verantwortung für die Sünden des Vaters. Die Liebe zur Kunst macht die Verbrechen der Vorfahren wieder gut. Geh zu deinen Freundinnen, Chua, und spiel mit ihnen.«
Ein kühler Winter zieht herauf.
Sjan-schi, Tsai-In und ihre Flöten, meiner Mutter Grab – alles das liegt hinter mir, hinter dem glucksenden Heck des Kahnes, der mich nach Tejan trägt.
Ich fahre ins Gymnasium zur Aufnahmeprüfung.

DAS GYMNASIUM

Im ganzen Gymnasium gibt es keinen Schüler, der so klein und so jung ist wie ich. Die Höfe tönen wider von den Stimmen der lärmenden Vierzehnjährigen und von den Schritten der gesetzten Siebzehnjährigen, denen schon der erste Flaum auf den Lippen sprießt. Es klingelt, die Höfe leeren sich, und die gespannte Stille der Prüfungen zieht zwischen den weit auseinander stehenden Tischen in die Klassenzimmer ein.
Die Prüfungen sind streng. Jede Klasse wird von zwei Inspektoren beaufsichtigt. Wie Schildwachen achten sie auf jedes Flüstern, auf jedes nicht erlaubte Rascheln mit Papier. Man braucht nur einmal nachdenklich den Kopf zurückzuneigen, und schon tritt ein Inspektor als undurchdringliche Wand zwischen das Ohr des Schülers und den Platz, von dem aus etwas vorgesagt werden könnte.
Der erste Examenstag zieht sich von acht Uhr morgens bis fünf Uhr abends hin. Wir essen gleich in der Schule. Wir haben anderthalb Stunden Zeit, um zwei Pasteten und eine Tasse Nudelsuppe langsam zu kauen, zu schlucken und träge zu verdauen. Anderthalb Stunden lang hört man über den Examenstischen ein Schmatzen, Schlürfen und leises Räuspern. Das ist alles. Es ist verboten, sich während der Mittagspause zu unterhalten.
Vom frühen Morgen an steht der Inspektor vor mir. Drei

Stunden lang verharrt er auf einer Stelle, den Bauch vorgestreckt, die Hände auf dem Rücken und leise in seinen wollenen Socken hin und her schaukelnd. Ich schreibe einen Aufsatz und hasse den Rock des Inspektors, auf dem ich schon jeden Fleck kenne.

Der Lehrer blättert gelangweilt in den fertigen Aufsätzen, die sich auf seinem Tisch häufen.

Nach dem Aufsatz beginnt die Prüfung im Rechnen, dann in Geschichte und Geographie Chinas. Woher kommen welche Flüsse, wo liegen welche Berge, und was für Erze kann man in ihnen finden?

Am folgenden Tag ist Prüfung in Naturkunde. Der Lehrer fragt, wo und wann der Reis wächst. Und der Bambus? Das Zuckerrohr? Der Tee?

Ich habe das Examen bestanden. Ich bin Gymnasiast.

Wir sind unser dreihundert in der Schule. Wir leben zusammen in der Pension und verlassen täglich zwischen fünf und sechs das Schulgebäude, um zum Ufer des Jangtse zu gehen. Dort beobachten wir die in den Stromschnellen tanzenden Kähne, unterhalten uns und betrachten die Silhouette der Stadt Tejan, die am gegenüberliegenden Ufer den felsigen Abhang hinaufklettert. Es flimmert mir vor den Augen, so viele Menschen wimmeln um mich herum. Von morgens bis abends dröhnt mir der Lärm in die Ohren.

Nur während der Schulstunden hört dieses Gerenne, Gerufe und Lärmen auf. Besonders laut wird der Krach zur Zeit des Mittagessens. Man meint, die Mauern müßten einstürzen.

In der Vorschule war es still während des Essens. Einigen wurde von zu Hause Essen in Töpfen gebracht, die anderen versorgten sich bei den Garköchen auf der Straße; jeder zog sich ins Zimmer oder in eine Ecke zurück und verzehrte dort seine Portion in verdaulicher Ruhe.

Wir sind im Speisezimmer immer gleich dreihundert Mann. Aus dreihundert Kehlen ertönt Lachen und Rufen. Sechshundert Füße scharren unter den Tischen. An jedem der quadratischen Tische sitzen acht Schüler, immer zwei auf jeder Seite. Das Klappern der Eßstäbchen hört sich an wie unruhiges Trommeln. Die ausgehungerten Jungen stoßen die Stäbchen auf den Tisch und bereiten sich vor, die Speise mit den Eßwerkzeugen zu packen.

Vier dampfende Schalen mit gekochtem Gemüse und zwei Terrinen Suppe bringen die Küchenkulis an jeden Tisch. Mit der rechten Hand fische ich ein dampfendes, heißes Kohlblatt aus der Schüssel, während die linke den Eßteller darunterhält, damit der Tisch nicht volltropft. Wir haben Riesenappetit, unsere Gefräßigkeit ist nicht zu stillen. Alle rühmen wir uns voreinander mit den von Monat zu Monat an den Türpfosten höher steigenden Strichen, die unser Wachstum begleiten.

Mit vier Griffen der Eßstäbchen sind die Schalen leer. Schnell wird die flüssige Suppe mit Porzellanlöffeln ausgeschöpft.

Stöhnend unter der Last, bringen die Diener den zweiten und letzten Gang herein, zwei mächtige Zuber voll Reis, von denen jeder hundertfünfzig Portionen enthält. Der hölzerne Zuber wird auf eine Bank niedergestellt, und um ihn entsteht ein unvorstellbares Gedränge. In ganzen Horden rennt alles von den Tischen dorthin, und jeder versucht, sich eine möglichst große Portion herauszulangen.

Ich bin klein, der Rand des Kübels reicht mir über die Nase. Ohne zu sehen, angele ich im Kübel herum, bis ich die nötige Menge erwischt habe. Der Reis ist schlecht, nicht gar gekocht, sondern hart, nicht weiß, sondern gelblich. Es ist muffiger, abgelagerter Reis. Wahrscheinlich kauft ihn der Koch für billiges Geld aus Beständen dritter Sorte. An diesem Reis verderben wir uns immerfort den Magen. Auch das Gemüse ist schlecht. Der Moder- und Kellergeruch verschwindet nicht einmal beim Kochen. Die Kohlblätter sind kanariengelb; bei uns auf dem Dorf füttert man mit solchen Blättern die Schweine, und niemals hätte man es gewagt, sie einem Menschen vorzusetzen!

Angeekelt kauen wir den harten Reis und verfluchen den Koch.

Der ganze Speisesaal liegt im ewigen Krieg mit dem Koch. Wir wissen, daß er an dem Essen eine Menge Geld verdient. Aber man kann ihn nicht aus der Küche wegbringen: Er ist ein Verwandter des Schuldirektors. Schreckliche Kämpfe werden mit dem Koch ausgefochten. Ohne besondere Verabredung, nur auf ein Blinzeln, ein vielsagendes Husten hin, essen wir auf einmal nur ein paar Körnchen Reis und lassen ganze Berge in den Kübeln. Über Nacht wird der Rest sauer. Aber der Koch setzt ihn uns am anderen Tage wieder vor. Dann erhebt sich ein Murmeln, das in Geschrei übergeht, und ein Sturm von Stimmen fordert:
»Weg mit dem faulen Zeug! Frischen Reis her!«
Der Koch wartet in der Küche – vielleicht hören wir von selbst auf. Aber wir geben keine Ruhe, und so ordnet er an, die stinkenden Kübel wegzubringen und uns frischen Reis zu geben. Wieder essen wir nicht, und wieder wird der Reis sauer.
Der Koch denkt, er kann sparen, und stellt uns Kübel hin, die nur bis zur Hälfte voll sind. Ein Signal fliegt durch den Speisesaal:
»Viel essen!«
Die ersten Reihen, die sich um den Kübel drängeln, schöpfen den ganzen Inhalt heraus, und die Übrigbleibenden brüllen, mit leeren Schalen in den Händen, aus hundert Kehlen:
»Reis! Reis her! Zuwenig Reis!«
Der Koch ist böse, aber er läßt neuen Reis bringen und schweigt. Er erhält unser Geld für das Mittagessen auf ein halbes Jahr voraus. Seine Stellung ist stärker als unsere. Aber einmal artet die Reisschlacht in einen Skandal aus, und ich bin der Held dieses Skandals.
Das geschah so:
Immer auf die Seite gedrängt, komme ich nicht dazu, meinen Reis aus dem Kübel zu schöpfen.
Ich gehe um die Jungen herum, klettere auf die Bank, beuge mich über den Kübel, verliere aber das Gleichgewicht und werfe den Kübel mitsamt seinem Inhalt auf den Boden.

Auf den Lärm hin kommt der Koch aus der Küche angerannt. Er sieht, daß der Allerkleinste das Unglück angerichtet hat, daß er also seiner Wut freien Lauf lassen kann, ohne die Folgen fürchten zu müssen. Sein Fluchen dröhnt mir in die Ohren. Er schreit so, daß sich seine Stimme überschlägt.
»Hinaus mit dir! Was bist du überhaupt für ein Früchtchen? Rausschmeißen ist noch zu gut für dich. Du bist wohl verrückt? Absichtlich hast du den Reis umgeschüttet!«
Meine Schulkameraden sind still geworden und dringen wie eine Wand gegen den Koch vor. Mit dem Pathos eines Schauspielers flucht er weiter, während alles schweigt. Einer von den Schülern, ein großer und breitschultriger, tritt nah an ihn heran, blickt mitleidig auf seinen vom Geschimpfe verzerrten Mund, holt aus und pflanzt eine schallende Ohrfeige in die vom Herdfeuer und vom Zorn gerötete fette Fratze des Kochs.
Es ist, als hätte man einen Hund geschlagen. Das Fluchen geht in sinnloses Geheul über. Jetzt schimpft er schon über uns alle. Wir seien Verbrecher und Banditen. Wir machten der Schule Schande und entehrten ihn, den armen, fleißigen Arbeiter.
Dreihundert Jungen laufen an die Tische zurück. Dreihundert Eßschalen fliegen durch die Luft. Die Salve der zertrümmerten Schalen alarmiert den Inspektor, der so eilig in den Speisesaal gerannt kommt, daß fast die Nähte seines Überrocks platzen.
Die Untersuchung beginnt. Das zerschlagene Geschirr, der ausgeschüttete Reis und die Spuren im Gesicht des Kochs beweisen, daß ein Verbrechen geschehen ist.
Es wäre für den Koch ungünstig, mich anzugeben. Ich bin zu klein. Mich würde man im schlimmsten Falle ausschimpfen. Der Koch läßt seine bösen Blicke über die wie eine Mauer dastehenden Schüler gleiten und sucht zwei heraus: den, der ihn geschlagen hat, und noch einen, und ruft, mit den Fingern auf sie weisend:
»Sie haben das Geschirr zerschlagen!«

Das ist eine glatte Lüge, denn alle waren daran beteiligt.
Ich trete in die Mitte und stelle mich vor dem wütenden, aber etwas eingeschüchterten Inspektor auf.
»Ich bin der Schuldige. Ich habe den Reiskübel umgeworfen. Die, die der Koch genannt hat, haben nichts damit zu tun.«
An diesem Tage erscheinen auf dem Aushängebrett, das im Korridor angebracht ist, drei beschriebene quadratische Zettel. Man tadelt mich und die zwei Kameraden, die der Koch angegeben hat. Drei Tadel genügen, um einen Schüler aus der Schule fliegen zu lassen.
Heißer und heißer werden die Sommertage. Das Drachenfest rückt heran. Es wird ebenso festlich begangen wie Neujahr, nur dauern die Feierlichkeiten nicht so lange. Wir bekommen drei Tage Ferien. Ich eile nach Sjan-schi. Die Schule hat mich ganz blöde gemacht, und ich habe Sehnsucht nach meinem Onkel, nach meiner Tante und nach meinen Freundinnen. Besonders nach der jüngeren, nach Tsai-In.

DAS DRACHENFEST

Am ersten Festtage habe ich vom frühen Morgen an Besuche bei Verwandten zu machen.
An meinem Arm hängt ein Korb, in dem ein ganzer Berg grüner Reiskuchen liegt, die die Tante zubereitet hat. Ich sage meinen Festgruß her und übergebe den Verwandten einen Kuchen.
Auf den Straßen begegne ich Altersgenossen. Sie tun dasselbe wie ich. Festbesuche zu machen ist gewöhnlich die Pflicht der Jungen. Hinter meinen Freunden gehen Mägde mit Körben. Wir haben kein Dienstmädchen mehr im Hause. Onkels Hochzeit und Mutters Beerdigung haben alle Ersparnisse aufgezehrt; deshalb muß ich bei meinen Besuchen selbst den Dienstboten spielen.
Es gibt winzig kleine Besucher. Sie treten nur ins Haus, nehmen zum Gruß das Mützchen ab und verneigen sich. Dann

langt das Dienstmädchen ein Dreieck heraus und übergibt es dem Hausherrn mit den Worten:
»Das ist ein Festgeschenk für Sie von meiner Herrschaft.«
Auf jedes meiner Geschenke antworten die Verwandten mit Gegengeschenken. Das Drachenfest ist das Fest der Jungen. Der Drache ist der Vertreter des männlichen Grundprinzips. Das Wasser ist der Befruchter. Alles, was man an diesem Tage verschenkt, hat Beziehung zum Wasser. Es sind Spielsachen, hauptsächlich Darstellungen von Fischen, Schildkröten und Fröschen. Diese Figürchen sind aus kleinen Kupfergeldstücken gemacht, die fest auf Fäden gezogen sind. Aber das sind Geschenke für die ganz Kleinen.
Ich bin Gymnasiast. Mir schenkt man Schulsachen: Tusche, Pinsel, Papier und Hefte.
Ich trage die neue Gymnasiastenuniform. Wenn ich durch die Straßen von Sjan-schi gehe, blicke ich würdig nach rechts und links. In den dunklen, kühlen Höhlen der Läden laufen die Verkäufer herum, packen Fässer und Körbe aus. Der Besitzer aber thront auf einem hohen Stuhl wie Buddha, der Gott der Satten und Reichen. Während er seinem wohlgenährten Gesicht mit einem Fächer Kühlung zuwedelt, verneigt er sich vor mir, und ich antworte mit der gleichen würdigen Verbeugung.
Ich mache einen Besuch bei den Tschens, die ich ein halbes Jahr lang nicht gesehen habe.
Sie sind alle im Wohnzimmer, die Mutter und die drei Kinder.
In aller Form verneige ich mich vor der in einem Sessel sitzenden Mutter. Sie erhebt sich und sagt:
»Den Schi-Chua, wie begabt Sie sind. Sehen Sie, Sie gehen jetzt schon aufs Gymnasium, aber mein Junge, der doch ebenso alt ist wie Sie, kann immer noch nicht mit der Vorschule fertig werden.«
Ich höre meinen Altersgenossen hinter dem Stuhl seiner Mutter schwer seufzen. Er hat es nicht gern, wenn man über ihn spricht. Ich würdige ihn keines Blickes, keines Lächelns und

sage zur Frau des Hauses:
»Wie geht es Ihnen?«
»Und wie ist die Gesundheit Ihrer werten Angehörigen?« fährt sie im Austausch der feierlichen Begrüßungen fort.
»Ich danke Ihnen, durchaus zufriedenstellend.«
»Seien Sie doch so gut und erzählen Sie uns, wie es Ihnen im Gymnasium geht? Sind die Lehrer dort streng? Was meinen Sie, könnte mein Sohn dort auch ankommen?«
Ich fühle, daß diese Fragen sie wirklich beunruhigen. Ich messe meinen Altersgenossen mit einem Blick, wie ein Kaufmann, der eine Melone auf der Hand wiegt, und antworte ernsthaft, ganz wie ein Erwachsener:
»Nun, warum nicht? Nach Beendigung der Vorschule kann er das Examen fürs Gymnasium ablegen.«
»Und wieviel Jungen Ihres Alters gibt es im Gymnasium?«
»Alles in allem bin ich der einzige, die übrigen sind älter.«
»Und tun die älteren den jüngeren nichts?«
Ich besinne mich, wie die älteren Kameraden bei der Geschichte mit dem Koch für mich eingetreten sind, und weise diese sonderbare Vermutung in überzeugtem Ton zurück.
Ich verstehe sehr gut: Sie möchte ihren Sohn sehr gern als Gymnasiasten sehen, aber zu gleicher Zeit fürchtet sie, man könnte ihrem Einzigen und Erstgeborenen in der Schule etwas zuleide tun.
Gewöhnlich werden Kinder nicht zum Teetrinken eingeladen. Man drückt ihnen ein Bonbon in die Hand, und das ist alles. Mich lädt man aber ein, weil ich schon erwachsen, weil ich schon ein Gymnasiast bin. Mich fragt man um Rat und führt ernste Gespräche mit mir.
Der Tisch ist festlich gedeckt. In Porzellanschalen und silbernen Vasen liegen Bonbons, Kuchen mit Eingemachtem, goldene Aprikosen und Pfirsiche. An einem Ende des Tisches, wo die Stühle sind, stehen Täßchen auf kupfernen Untertassen bereit. In diese Täßchen hat man vorher eine Prise grünen Tee gelegt, heißes Wasser darüber gegossen und kleine Deckel darauf gedeckt. Jetzt hebt man die Deckel von dem Tee, der

gezogen hat und auf dem Boden sitzt, und gießt frisches, kochenes Wasser aus einem kleinen Teekessel zu.
Nein, wie zufrieden ich mit mir bin! Wie ernst alles zugeht. Meine Antworten sind wohlbedacht und in würdigem Ton vorgetragen. Wenn man die Augen schließt, könnte man denken, ich sei sechzig Jahre alt und der weiseste Greis aus Sjan-schi. Wie schön es ist, erwachsen zu sein!
Nach dem Tee führt mich Tsai-In in ihr Zimmer, geht zu einer Schachtel, kramt darin herum und sagt, ohne mich anzublicken:
»Sei nicht böse, Schi-Chua, daß ich keine teuren Geschenke für dich habe. Nimm dies. Ich habe es selbst gemacht.«
Sie gibt mir ein Lesezeichen in Form eines Käfers, mit einem langen Schwanz aus Seidenfäden, legt es in eine weiße Pappschachtel, damit es sich nicht verbiegt, und sagt:
»Ich kann hundert verschiedene Lesezeichen basteln. Wir haben es in der Schule gelernt. Aber dieses finde ich am allerschönsten.«
Ich antworte feierlich:
»Ich danke dir, Tsai-In. Nach meiner Meinung gibt es kein schöneres Lesezeichen als diesen Käfer.«
Ich lade meine Freundinnen ein, in mein Haus zu Besuch zu kommen.
Es ist zwei Uhr. Über den Ziegeldächern zittert die glühende Luft. Die Häuser stehen da wie Backöfen, aus denen man die Kohle herausgenommen hat. Von den Bananenstauden fallen Blätter über den Zaun, die aussehen wie die Ohren grüner Elefanten. Vor uns geht ein Bauer. Er reißt sich ein Stück Blatt ab, so groß wie eine Zeitung. Er dreht daraus eine Tüte, steckt sie mit einem Bambusstöckchen zusammen und stülpt sich diesen kühlenden grünen Schirm auf den verschwitzten, klebrigen Kopf. Gegen Sonnenuntergang wird der Schirm matt, und man wirft ihn weg.
Die Zikaden rufen, zirpen und läuten von den Bäumen, als würden sie dafür bezahlt. Es ist so schon heiß; aber dieses ununterbrochene Gesinge, das den heißen Luftraum füllt,

macht die Hitze ganz unerträglich. Nur Ferkel können so durchdringend quietschen wie diese Zikaden.
Auf der Straße, unter den Bäumen, bieten fliegende Händler den Vorübergehenden von ihren Tischen Wasser mit Honig an. Die Hände der erschöpften Leute greifen nach den Gläsern. Ein bräunlicher Strahl fließt ins Glas und füllt es mit einer kühlen, trüben Flüssigkeit.
Wir gehen an diesen Tischen vorbei. Man hat uns verboten, davon zu nehmen. Wir könnten uns anstecken.
Für uns ist es schon im Schatten beschwerlich. Aber neben uns, auf der sonnigen Mitte der Straße, tragen Kulis auf ihren waagerecht gehaltenen Rücken Säcke voll Reis, Bündel mit Holz und gelbliche Papierballen. Dieses Papier stellen sie aus Bambusstäben her, die jenseits des Dorfes die schmalen Nebenflüsse des Jangtse überwuchern. In diesen Bambushainen verarbeiten kleine handwerkliche Betriebe die Bambusfasern zu festem Papier.
Niedergedrückt durch die Last und die Schwüle, haben es die Kulis viel schwerer als wir. Wenn sie gehen, lassen sie auf den Fliesen der Straßen dunkle Flecken hinter sich. Das ist der Schweiß, der an ihnen herunterläuft. Aber er trocknet schnell in der weißen Glut.
Unterwegs sagt die ältere Tschen:
»Findest du nicht auch, daß dein jüngerer Onkel in den letzten Tagen nicht mehr so freundlich und aufmerksam ist wie sonst? Mir kommt es so vor, als sei er über irgend etwas beunruhigt.«
Nein, ich habe nichts gemerkt. Aber ich hatte auch keine Gelegenheit dazu. Ich bin doch erst gestern morgen gekommen.
»Paß doch einmal etwas genauer auf«, sagt sie, und in ihrer Stimme höre ich eine bisher ungewohnte Unruhe.
Ich trete ins Haus. Da steht der Onkel gutmütig lächelnd in der Tür und begrüßt uns. Ich richte den Blick gespannt auf ihn, horche auf den Ton seiner Stimme, und mir scheint, es ist alles wie früher.
Onkel sieht zu, wie meine Freundinnen vor ihm Platz nehmen.

»Wißt ihr, wie es in den alten Regeln heißt? Die alte Regel sagt, daß gute Schülerinnen, wenn sie ihren Lehrer begrüßen, niederknien.«

Er hat noch nicht ausgesprochen, so liegt die ältere schon auf den Knien und blickt mit gefalteten Händen nach oben. Der Onkel zieht erstaunt die Brauen hoch.

»Aber was tun Sie, was tun Sie?«

Ganz aufgeregt beeilt sich der Onkel, sie aufzuheben.

Die Tante gießt heißes Wasser in die Täßchen, in denen schon der Tee vorbereitet ist. Wieder trinken wir Tee. Über die Tasse gebeugt, wende ich kein Auge von Onkel ab. Ich verstehe nichts. Wahrscheinlich hat die ältere sich geirrt.

Die Mädchen stehen vom Teetisch auf. Sie müssen nach Hause. Ich kann mich nicht von ihnen trennen und begleite sie. Ich wäre imstande, den ganzen Tag lang durch die Straßen von Sjan-schi zu gehen, wenn ich neben mir die klugen Reden der »älteren dritten« hören und das Lachen in den braunen Augen Tsai-Ins sehen könnte.

Morgen werde ich im Laden Tusche, einen Fächer und das allerfeinste Reispapier auswählen, das man für die Porträts von Schauspielern nimmt.

Dann werde ich Tsai-In ein Gegengeschenk machen.

Zwischen zwei Höfen liegt in unserem Haus ein kühles Durchgangszimmer. Es ist der Platz im Hause, der am meisten durchlüftet ist, und bei heißem Wetter ist es angenehm, dort Gäste zu empfangen.

Auf einem Bambuslager ruht in tiefen Gedanken der Onkel. Ich habe noch nie gesehen, daß er sich am Tage hingelegt hätte. Irgend etwas ist offenbar nicht in Ordnung. Ich frage ihn, ob er krank sei.

Der Onkel wacht aus seinen Gedanken auf und antwortet zerstreut mit sichtlicher Anstrengung:

»Das Wetter ist gar zu schwül. Ich bin müde und hab' mich hingelegt.«

Der Onkel, dieser unermüdliche Arbeiter, soll müde sein?

Die Hitze soll den Riesen von Onkel umgekippt haben? Das kommt mir alles unwahrscheinlich vor.
Ich gehe zur Tante. Sie sitzt am Fenster und näht. Ohne den Kopf von der Näharbeit zu heben, antwortet sie:
»Du denkst, er ist krank? Ja, wahrscheinlich hast du recht. Aber du siehst ja, zum Arzt will er nicht.«
Als ich zu Hause nichts herauskriegen kann, gehe ich mit meinen Geschenken zu Tsai-In.
Die ältere Tschen sieht mich forschend an. Sie will offenbar wissen, was mit dem Onkel los ist. Ich sage:
»Ihre Vermutungen sind richtig. Der Onkel liegt und verläßt nicht das Haus. Auch die Tante ist der Meinung, daß er wahrscheinlich krank ist.«
Die ältere Tschen blickt zur Seite und schweigt. Ich fange an, meine Geschenke auszuteilen. Das erste Geschenk bekommt der dicke Bruder. Ich bin ein großer Diplomat. Wenn ich gleich alle meine Geschenke Tsai-In gebe, muß auch in seinem dicken Kopf ein Verdacht aufsteigen. Dann läuft er zu seiner Mutter und klatscht und intrigiert.
Tsai-In nimmt meinen Fächer und den neuen Pinsel, öffnet ihre Schatulle auf dem Schreibtisch und legt die Geschenke hinein.
»Deine Geschenke gefallen mir sehr, Schi-Chua. Sie kommen mir sehr gelegen. Meine Schatulle war nämlich noch nicht voll.«
Die Schatulle klappt zu und wandert auf ihren Platz zurück.
Wir treten in eine schattige Ecke im Hof. Tsai-In zieht ihren seidenen Feiertagsrock, der bis zu den Knien geht, zurecht. Sie ist noch nicht an ihn gewöhnt, da sie wochentags in blauen, langen Hosen herumläuft. Ich sehe sie an.
»Wie fein ihr heute angezogen seid, deine Schwester und du.«
Die flache Brust ist mit runden seidenen Ornamenten bestickt. Das Kleid ist an der Seite mit kugelförmigen Stoffknöpfchen geschlossen. Die weiten Ärmel reichen bis zu den Handgelenken.
Auf die feingeschwungenen Brauen fällt ein sorgfältig ge-

schnittener Pony, und da, wo die Haare in den Zopf übergehen, glänzt ein golden verzierter Schildpattkamm. Weiß leuchten die kurzen Strümpfe in der Sonne. Die blauen Seidenpantoffeln sind mit ziehenden Kähnen bestickt, in denen Minister aus der alten Zeit stehen. Tsai-In sieht, wie ich sie betrachte. Sie lächelt und wirft den Kopf zurück, und ich betrachte mit Hingebung ihre kleinen Zähne und die Löchlein in ihren Ohrläppchen. Während der Schulzeit sind die Ringe aus den Ohrläppchen verschwunden.

SCHLUSSPRÜFUNGEN

Die drei Ferientage vergehen wie drei Augenblicke. Die Tante rüstet mich für die Rückreise ins Gymnasium aus. Der Onkel ist freundlich, aber ich fühle, daß etwas nicht stimmt. Ich möchte ihn fragen, was mit Vater ist, aber ich frage nicht. Wenn es irgendwelche Nachrichten von Vater gäbe, hätte der Onkel sie mir sicher als erstem übergeben.

Eine Gruppe verschlafener Gymnasiasten klettert gähnend und fröstelnd den Abhang zum Anlegeplatz hinab. Sie alle fahren ungern aus dem lustigen Dorf in das unfreundliche Gymnasium zurück, zu dem Lärm auf den Korridoren, den Fußtritten der Aufpasser und dem dumpfigen Geruch der Reiskübel. Der Kahn trägt uns leicht die Strömung hinab. Die Silhouette von Sjan-schi verschwindet hinter einer Krümmung des Flusses. Da ist schon das Dorf, das auf halbem Wege liegt. Ein kleiner Kahn kommt uns entgegen. Ein Seil fliegt zu uns herüber. Ohne uns aufzuhalten, ziehen wir den Kahn an unser Boot heran, reichen unsere Kupferstücke hinüber und bekommen von dort für das Geld Früchte, kalte Plinsen mit Eingemachtem und Gläser mit Honigwasser.

Am 1. Juni schließt das Schuljahr und beginnen die Prüfungen. Von plötzlichem, verspätetem Lerneifer gepackt, stecken die Faulpelze ihre Nasen in die Bücher und lernen Namen, Worte und Regeln auswendig.

Die Fleißigen haben es leichter, ihre Büffelei verteilte sich auf das ganze Jahr. Sie müssen sich eilig aus den lärmenden Klassenzimmern in Sicherheit bringen, weil die Faulen wie Heuschrecken über sie herfallen.

»Wie ist das? Zeig es mir doch! Hilf mir bei der Auflösung.«

Einige Schüler der oberen Klassen schlagen aus der Examensangst Kredit. Sie sind wie kleine Unternehmer und repetieren mit den Schwächeren, Unaufmerksamen und Gedächtnisschwachen für Hefte, Papier, Geld und üppige Mittagessen im Restaurant.

Da während der Prüfungen die Schüler der vier Klassen durcheinandergesetzt werden, damit sie nicht abschreiben können, sind die Erfinder von Abschreibezetteln eifrig an der Arbeit.

Sie schneiden lange Bänder zurecht, die wie Telegrammstreifen aussehen, und beschreiben sie von oben bis unten in winzig kleiner Schrift. Tag und Nacht arbeiten sie ohne Vergrößerungsglas, wie es die fleißigen Elfenbeinschnitzer tun, falten die Bänder dann harmonikaartig zusammen, klemmen sie zwischen die Finger und studieren die komplizierte Technik des Ablesens von diesen komplizierten Apparaten. Man muß sich nur wundern, daß sie diese Dinge, die sie so oft abschreiben und wieder durchlesen, nicht auswendig behalten. Einige bemalen die Tische, in der Hoffnung, bei der Prüfung gerade diese Plätze zu bekommen. Wieder andere tätowieren ihre Handflächen mit Formeln und Regeln, laufen ungewaschen, mit steifen Fingern herum, immer besorgt, sie könnten ihre Weisheit von den Handflächen wegwischen. Das schlimmste ist, wenn diese Jungen während der Prüfung anfangen, sich aufzuregen und zu schwitzen. Dann verwandeln sich die kunstvoll bemalten Handflächen in Darstellungen von Gewitterwolken.

Der Inspektor geht auf leisen Sohlen umher, paßt auf und merkt sich diese Leute. Er reibt sich schon die Hände, mit denen er morgen, am Prüfungstag, die Betrüger am Kragen aus der Klasse führen wird.

Wir alle hassen den Inspektor, vielleicht noch mehr als den Koch. Wir hassen ihn deswegen, weil er sich allen Neulingen gegenüber wie ein düsterer Kerkerwärter benimmt. Außer groben Flüchen bekommen die ohnehin schon eingeschüchterten kleinen Jungen von ihm nichts zu hören. Dafür mengt er sich mit einem süßlichen Lächeln, weichen, ehrerbietigen Gesten und einer honigtriefenden Stimme unter die lärmenden Gruppen der älteren Schüler.

In unseren Augen ist der Inspektor ein Fuchs. Vor den älteren führt er sich auf, als hätte er es mit Löwen zu tun; zu den jüngeren ist er, als wären sie Hasen oder Zicklein.

Ich bin unter denjenigen, die ihn am meisten hassen; denn nach meiner Größe und nach meinen physischen Kräften bin ich für den Inspektor zweifellos ein Zicklein.

Er ist dumm und ungebildet. Aber er ist ein Verwandter des Direktors, und darum kommt ihm der Platz des Aufsehers zu.

Die Prüfungen rütteln an den Nerven der aufgeregten Gymnasiasten. Ohne etwas zu sehen oder zu hören, sitzen sie über ihren Aufsätzen. Geräuschlos hinzutretend, schnappt der Inspektor die zusammengefalteten Zettel, und das Resultat vieltägiger Arbeit verendet knisternd in seinen Fingern.

Die Besitzer solcher Zettel werden bleich und verlassen unter verhaltenem Geschimpfe und heimlichen Tränen das Klassenzimmer. Ihr Schicksal ist besiegelt. Sie müssen noch einmal dieselbe Klasse durchmachen. Nach der Prüfung kommen die andern sie trösten. Sie machen sich steif, wenden sich ab und antworten mit gleichgültigen Stimmen:

»Sitzenbleiben? Nun, und wenn schon! Als wenn das so schlimm wäre!«

Morgen ist die letzte Prüfung. Eine Welle besonderer Aufregung läuft durch das ganze Gymnasium. Angeregte Gesichter, geheimnisvolle Gruppen, verhaltene Gespräche und das Klimpern von Geld. Feierlich gehen alle wie gewöhnlich zum Abendspaziergang von fünf bis sechs Uhr aus der Tür, aber kaum ist das Gymnasium verlassen, so rennt man Hals über Kopf nach allen Seiten auseinander. Die einen laufen in die Stadt, die anderen in die nächsten Dörfer. Wir kommen gruppenweise zurück und rufen einander im Laufen etwas zu. Unsere Hände vergraben sich tief in den Taschen, und die Falten der Überröcke sind häßlich aufgebläht.

In den Schlafsälen hört man unter den Betten gläsernes Geschirr klirren und spürt den kaum merklichen Geruch von Reiswein und starkem Fusel.

Wir halten das alles bis zur Nacht versteckt und wenden uns wie gewöhnlich ab, wenn die schleichenden Schritte des Inspektors hörbar werden. Aber heute und morgen drücken die Inspektoren ein Auge zu. So will es das Schulgesetz. Diese Nächte gehören uns, die glücklich über den Examenspaß hinübergekommen sind.

Unser gemeinsames Wohnhaus liegt in einem Anbau der quadratischen Schule. Die Zimmer und Zimmerchen – jedes mit drei oder zehn Betten – gehen mit Türen und Fenstern auf einen Bogengang hinaus. Zwischen den Säulen des Ganges hindurch kann man das Wasser des Jangtse sehen.

Gewöhnlich wagen wir es nicht, während der Nacht die Türen zu schließen, so daß der Inspektor, der über den Gang schleicht, plötzlich in jedes der Zimmer treten kann.

Während der nächtlichen Rundgänge fängt der Inspektor Gymnasiasten ab, die onanieren. Er zieht die Decken von den Jungen ab, die, bis über den Kopf zugedeckt, bei kleinen Lämpchen auf dem Bazar von Tejan gekaufte Schundromane oder pornographische Bücher lesen. Er horcht auf jedes Geräusch und paßt auf, ob das nicht das Rascheln von Kartenblättern, das Klappern von Würfeln oder das Klirren von Geldstücken ist.

Aber wir ahnen schon, wenn er sich nähert. Gewöhnlich bekommt er nur ein gleichmäßiges, friedliches Schnaufen zu hören. Kaum sind jedoch seine Schritte verhallt, so fliegen die Bettdecken hoch, und um die trübe Nachtlampe versammelt sich der Kreis derer, die um Geld spielen. Das Spiel ist ähnlich wie euer »Kopf und Adler«.

Der Spieler legt gewöhnlich ein Geldstück mit der Seite nach oben, auf die er setzt. Schnell häufen sich die Einsätze. Der Bankhalter wirft seine Münze kreiselnd hin und verdeckt sie, solange noch das Geld auf dem Tisch kullert, mit einer Tasse. Das Geldstück fällt, und entweder wandern die Einsätze in die Tasche des Geldwerfers, oder er zählt aus seinem Haufen so viel Kupferstücke ab, wie er verloren hat.
Einige haben besonderes Glück. Die Gymnasiasten begrüßen jeden ihrer Gewinne mit zustimmendem Gemurmel.
»Oho! Zum sechstenmal gewonnen! Sicher macht dir jetzt zu Hause irgendein Mädchen das Bett zurecht. Gesteh nur, du hast so eine!«
Ich spiele auch mit, aber meine Einsätze sind klein. Ich habe vor dem Examen zwei Silbertael monatliches Taschengeld bekommen, die Mutter mir hinterlassen hat. Aber ich spare das Geld. Außerdem habe ich im Spielen gar kein Glück.
Heute kommt der Inspektor nicht einmal bis an unsere Türen. Sie sind ohnehin fest verschlossen. Die Schüler lärmen lustig herum. Wein und Schnaps in den Flaschen werden immer weniger. Mit glühenden Augen rühmen die Schüler voreinander ihre Erfolge und schmieden Pläne für die Zukunft. Aufgeregt erzähle ich meinem Freund, daß ich sofort nach Beendigung des Gymnasiums zum Studium nach Japan fahren werde, weil es auch mein Vater seinerzeit so gemacht hat.
Meine vom Schnaps angefeuerte Phantasie arbeitet auch im Bett weiter:
Jetzt bin ich in Japan. Jetzt habe ich schon das Studium beendet. Jetzt komme ich nach Tejan zurück. Man wählt mich zum Bürgermeister. Eine Schar treuer Soldaten umgibt mich. Ich lasse alle Übeltäter und ungetreuen Beamten bestrafen – in erster Linie den Inspektor unseres Gymnasiums und den Koch, aber auch den Direktor, dessen Verwandte die beiden sind.

Das letzte Examen ist bestanden. Im Haus der Studenten werden die Sachen gepackt. Die Kanzlei des Gymnasiums stellt die Zeugnisse aus, errechnet den Jahresdurchschnitt und trägt die Prüfungsbemerkungen ein.

Mit fröhlichen Gesichtern gehen die umher, die hohe Ziffern in ihren Zeugnissen haben; achtzig, neunzig, hundert; bedrückt und nachdenklich sind die, auf deren Zeugnissen Zahlen unter sechzig stehen. Sie malen sich aus, was sie den Eltern vorlügen und wie die Eltern sie prügeln werden. Die Landsleute verabreden, gemeinsam nach Hause zu fahren. Man steckt sich Visitenkarten oder Papiere mit Adressen zu, gibt Grüße auf, bittet, einander nicht zu vergessen, und verspricht zu schreiben. Aus unserem Dorfe sind wir dreißig Mann.

Wir beschließen, nicht mit dem gewöhnlichen Boot zu reisen, sondern mieten für drei Silbertael ein besonderes Boot.

Unser eingesammeltes Geld händigen wir einem kräftigen Jungen aus, einem Kaufmannssohn, der ein Meister darin ist, zu handeln, Wein aufzutreiben und die Vorgesetzten zu belügen.

Über die Riemen gebückt oder mühsam an Stricken ziehend, arbeiten die Kulis. Wir beachten sie gar nicht. Unter uns ist ja kein Sohn eines Kulis. Im Gymnasium lernen nur Kinder von Lehrern, Kaufleuten, reichen Bauern und Beamten. Die Kinder der Kulis werden ohne Bezahlung in öffentlichen Wohlfahrtsschulen unterrichtet; Mittelschulen gibt es für sie gar nicht.

Die Bank ihm Kahn ist breit wie ein Tisch. Kleine Tüten mit Eßwaren liegen darauf. Man braucht nur zuzugreifen. Alle Arten von Gesalzenem werden bevorzugt; nach dem Schnaps von gestern abend haben wir alle einen Kater.

In den Händen unserer Musikanten zirpen und wimmern die Bambusgeigen, und helle Stimmen begleiten sie.

Es rascheln die schmalen, daumennagelbreiten Spielkarten.

Einander gegenübersitzend, schreien zwei Spieler beim »Öffne die Faust«. Man streckt einander aus der geballten Faust einige Finger entgegen und ruft dabei eine Zahl. Wenn die Summe der von beiden Spielern vorgestreckten Finger einer der genannten Zahlen gleichkommt, so hat der, der die Zahl gerufen hat, gewonnen, und der Mitspieler muß eine ganze Tasse Schnaps austrinken.
Bedächtig werden Schachfiguren gerückt. In diesem Spiel bin ich Meister. Im ganzen Gymnasium gibt es keinen Schachspieler, der mich jemals besiegt hätte. Schi-Chua, König der Schachspieler, so nennen mich meine Kameraden.
Längs des Ufers sieht man alte Frauen Wäsche waschen. Plätschernd ziehen sie die Wäschestücke über die Kiesel. Glitschige Seifenstücke glänzen zwischen ihren faltigen Fingern. Mit harten Bürsten aus Bambus oder Borsten bearbeiten sie die nassen blauen Bruststücke der Kleider, um die Speisenflecke zu entfernen.
An dieser Stelle kommt der Kahn nicht vorwärts. Unsere dreißigköpfige Meute klettert ans Ufer. Lärmend und schreiend sammeln wir verschiedenfarbige Steinchen von der Größe eines Daumengliedes und schleudern sie ins Wasser, bestrebt, gerade dahin zu treffen, wo die alten Weiber sich übers Wasser bücken. Das Wasser spritzt den Alten ins Gesicht. Wütend wenden sie sich uns zu und titulieren uns Affen. Nachdem die auf allen vieren kriechenden Kulis das Boot durch die wilde Strömung ins ruhige Wasser gebracht haben, steigen wir wieder ein. Die Kiesel kollern aus unseren Taschen unter die Bänke oder verschwinden glucksend über Bord.
Da ist schon Sjan-schi. Eine Menschenmenge belagert das Ufer. Das sind unsere Verwandten.
Aus unseren Briefen wissen sie, daß wir kommen, und erwarten uns mit Ungeduld. Die Väter bemühen sich, in den blitzenden Augen ihrer herauskletternden Sprößlinge zu lesen, wie das Zeugnis ausgefallen ist. Die Mütter strecken ihren Kindern die Hände entgegen, nehmen ihnen das Ge-

päck ab und streicheln ihnen den Kopf.
Als erster geht unser Obermacher, der Kaufmannssohn, an Land. Bevor er noch, wie es sich gehört, seinen Vater begrüßt hat, überschüttet er ihn gleich mit der Mitteilung:
»Fu-tjin, drei Silbertael habe ich für den Kahn bezahlen müssen. Ich hielt es nicht für angebracht, meine Kameraden um Deckung dieser Ausgabe zu bitten. Ich denke, du gibst mir die Auslage zurück, die mir mein Taktgefühl abgenötigt hat.«
Gerührt greift sein Vater in die Tasche und zählt in die eilig ausgestreckte Hand des Sohnes drei Silberstücke mit dem Drachen.
Ich spute mich, ans Ufer zu kommen. Der Onkel erwartet mich. Er sieht besorgt aus. Was ist los? Sorgt er sich etwa um den Ausgang meiner Prüfung? Ich habe ihm doch schon geschrieben, daß bei mir alles in Ordnung ist. Aber vielleicht hat er mir nicht geglaubt und fürchtet, daß ich in irgendeinem Fach die schreckliche Zensur »sechzig« bekommen habe? Man braucht sie nur für Chinesisch, Englisch oder Mathematik zu bekommen, um sitzenzubleiben.
Stolz reiche ich dem Onkel mein vom Direktor unterschriebenes Zeugnis hin.
Den ganzen ersten Tag liege ich faul zu Hause herum. Wie soll es auch anders sein: die eine Nacht habe ich durchgesoffen und die andere vor Reisefieber, und weil ich meine Sachen packen mußte, nicht geschlafen.
Aber schon mit dem zweiten Tage beginnen die üblichen Besuche. Bald bin ich bei meinen Kameraden, bald sind sie bei mir. Bücher und Hefte sind vergessen, und ich sitze mit hochgezogenen Brauen über dem Schachbrett.
Wir führen Turniere durch und tun es den Erwachsenen gleich, die in Tempeln und Klubs spielen. Es schmeichelt mir, daß ich immer als Sieger hervorgehe. Schi-Chua ist der Stolz der Schachspieler von Sjan-schi.
Abends fahre ich mit meinen Freunden auf den Nebenflüssen des Jangtse Kahn. Es ist hell. Der Mond ist rund und

weiß, wie immer um die Mitte des chinesischen Monats. In seinem Licht werfen die Ufer und die Bambushaine schwarze Schatten. Wir rudern den Kahn in dunkle Buchten. Weiße Mondlichter tanzen auf dem Fluß wie Fettaugen auf der Fleischbrühe.

Wir haspeln die Angelleinen los. Mein Freund schiebt den Schwimmer höher und steckt einen Wurm auf den Haken. Er angelt nach den Fischen, die am Grunde schwimmen.

Ich habe es auf die Fische abgesehen, die mit leisem Schnalzen zwischen den Mondlichtflecken aufspringen wie Zirkusreiter.

Wenn der Fisch kleiner ist als ein Finger, so ziehen wir den Haken heraus und werfen den Fisch ins Wasser zurück. Für die großen Fische haben wir mehr übrig. Wir bringen sie nach Hause in die Küche. Langsam verzieht sich der Mond hinter die schwertförmigen Bambusstöcke. Unsere Schwimmer sind still geworden. Sicherlich schlafen die Fische jetzt.

Durch die stillen Gassen von Sjan-schi kehre ich spätnachts nach Hause zurück. Meine Schritte rufen den Onkel in weißen Unterhosen, offenem Hemd und barfuß aus dem Schlafzimmer.

»Wo warst du solange? Warum kommst du so spät nach Hause?«

»Ich war auf dem Fluß; wir sind weit hinausgefahren in den Bambus und haben Fische gefangen.« Ich halte Onkel eine Kette fetter, kupferglänzender Fische hin.

Der Onkel sieht sie nicht an. Noch nie habe ich ihn so düster gesehen.

»Es gehört sich nicht, so spät nachts nach Hause zu kommen. Bist du nicht ein bißchen gar zu verwildert, Junge?«

Mürrisch stehe ich da und kratze mit dem Nagel an den Schuppen der Fische herum. Was habe ich denn getan?

»Weißt du, was mit deinem Vater ist?«

Mir ist, als hätte ich kochendes Wasser verschluckt. Die Fische fallen zu Boden. Ich werde blaß und kalt wie der Mond.

»Er sitzt in Tschengtu im Gefängnis. Der Tu-tsun Dschu hat schon Befehl zu seiner Hinrichtung gegeben. Mir hat es ein

Freund geschrieben, der sich um seine Befreiung bemüht.«
Ich bin zu Tode erschrocken und außer mir. Was habe ich getan? Ich bin ein nichtswürdiger Kerl, ein verspielter Taugenichts!
»Warum hast du mir das nicht früher gesagt, Onkel?«
»Ich wollte dich nicht aufregen. Ich hatte auch Angst, die anderen könnten es erfahren. Es sind gefährliche Zeiten jetzt. Die Wände haben Ohren.«
Vater ... Gefängnis ... Dschu ... Hinrichtung ... das weiße Gesicht der Mutter ... der T-tsun Dschu ... das Blut der erschossenen Henne ...
Ich bin auf die Erde gesunken und liege wie versteinert. Onkel klopft mir auf den Rücken. Er hat Mitleid mit mir. Wenn er noch einmal klopft, dann heule ich los, als stände Vaters Sarg schon im Nebenzimmer.
Aber dann erführe es der alte, graubärtige Bruder des Großvaters, der in unserem Hause zu Gast ist. Er ist schon zu alt, es könnte ihn umbringen. Ich schlucke meinen Schrei hinunter.
»Geh schlafen«, sagt der Onkel.
Ich kann nicht schlafen.
Vaters Freund macht uns Hoffnung auf Befreiung. Aber vielleicht lügt er? Vielleicht liegt Vater schon wie ein Sack mit dem Gesicht auf dem Steinfußboden des Gefängnishofes?
Ich liege mit offenen Augen da und sehe Vater in seiner schwarzen Uniform vor mir. Da schreitet er, die Arme auf der Brust gekreuzt, militärisch aufrecht und über die Leute hinwegblickend, schweigsam im Zimmer auf und ab. Da sitzt er mit dem Säbel, der eben auf den Stufen geklirrt hat, und denkt nach über die »älteren Brüder«, über Sun Jat-Sen, über die Polizeischule und die Mandarine Jüan Schi-Kais, die gegen die Revolution losgehen.
Aufgeregt und am Ende der Sätze die Stimme hebend, als wäre er auf einem Meeting, geht er von einer Ecke des Zimmers in die andere und erzählt einem weither gereisten Gast, warum und wie man Revolution machen muß. Und jetzt

antwortet er ironisch dem älteren Onkel. Der Onkel baut zuerst langsam wohlgeformte Sätze, aber dann betrinkt er sich und überstürzt sich in Schimpfereien über Vater. Die Worte gehen durcheinander wie die Speichen eines schnell sich drehenden Rades. Die Rede verwandelt sich in ein Geplärre. Man kann nichts mehr verstehen und hört nur ein Kollern, erbostes Pfeifen und verworrenes Weinen.

Am Fenster, nahe am Licht, näht und schweigt, näht und schweigt Mutter, ohne dem Vater einen Blick zuzuwerfen.

Wieder fällt mir der Brief ein. Warum wird mir so kalt um den Magen.

Wie sollen wir leben, wenn mein Vater hingerichtet wird? Ich bin noch ein kleiner Junge. Werde ich die Schule beenden können? Werde ich nicht wie mein Vetter Arbeit als Verkäufer in einem Laden suchen müssen?

Und das Schwesterchen ist noch ganz klein, und Vaters Schulden an die Leute aus dem Dorfe für das Universitätsstudium? Wer wird die Schulden bezahlen? Wenn wir die Rückzahlung einstellen, bin ich der allgemeinen Verachtung preisgegeben. Die Erwachsenen werden sich von mir abwenden, und die Jungen werden auf den Straßen mit Fingern auf mich zeigen und mit Apfelsinen- und Bananenschalen nach mir werfen.

Ich versuche, mir eine Hinrichtung vorzustellen.

Schwert ... Schuß ... Blut ...

Aber das sind alles nur Worte. Ich hatte noch nie eine Hinrichtung gesehen. Ich weiß, daß sie schrecklich ist. Aber wie schrecklich, das sollte ich erst später erfahren.

Wie eine lebendig verschluckte Maus wühlt das Wort »Hinrichtung« in mir.

Was soll ich tun?

Das Gedicht des berühmten Dichters der Tang-Dynastie, Tu Fu, kommt mir zu Hilfe.

Ein haßerfüllter Mandarin hatte den Großvater des Dichters, einen Würdenträger am Kaiserhof, verleumdet.

Des Hochverrats angeklagt, wurde der Alte ins Gefängnis

geworfen und erwartete seine Hinrichtung ... Ebenso sitzt mein Vater in Erwartung der Hinrichtung im Gefängnis. Der dreizehnjährige Sohn des Verhafteten – aber das ist ja beinahe mein Alter! –, der jüngere Onkel des Dichters Tu Fu, versteckte einen Dolch in seinem Gewand, ging zu dem Feind auf ein Bankett und erdolchte den Mandarin. In dem Augenblick, da die Leibwachen den jugendlichen Rächer in Stücke hieben, sagte der sterbende Mandarin: Ich hätte nicht gedacht, daß der Alte einen solchen Sohn hat. Ich bereue, daß ich ihn verhaften ließ. Er ist unschuldig. Wenn ich sterben muß, so laßt ihn frei. Es starb der Mandarin, es starb der Knabe, aber dafür kam der Vater des Knaben aus dem Gefängnis. So lautet das Gedicht.

Ich phantasiere: Hier bin ich, der dreizehnjährige Sohn des Mandarins; morgen miete ich mir eine Sänfte und reise nach Tschengtu. In einem Laden kaufe ich einen Dolch, der so scharf ist, daß er Holz quer durchschneidet wie eine gekochte Kartoffel. Ich trete in das Empfangszimmer Dschus. Ich reiße mich zusammen und beiße die Zähne aufeinander. Da liegt Dschu am Boden. Über meinem Kopfe sausen die Schwerter der Wachen, und durch ihr Sausen hindurch höre ich die Stimme des getroffenen Gouverneurs:

»Befreit Den Ja-Pu.«

Vom Blutverlust werde ich leicht und durchsichtig. Es macht mir Freude, für den Vater zu sterben. Die Freude saugt süß mein Leben aus der Herzgrube.

Die Beine des befreiten Vaters schreiten über meinen Leib. Ich sehe nur Vaters Kinn. Über mich wegblickend, geht er schnell hinaus.

Bläulich schimmert der Vorhang am Fenster. Der künstlich aufgebaute Traum zerfließt. Der weitausschreitende Vater weicht zurück und verschwindet wieder im Gefängnis. Aus meiner Blutlache hebt man mich vom Boden in mein Bett. Dschu fliegt über die schwarzen Berge durch die Luft nach Tschengtu. Er lebt.

Unerbittlich stehen sie wieder auf Posten: Aufregung, Angst, Erwartung, Wut, Schlaflosigkeit und Hilflosigkeit. Wie oft bin ich nicht in dieser Nacht in Gedanken für Vater gestorben. Wie oft sank nicht in dieser Nacht der hingerichtete Vater als ein weißes, mattes Nichts unter den Schlägen der Henker vor mir nieder.

In dieser Nacht prägte ich mir den Namen Dschus so fest ein, wie man die Namen der Geliebten behält.

Ich muß ihn töten. Ich werde Vater rächen. Ich werde Dschu finden und mit ihm abrechnen.

Bleich, aber wie neugeboren, trete ich am anderen Morgen aus meinem Zimmer.

In dieser Nacht wurde mein Leben umgeschmolzen. Ich glaube, damals fand meine Kindheit ihr Ende.

Ich gehe nicht mehr mit meinen Kameraden spazieren. Sie kommen und laden mich ein, pfeifen mir und rufen mir zu.

Ich renne mit der Neuigkeit zu den Schwestern Tschen. Die ältere hört aufmerksam zu, Tsai-In ist entsetzt.

»Nur sprecht mit niemand darüber. Hört ihr? Das ist ein Geheimnis.«

Die ältere tröstet mich ruhig und sachlich.

»Sei nicht traurig und zerbrich dir den Kopf nicht vor der Zeit. Der Genosse deines Vaters hat ja geschrieben, daß dein Vater wahrscheinlich bald befreit wird. Mach dich wieder ans Lernen. Laß nur das Studium nicht fahren. Im Studieren liegt deine Zukunft.«

Aber es ist schwer, mich zur Ruhe zu bringen. Ich bin empört über den nichtsnutzigen, bestechlichen Tyrannen, der im Dienste Jüan Schi-Kais steht und den ich vernichten muß.

Tsai-In schweigt, blinzelt zerstreut und blickt mich mit erschrockenen Augen an. Ihre Lippen zucken, sie möchte etwas sagen, aber sie tut es nicht.

Ich verstand damals nicht, daß mein Schimpfen auch ihren Vater traf.

Die Ferien sind kurz. Wieder tragen uns die spitzschnabeligen Boote nach Tejan. Ich raffe alle meine Energie zusam-

men, verdopple die Anstrengung, lerne eine Seite nach der andern auswendig, scherze mit niemand, spiele nicht Schach, treibe keinen Unfug, und beim nächtlichen Spiel um Geld hört man mich nicht »Mau« rufen.
Wenn meine Kameraden an mir vorbeigehen, während ich so über den Büchern hänge, stoßen sie mich in den Nacken und machen sich über meine Unbeweglichkeit lustig.
»Der alte Schi-Chua ist verschwunden. Wie er jetzt ist, gehört er nicht in die Schule, sondern ins Zimmer der Mädchen.«
Ich bleibe schweigsam. Sie werden's leid und gehen fort.

VATER IM GEFÄNGNIS

Während ich das Gymnasium am Ufer des Jangtse besuchte, waren mir die Ereignisse, die drohend über der Kuomintang und ihren Anhängern hingen, entgangen.
Die Kuomintang war für ein Regime nach französischem Muster: die Macht sollte einem Parlament und einem Kabinett von Ministern gehören.
Die Anhänger Jüan Schi-Kais bildeten die Partei Ssin-budang und propagierten eine verstärkte Macht für den Präsidenten, nach dem Beispiel der Vereinigten Staaten von Nordamerika. Diese Propaganda lag im Interesse Jüan Schi-Kais, der die Diktatur wollte.
Zwei Kuomintangleute, die Gouverneure der Provinzen Kiangsu und Kiangsi, zogen gegen Jüan Schi-Kai zu Felde. Er schlug sie nieder. Die Köpfe der Soldaten und ihrer Anführer wurden abgeschlagen und aufgespießt. Die Gouverneure versteckten sich in der Ausländersiedlung von Schanghai.
Der Hauptgouverneur von ganz Setschuan, ein Anhänger Jüan Schi-Kais mit Namen Dschu Tsin-I, bekam von Jüan Schi-Kai den Auftrag, ganz Setschuan von Kuomintangleuten zu reinigen.

Sein Helfer, Ssün Ke-Wu, der Gouverneur des östlichen Setschuan, erhielt von den Aufständischen die Direktive, Dschu zu beseitigen.
Dschu begann die Reinigung bei der Polizeiverwaltung.
Damit fing jene Geschichte an, die ich mehr als einmal starr vor Wut und Haß angehört habe. Die Stiefmutter hat mir später diese Geschichte erzählt.
Vaters Vorgesetzter, der kleine Tai, wunderte sich über die vielen Spione und Soldaten des Gouverneurs und über das Geflüster in der Stadt.
Eins ist klar: Die Dinge stehen schlecht, und man muß fliehen. Vater schlägt gemeinsame Flucht vor, aber Tai sagt:
»Wenn wir beide fortgehen, verschwinden die letzten Reste unseres Einflusses. Man ist ohnehin drauf und dran, der Revolution die Beine zu brechen. Einer von uns muß dableiben. Deine Stellung ist weniger verantwortlich. Du hast noch nichts mit Dschu gehabt.«
Einen Tag später geht eine kleine, rundliche, rotbackige Chinesin aus dem Hause Tais zu der auf sie wartenden Sänfte; vor ihr treten die stämmigen Wachposten Dschus, die die Wohnung des Polizeichefs umstellt haben, zurück. Die Soldaten blinzeln sich hinter der kleinen in Seide gehüllten Gestalt zu. Sie glauben, daß Tai vor seiner Verhaftung zum letztenmal vergnügt sein wollte. Die Sänfte führt die Frau fort, und zehn Minuten später betritt ein Offizier samt einem halben Dutzend Polizisten, mit dem Haftbefehl in der Hand, das Haus. Im Hause ist niemand, außer dem Dienstmädchen. Im Zimmer des Polizeichefs liegen Männerhosen und ein Überrock, und eine geöffnete Schachtel mit Schminke steht da.
Über die Bergwege und durch die Flüsse jagt das Getrappel der Strafexpedition Ssün Ke-Wus auf Tschengtu zu.
Wenige Tage sind seit der Flucht Tais vergangen. Vater findet in seinem Dienstzimmer einen ihm unbekannten lächelnden Mann. Der Mann zeigt ihm ein Papier mit der Unterschrift Dschus: die Entlassung Den Ja-Pus aus der Stellung

eines Polizeisekretärs. Vater geht zu Dschu und teilt ihm mit, daß er abreist. Der Gouverneur ist liebenswürdig.
»Es tut mir sehr leid, daß ich Ihnen Ungelegenheiten bereiten muß. Der Verräter Ssün Ke-Wu hat mit seinen Banditen alle Straßen besetzt, und ich möchte Ihr wertvolles Leben nicht aufs Spiel setzen. Ich muß Sie in Schutz nehmen.«
An den Türen von Vaters Wohnung erscheinen Gendarmen. Vater ist eingeschlossen.
Nur die Stiefmutter kommt durch die Postenketten durch. Die Gendarmen betrachten sie wie ein Hündchen, das um ihre Füße springt. Eine Frau ist doch ein hirnloses und unschädliches Wesen. Sie taugt zum Klatschen und dazu, sich mit den Händlern herumzuschlagen. Wie sollte sie auf ihren schwachen Beinen die Revolution tragen können? Die Gendarmen messen die bewegliche, kleine Stiefmutter mit trägen Blicken und wenden sich verächtlich ab.
Indessen läuft sie zu den Kuomintangleuten, um Neuigkeiten zu erfahren.
Um Ssün Ke-Wu schließt sich der Ring der Generale Jüan Schi-Kais. An den Flanken seiner Division drohen die Abteilungen von Jünnan, Kweitschou, Hupeh, Schensi und Westsetschuan, die Dschu zu Hilfe kommen.
Ssün Ke-Wu hat nur eine Division. Allerdings sind seine Soldaten ausgewählte Leute. Sie werfen die Waffen nicht hin, verkaufen sie nicht an den Feind und laufen nicht aus dem Kampfe fort. Sie haben sich noch nicht die Finger mit Brandschatzungen befleckt. Man sagt von ihnen: Wenn sie eine Schlacht verloren haben und in die Wälder und Schluchten gejagt sind, weinen sie vor Wut, aber lassen die Flinten nicht aus den Händen.
Es ist schwer, Ssün Ke-Wu zu schlagen. Man kann ihn auf den Rücken werfen, aber er steht wieder auf. Er hängt mit allen Fasern an der Macht in Setschuan und an der Seidenfabrik, die ihm zusammen mit seinem Feind und Vorgesetzten Dschu Tsin-I gehört und die Millionen wert ist.
Fünf Strafabteilungen drängen Ssün Ke-Wu aus dem Tal des

Jangtse, und er muß sich mit seiner Division durch feindliche Provinzen nach dem Süden, nach Kanton, durchschlagen.
Die Verhaftungen überstürzen sich in der Stadt. Ohne Rache fürchten zu müssen, reinigt jetzt Dschu die Stadt Tschengtu von den Kuomintangleuten. Polizisten führen Vater ins Gefängnis. Vater fragt die Begleitmannschaften:
»Weshalb verhaftet man mich?«
»Wegen geheimer Verbindungen mit Ssün Ke-Wu.«
Mehrere Tage lang wird Vaters Wohnung durchsucht. Alle Kleider werden durchstöbert. Alle Sohlen aufgetrennt. Man hat die Kissen gehöffnet, die Bambuspfosten der Betten und die Stuhlbeine aufgeschnitten. Vielleicht raschelt in einem der Bambusrohre ein verstecktes Papier? Wenn die Stiefmutter ein Haar in den Ritzen des Fußbodens verloren hätte, so wäre das Haar gefunden worden.
Böse und mit leeren Händen verlassen die Polizisten das Haus. Vater ist ein zu vorsichtiger Revolutionär. Alle Papiere sind rechtzeitig verbrannt worden, und sein Gehirn läßt sich nicht durchsuchen.
In giftigen Artikeln macht sich der Redakteur der Kuomintang-Zeitung, Tschu Sjan, über Dschus Strafmanie lustig. Er ironisiert die »amerikanische Doktrin« und fordert, daß die politischen Emporkömmlinge ihre bestechlichen Pfoten von der noch nicht beendeten Revolution wegnehmen.
Tschu Sjan wird wegen »Propaganda unerhörter und dem öffentlichen Wohl gefährlicher Theorien« ins Gefängnis geworfen. Bald darauf führt man Tschu Sjan auf den Gefängnishof und erschießt ihn mit Mauserpistolen.
Vater hört die Schüsse. Er weiß, daß jetzt die Reihe an ihn kommt.
Spione schleichen in der Stadt umher und horchen auf jedes Gerücht, in der Hoffnung, etwas über meinen Vater zu erfahren. Um den Kuomintangmann Den Ja-Pu seinem Genossen Tschu Sjan nachzuschicken, bedurfte es nur eines kleinen Papierchens, eines flüchtigen, beiläufigen Eingeständnisses.

Vaters Zelle ist ein enges Loch mit Ziegelwänden. Das Fenster, nicht viel mehr als ein Luftloch, ist mit einem Eisengitter verschlossen. Die Tischplatte und das Brett zum Schlafen liegen auf Böcken. Das irdene Nachtgeschirr sendet Gestank aus. Nur die Wanzen haben keine Angst vor diesem Gestank und trinken geschäftig ihre Portion Blut. Zweimal am Tage schmeißen die Wärter eine Schale voll alten Reis auf den Tisch. Der Reis ist abscheulich. Er stammt aus den Lebensmittellagern der Sadt, wohin in Zeiten guter Ernte der billige Reis gebracht wird und auf die Hungerjahre wartet, um verkauft oder ausgeteilt zu werden. Den ältesten Reis aus den entferntesten Ecken, den sogar die Ratten in Ruhe lassen, kaufen dort die Köche der Schulen und Gefängnisse für billiges Geld.

Bücher kann man nicht bekommen. Sogar die allerältesten Gedichtbände nicht.

Jeden Tag kommt die Stiefmutter zur Tür des Gefängnisdirektors gelaufen.

»Erlauben Sie einen Besuch?«

Der Gefängnisdirektor schweigt, macht sich wichtig und schüttelt mit halbgeschlossenen Augen den Kopf.

»Sagen Sie wenigstens, ob er noch lebt.«

Der Direktor hebt die Schultern bis an die Ohren und läßt sie wieder fallen.

»Ich sage nichts. Ich habe nichts zu sagen. Ich weiß nichts.«

Die Stiefmutter trifft Maßnahmen.

Geschäftige Kaufleute kommen in Vaters Haus. Sie betasten die Stühle, kratzen mit den langen Nägeln an den Schnitzereien der Tische, streichen mit ihren Röcken an den Wandbildern vorbei, schütteln die rauschenden, schweren Überröcke streichen glättend über Atlasgewänder, und die Gewänder antworten mit bösem Knistern.

Ein Stück nach dem anderen wandert aus dem Haus. Die Stiefmutter verkauft Vaters Hab und Gut. Die Wände werden kahl. Die Zimmer erscheinen viereckig und groß. Alle Schränke, die hinausgetragen werden, sind bis oben voll. Es

bleibt nur einmal Wäsche zum Wechseln im Haus. Kulis verladen Tische und Stühle. Eine einzige Lagerstatt als Bambus bleibt im Hause, damit etwas da ist, worauf man sich setzen oder legen und wohin man zur Mittagszeit die Schalen mit magerer Suppe stellen kann.
Die Sachen wandern fort, aber im Geldbeutel der Stiefmutter klingeln die silbernen Taels und quetschen sich die bräunlichen Banknoten, auf denen die flinke Unterschrift des englischen Bankdirektors prangt.
Zweitausend Silbertael sind zusammengebracht.
Aber was sind zweitausend Silbertael, wenn es sich darum handelt, Den Ja-Pu loszukaufen, den Dschu um jeden Preis zwischen seinen Wolfszähnen zermalmen möchte.
In Tschengtu wohnt ein Bekannter. Er ist ein ruhiger, ehrwürdiger Beamter, selbstzufrieden, angenehm und reich. Alle Welt achtet ihn, verneigt sich tief vor ihm und lächelt hin an. Für Politik hat er nichts übrig, aber da er ein ehemaliger Klassenkamerad Vaters ist, muß er ihm helfen.
Die Stiefmutter sucht ihn auf, spricht erregt, aber leise, fragt ihn viel, erzählt ihm und trägt ihre Argumente vor. Der Freund schweigt. Er hat eben erst zu Mittag gegessen. Von Zeit zu Zeit rülpst er und läßt den Geruch bald des dritten, bald des neunten, bald des fünfzehnten Ganges in die Luft steigen. Er glättet sein fettes Doppelkinn, dann steht er auf und neigt billigend den Kopf. Er ist bereit nachzuforschen, was zu tun ist.
»Es ist natürlich betrüblich, daß sich Den Ja-Pu mit dieser Revolution eingelassen hat, daß er seine Beziehungen zu würdigen Leuten verdirbt, die gefährlich werden können. Aber man muß dem Freunde helfen. Ich werde mir den Gefängnisdirektor vornehmen; ich kenne ihn. Er ist ein großer Vielfraß und Dickkopf. Man muß ihn weich machen. Aber solche Leute tauen am leichtesten auf, wenn sie Geld sehen. Meine Frau wird es von der weiblichen Seite her versuchen.«
Die Stiefmutter sagt:
»Ich habe zweitausend.«

»Zweitausend ist eine zu geringe Summe, um ein großes Leben loszukaufen. Nun, versuchen wir, was sich machen läßt.«
Ein Tag nach dem anderen vergeht. Vaters Freund geht dem Gefängnisdirektor und dem Aufseher um den Bart. Er lädt sie ins Restaurant ein und bestellt für sie die teuersten Gerichte, die es in Setschuan gibt: Haifischflossen. Der Weg, auf dem man sie vom Meere heraufbringt, ist ja dreitausend Kilometer lang. Der Gefängnisdirektor schlürft blinzelnd die gekochten Flossen in sich hinein. Von dem hellgelben Wein wird er gutmütig, zugänglich und bereit, die ganze Weltkugel zu umarmen und ihr, der runden, einsamen, den Kopf zu streicheln.
Und wie die Finger des Direktors die schönen, frischen Banknoten zu fühlen bekommen, verwandelt er sich in den Gott der Zärtlichkeit und Mildtätigkeit selbst, der nur Tag und Nacht daran denkt, wie er alle glücklich machen kann: Menschen, Vögel, Bäume und sogar die Steine.
Seine Augen werden so klein, daß er manchmal sogar aufhört, die Tür von meines Vaters Zelle zu sehen.
Und der Aufseher schiebt schon nicht mehr so oft das Guckloch in der Tür auf, und das Geschirr kommt ein ganz zugänglicher Wärter holen, dem man ein Zettelchen in die Hand drücken kann, worauf steht: »Ich lebe.«
Aber wie soll man Vater aus den blutgierigen Tatzen des mißtrauischen Dschu freibekommen? Es ist wahr, Stiefmutter kennt den größten Antiquitätenladen in Tschengtu. In ihm werden aus Ebenholz geschnitzte Vasen, verschlungene Untersätze, Teekannen und Räucherfässer feilgeboten. Man könnte natürlich in diesen Laden gehen, eine Vase im Wert von fünf Silbertael auswählen, fünftausend Silbertael dafür bezahlen und eine Audienz beim Sekretär des mächtigen Herrn der Provinz erwirken. Zur Begrüßung könnte man dann das Geschenk vor ihn hinstellen.
Mögen die Leute das Bestechung nennen. Was ist hieran Bestechung? Es ist lediglich ein Ausdruck der Freundlichkeit. Es kann doch niemand beweisen, daß dieser Laden einer Ar-

beitsgemeinschaft der hohen Beamten gehört und daß die als Geschenk gebrachte wertlose Ware, für die man Tausende bezahlt hat, nichts anderes ist, als die Quittung für den Eingang des Geldes.

Der Stiefmutter ist der Zutritt zum Jamen des Tu-tsun Dschu durch das Haupttor verschlossen. Dschu wird sie nicht empfangen, wird mit ihr nicht reden und wird sie am Ende noch selbst gefangensetzen.

Der Weg durch den Antiquitätenladen ist auch verschlossen. Im Hause ist alles verkauft. Angefangen von Stiefmutters Ohrringen bis zu Vaters Paraderock.

Aber es gibt noch einen Weg in das Haus Dschus. Dieser Weg geht am Zimmer der Tai-tai vorbei, der gesetzlichen Gattin Dschus, einer alten, affektierten Chinesin, die sich niemals zu einem Gespräch mit meiner Stiefmutter herablassen würde. Er führt durch die prächtigen und duftenden Zimmer der I-tai-tai des Herrschers (der Konkubine oder Nebenfrau), einer jungen, hübschen Sängerin, für die Dschu fünfundzwanzigtausend Silbertael gezahlt hat.

Diese junge Frau ist leicht zu erfreuen, und wenn sie fröhlich ist, läßt sie sich leichter rühren, und wenn sie gerührt ist, läßt sie sich leichter ausnützen.

Aber das muß gut und sicher vorbereitet werden. Sonst glaubt am Ende Dschu dem Geplapper seiner leichtsinnigen I-tai-tai nicht. Man muß ihn, wie den König im Schachspiel, mit starken Figuren einkreisen, so daß er keinen Ausweg findet und schachmatt gesetzt wird.

Dschu hat einen alten Sekretär. Dieser ist ein mürrischer und gelehrter Mann. Er ist befreundet mit meinem älteren Onkel; sie haben einmal vor langer Zeit nebeneinander im Käfig gesessen, als sie ihr Examen für den gelehrten Grad ablegten. Dieser Sekretär heißt Jü. Seine I-tai-tai ist noch jünger und noch leichter vergnügt zu machen als die I-tai-tai des Chefs.

Diese zwei Frauen nimmt die Frau von Vaters Freund auf sich.

Sie hat die Konkubinen der hohen Herren nie besonders gern gehabt, aber jetzt auf einmal sind sie so sehr ein Herz und eine Seele, daß sie gar nicht auseinanderzukriegen sind. Jeden Tag wird in der Wohnung von Vaters Freund in den Frauengemächern der Teetisch gedeckt. In den Sänften kommen die beiden I-Tai-Tai an, ganz in Seide gekleidet und stark geschminkt. Ihre grell gefärbten Lippen plappern unaufhörlich.
Die Frau des Hauses lobt und rühmt ihre Frisuren, ihren Teint und die Feinheit ihrer Hände. Sie gibt ihrer Verwunderung Ausdruck, wo sie nur die wundervolle Seide zu ihren Kleidern bekommen haben und wer ihnen die Pantöffelchen bemalt hat, deren Ornamente einzig in der Welt dastehen.
Die Konkubinen sind zufrieden. Sie erzählen, welche Läden sie besucht haben, was man ihnen nach Tschengtu gebracht hat, wie der Friseur ihr Haar behandelt und wie wundervoll der begabte, aus Hankau gekommene Schauspieler singt.
Die Tassen leeren sich. Die Kohlen unter den Teekesseln werden kalt. Auf dem Tisch klappern die Steinchen des Majong-Spiels. Flinke Finger setzen die mit Elfenbein belegten Bambusklötzchen nieder.
Die Frau des Hauses hat kein Glück. Es scheint beinah, als wäre sie blind oder hätte noch nie Majong gespielt. Sie verliert immerfort.
Die Konkubinen sind zufrieden, sie tauschen einen Blick. Für ihren morgigen Spaziergang in die Läden haben sie ein paar Dutzend Silbertael mehr. Das ist nicht übel.
Das Spiel ist beendet, die Gäste fangen an, sich zu verabschieden. Es ist Zeit, nach Hause zu gehen. Aber die Hausfrau kann sie noch nicht fortlassen. Sie hat sich so an sie gewöhnt, sie ist so traurig über jede Stunde, die sie ohne sie verbringen muß. Sie ist bereit, alle vierundzwanzig Stunden am Tage in Gesellschaft so bezaubernder Frauen zu verbringen. Sie könnte mit ihnen vollkommen glücklich sein, wenn es nicht für sie ein kleines ›Aber‹ gäbe.
»Was für ein ›Aber‹?« interessieren sich die I-tai-tai.

»Ach, was soll man darüber reden, es würde nur die gute Stimmung verderben.«
»Was für ein ›Aber‹?« forschen die Schönen.
Die Frau des Hauses wird ganz traurig, aber um nichts in der Welt läßt sie sich bereit finden, dieses kleine Geheimnis zu verraten. Sie bittet vielmals um Entschuldigung, daß sie nicht den Mund gehalten und sich dieses ganz unnötige Wort hat entschlüpfen lassen.
Die Frauen lassen sich nicht mehr halten. Sie setzen der Hausfrau zu, fragen sie immer wieder, streicheln ihr den Kopf und sind zärtlich zu ihr. Endlich erhalten sie die Mitteilung, daß der Freund des Hausherrn, Den Ja-Pu, ein so bescheidener und stiller Mann, der immer Unglück hat, ganz ohne Grund im Gefängnis sitzt und daß das dem Hausherrn schrecklichen Kummer bereitet.
»Den Ja-Pu hat kleine Kinder. Die Kinder sind jetzt ohne jede Mittel. Sie weinen den ganzen Tag und wollen essen. Muß man nicht mit diesen Kindern Mitleid haben, wenn einem schon Vögel leid tun, deren Beinchen gebrochen sind, und Goldfische, die sterbend mit dem weißen Bäuchlein nach oben im Glas herumschwimmen?« Die I-tai-tai sind ganz gerührt. Schon wollen aus den wunderbar untermalten Augen auf die köstlich geschminkten und gepuderten Wangen Tränen fließen, die zur rechten Zeit mit dem Seidentüchelchen im Augenwinkel aufgegangen werden. Die Damen dringen noch immer in die Frau des Hauses.
»Kann man denn da gar nicht helfen? Warum kann man ihn nicht freilassen?«
Feierlich und unterwürfig antwortet die Hausfrau:
»Alles liegt in der Macht unseres Herrn, des weisen und mildherzigen Lau-Dschu.«
»Kommen Sie mit uns ins Theater«, sagt eine der I-tai-tai.
»Sie müssen unbedingt den Sänger aus Hankau hören.«
Aber die betrübte Hausfrau hebt nicht den Kopf. Die I-tai-tai tröstet sie.
»Denken Sie nicht an so traurige Dinge. Ich will unbedingt

mit Dschu sprechen. Wir werden diesen Mann bestimmt retten. Wir können solche Unmenschlichkeit nicht ertragen. Kommen Sie mit ins Theater.«
Man ruft eine Sänfte. Die langen Stangen knirschen auf den Schultern der Träger. Die Hausfrau nimmt die beste Loge und lenkt taktvoll die Finger ihrer Gäste mit den darin befindlichen Silbertael von dem Billettverkäufer ab.
»Aber ich bitte Sie, ich bitte Sie! Sie würden mich tödlich beleidigen, wenn Sie mir das Vergnügen nähmen, Sie zu der heutigen Vorstellung einzuladen.«
Das Theaterstück rollt ab. Der gute Kammerherr sitzt im Gefängnis, aber seine bezaubernde Tochter – eben jener berühmte Schauspieler aus Hankau – dringt mit ihrer Glokkenstimme bis zum Kaiser vor, fällt vor ihm auf die Knie und bittet um Gnade für den Vater.
Die Konkubinen sind gerührt. Die Hausfrau weint. Die I-tai-tai neigen sich zu ihr und flüstern:
»Wir werden bestimmt mit ihm sprechen. Hören Sie: ganz bestimmt.«
Am anderen Morgen sitzt die Hausfrau mit meiner Stiefmutter zusammen und rechnet ihr geschäftig vor:
»Der gestrige Tag hat mich 67 Silbertael gekostet. 46 Silbertael habe ich an sie im Majong verspielen müssen. 21 Silbertael kosteten die Theaterbilletts, die Erfrischungen und die Sänfte. Aber dafür ist der gestrige Tag ganz ausgezeichnet verlaufen. Die I-tai-tai des Gouverneurs hat versprochen, sich für Ihren Mann zu verwenden. Mein Mann informiert heute Sjan-schi. Sie sollen sich dort beruhigen. Es ist nur noch eine Frage von Tagen, bis man Den Ja-Pu freiläßt. Man kann nicht auf die nächsten Tage rechnen, weil Ssün Ke-Wu noch nicht aus Setschuan vertrieben ist. Aber sobald die letzten von seine Soldaten die Grenze der Provinz überschreiten, werden die Tore des Gefängnisses sich öffnen. Heute lade ich die beiden wieder zum Essen ein. Zu meinem Unglück gefällt es ihnen in meinem Hause so sehr, daß sie zu ihren Freundinnen darüber geplappert haben, und gestern

haben sie erklärt, daß auch diese Freundinnen zu mir kommen wollen. Ich werde sie einladen müssen. Wenn Sie nur wüßten, wie sehr mir diese dummen, angemalten Fratzen über sind.«

Die Stiefmutter zieht ihren Geldbeutel, legt der Hausfrau das Geld für die laufenden Ausgaben auf den Tisch und nimmt einen Auftrag entgegen.

»Nehmen Sie 100 Silbertael und kaufen Sie dafür zwei Geschenke.«

Die Stiefmutter macht einen Vorschlag:

»Ich habe ein schönes Kästchen für rote und schwarze Schminke gesehen.«

»Nein«, antwortet die Hausfrau. »Mit solchen Kästchen ist bei ihnen nichts zu machen. Man muß etwas ganz Besonderes finden: ein Stück indische Seide oder ein Fläschchen französisches Parfüm. Aber passen Sie auf, bezahlen Sie nicht mehr als 100 für beide Geschenke zusammen. Warum soll man diese Gänse verwöhnen?«

Die eine I-tai-tai riecht an ihrem Parfüm; die andere betastet die hauchfeine Seide und flüstert der Hausfrau zu:

»Aber lächeln Sie doch, ich bitte Sie, lächeln Sie! Auf mein Wort: Ich spreche heute mit Lau-jü, daß man den armen Den freilassen soll.«

»Ich fürchte nur, er ist zu streng«, antwortet traurig die Hausfrau, »und ich glaube kaum, daß man bei ihm nur mit Überredungskünsten etwas machen kann.«

Die I-tai-tai wird ärgerlich und runzelt die Brauen.

»Denken Sie etwa, daß mein Lau-jü nicht darauf hört, was ich sage? Denken Sie, daß er es wagt, mir nicht zu folgen? Wir werden ja sehen! Ich kenne meinen Lau-jü gut. Er liebt es gar nicht, abends allein zu bleiben, und in diesem Falle wird er allein sein müssen, wenn er auch mein Herr ist.«

Aber die Hausfrau schüttelt betrübt den Kopf und sagt:

»Ich habe alles Vertrauen in Ihren bezaubernden Einfluß, und es kommt mir gar nicht in den Kopf, daß der hochverehrte Lau-jü Ihnen irgend etwas abschlagen könnte. Aber die

Männer lieben es meist gar nicht, auf uns Frauen zu hören. Sie denken immer, daß wir nichts verstehen. Sie wollen immer noch einen männlichen Rat.«
Die I-tai-tai des alten Jü denkt etwas nach. Dann klärt sich ihr Gesicht auf, und sie sagt:
»Es ist gerade, als ob Sie es erraten hätten: Lau-jü hat gesern vom Jangtse einen Brief von dem älteren Bruder des verhafteten Den bekommen. Ich glaube, sie haben irgendwo zusammen studiert. Sie können mir den Kopf abschneiden, wenn nicht morgen mein Mann zum Tu-tsun geht und ihm sagt, daß Den Ja-Pu ganzlich unschuldig ist und daß man ihn freilassen muß.«
Und dann tritt die gutgenährte und nicht mehr ganz schlanke I-tai-tai Dschus zur Frau des Hauses und flüstert ihr zu:
»Ich habe es Lau-Dschu schon gesagt, daß ein ganz unschuldiger Mann im Gefängnis sitzt. Er fragte interessiert, wen ich meine. Als ich ihm Den nannte, schwieg er und lächelte. Aber Sie brauchen sich nicht aufzuregen, das hat gar nichts zu bedeuten. Ich kenne ihn ja: Er ist gutmütig und nur etwas langsam. Man muß etwas warten, bis er antwortet. Aber wissen Sie«, und sie springt auf ein anderes Thema über, »bei uns im Hause gibt es ein Fest, an dem auch der Schauspieler aus Hankau teilnimmt. Nicht wahr, er spielt doch wunderbar das Mädchen? Wie seine Stimme zittert, und wie leicht und schüchtern er sich bewegt. Und sein Rock von der Farbe stehenden Wassers!« ...
Wieder sitzt morgens die Hausfrau mit meiner Stiefmutter zusammen. Die Stiefmutter spricht ihr ihren Dank aus:
»Bis zu meinem Lebensende werde ich Ihnen dankbar sein und werde meinen Kindern auftragen, sich immer an Sie zu erinnern. Aber mir scheint, daß Sie noch nie im Leben so müde waren wie in diesen Tagen. Mehrere Stunden am Tage das Gequatsche dieser reichen Weiber zu hören, muß schrecklich anstrengend sein. Sicherlich tut Ihnen der Kopf schon weh. Wenn Sie erlauben, so male ich Ihnen einen roten Kreis auf die Stirn, dann wird Ihnen leichter werden.«

Aber die Hausfrau ist schon mit Eifer bei der Sache, wie bei einer gut aufgebauten Schachpartie. Sie ist jetzt selbst daran interessiert, ob es der eigensinnigen I-tai-tai des grämlichen Jü gelingt, mit ihrer Bettprotektion dem Verhafteten zu helfen.

Der gelehrte alte Jü hält am anderen Tage seinem Chef und Freund, dem Tu-tsun Dschu, Vortrag. Nach Erledigung von sechs verschiedene Fragen sagte er zu ihm:

»Ich habe mir übrigens das Untersuchungsmaterial über den ehemaligen Sekretär der Polizeiverwaltung, Den Ja-Pu, geben lassen.«

Dschu merkt auf.

»Nun, hat man endlich einen Brief Ssün Ke-Wus bei ihm gefunden?«

»Briefe hat man nicht gefunden«, fährt Jü fort, »und nicht nur keine Briefe, sondern auch sonst liegt nichts gegen diesen Menschen vor. Ich glaube, daß seine revolutionäre Tätigkeit in Tejan nur eine zufällige Episode war. Er ist seinerzeit mit Ssün Ke-Wu in Feindschaft auseinandergegangen. Er ist jetzt nur ein gewöhnlicher Bürger und beschäftigt sich gar nicht mit Politik. Wenn wir solche Leute im Gefängnis halten, kommen wir nur in schlechten Ruf.«

»Sie sind also auch der Meinung, daß man ihn freilassen soll?« fragt Dschu.

Nach kurzem Nachdenken neigt Jü mit Überzeugung den Kopf.

Dschu schreibt: »Ist freizulassen« und setzt seine Unterschrift und den kleinen Stempel darunter.

Nach acht Monaten Kerker schreitet Den Ja-Pu über den Korridor zwischen den Mauserpistolen der Gefangenenwärter hindurch, die nur ganz zufällig seinen Nacken verschont haben.

Im leeren Haus sitzt auf den Resten der Möbel die Stiefmutter. In ihrem leeren Geldbeutel liegen nur ein paar Geldstücke, die kaum zur Reise nach Sjan-schi reichen.

Das Mondfest ist das erste Fest im Herbst. In der Nacht vor dem 15. des Augustmonats hat der Mond seine größte Fülle. Drei Tage lang dauert das Fest. In allen Küchen backen die Hausfrauen, rot vom Herdfeuer, Hirsekuchen in Mondform, reiben Nüsse und wickeln den Nußteig in die Plinsen ein. Gäste kommen und schenken einander Plinsen in den komischsten, unwahrscheinlichsten Formen. Vom frühen Morgen an spazieren die Jungen in seidenen Festgewändern und in Begleitung der Dienstboten, die Schalen voller Plinsen tragen, zu Besuch durchs Dorf.

Wenn ein Junge zu Verwandten oder Bekannten ins Haus tritt, sagt er seinen Besuchsgruß her und übergibt dem Hausherrn Plinsen. Wenn es keinen Jungen im Hause gibt, so trägt das Dienstmädchen die Schale allein hin und läßt seine Plinsen zusammen mit einer Visitenkarte zurück, die rot ist, wie es sich für Festtage geziemt.

Ich bin ungeduldig.

»Onkel, was gibt es Neues aus Tschengtu?«

»Gute Nachrichten. Es ist ein Brief gekommen. Man läßt Vater frei. Wir müssen schnell ein neues Haus suchen. Vater kommt ja mit der Stiefmutter. Dann ist nicht mehr genug Platz hier im Hause.«

Vater freigelassen! Vater kommt zurück! Vater braucht eine neue Wohnung!

Zum erstenmal seit Monaten bin ich wirklich froh.

Mit leichten Schritten, mehr springend als laufend, begebe ich mich zu den Tschens und schieße den Schwestern die Neuigkeit wie eine Neujahrsrakete ins Gesicht:

»Vater wird freigelassen. Vater kommt zurück. Wir suchen eine Wohnung für Vater.«

Die ältere ist zufrieden.

»Wenn dein Vater zurückkommt, werden wir sehen, was für eine Stiefmutter er dir mitbringt. Das ist doch interessant, nicht wahr?«

Ich bin niedergeschlagen, verstimmt und verziehe den Mund. »Gewöhnlich sind Stiefmütter zu ihren Stiefkindern sehr streng. Ich habe Angst, daß ihr Kommen für mich nicht so interessant ist, wie es Ihnen scheint.«

Aber gibt es auf der Welt Worte, die den klaren, gesunden Verstand der älteren Tschen aus der Fassung bringen könnten?

Solche Worte gibt es nicht. Sie schlägt meine saure Miene mit dem tröstlichen Trumpf ihres Optimismus.

»Deine Stiefmutter ist nicht so eine, davon bin ich überzeugt. Und dein Vater ist ja auch nicht der Mann dazu, seiner neuen Frau zu erlauben, den einzigen Sohn schlecht zu behandeln.«

Dagegen läßt sich nichts sagen, aber es beruhigt mich doch nicht ganz. Ich gehe herum wie ein flackerndes Flämmchen. Bald freu' ich mich auf den Vater, bald fürcht' ich mich vor der Stiefmutter. Aber die Freude gewinnt die Oberhand.

Das neue Haus ist gefunden. Endlich haben wir ebenso wie die Tschens einen Garten am Hause. Da gibt es schöne Bäume und ein Bassin. Im Bassin schwimmen Fischchen. Ein Garten hinter dem Haus war schon lange mein sehnlichster Wunsch.

Das neue Haus ist teurer als das frühere. Es kostet 10 Silbertael im Monat. Das kommt erstens daher, daß es größer ist als das alte Haus, und zweitens, daß überhaupt alles teurer wird und es schwer geworden ist, wie noch vor fünf Jahren, ein Haus für 3 bis 4 Silbertael zu finden.

Im Hause in Den-dja-tschen verliefen meine frühesten Kinderjahre. Unser erstes Haus in Sjan-schi, das ist meine Kindheit. Das soeben gemietete Haus ist meine Jugend, mein mageres Aufschießen, mein Stimmwechsel.

An einem Herbsttage, während wir wie wild in der Schule büffeln, fliegt ein Brief des Onkels auf meinen Schultisch.

»Vater ist zurückgekehrt. Wir sind ins neue Haus umgezogen. Laß dir vom Gymnasium Urlaub geben und besuch uns.«

Der Inspektor ist verwundert.

»Dein Vater? Den Ju-Pu? Natürlich erlaube ich es. Du kannst fahren.«
Er weiß wahrscheinlich noch nicht, daß Vater in Ungnade ist. Das Gefängnis von Tschengtu hat die ängstliche Verehrung der Tejaner für Vater noch nicht erschüttert.
Wieder fahre ich mit dem Kahn auf dem Jangtse, höre die Ruderschläge und das Gebrumm der Ruderknechte und betrachte ihre von Schweiß glänzenden gespannten Muskeln.
Ich möchte gern an Vater denken, während ich so fahre, aber wie zum Trotz denke ich immerfort an die Stiefmutter. Ich mag sie nicht sehen. Vielleicht nimmt sie mich aus der Schule? Am Ende sagt sie zu Vater: »Wir sind arm, schick Schi-Chua als Verkäufer in einen Laden.«
Traurig stirbt das Sonnenlicht auf meinen Kleidern. Ich bin am Tor des neuen Hauses stehengeblieben, bedrückt von dem Vorgefühl der Begegnung und nicht imstande einzutreten. Ich fürchte mich zu husten: die Wände des Hauses könnten einstürzen, die Leute davonlaufen und mein Schicksal sich erfüllen . . .
Aber ich kann doch nicht nur ins Dorf gefahren sein, um die Ritzen in den Türbrettern zu betrachten.
Im Vorzimmer kommt mir die alte Kinderfrau mit dem Schwesterchen Schi-Guee entgegen. Ich habe Schi-Guee lange nicht gesehen. Sie ist mager. Vom Scheitel bis zu den Pantöffelchen steckt sie ganz in neuen Sachen. Sie sieht sehr zufrieden aus. Als sie mich erblickt, quietscht sie durchs ganze Haus:
»Hau-hau, lai la! Hau-hau, lai la!« – »Wie schön, er ist gekommen!«
Ich frage sie schnell und streng:
»Mit wem bist du hierhergekommen? Wer hat dir die neuen Kleider gegeben?«
»Die neue Mama.«
Ich bin zum erstenmal im neuen Hause. Ich weiß noch nicht, wie die Zimmer liegen. Unschlüssig blicke ich mich um. Die Kinderfrau mit dem Schwesterchen marschiert mir voran.

Vater hat mir den Rücken zugekehrt und liest ein Buch. Neben ihm sitzt eine unbekannte Frau und stickt Kinderpantoffeln. Das ist sie, sage ich mir.

Vater dreht sich, ohne zu lächeln, nach mir um. Sein Gesicht ist mager und dunkel geworden, blaue kleine Säcke hängen unter seinen Augen. Er zeigt auf die Frau und sagt: »Das ist deine Stiefmutter.« Sie hat mir schon ihr Gesicht zugewandt und die Pantöffelchen auf die Knie sinken lassen.

Ich verneige mich und bringe höflich heraus:

»Tai-tai – was macht Ihre Gesundheit?«

Die Stiefmutter ist klein, kleiner als Mutter. Sie sieht zart aus und kränklich und hat eine eingefallene Brust, beinah wie Mutter. Sie trägt eine schwarze wattierte Jacke und einen schwarzen Rock. Das ist alles sehr einfach. Mutter war auch einfach. Ihre Füße sind klein, viel kleiner als die Mutters; wahrscheinlich hat man sie in der Kindheit bandagiert. Ihr Gesicht ist nicht verschlafen, nicht aufgedunsen und nicht stumpf. Augen und Stirn sind belebt und durchgeistigt. Ob sie auch so gebildet ist wie Mutter? Aber sie spricht viel. Mutter war mit Worten viel geiziger.

Der Ton ihrer Stimme ist freundlich, ihr Lächeln aufmerksam und durchdringend.

Und doch gefällt sie mir nicht.

Sie fragt mich, ob ich schon gegessen habe und ob ich nicht etwas zu mir nehmen will und ob das Lernen in der Schule schwer ist. Dann faßt sie mich an der Hand und reicht mir 10 Silbertael. (Es ist Sitte, daß die Stiefmütter ihren Stiefkindern bei der ersten Begegnung etwas schenken.)

Ich nehme das Geld in Empfang und stecke es an der Tasche vorbei. Sie erklärt mir:

»Ich weiß nicht, wieviel Stoff du zum Anzug brauchst. Ich kenne deine Maße nicht und weiß nicht, welche Stoffarten dir gefallen. Such dir selbst nach deinem Geschmack etwas aus, kaufe es, und ich nähe dir einen Anzug.«

Ich verneige mich, sage: »Sjä, sjä« – »Ich danke Ihnen« und werde ein bißchen ruhiger.

Wie der Fluß in den See, so kommt der ältere Onkel in heller Begeisterung in unser Haus geströmt. Er weint vor Freude über die Ankunft des Vaters und betrachtet uns mit glänzenden Augen. Aber seine Begrüßung ist eigenartig.

»Du bist jung, Ja-Pu, du verstehst nicht alles, was ich, der ältere, weiß. Alles, was dir widerfahren ist, ist die gerechte Strafe für den Verrat am Kaiser. Wenn du mir jetzt nicht glaubst und weiterhin nicht auf meine Worte achtest, wird es dir noch schlimmer ergehen.«

Vater lächelt.

»Wir sind Brüder. Wir haben uns lange nicht gesehen. Wir wollen einen trinken und von was anderem reden.«

Vater führt den Onkel in das große Zimmer zum Eßtisch. Er setzt ihn an die Ehrenseite, mit dem Gesicht zur Wand, an der bei Familien, die etwas auf sich halten, der Gebetschrein steht. In diesem Hause gibt es ihn nicht. Aber wir sind nicht traurig darüber. Wir sind Freidenker.

Sonderbare Tage beginnen. Jedes Haus im Dorfe weiß, wohin es wächst und wohin es lebt. In jedem Hause sind die kommenden Monate eingeteilt: an dem und dem Tage setzt man neue Madarinenbäume, an dem und dem Tage schickt man den Sohn zur Schule, verheiratet man die Tochter, verkauft das Haus und zieht in die Kreisstadt ... Nur unser Haus weiß nichts über die Zukunft.

Mit Vater unterhalte ich mich nicht. Ich habe Angst, ihn etwas zu fragen, und er hält es nicht für nötig, mich zur Unterhaltung einzuladen.

Vater schweigt. Vielleicht hat er Angst vor Spionen? Er hat seine Jacke abgelegt und einen japanischen Kimono angezogen und spielt den ganzen Tag von früh bis abends mit den Nachbarn Majong. Es geht um kleine Einsätze. Die Verluste sind nicht gefährlich für den Geldbeutel unserer Familie. Majong ist ein angenehmes Spiel. Man braucht nicht dabei zu reden. Schweig oder sag die einander wie Wassertropfen ähnelnden, gleichförmigen Worte des Spiels. Mich interessiert Vaters Ordonnanz, Wang, der ihm treu geblieben ist.

Wenn Gäste im Speisezimmer sind, ist Wang Diener. Er wagt es nicht mit zu essen, kommt auf den ersten Wink Vaters angelaufen und neigt ehrerbietig sein Ohr hinab. Die Gäste, die zu uns zu Besuch kommen, schenken Wang keine Aufmerksamkeit. Er ist ein Dienstbote, ein Stück Luft.
Und man ist noch daran gewöhnt, immer eine Ordonnanz in Vaters Begleitung zu sehen.
Aber manchmal, wenn keine Gäste da sind, sitzt Vater lange mit Wang zusammen im Zimmer; sie unterhalten sich, beraten und tauschen Erinnerungen aus.
Eines Morgens geht Wang mit einem Bündel und einer Decke aus dem Hause, nimmt ein Boot und bezahlt den Bootsmann bis zur Dampferstation. Der Kuomintangmann Wang fährt im Auftrage des unermüdlichen Den Ja-Pu zur Zentrale, um sie über die Lage in Setschuan zu informieren.

VATER MUSS FLIEHEN

Es ist Dezember. Das Laub ist gelb. Die Bäume auf den Bergen schwenken leere Arme. Vor Kälte frösteln die Menschen. Der Jangtse ist graublau und die Rippen der Sandbänke schauen ihm durch die Haut. Madarinenschalensammler laufen durch die Straßen. In jedermanns Händen leuchten diese winterlichen orangefarbenen Früchte, Ich sitze über meinen Büchern. Ein Kamerad ruft mir zu:
»Komm heraus, Den Schi-Chua, man fragt nach dir.«
Draußen steht Wang.
Er führt mich hinter die Mauer des Schulgartens, und mit scheinbar ruhigem Gesicht redet er hastig und unruhig auf mich ein.
»Hör, Chua, mit dem Vater steht es schlecht und mit dir noch schlimmer. Eine Polizeiabteilung ist aus Sjan-schi nach hier unterwegs, um dich zu greifen. Es ist mir gelungen, ihr zuvorzukommen. Lauf schnell zum Inspektor und bitte um Urlaub. Aber sag nicht, daß Vater geflohen ist.«

»Aber was soll ich sagen? Man wird mich doch nicht fortlassen. Heute ist kein Feiertag.«
»Sag, daß deine Stiefmutter krank ist. Erfinde irgend etwas. Nur mach schnell.«
Der Inspektor will davon nichts wissen.
»Was das schon ist: die Stiefmutter krank! Dein Vater ist doch bei ihr zu Hause. Während der Schulzeit hast du nicht nach Hause zu fahren.«
Ich bestehe ruhig und höflich auf meine Bitte, wenngleich ich bei jedem Geräusch vor der Tür schon die Schritte der Soldaten höre, die kommen, um mich festzunehmen.
»Herr Inspektor, es ist mir selbst sehr unangenehm, daß ich mich mit einer so ungelegenen Bitte an Sie wenden muß. Ich unterbreche selbst sehr ungern den Unterricht. Aber Ihre Weigerung versetzt mich in eine sehr peinliche Lage, denn sie zwingt mich, einem Befehl meines Vaters nicht Folge zu leisten. Wäre die Krankheit meiner Stiefmutter nicht schwer, wäre es meinem Vater bestimmt nicht eingefallen, mein Schulstudium so gröblich zu stören. Ich kenne meinen Vater sehr gut.«
»Nun, und ich weiß sehr gut, daß du studieren mußt. Das gibt es nicht, außerhalb der Zeit Ferien machen. Ich gebe dir den Urlaubsschein nicht.«
»Ich kenne meinen Vater nur zu gut. Ich bedaure, daß seine Anordnung nicht mit der Ihren übereinstimmt. Wenn Sie mir nicht erlauben abzureisen, werde ich jedenfalls ohne Ihre Erlaubnis fortgehen müssen.«
Der Inspektor starrt mich mit großen Augen an, zieht ärgerlich ein Formular hervor, und sein Pinsel spaziert empört und eilig mit schwarzen Tuscheschritten über das Papier.
Ich nehme nicht einen einzigen Gegenstand aus der Schule mit. Selbst die Decke nicht. Mit Wang zusammen laufe ich den Abhang zum Fluß hinunter. Wir mieten einen Kahn bis zu einem Dorf, das auf halbem Wege zwischen Tejan und Sjan-schi liegt.
Die Dämmerung sinkt auf den Jangtse nieder. Ich halte bald

die eine, bald die andere Wange in den kühlen Lufthauch, der uns entgegenweht, und horche auf das schnelle Geflüster Wangs. Folgendes hatte sich am Morgen dieses Tages abgespielt:

Der graublaue Himmel hatte noch nicht begonnen, sich zu röten. Da kommt ein unbekannter Offizier zu Vater und bittet ihn, mit ihm ein Teehaus aufzusuchen, um über eine wichtige Angelegenheit zu sprechen. Vater, der gewöhnlich zwischen acht und zehn Uhr abends schlafen geht, ist schon auf den Beinen. Im allgemeinen sind die Teestuben am frühen Morgen noch geschlossen, aber an diesem Morgen ist eine in Betrieb. Vater geht hinter dem Offizier her; wer weiß, vielleicht kommt er im Auftrag der revolutionären Organisation. Und selbst wenn er ein Feind ist, ist es richtiger, sich vor ihm ganz ruhig zu zeigen und keine Aufregung an den Tag zu legen.

Beim Eintritt in die Teestube bemerkt Vater, daß sie voller Soldaten ist. Die Dinge sehen böse aus. Vater lädt den Offizier auf den Ehrenplatz hinter dem Tisch ein, und nachdem der aufgeblasene Kerl seinen Säbel klirrend zwischen die Knie gestellt hat, nimmt auch Vater am Tisch Platz und fragt, was es gäbe.

Die Antwort des Offiziers:

»Der Dau-tai unseres Kreises möchte Sie sehen und mit Ihnen über wichtige Kreisangelegenheiten sprechen. Er hat mir und meinen Leuten befohlen, Sie unterwegs zu begleiten.«

Die Soldaten sitzen düster und mit niedergeschlagenen Mienen da und hören zu.

Wang, der hinter dem Vater aus dem Hause gegangen ist, drückt sich an der Tür der Teestube herum, guckt hinein und betrachtet wie ein neugieriger Nichtstuer den Offizier. Man schenkt ihm keine Aufmerksamkeit.

»Ich bin ein Privatmann und habe gegenwärtig keinen dienstlichen Posten inne. Wenn der Herr Dau-tai dieses Kreises mir seine ehrenvolle Aufmerksamkeit schenkt und den Wunsch äußert, mich zu sehen, so haben Sie zweifellos einen

Brief von ihm an mich. Haben Sie die Freundlichkeit und zeigen Sie mir ihn.«

»Ja, einen solchen Brief habe ich, aber ich zeige ihn Ihnen nicht. Was ich Ihnen soeben gesagt habe, kann Ihnen vollauf genügen.«

Vater fährt fort:

»Ich bin ein schwacher, waffenloser Mann und kann Ihnen nichts Böses tun. Ich stehe vollkommen zu Ihren Diensten. Wenn ich den Brief gesehen habe, bin ich bereit, ihn Ihnen sofort hier, ohne vom Tisch aufzustehen, zurückzugeben.«

Nun zieht der Offizier ein Papier aus der Tasche.

Vater hält den Geheimbefehl des Gouverneurs Dschu zur Verhaftung des Den Ja-Pu aus dem Dorfe Den-dja-tschen in Händen. Der Grund für die Verhaftung ist gleich mit angegeben – ein chiffriertes Telegramm Sun Jat-Sens an Den Ja-Pu ist Dschu in die Hände gefallen; es ist ihm aber nicht gelungen, das Telegramm zu entziffern. In demselben Befehl heißt es, daß Den Ja-Pu nach Möglichkeit gleich in der Kreisstadt hingerichtet werden soll, ohne daß man mit seinem Transport nach Tschengtu zeit verliert. Denn auf dem tausend Li langen Weg können tausend unvorhergesehne Zufälle eintreten, die man möglichst vermeiden soll.

Der Befehl trägt den Zusatz des Dau-tai von Tejan: »Zur Ausführung.«

Alles in diesem Papier ist für Vater sehr schlimm, mit Ausnahme eines kleinen Details: »In dem Namen Den Ja-Pu ist die Silbe »Ja« mit einem falschen Schriftzeichen geschrieben.

Vater reicht dem Offizier sein Todesurteil ruhig, sogar mit einem leichten Lächeln, zurück:

»Zu meinem größten Bedauern betrifft der Brief nicht mich, sondern jemanden, der denselben Namen hat wie ich. Hier ist die Rede von einem Bürger aus Den-dja-tschen, aber ich lebe in Sjan-schi. Zweitens ist der Name dieses Bürgers ›Ja‹, so wie er hier steht, nicht der gleiche wie mein Name.«

Er reicht dem Offizier seine Visitenkarte.

Ganz verwirrt hält der Offizier in der einen Hand den Befehl, in der anderen die Visitenkarte, und seine Augen springen bald zu dem einen, bald zu dem anderen Papier. Die Soldaten sind von ihren Plätzen aufgesprungen, drängen sich hinter seinem Rücken und blicken ihm über die Schulter auf das Papier; auch ihnen, die nicht lesen können, ist klar, daß die Schriftzeichen unterschiedlich sind.

Ihre mürrisch gespannte Stimmung verfliegt. Sie flüstern sich Witze zu und stoßen sich mit den Ellenbogen in die Seiten. Jeden Augenblick scheint es, als würde der Offizier wütend werden, mit dem Säbel auf den Tisch schlagen und seinen Soldaten zurufen:

»Packt ihn! Wir werden das in Tejan aufklären.«

Aber ohne dem Offizier Zeit zu lassen, zu sich zu kommen verneigt sich Vater höflich vor ihm und sagt mit offenem, lächelndem Gesicht:

»Erlauben Sie mir, Sie in mein Haus einzuladen. Die Reise wird Sie müde gemacht haben. Ich hoffe, Sie gestatten mir, Ihnen etwas Essen anzubieten, und dann werde ich mit Ihnen nach Tejan fahren, um persönlich mit dem Dau-tai zu sprechen, denn Sie sind zweifellos in eine etwas unangenehme Lage geraten. Ich denke, daß eine solche Unterredung alles aufklären wird. Wenn es Ihnen recht ist, würde es mir Freude machen, auch alle Ihre ›Brüder‹ bei mir zu sehen.«

Und Vater weist mit der Hand auf die Soldaten, die um den Offizier herumstehen.

Der Offizier blickt auf Vater, auf die Soldaten, auf die Visitenkarte, auf den Befehl und wieder auf die Visitenkarte. Er runzelt die Stirn, aber dann klärt sich sein Gesicht auf. Einerseits möchte er sich gern als Soldat zeigen, der treu den Befehl ausführt, andererseits ist es ihm unangenehm, als offenbarer Grobian zu erscheinen.

Er befiehlt einem Teil der Soldaten, in der Teestube zu bleiben, läßt den anderen Teil Vater folgen und schließt sich selbst dem Zuge durch die morgendlichen Straßen von Sjanschi an.

Wang folgt von weitem dieser Gruppe, sieht zu, wie sie das

Haus betritt, bleibt aber selbst vor der Tür und drückt sich abwartend, was weiter werden soll, auf der Straße herum. Zu dieser Zeit arbeiten in unserem Hause zwei Schneider. Vater war ohne Kleidungsstücke aus Tschengtu angekommen, und man mußte ihm etwas zum Anziehen machen. Einer der Schneider ist ein alter Bekannter und guter Freund des jüngeren Onkels, der gern mit ihm einen Scherz treibt. Den anderen, jüngeren, hat der alte mitgebracht.

Die Stiefmutter ist noch nicht aufgestanden. Vater tritt zu ihr ins Zimmer und sagt laut zu ihr:

»Los, aufstehen, ein bißchen schnell!«

Aber leise fügt er hinzu:

»Gefahr! Muß sofort fliehen!«

Im ganzen Hause hatten wir nur dreieinhalb Silbertael. Vater stopft sie in die Tasche und läuft zur Hintertür hinaus, die in den Garten führt. Von der Tür aus sagt er laut, daß man es im ganzen Hause hören kann:

»Mach schnell ein Frühstück für unsere Gäste zurecht. Ich muß gleich nach Tejan zum Dau-tai fahren.«

Eben schließt sich die Hintertür lautlos hinter Vater, als der Offizier zu dem älteren Schneider tritt und ihn fragt:

»Hat das Haus keine Hintertür?«

Der Alte antwortet schnell:

»Nein, es gibt keine.«

Gleichzeitig wirft er dem jungen Schneider schnell einen vielsagenden Blick zu.

Der Offizier wendet sich an den jungen und stellt ihm dieselbe Frage. Der junge zögert einen Augenblick und antwortet dann:

»Nein.«

Der Offizier ist beruhigt und setzt sich in einen Sessel, die Hände auf den Säbel gestützt, den er zwischen den Knien hält. Während seine Soldaten den Ausgang auf die Straße bewachen, lauscht er den Geräuschen im Hause.

Die Stiefmutter ist in die Küche gelaufen, treibt das Dienstmädchen an und erteilt ihr laut Anweisungen.

»Gib die Pfanne her ... so leg doch noch Holz unter ... Reich mal das Wasser ... Wo ist der gute Tee ... Ja, den guten, sag ich dir, und nicht den schlechten.«
Dann sagt sie mit leiserer Stimme, aber doch noch so laut, daß der Offizier ihre Worte gut hören kann, aufgeregt zum Dienstmädchen:
»Ich weiß gar nicht, wie unser Ja-Pu nach Tejan reisen will. Ich fürchte, daß Sie den Arzt rufen müssen. Ja-Pu hat sicherlich etwas Ernstes an seinem Magen. Schon die ganze Nacht hat er sich gequält, aber jetzt geht's ihm ganz und gar schlecht.«
Der Offizier und die Soldaten hören diese Worte und stellen sich mitleidig vor, wie der arme Den Ja-Pu mit seinen Bauchschmerzen nicht von der Toilette fortkommt, was aus ihm einen nicht ganz höflichen Hausherrn macht.
So wird Zeit gewonnen. Das Geschirr klappert immer lauter, das Mädchen läuft im Zimmer hin und her und deckt immer schneller den Tisch. Immer aufgeregter flüstert die Stiefmutter dem Mädchen etwas über die kranken Därme Den Ja-Pus zu. Eine halbe Stunde vergeht. Vater ist nicht da. Die Soldaten treten zum Offizier und flüstern aufgeregt mit ihm. Der Offizier stößt mit dem Säbel auf, springt vom Stuhl hoch und ruft die Stiefmutter.
Er rennt zur Toilette und öffnet die Tür. Die Toilette ist leer. Ein lauter Fluch entfährt ihm. Die Gewehrkolben über den Steinboden schleppend, laufen die Soldaten auseinander, um die Zimmer und Kammern zu durchsuchen. Schließlich hört man hinter der Küche eine Schimpfkanonade – die Soldaten haben die Hintertür entdeckt.
Schreiend läuft das Mädchen fort, bald an die Ecken im Hof, bald an die harten Fäuste der Soldaten anrennend. Die Stiefmutter ist zu Boden geworfen. Man schlägt sie mit den Gewehrkolben. Die Schneider sind verhaftet und in eine Kammer gesperrt. Die Soldaten rennen in alle Nachbarhäuser, suchen alles durch und verhaften wahllos alle Männer.
Endlich wird es klar, daß Vater sich nicht zu Hause oder bei

den Nachbarn versteckt hält, sondern daß er geflohen ist. Die Soldaten stoßen wütende Schreie aus, zerschlagen die Türen und zerreißen die papiernen Fenster:
»Geflohen ist der Hund! Alle muß man verhaften! Der Dautai soll mit ihnen wegen seiner Flucht abrechnen. Er hat in Tejan einen Sohn! Den Jungen verhaften!«
Als die Worte »den Jungen verhaften« zu Wang dringen, stürzt er zur Landungsstelle und kommt noch gerade zu dem nach Tejan abfahrenden Boot zurecht.

Die Soldaten hören unterdessen nicht auf zu wüten. Die verhafteten Männer schauen mürrisch drein. Sie wissen noch nicht, was mit ihnen geschehen wird. Die Frauen heulen in der Nähe der Verhafteten oder laufen durchs Dorf, um bei einflußreichen Dorfgenossen Protektion oder Bürgschaft für ihre Männer zu finden. Gegen die Frauen unternehmen die Soldaten nichts. Sollen sie nur weglaufen. Damals betrachtete man die Frauen noch als etwas, was zwischen Katze und Kuh liegt. Frauen verhaftete und tötete man nicht, wenn man eine einzige wegen ihrer revolutionären Arbeit hingerichtete Frau ausnimmt, die berühmte Dichterin und Revolutionärin Tschou Tschin, die die Mandschu im Jahre 1908 erschossen haben. Die Soldaten sehen schließlich ein, daß es keinen Zweck hat, die Luft mit Flüchen zu erschüttern und die heulenden Weiber und die zusammengedrängten Männer mit dem Gewehrkolben zu bearbeiten. Sie zerstreuen sich und laufen auf die Wege, die aus dem Dorf in die Berge führen.
Sie rennen durch die Straßen von Sjan-schi, durch die Mandarinen- und Gemüsegärten und die Weizenfelder und kommen bis zu den Reisterrassen. Hier steigt der Weg am Rande der Reisfelder an. Etwas weiter oben beginnt ein Wäldchen.
Am Waldessaum entdecken die Soldaten den Rücken meines Vaters.
Vater bemerkt die Verfolger und rennt in den Wald. Außer Atem vom Laufen, kreisen die Soldaten den Wald ein, um den Vater nicht hindurchzulassen.

Aber Vater ist schlau. Er läßt die Soldaten an sich vorbei und springt schnell aus dem Wald zurück und legt sich an den Rand eines dichten Reisfeldes. Sein Körper verschwindet ganz in dem kalten, eine halbe Elle tiefen Schlamm. Den Kopf verdeckt er mit einem Büschel Reishalme. An den Abhang gepreßt, über dem der Weg entlanggeht, liegt er lang ausgestreckt im eisigen Schlamm.

In quadratischen Terrassen schließen mit dichten Halmen bestandene Reisfelder das Wäldchen von allen Seiten ein. Vier Stunden lang rennen die Soldaten im Wäldchen herum und kämmen es mit ihren Schützenketten durch. Sie kommen gerade an der Stelle auf den Weg heraus, wo einen halben Meter weiter unten Vater liegt und ihre Schritte hört. Er lauscht ihren ärgerlichen Reden.

»Wie in die Erde ist er verschwunden! Ist er vielleicht ein Zauberer, wie? Aus dem Wald kann er doch nirgends wohin fliehen. Er ist doch keine Ziege. Und außerdem: Auch wenn er aus dem Wald entwischt wäre, hätten wir ihn doch auf den Reisfeldern sehen müssen. Wir müssen schnell nach Tejan fahren und seinen Jungen packen, dann wird er am Ende zutage kommen.«

Stückchen hartgewordenen Lehms rieseln unter ihren Tritten auf Vaters Kopf hinunter. Das Fluchen wird leiser. Der Lärm ihrer Schritte verschwindet in der Ferne.

Geduldig liegt Vater. Er fühlt seinen Körper, seine Haut, seine Gelenke nicht mehr. Als er ganz sicher ist, daß die Soldaten viele Li vom Walde entfernt sind, kriecht er aus dem Reissumpf heraus, verschwindet wieder im Wald und schleppt sich zum Ufer des Flüßchens. Dort gibt es dichtes Bambusröhricht.

Durch die eng zusammenstehenden Bambusrohre hindurch kommt Vater auf eine Lichtung, die in einen Abhang mündet. Am Fuße des Abhangs liegt eine Hütte, die einem Holzfäller oder einem Fischer gehört. Auf dem Hofe ist eine Frau beschäftigt.

Vater springt den Abhang hinunter in den Hof und ruft der

vor Schreck aufschreienden Frau ins Ohr:
»Ich tue niemand etwas ... Eine Bande von Tu-fees hat mich ausgeraubt ... Sie jagen mir nach ... Verstecken Sie mich schnell ... Um Himmels willen, schreien Sie nicht.«
Die Frau verstummt, aber sie weicht mißtrauisch vor Vater zurück.
»Wie heißt ihr Mann?« fährt der Vater fort.
Die Frau antwortet:
»Tschen.«
Vater strengt sein Gedächtnis an:
»Tschen, Tschen ..., ist er nicht Mitglied des Ko-lau-Bundes?«
Die Frau nickt.
Jetzt klingt Vaters Stimme schon nicht mehr flehend, sondern befehlend:
»Ruf schnell deinen Mann hierher. Ich bin der Da-ko.«
Sie rennt fort und kommt bald in Begleitung von zwei Männern zurück. Der ältere ist ihr Mann und der jüngere, flinke Kerl ihr Neffe. Der Neffe ist ebenfalls Mitglied des Ko-lau-hui, und beide kennen Vater. Sie richten verwunderte Blicke auf die trockene Lehmkruste, die Vater, als wäre er paniert, umschließt.
»Was ist mit Ihnen los, Da-ko? Warum sehen Sie so schrecklich aus?«
Von dem vierstündigen Liegen in dem eiskalten Schlamm hat Vater Fieber bekommen. Seine Gelenke knirschen, als wären sie verrostet. Seine Beine sind voller Schrammen und Wunden.
Die Tschens hören aufmerksam Vaters Erzählung an.
Der Hausherr macht schnell Arznei zurecht, Pflaster für die Wunden und Fett für die Schrammen. Er gibt Vater einen neuen Rock statt seines zerrissenen Kimonos und weist ihm einen Raum an, einen Winkel im Hinterhaus. Dieser Winkel ist so gebaut, daß man nicht auf den Gedanken kommt, daß hier ein Zimmer sei.
Für den alten Tschen hat dieser Winkel keine Bedeutung,

wohl aber für seinen Neffen. Dieser Neffe hat beschlossen, große Karriere zu machen. Er möchte Oberst werden. Deshalb ist er kürzlich einer Schar Banditen beigetreten, die in der Umgegend operiert. Er ist geschickt, findig und erbarmungslos. Er weiß, daß, wenn er ein paar gelungene Überfälle durchführt und von den Kaufleuten in der Umgebung Lösegelder einzieht, der Ruf seines Mutes zu den Behörden nach Tejan dringt. Diese werden dann irgendeinen kleinen Mann zu Verhandlungen zu ihm schicken, der ihm vorschlagen wird, mit seiner Bande in den Dienst des Dau-tais zu treten, wenn auch nicht gleich als Oberst, so doch jedenfalls als Bataillonskommandeur.

Das Geheimzimmer braucht er ebensosehr wie der Dentist seinen Zahnarztstuhl. Hier versteckt er sich vor Verfolgungen, hier bringt er die Beute unter, hier wird er die Kaufleute und Beamten einsperren, die er gefangengenommen hat, um ein Lösegeld zu bekommen. Hier schlafen sich auch seine Banditengenossen nach anstrengender Arbeit aus.

Schon allein der Gedanke, daß Den Ja-Pu, der bekannte Heerführer, der erfahrene Kommandant, der Polizeichef und in ganz Setschuan berühmte Vorsitzende des Ko-lau-Bundes, zu ihm in die Hütte gekommen ist, bringt den jungen Banditen in Begeisterung.

Der begeisterte junge Bursche macht Vater gleich den Vorschlag, in seine Bande einzutreten, und bietet ihm den besten Posten an. Vater lehnt ab. Er bedankt sich für die Ehre. Er gibt der Hoffnung Ausdruck, daß noch einmal eine Zeit kommt, da er die Abteilung des jungen Tschen rufen wird, um der Revolution zu helfen, aber augenblicklich liegt diese Tätigkeit außerhalb seines Gesichtskreises. Außerdem verfolgt ihn der Dau-tai im Auftrag des Tu-tsun so hartnäckig daß sein Eintritt in die Abteilung deren Lage nur verschlimmern könnte.

Aber der Junge hat alle Eigenschaften eines guten Banditen. Er kann sich nicht vorstellen, daß ihm ein Mensch durch die Finger gehen soll, ohne daß er Nutzen aus ihm zieht. Er

schlägt seinem Onkel vor, Den Ja-Pu dem Dau-tai auszuliefern, und damit ein gutes Geschäft zu machen.
Der ältere Tschen sagt zu Vater:
»Mein Neffe hat vor, Sie auszuliefern. Er ist ein ausgemachter Nichtsnutz. Aber gegen seine Bande bin auch ich machtlos. Für Sie wird es das beste sein, wenn sie möglichst schnell weiterkommen.«
Während der zwei Tage, die Vater bei Tschen zubrachte, hat er sich einigermaßen erholt, die Wunden haben sich mit Schorf bedeckt, die Gelenke bewegen sich wieder lautlos.
Im tiefen Bambuswald mietet Tschen zwei Bauern mit einer Sänfte und führt Vater ohne Wissen seines praktischen Neffen zu ihnen. Vater nimmt hiner den Vorhängen Platz und gibt den Trägern die Marschroute zu einem bestimmten Dorf an.
Aber noch vor diesem Dorfe verläßt er die Sänfte und zahlt den Bauern ihren Lohn.
»Das letzte Stück gehe ich allein.«
Er schreitet auf den nächsten Wald zu. Zwischen den Stämmen hindurch beobachtet er, wie die Bauern mit der leeren Sänfte verschwinden. Dann geht er in genau entgegengesetzter Richtung fort, bestrebt, möglichst schnell aus dem Kreis herauszukommen.
Er hat nur eineinhalb Silbertael bei sich. Er geht Begegnungen mit Menschen aus dem Wege und schlägt sich auf Waldpfaden durch, die die Straßen schneiden. Zur Nacht dient ihm als Lagerstatt der winterliche Waldboden mit seinem trockenen Reisig und der Decke aus dürren Blättern. Am nächsten Tage wandert er quer durch den Wald. Er beeilt sich, nach Tschan-schou zu kommen. Bis dorthin sind es hundertzwanzig Li. An einem Tage ist es unmöglich, diese Entfernung zurückzulegen.
In einem Dorf in der Nähe von Tschan-schou lebt der Vater meiner verstorbenen Mutter. Erst drei Tage, nachdem er die Waldhütte des Tschen verlassen hat, betritt Vater das Haus seines Schwiegervaters.

Der Alte stattet Vater mit einer Bauernjacke aus grobem, blaugefärbtem Stoff, mit schweren, ausgebleichten Hosen und Bastsandalen aus. Vater bindet die Hosen an den Knöcheln mit einer breiten, groben Binde fest und umwickelt sich den Kopf mit einem schwarzen Tuch. Für einige Zeit verschwindet der vielbeschäftigte ehemalige Polizeichef Den Ja-Pu von der Erdoberfläche, und ein neuer Mensch entsteht: ein namenloser Bauer in einem entlegenen Dörfchen.
Der Schwiegervater schickt Vater zu seinem Neffen, einem Tischler.
Der Tischler muß im Hause des Schwiegervaters eine doppelte Wand ziehen, durch die ein enger, kaum eine Elle tiefer Verschlag entsteht. Auf zwei Brettern, die in dem Verschlag angebracht sind, kann man gerade auf der Seite liegen. Von außen könnte keines Spions Auge erkennen, daß hier eine doppelte Wand ist. Hinter dieser Zwischenwand versteckt sich Vater und wartet, auf der Seite liegend, wie das Murmeltier in seiner Höhle, bis die schlimmste Zeit vorbei ist. Er läßt sich einen Bart wachsen.
Anderthalb Monate später kommt aus der Zwischenwand ein unbekannter älterer Mann ans Licht. Ein grauer Schnurrbart hängt ihm auf den üppigen Bart herunter, und die Stirn ist verdeckt durch Haare, die ihm bis auf die Augenbrauen herunterhängen. Diese Person begibt sich zum Di-bau, dem Gehilfen des Bezirksintendanten, und läßt sich von ihm auf den Namen »Ssu« eintragen. Ssu ist ein Tischlergeselle, der auf der Suche nach Feldarbeit hier ins Dorf gekommen ist, weil Säge und Beil den Vagabunden nicht mehr ernährten.
Vater hätte sich auch nicht einzutragen brauchen. In China lebt man ohne Paß. Aber er tut es absichtlich, um mit dem Namen »Ssu« in Setschuan jede Spur des Namens »Den« auszulöschen.
Der Schwiegervater pachtet für Vater ein Stückchen Land, gibt ihm eine Hacke, einen Spaten und eine Karre, und Vaters Hände machen sich mit schweren Schlägen an den widerspenstigen steinigen Boden.

Das Boot bringt mich und Wang bis zu dem Dorf, das auf halbem Wege liegt. Hier steigen wir aus. Von hier aus müssen wir in den Kreis fliehen, um unsere Spuren zu verwischen.
Die erste Nacht verbringen Wang und ich in dem Gasthof des Dorfes. Noch niemals hatte ich bisher ohne meine weiche Decke geschlafen.
Die Bettstellen des Gasthofes sind schmutzig und wacklig. Von dem Lehmboden steigen Kälte und Uringestank auf. An der Wand des Zimmers stehen Pritschen mit feuchten Bündeln Reisstroh an Stelle von Matratzen. Auf diesen Pritschen liegen mehr als zwanzig Menschen in ihren Kleidern durcheinander, mit ihren Nasen den Rücken, die Knöchel oder das Becken des Nachbarn berührend. Sie stöhnen und schnarchen im Schlaf und wehren sich schlagend mit heftigen Bewegungen gegen das Ungeziefer: die eigenen Läuse und die Hauswanzen.
Ich liege in diesem Menschenteig unter einer steifen, steinschweren Decke, die kalt ist und nach Hunden stinkt. Ich habe nichts, worauf ich meinen müden Nacken legen könnte. Kissen gibt es nicht. Die Bretter der Pritsche sind zu hart, und meinen Kopf auf die Beine des neben mir schlafenden Sänftenträgers zu legen, ekle ich mich.
Die Kulis packen ihre langen Bambusstangen statt eines Kissens unter den Kopf und mildern mit ein paar Lumpen die Härte dieses Lages. Die knirschenden Bambuskörbe sind voll gefüllt, und die Waren nehmen den ganzen Raum zwischen den Pritschen ein. Wenn in der Nacht, während alle fest schlafen, jemand auf den Hof hinaus muß, tanzt er verschlafen und ärgerlich zwischen den Körben hindurch und hält sich an ihren Rändern fest. Hin und wieder stößt er mit der Ferse an die Schale oder an die Gewichte einer Schnellwaage; dann fährt einer der fliegenden Händler hoch und flucht, weil er bis in den Schlaf hinein das Gefühl hat,

daß seinem Eigentum etwas geschieht.
Die Tragstangen der Kulis sind länger als die Pritschen. Ihr Enden gucken überall hervor und sind einander im Wege. Die Schläfer schieben ihre »Kopfkissen« unter dem Nacken zurecht, die »Kissen« klappern und stoßen die Nachbarn an. Fluchend fahren andere Schläfer auf, die eins mit der Tragstange ins Gesicht bekommen haben. Dann wird es einen Augenblick still, das Fluchen ist verstummt, und man hört nur das Schnarchen, das auf und ab holpert wie ein frisch gepflügtes Feld.
Das Gefühl der Unsauberkeit ist unerträglich für mich. Ich finde keinen Augenblick Schlaf. Ich setze mich auf aus Angst, meinen Nachbarn und den fest schlafenden Wang anzustoßen. Ich spüre die Stacheln des Ungeziefers. Im Dunkeln fahre ich mit der Hand in den Nacken und wische die Blutsauger fort, die sich auf meinen zarten Hals gestürzt haben.
Die ganze Nacht lang knacken Läuse unter meinen Nägeln. Die Wanzen zerdrücke ich zwischen den Fingern, die davon einen ekligen Geruch bekommen.
Wang macht sich Sorge, weil ich nicht zur Ruhe komme und nicht schlafe.
»Leg dich hin und halt es aus. Dreh dich nicht immerfort hin und her. Laß niemand merken, daß du hier zum erstenmal bist, sonst bringen sie dich morgen früh zum Di-bau.«
Langsam neigt sich die Nacht dem Morgen zu. Ich lege mich auf den Rücken, beiße die Zähne zusammen und zähle die schmerzenden kleinen Hügel der Wanzenstiche.
Im grauen Morgenlicht eilen Wang und ich zu Fuß über Feldraine in das Haus unserer Verwandten, das nicht weit vom Dorfe liegt.
Diese Tante ist eine sehr reiche Frau. Sie hat eine große Wirtschaft. Mehr als einmal habe ich sie an Festtagen lustig und immer voller Zärtlichkeit für mich in unserem Haus gesehen. Ich zweifle nicht daran, daß sie mich vor den Soldaten des Dau-tai und den Läusen des Nachtlagers in Schutz nehmen wird.

Ich war früher noch nie bei dieser Tante. Vater wollte nicht, daß ich mich mit ihren Söhnen abgebe. Sie waren bekannt als Raufbolde. Einer von ihnen ging einige Klassen über mir zur Schule.
Mein Auftauchen macht Eindruck. Die Tante sieht mich halb freundlich, halb erstaunt an. Was ist los? Welcher Wind hat auf einmal den Neffen hergeweht? Mitten in der Schulzeit? Kommt er etwa zu Besuch? Wahrscheinlich ist der Vetter aus Tschengtu zurückgekommen und schickt jetzt seinen Sohn nacheinander zu den Verwandten, um die Verbindungen wiederaufzunehmen.
Ich beginne:
»Tjin-wen ...«
In die Hände klatschend, ruft die Tante:
»Der Wind Gottes hat dich hergebracht.«
Man setzt mich an den Tisch, gibt mir ordentlich zu essen und fragt nach dem Vater, nach der Schule.
»Nun also, gut so. Du wirst bei uns wohnen. Meine Söhne werden sich sehr über dich freuen.«
Wang, der meint, daß ich schon gut untergebracht sei, hat es eilig, nach Sjan-schi, zum Schauplatz der Ereignisse, zurückzukehren. Beim Abschied von der Tante bittet er sie mehrmals inständig, gut auf den kleinen Chua achtzugeben.
Vielleicht hat die Tante bei diesen Bitten Verdacht geschöpft. Sie ruft mich zu sich in ihr Zimmer und flüstert mir mit ernster Miene und vertraulich, so, als wäre sie schon in mein Geheimnis eingeweiht, zu:
»Was ist denn los? Erzähle mir genauer, warum du hergekommen bist.«
Ich sehe, daß die Tante sich Sorge um mich macht. Ich weiß, daß sie Vaters Cousine ist. Wie kann ich vor ihr ein Geheimnis haben, wo ich doch in ihrem Hause vielleicht lange Zeit werde leben müssen. Ich erzähle ihr alles.
In dieser Nacht fahren auf dem Fluß die Soldaten aus Sjan-schi an Tantes Haus vorbei nach Tejan.
Ich schlafe fest nach der vorigen schlaflosen Nacht. Am an-

deren Morgen fragt mich Tantes Schwiegervater, ein magerer Alter, dessen Bart aussieht, als sei er mit Kalk bestreut, mit gerührter und teilnehmender Stimme:
»Schi-Chua, möchtest du nicht eine andere Tante besuchen? Sie wohnt nicht weit von hier. Es sind nur einige vierzig Li Weg.«
Gut, warum soll ich nicht auch zu einer anderen Tante gehen? Und ich antworte:
»Gern.«
Sicherer gemacht durch meine Zusage, fährt der Alte fort:
»Hier sind gerade ein paar Bauern. Sie gehen heute morgen dorthin. Geh mit ihnen, sie kennen den Weg. Allein kannst du dich verirren.«
Ich fange an, alles zu verstehen. Man möchte mich los sein. Es bedrückt mich. Wang ist fort. Und die Hauptsache ist: Ich habe kein Geld für eine Sänfte, und ich weiß, daß ich nicht vierzig Li zu Fuß gehen kann. Meine Beine halten es nicht aus. Das heißt, ich werde allein auf halbem Weg haltmachen müssen. Das ist schlimmer, als noch einmal ein Nachtlager aufzusuchen. Ich bin zwar schon zwölf Jahre alt, aber ich bin zart wie ein Küken aus einem Dorf, wo der Hunger herrscht.
Meine Lippen zittern. Tränen treten mir in die Augen. Ich verkrieche mich in eine Ecke.
Die Tante hat Mitleid.
»Na gut, ich werde morgen eine Sänfte für dich suchen.«
Weiter spricht niemand mit mir. Weder an diesem Tag noch am folgenden. Man ruft einfach die Sänftenträger.
Mit einer tiefen Verbeugung bedanke ich mich bei der Tante für die Gastfreundschaft. Sie drückt mir zwei Silbermünzen in die Hand. Ich schiebe sie zurück.
Vielleicht ist es übrigens gut, daß ich abreise. Je weiter ich von Tejan fort bin, um so besser.
Vor mir tanzen die Muskeln auf dem verschwitzten Rücken des vorderen Sänftenträgers. Man trägt mich in die Richtung, die von Tejan wegführt. In diesem Augenblick händigt ein Polizist dem Schulinspektor den Befehl des Dau-tais aus,

mich auf die Polizei zu bringen.
Bei der zweiten Tante werde ich noch freudiger aufgenommen als bei der ersten. Sie und ihr Mann kommen vors Haus gelaufen. Das Mädchen, die Köchin, der Pförtner und der Gärtner blicken mich schweigend an. Tante und Onkel rufen mir zu:
»Guten Tag, Den Schi-Chua! Schi-Chua ist gekommen, ein seltener Gast!«
Der Onkel macht ein so freundliches Gesicht, daß man meinen sollte, es gibt auf der ganzen Welt niemanden, der ihm teurer ist als ich.
Die Tante nimmt mich in Empfang. Der Onkel unterhält sich mit den Trägern. Die Unterhaltung zieht sich in die Länge. Der Onkel blickt ein paarmal zu mir herüber.
Als der Onkel die Kulis stehen läßt und sich wieder zu mir wendet, erkenne ich an seinem kühlen Blick, daß ich ihm bedeutend weniger gefalle als vor zehn Minuten. Er blickt mit einem so angewiderten Ausdruck dahin, wo ich stehe, als hätte sich ein Ziegenbock vor seinem Haus verewigt. Ohne mich eines Wortes zu würdigen, geht er an mir vorbei ins Haus.
Es ist klar: Die Kulis haben dem Onkel die näheren Umstände meiner Flucht erzählt.
Ich teile der Tante gleich mit, daß ich nur ganz kurze Zeit dableiben und morgen früh zum älteren Onkel nach Den-dja-tschen gehen werde.
Wieder ist es Morgen, wieder sitze ich in der Sänfte. Leise schwankt der Sitz in den ledernen Schulterriemen. Die kräftigen Männer, die mich tragen, machen alle zwanzig Minuten Halt unter einem großen Baum. Sie nehmen die schmutzigen Tücher vom Kopf und trockenen sich mit ihnen Stirn und Brust. Sie trinken Wasser aus der hohlen Hand oder schlürfen es direkt aus dem Bach in sich hinein. In den Schenken am Wege essen sie Reis und eingesalzenes Gemüse; danach stopfen sie sich die Pfeifen, hocken nieder, blicken blinzelnd ins Weite und rauchen lange. Dann recken sie sich

auf, greifen zum Stock und sind wieder bereit, mit langen, gleichmäßigen Schritten, mit denen die Leute bei uns bis zu hundert Li am Tage zurücklegen können, halb zu gehen und halb zu laufen.

Der ältere Onkel ist nicht verwundert über meine Ankunft. Er weiß schon, was vorgefallen ist. Endlich habe ich jemanden gefunden, der seine Augen nicht ängstlich abwendet, wenn er mich sieht, der nicht hinter meinem Rücken flüstert und nicht nach Gründen sucht, um mich möglichst schnell weiterzuschicken.

Der Onkel nimmt mich gut auf. Er räumt Gerümpel und Bücher aus einer alten dunklen Kammer, macht mir darin ein Bett zurecht und heißt mich, dort unterzuschlüpfen und nicht hervorzukommen. Er weist seine Frau an, das allerbeste Essen für mich herzurichten, als wäre ich nicht ein kleiner Junge, sein Neffe, sondern ein Studienkamerad und Inhaber eines gelehrten Grades.

Ich schlendere durchs Haus – hier bin ich ja geboren –, blicke in den Litang, blättere in dem verstaubten Stammregister, lese die Tafeln mit den Schriftzeichen der Ahnen und erinnere mich beim Anblick des jetzt noch an der Wand hängenden Porträts des Großvaters an meine frühe Kindheit. Dann essen Onkel und ich lange und reichlich zu Mittag. Onkel betrinkt sich. Eine Schale folgt auf die andere. Seine Stimme überschlägt sich. Jetzt schimpft er wieder auf den Vater, schmäht Jüan Schi-Kai, verflucht die Revolution und fängt, die nach vorn sinkende Stirn mit den Händen stützend, betrunken zu weinen an.

»Was ist die Revolution? Junge, was ist eure Revolution? Was hat dein Vater von der Revolution Gutes gehabt? Dein Vater ist ein dummer Kampfhahn. Ich habe ihm immer gesagt: Verrate den Kaiser nicht. Das führt zu nichts Gutem. Habe ich nicht recht behalten? Jetzt heißt's fliehen und seinen Kopf vor den Soldaten des Dau-tai retten.«

Nach ein paar Tagen sagt Onkel zu mir:

»Es ist schwer, dich hier versteckt zu halten. Was soll ich

den Leuten aus dem Dorf antworten, wenn sie fragen: ›Was ist das für ein Junge, der bei Den Ssau-Pu wohnt?‹ – ›Natürlich, es ist Schi-Chua, sein Neffe, der Sohn des geflohenen Den Ja-Pu.‹ Man muß irgend etwas Neues ausdenken. Mir scheint, das richtigste ist, dich in ein Kloster zu schicken und dir einen anderen Namen zu geben.«

Diese Worte treffen mich wie ein Schlag.

Ich hatte mir schon Sorge gemacht, was aus mir weiter werden sollte. Ich hatte mir den Kopf zerbrochen, wie ich wieder in die Schule kommen könnte. Aber ans Kloster hatte ich nicht gedacht.

Der Onkel verreist für einige Zeit und verhandelt mit jemand. Nach seiner Rückkehr läuft er vor Aufregung und Sorge schnell im Zimmer auf und ab. Endlich veranstaltet er mir zu Ehren ein wunderbar schmackhaftes Abschiedsmahl.

»Hör, Junge«, sagt er mir während des Essens, »heute bist du zum letztenmal Den Schi-Chua. Sprich deinen schönen Namen, den ich dir gegeben habe, noch einmal aus und vergiß ihn dann auf lange. Von morgen an bist du ein armes Waisenkind, mein Zögling, und du heißt: Ssu-Schi. Sobald ich erfahren habe, wo dein Vater wohnt, teile ich ihm deinen neuen Namen mit, und deinen Vater machen wir schon ausfindig, deswegen brauchst du dich nicht zu sorgen. Darum kümmere ich mich sofort, sobald du untergebracht bist.«

Mir gefällt der Name Ssu-Schi nicht. Mir gefällt überhaupt alles nicht, was mit mir geschehen soll. Die guten Bissen des Abschiedsessens im Mund, trinkt der Onkel aus einer Teekanne gewärmten Wein und sagt:

»Iß Fleisch, iß. Im Kloster herrschen strenge Sitten, im Kloster wohnen Gottesmänner. Dort wirst du lange Zeit kein Fleisch, kein Fett, keine Eier bekommen. Iß, Schi-Chua, ich wollte sagen, Ssu-Schi, iß dich noch einmal gehörig satt.«

Aber mir wollen die Bissen nicht die Kehle hinunterrutschen. Ich stochere nur deshalb mit den matt in meiner Hand liegenden Eßstäbchen in den schmackhaften Speisen herum, weil ich Onkel nicht beleidigen will. Ich höre kaum, was er sagt, und gebe verkehrte Antworten. Aber der Onkel ist zufrieden mit mir, mit dem Essen und mit seinem Einfall, mich ins Kloster zu schicken.

DAS KLOSTER

In schwierigen Zickzackwindungen steigt der Weg den waldigen Berg empor. Kiefern stehen neben Bambus, Zypressen neben Eichen, Tannen neben Akazien und Lebensbäumen.
Das Kloster heißt Ban-pen. Die halbmondförmige, ausgetrocknete Zisterne vor seinem Tor liegt voller abgefallener Blätter. Von diesem halbkreisförmigen Bassin hat das Kloster seinen Namen. »Ban« bedeutet im Chinesischen soviel wie »Hälfte«.
Drei Mönche, die ganze Einwohnerschaft des Klosters, kommen uns entgegen. Der Onkel stellt mich ihnen vor. Ich betrachte von unten herauf die stämmigen Gestalten mit ihren rasierten Köpfen und den schräg übereinander geknöpften weitärmeligen blauen Überröcken. Der jüngste der Mönche zählt vierzig Jahre. Er ist dreieinhalbmal so alt wie ich.
Auf den Abt zeigend, sagt der Onkel zu mir: »Das ist dein Lehrmeister.«
Aus dem hellen, sonnigen Hof führt man mich in eine dunkle Scheune, an deren Seiten zwei bemalte hölzerne Riesen, die Tempelwächter, stehen. Sie haben wilde Gesichter und schwingen krumme Dolche über den Betern.
An den Wänden entlang sitzt ein ganzes Götterpräsidium. Tonangebend ist ein ruhiger Buddha mit dickem Bauch. Vor den Göttern stehen mit Asche gefüllte Räucherfässer und Kupferschalen.
Ich knie nieder. Zwei Mönche hämmern mit Schlegeln an tönende Schalen, zünden Kerzen an und setzen Stäbchen in Brand. Der Abt murmelt ein Gebet. Ich habe noch nie jemand so schnell reden hören. Das sind gar keine Worte. Es ist, als ob man mit dem Nagel über einen Kamm fährt. Der

Onkel steht neben mir.
Das eindringliche Dröhnen der Gongs, der Rauch der Stäbchen, das schläfrige Murmeln des Abtes und die aufdringliche Schrecklichkeit der bemalten, dämonischen Tempelwächter macht, daß sich mir alles im Kopfe dreht. Ich weiß nicht, wo ich mich befinde, ja, ich bin mir nicht sicher, ob ich überhaupt irgendwo bin. Vor allem möchte ich mir den Kopf in kaltem Wasser kühlen.
Der Abt befiehlt mir, mich neunmal tief bis zur Erde zu verneigen. Während ich meine Verbeugungen mache, bringt einer der Mönche, der aufgehört hat, den Gong zu schlagen, auf ausgestreckten Armen ein langes blaues Gewand. Der Abt legt es mir um die Schultern. Das Kloster ist arm. Seine Gewänder sind einfach.
Ich ziehe das Mönchsgewand an und verneige mich viermal vor dem Lehrmeister und je einmal vor den beiden anderen Mönchen. Dann kommt der Friseur ins Zimmer, den die Mönche, wie sich herausstellt, nach Verabredung mit dem Onkel, eigens aus dem Dorfe haben kommen lassen. Er feuchtet meine Haare mit warmem Wasser an. Meine Kopfhaut jammert unter den Strichen des Rasiermessers, und Büschel meines Schopfes fallen auf meine Schultern, auf die Ärmel, auf den Boden.
Der Gymnasiast Schi-Chua existiert nicht mehr. Hier steht jetzt ein kleiner, kahlköpfiger, buddhistischer Mönch.
Die Mönche bitten den Onkel ehrerbietig:
»Wollen Sie so gut sein, ihm einen neuen Namen auszusuchen.«
Ein Mönch darf nicht seinen weltlichen Namen tragen.
Der Onkel tut so, als dächte er nach, und schlägt dann den Namen »Ssu« vor.
Familiennamen gibt es nicht. Die Mönche tragen keinen. Die Mönche sind Menschen, die mit ihrer Sippe gebrochen haben.
Es dauerte lange und es fiel mir schwer, mich an den Namen Ssu zu gewöhnen. Jetzt verwende ich ihn als literarisches Pseudonym.

Am ersten Tage bleibt der Onkel bei mir und unterweist mich. Mir scheint beinah, daß meine Mönchwerdung ihm Vergnügen macht.
»Höre, Schi-Chua ...«, und er verbessert sich gleich, »Ssu: wenn du die Schrift Buddhas liest, dann murmele nicht, wie es der Abt tut. Denk über die Lehre nach und lege sie dir aus. In der Schrift Buddhas liegt ein tiefer, innerer Sinn.«
Im ersten Punkte hat der Onkel recht. Ich habe mich davon gleich in den ersten Monaten überzeugt. Die Mönche verstehen die Schrift nicht und können sie nur herunterplappern. In der buddhistischen Schrift gibt es zwei Teile – die Lehre und das Ritual. Die Mönche kennen nur den Teil, der das Ritual enthält.
Aber was soll ich mit dem Rat des Onkels anfangen, mich in das Gelesene hineinzudenken? Im Ritual steht, daß die Frau, wenn sie Kinder gebärt, unsauberes Blut vergießt. Für dieses Blutvergießen wird die Frau in der anderen Welt in den Blutfluß versenkt. Aber wenn ihre Kinder die Schrift lesen, so kann ihre Strafe gemildert werden.
Ich denke über die Lehren der Schrift nach, aber je mehr ich darüber nachdenke, um so mehr kommen mir Zweifel. Ich frage den Abt:
»Wer hat Buddha geboren?«
Er antwortet:
»Ein Weib.«
»Befindet sich die Mutter Buddhas auch im Blutfluß?«
Der Alte wendet sich ab:
»Bei Buddha ist es eine andere Sache«, sagt er und bricht die Unterhaltung ab.
Die Schrift beruhigt mich nicht, im Gegenteil, sie erbost mich. Ich lese die heiligen Erzählungen über das Paradies und die Hölle. Ich deklamiere das Register der Bestrafungen für die Sünden und der Belohnungen für Tugenden, aber Mutters Tod hat mich schon längst gegen die Religion aufgebracht. Tagaus, tagein geht mein stiller Kampf mit der Religion.
»Die guten Menschen finden in jener Welt das Glück und ihre

Seelen genießen die Freuden des Jenseits.« Aber wenn die Mutter wirklich im Paradies ist, warum verschweigt sie es mir und erzählt nicht, welche Freuden ihr dieses Paradies verschafft? Und wenn es kein Paradies gibt, warum hat meine freundliche, gute und opferbereite Mutter, für ihr stilles, arbeitsames Leben lange Qual und einen frühen Tod als Entgelt bekommen?
Und warum muß Vater, der den Menschen nur Gutes bringen will, wie ein wilder Hund durchs Land streichen, auf der Flucht vor dem Schwert, das gegen ihn erhoben worden ist? Warum sitzt der Schuft und Leuteschinder, der Tu-tsun Dschu, in seinem Palast, wird reich und führt ein angenehmes Leben?
Meine Beziehungen zu den Mönchen sind nicht gerade die besten. Sie jagen mich mit allen möglichen Aufträgen hin und her. Sie selbst haben sich längst in Faulpelze, Siebenschläfer und Gewohnheitsheuchler verwandelt. Sie schmatzen beim Essen, schnarchen im Schlaf, lassen die Becher klingen und plappern Gebete. Auch wenn sie sich bis auf die Erde verbeugen, tun sie es gewohnheitsmäßig. Ebenso gewohnheitsmäßig lassen sie die Perlen der Gebetsschnur durch ihre Finger gleiten. Warum sie das tun, wissen sie selbst nicht und können es nicht erklären.
Das beste Zimmer im Kloster wird von dem Amtmann bewohnt. Die Mönche begegnen ihm mit besonderer Ehrerbietung. Sie scharwenzeln vor ihm herum wie schwanzlose Hunde. Von diesem mageren Dorfgewaltigen mit den paar Härchen auf der Lippe und den listigen Äugelchen hängt das Schicksal des Klosters ab. Wenn er es will, müssen die drei Mönche auf Wanderschaft ziehen. Es ist seine besondere Freundlichkeit, wenn er ihnen erlaubt, im Kloster zu wohnen.
Als ich ihm vor Augen komme, fragt er den Abt:
»Wer ist denn das? Wo kommt er her?«
»Den Ssau-Pu hat ihn hergebracht.«
»Kann er lesen und schreiben?«

»Er ist ein ganzes Jahr lang bei Den Ssau-Pu zur Schule gegangen.

»Nun, das bedeutet, daß er einigermaßen gebildet ist«, gibt sich der Amtmann zufrieden. Die Schüler meines älteren Onkels sind im ganzen Kreis für ihre Kenntnisse berühmt.

Die Tore des Klosters sind immer geschlossen. Zu diesen Toren steigen die Beter den Berg hinauf. Arme Kulis und Bauern kommen ins Kloster, wenn ihre Kinder krank sind oder wenn sie selbst schreckliches Alpdrücken haben. Sie kommen, um die Gelübde zu erfüllen, die sie vor dem Verkauf der Ernte oder vor dem Einkauf von Waren abgelegt haben, sie kommen, wenn sie keine Kinder haben und welche haben möchten oder wenn kein Regen fällt und eine Mißernte droht.

Ihre Gelübde sind einfach; sie zünden eine Kerze an, verbrennen zwei, drei Stäbchen, opfern vor den Götterstatuen ein Päckchen imitierten Geldes und machen ein Dutzend Verbeugungen bis zur Erde.

Die Beter klopfen mit einem Kupferring ans Tor. Der Pförtner, der sich auf dem Bett rekelt oder auf den breiten Stufen des Hofes die beinernen Kugeln seiner Gebetsschnur zählt, springt schnell hoch und blickt durch das Guckloch.

Sieht er, daß die Ankömmlinge zu Fuß gekommen und arm sind, öffnet er das Tor langsam und läßt die Gruppe von Menschen mürrisch durch den halboffenen Spalt hinein.

Die Wallfahrer tragen Bambuskörbe. In ihnen liegen billige Nachahmungen von Gold-und Silberbarren, Kerzen, Räucherstäbchen, aber auch andere Dinge: Eier, Gemüse und hin und wieder einmal etwas Gebratenes. Der Pförtner guckt in die Körbe und wägt in Gedanken die Menge der Opfer ab. Eier und Fleisch essen die Mönche nicht — das alles kommt in die Küche und wird dann den reicheren Wallfahrern verkauft.

Der Pförtner verschwendet seine Worte nicht an arme Leute. Er zeigt mit dem Finger nach dem Götzentempel und ruft nicht einmal den Abt. Die Wallfahrer gehen vorsichtig über

den Hof, dessen Fliesen sauber sind. Der Pförtner und ich kehren den Hof jeden Morgen mit einem breiten Besen aus Wacholderzweigen.
Die Wahlfahrer treten in den Tempel, wo die bemalten Ungeheuer stehen. Mit zurückgeneigtem Kopf betrachten sie erschreckt die verzerrten Fratzen und die hervorquellenden Augen der riesigen, brüchigen und in weiche Gewänder aus schmutzigen Farben und nie fortgewischtem Staub gekleideten Tempelwächter.
Die Wallfahrer verbeugen sich bis zum Erdboden vor den tönernen Göttern, die mit ihren aufgeblähten Bäuchen dasitzen, verbrennen ihre Mitbringsel und bitten die gähnenden Mönche flüsternd:
»Ruf mal den Gott an. He, Mönch, was macht es dir schon aus! Ruf den Gott an!«
Der Mönch langweilt sich und ist ärgerlich. Was soll er für diese Lumpenkerle, deren ganze Gabe aus drei Eiern und ein paar Blättern eingesalzenen Kohls besteht, den Gott anrufen. Er tut so, als hätte er die Bitte nicht gehört, aber die flüsternde Bitte wird immer eindringlicher.
»Mönch, ruf den Gott an, sonst hört er unsere Gebete nicht.«
Da nimmt der Mönch eine Kupferschale und schlägt sie so träge, daß man meint, sie müßte jeden Augenblick aus seinen schlappen Fingern fallen.
Dann nimmt er in der Küche die Speisen aus den Körben der Wallfahrer und schiebt die Beter mit der breiten Hand zum Tor, um sich, sobald er die Flügel geschlossen hat, wieder aufs Bett zu strecken und die Gebetsschnur schläfrig durch die Finger zu ziehen.
Manchmal wird aber anders ans Tor geklopft. Der Kupferring schlägt laut, herrisch und selbstzufrieden an. Durch das Guckloch sieht der Pförtner Besucher in feiner Seide, die ihren Dienern die Zügel der müden Pferde übergeben, oder reiche Leute, deren schwere Körper sich zwischen den Vorhängen der Sänfte herausneigen.
Schneller, als er den Namen Buddhas ausspricht, öffnet der

Pförtner das Tor, macht es weit auf und begrüßt die willkommenen Gäste mit freundlichem Lächeln und höflichen Segenswünschen.
Ohne sich erst bitten zu lassen, eilt der Abt den wohlhabenden Pilgern aus seiner Zelle entgegen. Die Rücken der Mönche werden plötzlich ungewöhnlich geschmeidig, ihre Hände legen sich auf einmal wie Boote zusammen, und in die Boote klingelt Geld. Nicht so ein falsches Geld, wie es die armen Leute den Göttern als Geschenk bringen, sondern richtige, vollwertige Silbermünzen.
Stirn und Schultern der ausgemergelten Kulis glänzen vom Schweiß. Um zu rauchen oder Wasser zu trinken, gehen die Kulis hinter die Küche, wo ein Mönch den Dienern die schweren Körbe mit Speisen abnimmt und sich daran macht, sie auf dem Klosterofen aufzuwärmen. Die Kulis brechen Äste von den Bäumen, um sich daraus zum Schutz gegen die Strahlen der Bergsonne Krähennester für ihre Köpfe zu flechten.
Fröhlich und befehlend tönen die Gebetsgongs in den Händen der Mönche. Und wäre der Gott auch ein tauber Greis, die Mönche würden ihn zwingen, den Gebeten dieser angenehmen Pilger Aufmerksamkeit zu schenken.
Im Handumdrehen ist das Gebet beendet, und die Mönche laden ihre Gäste mit Schmeichelreden und Entschuldigungen zum Essen ein, bieten ihnen Tee, Gemüse und Obst an und bitten sie freundlichst, doch wieder einmal das Kloster zu besuchen.
An solchen Tagen habe ich keine Zeit zu Beobachtungen, ja nicht einmal zum Bösewerden. Der Abt jagt mich hin und her, bald nach heißem Wasser zum Tee, bald nach Obst, bald in die Küche nach Reis, bald nach Streichhölzern für den erlauchten Raucher, bald nach der Vorspeise oder dem Nachtisch oder nach Büchern aus der Klosterbibliothek.
Zu Hause gab es das nicht. Zu Hause arbeiteten alle für mich: die Mutter, der Onkel, das Mädchen, der Ruderknecht und der Sänftenträger. Wenn ich hier am Abend meine vom

Laufen müden Beine aufs Bett strecke, bin ich der Meinung, daß die Bedienung der Reichen durch die Armen keine sehr gerechte Sache ist.

Im übrigen habe ich auch, wenn keine Pilger kommen, im Kloster alle Hände voll zu tun. Arbeit bis zum Halse. Noch ein bißchen mehr, und ich ertrinke darin.

Das Kloster muß seine Felder selber bestellen, die auf Lichtungen im Walde und an Abhängen liegen. Die Mönche ernten darauf Bohnen, Mais und Weizen. Das Kloster hat weder Arbeitstiere noch einen Pflug. Die kleinen Feldstücke, im ganzen sind es ungefähr zehn Mu, etwas mehr als zwei Morgen Land, werden mit der Hacke bearbeitet. Ich bin klein und nicht gewohnt, mit der Hacke umzugehen. Meine zarten Finger verstehen den Schreibpinsel zu halten und komplizierte Schriftzeichen zu malen. Der eiserne Schnabel der Hacke zieht nach unten. Die Schultern tun weh, und die Muskeln oberhalb des Handgelenkes schmerzen. Der Griff der Hacke ist dick und rauh. In meinen Handflächen brennen blutige, schwielige Blasen. Während der Arbeit mit der Hacke klebt das Hemd wie eine Kompresse am verschwitzten Rücken. Nach der Arbeit schleppe ich meine Hände wie zwei schwere, mit Schmerzen gefüllte Eimer in meine Zelle zurück. Das Reißen liegt wie ein Gürtel, den ich nicht ablegen kann, um meinen Leib. Ich hatte ja früher keine Ahnung, was für eine Qual die Arbeit auf dem Felde ist. Im Gegenteil, es gab für mich kein amüsanteres Schauspiel als zuzugucken, wie die Hacken regelmäßig hochflogen und in die Erde fuhren und die Körper sich wie bei einem wilden Sportfest aufrichteten und wieder beugten. Die Feldarbeiten hatten immer meine Schaulust geweckt, und ich hatte Großmutter nie verstanden, wenn sie mich anschrie:

»Schi-Chua, laß die Senfblumen stehen. Für diese Blüten haben die Bauern mit schwerer Arbeit gezahlt.«

Die schmerzenden Schultern erklären meinem Kopf: Die Nichtstuer von Grundbesitzern geben leicht ihre Felder in Pacht und fressen leicht die Speise, die ihnen in den Mund fliegt. Aber diese Speise besteht eigentlich nicht aus Gemüse und zartem Hühnerfleisch, sondern aus den nach Schweiß riechenden Muskeln der Hacker und einer Sauce aus bohrenden Schmerzen.

Neben dem Kloster liegt ein Eichenwald. Wenn man im Herbst nach diesem Eichenwald horcht, meint man, es hagele. Das sind die Eicheln, die herunterfallen. Der Besitzer des Waldes erlaubt den Mönchen freundlichst, die Eicheln zu verwenden. Ihm macht es nichts aus, die Früchte sind billig.

Man hängt mir einen Weidenkorb an zwei Riemen um und schickt mich nach Eicheln. Ich habe keine Erfahrung in dieser Arbeit. Ohne den Korb von den Schultern zu nehmen, pflücke ich Eicheln von den Zweigen. Wenn ich einen Zweig anrühre, antwortet er mir mit einem Trommelfeuer von reifen Früchten. Sie fallen ins Gras. Hier im Grase gibt es grüne Giftschlangen, aber ich habe keine Angst vor ihnen. Wenn man durch den Wald geht, muß man mit einem langen Bambusstock vor sich hinschlagen. So machen es die Hirten.

Ich wühle mit den Fingern im dichten Gras, das sich wie Hundefell anfaßt, und glaube die guten Eicheln zusammen mit den faulen, die gesunden mit den wurmstichigen, schwarzen, vorjährigen auf. Sich nach den Eicheln zu bücken, strengt an. Ich bringe wenig und schlechte Eicheln ins Kloster mit. Außer Atem sitze ich auf den Stufen, während der Abt das Häufchen unbrauchbaren Zeugs, das ich gesammelt habe und das selbst die Schweine nicht fressen, durch die Finger gleiten läßt und mich mit wenig schmeichelhaften Ausdrücken belegt. Aber dann gewöhne ich mich an diese Arbeit und sehe zu, wie es die anderen Mönche machen. Ich lerne, daß man den Korb unter einen Zweig mit reifen Eicheln stellen und an ihm zerren muß wie an einem Hundeschwanz. Dann kullern die Eicheln geradewegs in den Korb. Zu Hause in Sjan-schi hatte ich kalte Sülze aus dem Saft der Eicheln sehr gern. Mutter zerquetschte die Früchte in der Küche, ließ den Saft durch ein Tuch rinnen, setzte ihn aufs Feuer, so daß er zu einem dicken Brei wurde, schnitt ihn dann in Scheiben und legte die Scheiben in Wasser, das sie häufig wechselte. Das Wasser nahm der Sülze den herben Geschmack und die Bitterkeit, und nach ein paar Tagen konnte man sie als Beilage zu Fleisch oder Huhn essen.

Im Kloster essen wir die gleiche Sülze, aber der Klosterkoch läßt sie nicht lange genug im Wasser. Sie schmeckt schrecklich und macht den Gaumen stumpf wie Baumrinde. Ich bemühe mich, sie runterzuschlucken. Das Stück muß möglichst schnell durch die Kehle rutschen, ohne auf der Zunge zu bleiben, wo die Geschmacksnerven sind. So habe ich später Bier trinken gelernt, es schmeckt dann nicht so bitter.

Ich schlucke die Sülze und philosophiere dabei.

Warum essen die Reichen gute Sachen und brauchen sich um das Essen nicht zu bemühen? Warum quält sich der Arme ab, um eine Schale Essen zu kriegen, und das Essen ist trotzdem widerlich wie Spülwasser?

Das Kloster Ban-pen in den Bergen von Setschuan ist meine erste Schule des Sozialismus geworden. Ich danke dir dafür, Onkel, daß du mich in ein so armes Kloster geschickt hast. Wäre ich in ein reiches Kloster geraten, wäre ich wahrscheinlich für mein ganzes Leben ein nichtsnutziger kleiner »Herr« geblieben.

Die Bergluft und die Arbeit machen mich gesund. Mir wachsen die ersten Muskeln. Ich beginne zu vergessen, was ich in der Schule gelernt habe. Die Schule, in der ich früher die Tage bis zu den nächsten Ferien zählte, erscheint mir jetzt als ein Land unsagbaren Glücks.

Die Mönche interessieren sich nicht besonders für mich. Ich arbeite, und das genügt. Der Onkel bezahlt nichts für mich. Ich bin Landarbeiter und Briefträger des Klosters. Man ist nicht schlecht zu mir, aber gleichgültig. Wenn ich krank würde und sterben sollte, würde kaum einer von den Mönchen seinen Schritt beschleunigen oder seine Stimme heben.

Auch ich interessiere mich nicht besonders für sie. Wir tauschen zehn oder zwanzig sachliche Fragen und Antworten am Tage aus, und das ist alles.

An Tsai-In denke ich überhaupt nicht, aber die Unruhe um den Vater quält mich mehr und mehr. Meine Muskeln werden kräftig, aber meine Nerven gehen drauf. Ich habe früher nie an Teufel geglaubt, aber jetzt fange ich an, mich vor ihnen zu fürchten. Dazu bringen mich die hölzernen Ungeheuer unseres Altars, besonders in den Nachtstunden. Wenn zur Nacht der Tempel dunkel wird, sehen sie nicht aus wie Menschen, sondern wie gigantische Kröten oder Insekten.

Der ältere Onkel kommt zu Besuch. Schnell und flüsternd teilt er mir mit: Der Vater ist in Sicherheit. Der Onkel blickt mich aufmerksam an. Ich sehe, daß ihm Freudentränen in die Augen steigen wollen und nur die Gegenwart der Mönche sie zurückhält. Er fragt:
»Gefällt es dir hier, Ssu?«
Die Mönche stehen dabei und gehen nicht fort. Ich antworte:
»Ja, Den Ssau-Pu, es gefällt mir sehr.«
Als wir später allein durch den Wald spazieren, der das Kloster umgibt, bringe ich meine Klagen vor: Ich fühle mich allein, es fällt mir schwer, es ist alles so unfreundlich.
Der Onkel antwortet:
»Hab Geduld!«
Ein Tag nach dem anderen steigt auf und verschwindet wie die Perlen der Gebetsschnur in den Händen der Mönche. Mein Gesicht wird braun, der Atem gleichmäßiger, und es fällt dem Rücken schon nicht mehr schwer, einen Korb voller Eicheln ins Kloster zu tragen.
In meiner Schule lernen die Kameraden inzwischen Schriftzeichen, englische Wörter, geometrische Lehrsätze und überholen mich. Auf der andern Hälfte der Erdkugel spielt sich in Lärm und Blut der große europäische Krieg ab. Aber das Krachen der platzenden Granaten dringt nicht bis zum stillen Kloster von Ban-pen.
Die dicke Jüan Schi-kai prägt Silbermünzen mit seinem Porträt und bildet Soldaten aus, um sich zum Kaiser ausrufen zu lassen. Sun Jat-Sen sammelt bei den Chinesen im Ausland

Geld, bereist Europa und betrachtet unter den dichten Augenbrauen hervor, wie Gerichte, Parlamente, Fabriken und Banken arbeiten, und denkt an die nächste Revolution. In den Dörfern verstreut, unterrichten die Revolutionäre Kinder, spielen Majong und Karten, lesen Zeitungen und warten auf ihre Stunde oder nehmen, des Wartens müde, Beamtenstellen an.

Vater baut Weizen und liefert dem Grundbesitzer die Hälfte der Ernte ab. Er düngt seinen Garten, in dem Rettich, Gurken und Kohl wachsen, mit Jauche. Er tut das mit besonderer Energie, weil für den Garten dem Besitzer kein Pachtzins zu zahlen ist.

Vater lebt ganz in meiner Nähe, nicht mehr als fünf Li entfernt. Man könnte beinah mit der Hand hinreichen. Aber wir wissen noch nichts voneinander. Nur Vaters Brüder, die Stiefmutter und die jüngere Tante sind davon unterrichtet.

VATER MUSS STERBEN

Wir haben Sommer 1915. Es klopft jemand ans Tor. Ich laufe auf den Hof hinaus. Vor mir steht der jüngere Onkel. Das ist eine Überraschung. Er sieht aus wie ein Pilger: an seinem Arm hängt ein Korb mit Stäbchen und Opfergeld. Hinter ihm am Tor steht, zur Freude der sich tief verneigenden Mönche, eine Sänfte.

Onkel gibt mir ein Zeichen mit den Augen, wendet sich dann zum Abt und sagt:

»Ich möchte einen Gang in die Berge machen. Geben Sie mir den Jungen als Führer mit.« Und er reicht dem Pförtner seinen Korb hin.

Eilig steigen wir den Bergpfad hinauf, wo man uns vom Kloster aus nicht mehr hören kann.

»Höre, Schi-Chua, dein Vater möchte dich sehen. Die Stiefmutter ist zu ihm gezogen.«

Er erzählt mir, wie Vater lebt, und fügt hinzu:

»Wir werden das folgendermaßen machen. Ich vergesse heute meinen Korb im Kloster, und morgen kommt jemand vorbei und bittet, mir den Korb durch dich zu schicken. Du gehst mit ihm einfach in den Ort, wo Vater wohnt. Es ist nicht weit von hier.«

Wenn Vater mich nicht angesprochen hätte, ich weiß nicht, ob ich ihn in der Gestalt des alten, groben Bauern, mit den schwarzen knotigen Händen, den von der Hacke schwieligen Handfläche und dem langen schwarzen, aber schon grau gesprenkelten Bart erkannt hätte.

Zum erstenmal in seinem Leben hellt sich Vaters Gesicht lächelnd auf, als er mich sieht. Es kommt ihm komisch vor, seinen langaufgeschossenen Sohn, von Wind und Wetter gebräunt, vor sich zu sehen. Mein Aussehen ist so ungewöhnlich, daß die Stiefmutter ihre weinenden Augen in ihrem Tuch versteckt. Vater legt ihr die Hand auf die Schulter und sagt:

»Weine nicht, es ist jetzt alles viel besser als vor einem halben Jahr!«

Vaters Haus ist klein und hat nur drei Zimmer. Es liegt einsam und ist von Feldern und Bambushainen umgeben. Zwischen Bambusstauden befindet sich ein alter Brunnen, der wundervolles Wasser enthält. Eine breite Höhle ist in den Felsen gegraben, Stufen führen zum Wasser hinab. Aus diesem Brunne schleppt der Vater jeden Tag Wasser in den Garten und an trockenen Tagen auch auf die Felder. Ein winselndes Hündchen bewacht den einsamen Hof. Ein halbes Dutzend Hühner und Enten gackern und schnattern an der Treppe.

Vater wendet sich zum Onkel.

»Sobald die Gefahr vorüber ist, muß Chua wieder in die Schule. Wenn es lange so weitergeht, wird er alles vergessen.«

Der Onkel runzelt die Stirn.

»Es ist noch zu früh. Nach meiner Meinung wird der Dautai nur dann Chua in Ruhe lassen, wenn er überzeugt ist, daß du gestorben bist. Was meinst du, wäre es für dich nicht an der Zeit zu sterben?«

Vater antwortet ruhig:

»Ich habe auch schon daran gedacht. Man muß das Gerücht von meinem Tode ausstreuen. Die Frage ist nur, woher soll es kommen – und vor allem durch wen? Wenn es hier ein zuverlässiges Mitglied des Ko-lau-hui gäbe, so könnte man ihm den Auftrag geben.«

Vater denkt lange nach, nimmt verschiedene Namen durch, berät sich mit dem Onkel, läßt sie wieder fallen, denkt wieder nach und überlegt. Endlich fällt seine Wahl auf einen einfachen Soldaten aus seiner Abteilung mit Namen »Fan«.

»Man muß das Gerede über meinen Tod nicht in unserem Gebiet beginnen lassen, sondern irgendwo in der Ferne. Fan sollte nach Schanghei reisen und von dort dieses Gerücht verbreiten.«

Beim Abschied sagt Vater zu mir:

»Folge immer dem Abt und gewinne sein volles Vertrauen. Dann wirst du mehr Freiheit haben und kannst mich öfter besuchen. Es wäre gut, wenn ich mich deiner ein bißchen annehmen würde, sonst verlernst du alles.«

Wieder gehen Tage hin, eintönig wie die Schläge des nächtlichen Gongs. Wochen verstreichen und Monate. Jetzt bin ich schon ein ganzes Jahr im Kloster. Die Mönche haben sich an mich gewöhnt.

Ich lebe jetzt viel freier als früher und vor allem viel ruhiger. Ich bin außerordentlich arbeitsam. Ich biete mich selbst an, Reisig für die Küche zu holen, laufe in den Wald, bringe schnell ein Bündel zusammen und eile dann, die Schöße meines Mönchskittels unter dem Arm, zu Vater. Er legt Papier und Pinsel vor mich hin, schlägt ein Buch auf und nimmt die Schulaufgaben mit mir durch, die in meinem Gedächtnis schon verblassen.

Es kommen schwere Tage; Neujahr rückt heran.

Die Mönche gehen oft ins Dorf und kehren schwer atmend mit Körben auf dem Rücken zurück. Aus den Körben werden ganze Bündel von Lichtern, wohlriechenden Stäbchen und papiernen Opfergelds ausgepackt.

Zu Neujahr kommen viele Pilger ins Kloster. Für sie werden die Opfergegenstände vorbereitet.

Vom ersten Januartage an, wenn die feine Mondsichel kaum zu erkennen ist, bis zum 15. Januar, wenn der Mond aussieht wie ein lachender Dau-tai, klopfen täglich ununterbrochen ganze Reihen von Pilgern ans Klostertor. Sie händigen den Mönchen ihre Körbe aus, kaufen Stäbchen und Geldpäckchen, wischen mit ihren Knien Staub vor dem Altar, lauschen auf den Klang der Gongs, die den Gott anrufen, und zünden dann auf dem Hof zischende Bündel von Raketen an, die über den Klosterdächern und Bergeichen knallen wie die Schüsse erboster Maschinengewehre.

Die Mütter tragen auf den Armen Kinder, die aus großen, blanken Augen blicken und an weißen und gelben Sahnenbonbons lutschen. Diese Bonbons werden in allen Häusern hergestellt – die weißen aus Reis, die gelben aus Mais.

Wenn man sie lange im warmen Speichel weicht, ziehen sie lange, seidige Fäden.

Nach der Überlieferung reist am Silvesterabend der Schutzgeist des Hauses zur Berichterstattung zum obersten Gott, und damit er nicht alles ausplaudert, was im Hause geschieht, muß man ihm die Zähne mit den klebrigen Bonbons verkleistern. Deshalb ißt man diese Ziehbonbons.

Vor den Toren des Klosters spielt sich ein ganzer Markt ab. Kaufleute lauern auf die Pilger. Sie haben ihre Körbe aufgestellt, in denen Süßigkeiten, Obst und vor allem Kinderspielzeuge liegen; hölzerne Wägelchen mit Maultieren davor, winzige Sänften, kleine Flöten, Masken, Klappern, Mützchen in Gestalt von zähnefletschenden Tigerköpfen, mit Silberpapier überzogene Dolche und Hellebarden und kleine aus Teig gemachte Figürchen von Schauspielern und Göttern.

Ich fühle mich in den Tagen vor dem Fest ganz als Verkäufer. Der Altar ist unser Verkaufstisch, und wir handeln mit der Milde der Götter wie mit Stoffen oder Posamenten. Für einen reichen Mann messen wir ein Stück göttlichen Wohlwollens von feinstem Stoff ab. Den ärmeren Leuten schmeißen wir eilig und ärgerlich ein zerrissenes und abgewetztes Stück Segen hin. –

Am besten hätte Wang die Nachricht von Vaters Tod verbreiten können. Aber Wang ist nicht mehr in Setschuan. Er kämpft in einer revolutionären Abteilung gegen Jüan Schi-Kai.

Es bleibt nur der zu allem bereite Genosse Fan übrig. Der jüngere Onkel überredet ihn abzureisen. Der Ko-lau-hui hält noch strenge Disziplin. Auf dem langen Jangtse fährt Fan nach Schanghai, wo die Dampfer und Fabriksirenen tuten, die Straßenbahnen klingeln und Tausende von schwarzen, käfergleichen Automobilen hupen. Hier wohnen viele Setschuaner Kaufleute, die mit eingesalzenem Kohl handeln.

Die Kohlhändler freuen sich über die Ankunft des Landsmannes, noch dazu eines so interessanten Landsmannes. Er weiß so viele Setschuaner Klatschgeschichten. Man ist bereit, ihn immerfort zu hören.

Besonders interessiert sind die Kaufleute, als Fan anfängt, die Geschichte Den Ja-Pus zu erzählen, jenes Mannes, der in Tejan und den Nachbarkreisen den Mandschu den Hals umgedreht hat.

Als Den Ja-Pu, so erzählt Fan, vor den Soldaten floh, die Dschu geschickt hatte, war er schon krank. Er drückte sich in den Reisfeldern herum und fror in den Wäldern. In den Bambushainen gingen seine Kleider in Fetzen. Todesmatt schlug er sich bis zum Fluß durch. Für das letzte Geld, das er bei sich hatte, fuhr er den Jangtse hinunter nach Schanghai. Aus Schanghai floh er in die Hauptstadt der Provinz Kwangtung, die von den Europäern Kanton genannt wird. Aber in Kanton angelangt, war Den am Ende seiner Kräfte und starb.

Die Kaufleute schnalzen mit der Zunge und schütteln die Köpfe. Sie sitzen mit ihren Bekannten auf den Dächern der Warenhäuser, spielen Majong und geben während des Spiels

aufgeregt, aber unter Wahrung der Trauermine, die Erzählung Fans weiter.
Beim Erzählen finden sich neue Details ein. Was kann es für chinesische Kaufleute Interessanteres geben als eine Unterhaltung über Tote. Die Kaufleute erinnern sich an den Tod von Verwandten und gehen dann zum Tod Dens über. Bald erzählen sie von Den in ihrem eigenen Namen. Dieser hat Den in Schanghai gesehen, jener hat ihm geholfen. Wieder ein anderer hat ihm Reisegeld gegeben. Wenn er bis jetzt geschwiegen hat, so nur aus konspirativen Gründen.
Der Klatsch geht von Mund zu Mund. Ein paar Wochen später gibt es schon Augenzeugen, in deren Armen Den in Kanton gestorben ist. Diese Augenzeugen erinnern sich genau an alle Einzelheiten: an den Ausdruck seines Gesichts, an seine letzten Worte vor dem Tode, ja sogar an die Inschriften auf seinem Sarg und an den Ort, wo er vorübergehend beerdigt ist, in Erwartung, daß seine Nachkommen den Sarg nach Setschuan abholen.
Auf den Zungen der Aufkäufer, die den gesalzenen Kohl aus Setschuan bringen, geht das Gerücht dorthin zurück und kommt schließlich auch nach Tejan.
Vater konnte mit dem Erfolg seines Einfalls zufrieden sein. Nicht nur seine Genossen, sondern auch seine offenen Feinde, die Beamten, Hausbesitzer, Aufkäufer und Großgrundbesitzer, waren überrascht. Den Ja-Pu ist tot. Den Ja-Pu, der berühmte Landsmann, der die Mandschu gestürzt hat.
Die Zusammenkünfte der Kartenspieler in den Tempeln und der Klubs von Tejan werden abgelöst durch Trauerversammlungen. Namen und Titel Vaters werden in Schönschrift auf ein großes Seelenbrett gesetzt, das von Blumenkränzen und Gedenkinschriften umrahmt ist. Rührende Grabreden werden gehalten. Ehemalige Kuomintangleute, die für Geld, einen Posten und ein ruhiges Leben die Revolution verraten und verkauft haben, zählen rühmend die Verdienste des Toten auf und treiben mit ihren traurigen Worten den Zuhörern Tränen in die Augen. Ihre Stimmen

zittern vor Schmerz, als wäre der Tote ihr einziger Freund gewesen und als könne niemand ihn ersetzen.

Mit Augen, die vor Tränen wie Emaille glänzen, sagen die Beamten, daß mein Vater einzigartig und bewundernswert gewesen sei. Er sei gewiß manchmal gefährlich für die Gesellschaft gewesen, aber niemand könne dem leuchtenden Namen Den Ja-Pus rauben, daß er die mandschurischen Mandarine von Tejan weggejagt und die Stadt in seiner machtvollen Hand gehalten habe, ohne eine Kupfermünze anzunehmen und ohne durch Hinrichtungen einen Tropfen Blut zu vergießen.

Die Intellektuellen von Tejan streifen einen Trauerflor über ihren Ärmel, veranstalten Gedächtnisessen und laden den jüngeren Onkel zu den Mahlzeiten ein, um ihm Gelegenheit zu geben, von den Heldentaten seines großen Bruders zu erzählen.

Der Onkel geht hin. Was macht es ihm aus? So ist es gerade recht. Das kann nur Gutes bringen. Er darf sich nur nicht verplappern, darf nie aus dem Trauerton fallen und den betrübten Ausdruck nicht aus seinen glänzenden Augen verschwinden lassen.

Selbst der Dau-tai, der noch vor anderthalb Jahren eine Abteilung ausgeschickt hat, um Den zu fangen und sofort hinzurichten, vergießt auf dem Trauerbankett Tränen.

Das weise Schicksal – es soll bedankt sein! – hat selbst den gefährlichen Menschen vernichtet und Seine Exzellenz dieser schmutzigen Pflicht enthoben. Mit dem Tode des Vaters verliere ich in den Augen der Behörden an Interesse.

Dreimal schlägt der Bronzering an das Klostertor. Lustig und von der Winterkälte, die noch in den Bergen liegt, rotwangig, erscheint der ältere Onkel im Tor und ruft:

»Schi-Chua! Den Schi-Chua!«

Die Mönche sind betroffen, als ich auf diesen nie gehörten Ruf hinauslaufe.

»Zieh dich an, mein Junge, wir fahren nach Tejan. Du sollst weiterstudieren.«

Die Mönche sind überrascht. Wie? Ssu ist gar nicht Ssu, sondern Den Schi-Chua? Er ist gar kein Waisenkind, sondern der richtige Neffe des verehrten Den Ssau-Pu? Er ist gar kein Klosterdiener, sondern ein junger Mann, der bald das Gymnasialstudium in Tejan beenden soll?

Verwirrt und mit bescheidener Miene sagt der Abt zum Onkel:

»Schon lange haben uns Zweifel hinsichtlich Ssus beunruhigt. Der Junge hat sich ganz erstaunlich aufgeführt. Fragen Sie ihn, ob er mit der Behandlung zufrieden ist, die er durch uns erfahren hat.«

Ich sehe den Augen der Mönche an, daß sie betrübt sind. Mit mir verschwindet aus dem Kloster ein billiger und geschickter Landarbeiter und vor allem ein Schreiber.

Zuerst gehe ich mit dem Onkel zum »toten Vater«. Ich muß mich von ihm verabschieden. Nun werden wir uns nicht mehr so leicht treffen können.

Vater wischt sich die Hand am Hemdzipfel und lächelt.

»Na, jetzt bist du ein richtiger ›Ssu‹.«

»Ssu« heißt im Chinesischen soviel wie »wiederauferstehen«.

Ich bin erstaunt, wie weich Vater geworden ist. Die Erde, die er tagaus, tagein mit der Hacke bearbeitet, hat ihn viel freundlicher gemacht.

Im Hause des älteren Onkels taucht wieder der siebzigjährige watteweiße Bruder des Großvaters auf. Er begrüßt mich mit trauriger Miene. Sein Kopf wackelt. Er weiß von nichts und glaubt, daß Vater wirklich gestorben sei und daß man mich trösten müsse. Nur sechs Menschen wissen, daß Vater nicht in Kanton verwest, sondern hier ganz in der Nähe den Boden hackt: die beiden Onkel, Fan und ich, die Stiefmutter und die jüngere Tante.

In Den-dja-tschen lege ich das weitärmelige Mönchsgewand ab. Onkel zieht mich nach allen Regeln der Kunst an. Auf den Kopf bekomme ich eine schwarze Stoffkappe mit einer weißen Trauerkugel und an die Füße weiße Pantoffeln. In

diesem Trauerkostüm kehre ich nach Sjan-schi und Tejan zurück. Drei Jahre lang muß ich es tragen.
Der Inspektor, der mir am Tage meiner Flucht den Urlaubsschein nicht geben wollte, ist jetzt Direktor der Schule. Er ist beinah gerührt bei unserer Begegnung.
»Warum bist du damals vor zwei Jahren so schnell geflohen? Hättest du mir alles richtig erzählt, was los war, so hätte ich dir auch geholfen.«
Ich verneige mich höflich. Ich weiß, daß er am Tage nach meiner Flucht den Befehl bekommen hatte, mich der Polizei auszuliefern.
Ein paar Tage lang sitze ich als freier Hörer in der Schule, um das Vergessene nachzuholen. Dann lege ich ein Examen ab, und von Neujahr an trete ich wieder in die Reihen der Schüler. Ich muß die zwei verlorenen Jahre nachholen. Meine Schulkameraden von früher, die inzwischen weitergekommen sind und in anderen Klassen sitzen, umdrängen mich, fragen, wo ich gewesen bin, schimpfen auf den Dau-tai, die Regierung, beklagen den Vater und erkundigen sich nach Einzelheiten; sie erzählen von dem Krieg, der sich in Europa abspielt, und davon, was für Schufte die Deutschen seien.
Ich werde mit Neuigkeiten überschüttet. Vorsichtig bringe ich die eingelernten Phrasen über Vaters Tod vor; mit meinen Kameraden schimpfe ich auf die Regierung und hasse die Deutschen.

EINE HINRICHTUNG

Die politische Atempause geht zu Ende. Jüan Schi-Kai will sich zum Kaiser erklären. Der ehemalige Kutscher Jüan Schi-Kais, jetzt General Tsau Kun, kommt mit seinen Truppen nach Setschuan zur Verstärkung des Setschuaner Gouverneurs, weil dieser schon von Süden her, aus Jünnan, durch die Armee Dsai Ssun-Pos, eines Anhängers von Sun Jat-Sen, bedroht wird. Auf den Straßen der Setschuaner Grenzgebiete hört man wieder den Tritt von Soldatenstiefeln. Zugereiste Kaufleute erzählen von der Unvermeidlichkeit eines neuen Krieges, über Kämpfe und verwüstete Kreise; aber bei uns ist es noch still. Hier wird nicht zwischen Armeen gekämpft, sondern zwischen der Polizei und den Banden des Tu-fees. Während der letzten Kriege und Aufstände hat sich ihre Anzahl auf den Straßen Setschuans mächtig vermehrt. Unter ihnen sind unternehmungslustige Burschen von der Art des jungen Tschen, der im Bambushain wohnt, Soldaten aus den Abteilungen, die nichts mehr zu tun haben, Brüder des Ko-lau-Bundes, vagabundierende Tagelöhner, die keine Arbeit finden, und Bauern, die wegen Nichtbezahlung des Pachtzinses von Grund und Boden vertrieben wurden.

Waffen gibt es für alle. Es ist nicht mehr das Jahr 1911, als die Revolutionäre zu Schlossern wurden und selbst Gewehrschlösser herstellten. Die geschlagenen Armeen aus dem Norden haben überall im Lande genügend Flinten hinterlassen. Solange die Tu-fees wenig Waffen besaßen, machten sie nächtliche Überfälle auf alleinstehende Häuser und sammelten Geld, wobei sie den hartnäckigsten Geizkragen die Fußsohlen ausklopften.

Die kleinen Banden der Tu-fees schließen sich in große Abteilungen zusammen. Sie fangen reiche Leute, Beamte und Steuereinnehmer ein, verschleppen sie in die Wälder und fordern Lösegeld.

Die Reichen ziehen aus den Dörfern in die Stadt, wo Mauern und Polizei sie schützen.

Als Antwort auf die Raubüberfälle durchstreifen Abteilungen des Dau-tai die Wälder und Dörfer, um Tu-fees zu fangen. An den Mauern der Dörfer erscheinen weiße Tuchstreifen, auf denen als Belohnung für die Auslieferung eines Räubers oder für die Ablieferung seines Kopfes in einem Korbe verlockende Geldsummen verheißen werden. Immerfort finden in der Stadt Hinrichtungen von Tu-fees statt. Die Köche, die vom Markt zurückkommen, erzählen wunderbare Geschichten, wie die Räuber sich während der Hinrichtung benehmen. Wenn ich in die Stadt gerate, gehe ich schuldbewußt und ängstlich um die geflochtenen Körbe herum, hinter deren Reisern die schrecklichen, schwer zu erkennenden Köpfe der Räuberhauptleute verwesen.

Der Bote, der alltäglich mit den Briefen der Kanzlei in die Stadt fährt, bringt eines Tages eine Neuigkeit in die Schule mit: Dieser Tage werden fünfzig auf einmal hingerichtet.

»Fünfzig Tu-fees! Ganze fünfzig Tu-fees! Wie interessant! Schon lange haben die anständigen Bürger kein solches Vergnügen gehabt!«

Der Bote leckt sich vor Begeisterung die Lippen. Seine Augen glänzen, und das Feuer seiner Blicke springt auf die ihn umdrängenden Schüler über.

Ein Raunen geht durch die Schule. Besonderes Interesse nimmt bei allen der Hauptmann der fünfzig in Anspruch, ein bekannter Bandit, der einem Gerücht zufolge den Vater eines Schülers ermordet hat.

Wir sitzen im Kreis auf den Betten zusammen. Karten, Würfel und Kupferkäsch sind vergessen. Wir rufen die Erinnerung an die Posen und Gesten heldenhafter Tu-fees wach, die wir auf der Bühne gesehen haben, singen ihre Lieder und deklamieren ihre Reden. Besonders gut unterrichtete Kameraden erzählen, daß die Verhafteten am Abend vor der Hinrichtung eine gute Mahlzeit bekommen und so viel Schnaps trinken können wie in sie hineingeht.

Die Klassenkameraden des Schülers, dessen Vater der Hauptmann getötet haben soll, freuen sich auf die Rache. Einige Schüler widersprechen.

»Sind der Dau-tai und seine Soldaten vielleicht besser als die Tu-fees?«

Ein heftiger Streit entbrennt, der beinahe zur Rauferei wird.

Die Hinrichtung findet am Sonnabend statt. Sonnabend ist der Aufsatztag. Wer seine Arbeit dem Lehrer abgibt, hat bis Montag frei.

Die Schule ist plötzlich von phantastischem Arbeitseifer ergriffen. Den faulen Gehirnen wachsen Flügel, und die Finger

laufen schneller als die Gedanken.
In kaum anderthalb Stunden sind die Aufsätze fertig, und eine Menge schwarzer Jacken läuft zum Fluß hinunter.
Ein unbebauter Platz unterhalb der Stadtmauer neben der Bootsstation ist als Hinrichtungsplatz gewählt. Die Mauer, die Zinnen und alle Vorsprünge sind schwarz mit Menschen besetzt. An der Mauer stehen Häuser. Ihre zweiten Stockwerke sehen aus wie Theaterlogen. In ihnen wimmelt lärmend eine dichtgedrängte, wogende, schwarzköpfige Zuschauermenge.
Ein dreifacher Ring von Menschen steht um den leeren Platz herum und betrachtet ihn über die Schultern und Bajonette der Polizistenkette hinweg. Zuerst sieht man auf dem Platz niemand, außer zwei Hunden und einem geschäftigen Schwein. Dann kommt eine Abteilung Soldaten. Der schrille Messingschrei der vier Hornisten dröhnt in die Ohren. Im Takt der traurigen Hornsignale marschiert die erste Reihe der Soldaten mit geschulterten Flinten. Hinter den Soldaten kommen die Tu-fees, und das Klirren ihrer Hand- und Beinfesseln klingt wie das Auszählen von Kupferstücken in einer Wechselstube.
Die Tu-fees gehen mit langsamen Schritten. Polizisten halten sie untergefaßt. Die Hände der Räuber sind auf dem Rücken zusammengebunden. In die Ringe der Handfesseln sind Bambusstangen gesteckt, an denen über dem Nacken jedes Räubers ein kleines Plakat flattert. Darauf steht, für alle sichtbar, der Name seines Dorfes und die Art seines Verbrechens.
Der Zug ist lang. Die Zuschauer schweigen. Die Ketten der zerlumpten Tu-fees knirschen mit den eisernen Zähnen.
Einige der Verurteilten sehen verbissen aus; andere blicken mit verzerrtem Lachen über die Köpfe der Zuschauer hinweg oder betrachten böse, wie Wölfe, das Publikum. Wieder andere gehen mit geschlossenen Augen; das Blut ist aus ihren weißen Wangen verschwunden. Es gibt auch solche, die der nahe bevorstehende Tod in halbe Leichen verwandelt hat. Es

sieht aus, als wären sie schon in Verwesung begriffen; ihre Muskeln sind schlaff wie gekochtes Fleisch. Sie können schon nicht mehr richtig gehen, die Polizisten treiben sie mit Rippenstößen vorwärts, und von der Straße steigt unter ihren schleppenden Füßen leichter Staub auf.

Wir zählen die Vorübergehenden. Es sind im ganzen neunundvierzig. Der fünfzigste ist im Gefängnis vor Angst gestorben.

Hinter dem Rücken des letzten Verbrechers marschiert eine Abteilung Soldaten. Vier Träger schaukeln den Polizeinspektor in seiner blauen Sänfte. Hinter dem Inspektor kommt der Henker, ein langer Kerl, der vor sich hin blickt und in der ausgesteckten Hand feierlich ein riesiges Schwert in einer Lederscheide trägt, das am Griff mit einem roten Band umwunden ist. Der Henker ist mit einer gewöhnlichen Polizistenuniform bekleidet.

Die Schulkameraden erzählen mir:

Unter der Mandschu-Dynastie trug der Henker ein besonderes Gewand mit roten Kreisen auf der Brust und auf dem Rücken. Er hielt sich bis zum Moment der Hinrichtung in der Menge versteckt und sprang erst in letzter Minute zu seinem Opfer vor.

Mir ist unheimlich zumute. Ich presse den Ärmel meines Nachbarn in der Faust. Ich habe Angst, über die Köpfe des Menschenrings hinweg auf die Räuber zu blicken. Mein Kopf dreht sich, ich schwanke; aber ich schäme mich, vor meinen Freunden schwach zu erscheinen.

Der Zug hat den Platz erreicht. Die Soldaten durchbrechen den Menschenring und nehmen in einem doppelten Halbkreis Aufstellung, nach dem Fluß hin lassen sie die unentrinnbare Zone des Todes frei.

In zwei Reihen, mit dem Gesicht zum Fluß, werden die Verbrecher aufgestellt. Die Polizisten drücken sie auf die Knie. Zwei oder drei schreien jämmerlich und qualvoll:

»Tötet uns, tötet uns! In ein paar Jahren werden wir wieder ebenso jung geboren. Tötet uns!«

Es sind buddhistische Beschwörungsformeln, die sie rufen. Einige der Räuber liegen fast gefühllos am Boden; ihre offenen, feuchten Lippen berühren den schmutzigen Sand.
Hinter der zweiten Reihe in der Mitte ist ein rotes Quadrat ausgebreitet, und darauf liegt ein Mensch. Das ist der Hauptmann. Seine Verwandten haben von dem Dau-tai die Erlaubnis bekommen, ihm einen roten, dicken, wollenen Teppich unterzulegen, damit sein Blut nicht auf den Boden fließt.
Hinter dem roten Teppich steht, mehr zur Mauer hin, ein Tisch. An dem Tisch sitzen der Inspektor, der Polizeioffizier und der Henker. Die Sänfte des Inspektors und das Reitpferd des Offiziers warten außerhalb der Soldatenkette.
Unten am Fluß, hinter dem Ring von Zuschauern, sieht man einen Berg von frisch gezimmerten und grob bemalten Bretterverschlägen. Es sind lange Kisten – Särge. Sie sind leer. Ihrer sind neunundvierzig. Sie sind schlecht gemacht. Die Bretter haben Risse.
Der Halbkreis der Zuschauer wird zu einer einheitlichen, dichten Masse. Über die Köpfe der Knienden hinweg sieht man Polizisten auf den Platz laufen.
Die Vorbereitungen wickeln sich schnell ab. Ein Polizist entreißt den Händen des Hauptmanns das Plakat und legt es auf den Tisch des Inspektors. Der Inspektor wendet den Kopf dorthin, wo der Henker sitzt, und hebt den Finger.
Der Henker tritt schnell und sicher von hinten an den Hauptmann heran. Blitzend saust das Schwert durch die Luft. Wie ein verlorener Kürbis fällt der Kopf herunter, und aus dem Hals schießen drei Blutstrahlen nach vorn. Sie schießen nur dreimal hervor. Das Herz hat nur noch Kraft für zwei Schläge, dann fließt das Blut schon wie dicke Brühe aus dem Halse.
Der Henker gibt dem noch immer knienden Körper einen Stoß in den Rücken. In der Menge hat jemand aufgeschrien, jemand ist hingefallen. In der Stille hört man Kinder weine.
Die Tu-fees sehen ihren Hauptmann nicht – sie kehren ihm

den Rücken. Sie können seinen Tod nur aus den langgestreckten Hälsen der Zuschauer erraten.
Ein Polizist geht an der ersten Reihe der Knienden entlang, reißt die Plakate und die Bambusstangen aus den Handschellen und zählt sie. Der Inspektor nimmt das Bündel Bambusstangen mit den Plakaten entgegen, zählt sie und legt sie einzeln auf den Tisch.
Die Plakate sind gezählt. Der Finger des Inspektors gibt dem Offizier ein Zeichen. Ein kurzer, durchdringender Pfiff ertönt. Eine Kette von Soldaten tritt von hinten an die erste Reihe und bleibt im Rücken der Knienden stehen. Vierundzwanzig Soldaten stehen hinter vierundzwanzig zur Hinrichtung Verurteilten.
Der Offizier pfeift ein zweites Mal. Die Gewehre liegen im Anschlag, ihre Mündungen sind auf die Nacken gerichtet. Ein kurzer Knall, als bräche ein dickes Brett entzwei.
Es ist, als hätte jemand die Leute ins Genick geschlagen. Unter den Kugeln und den niederstürzenden Körpern wirbeln von dem schmutzigen Platz Staub und Rauch auf.
Über die Leichen hinwegschreitend, treten die Soldaten hinter die zweite Reihe; ein neuer Pfiff, wieder werden die Kolben an die Schulter gelegt, und eine neue Salve kracht.
Schnell und unerwartet, beinah laufend, schließt sich der Halbkreis der Soldaten, die den Todesplatz abgesperrt hatten, um die Leichen zu einem festen Kreis zusammen.
Der Inspektor, der Offizier und ein Polizist schreiten langsam den am Boden liegenden Haufen von Menschenfleisch und Lumpen ab, um den Tod festzustellen. Die Polizisten heben jeden Kopf hoch und suchen nach den Kugellöchern. Lustig klirren die abgenommenen Fesseln.
Alles in Ordnung. Wieder pfeift der Offizier. Ein Hornist bläst ein Signal. Der Kreis der Soldaten löst sich auf, bildet eine Reihe und marschiert ab. An ihrer Stelle schließt sich das Publikum um die Hingerichteten zu einem dichten Kreis zusammen.
Die Verwandten der Hingerichteten weinen laut, und die

Särge, die man zu den Leichen hinzieht, knirschen auf dem Sande.
Die Verwandten des Hauptmanns schlagen den Teppich zusammen und machen aus Kopf und Leib ein riesiges Bündel. Die trappelnden Schritte der Menschen verwischen schnell die Blutflecke.
Wie Ameisen krabbelt das Publikum auseinander. Durch die eben noch dichte, schwarze Menschenmenge taucht heller und heller der graue Staub des Platzes auf; aber dafür stauen sich Lawinen an den Eingängen der Gassen. Bedrückt gehen die Leute fort. Sie haben Mitleid mit den Getöteten.
»Vielleicht waren sie zu Unrecht beschuldigt? Vielleicht haben die Richter ein falsches Urteil gefällt?«
»Und vielleicht sind sie nur aus Armut Räuber geworden. Wenn sie nichts zu essen haben und niemand ihnen etwas gibt? Wie leicht fährt dann die Hand in eine fremde Tasche. Überall herrscht doch jetzt Hunger.«
Und es ist nicht einerlei, ob man vor Hunger langsam in der Hütte stirbt oder schnell von der Kugel auf dem Platz?
Während der Überfahrt kommt das aufgeregte Geflüster der Schüler nicht zur Ruhe. Im Schlafsaal, in der Schule, geht die Unterhaltung fort.
»Warum richten die einen Menschen die anderen hin? Wer gibt ihnen das Recht dazu?«
Ich kann in dieser Nacht nicht schlafen. Reihen von Leichen und roten Blutströmen auf roten Teppichen tanzen vor meinen Augen. Tief erschreckt liege ich ganz still da. Hin und wieder komme ich mit dem Kopf unter der Decke vor und sehe dann, wie auf das Rascheln in meinem Bett hin sich auch in anderen Betten Köpfe erheben. Heute ist auf dem leeren Platz in der Stadt von den Soldaten des Dau-tai unser ruhiger Schlaf erschossen worden.

Eintönig geht mein Leben im Schulinternat weiter. Mein rasierter Mönchskopf bedeckt sich nach und nach mit Haaren.
Zu Hause, in Sjan-schi, herrscht Armut. Der Schulkoch muß für das Essen bezahlt werden. Es handelt sich eigentlich um eine lächerlich geringe Summe, aber das Geld ist nicht da. Der Schuldirektor, ein ehemaliger Kuomintangmann, räumt mir, dem Sohn eines Kuomintangmannes, in der Küche Kredit ein, aber das Geld muß doch irgendwie aufgebracht werden.
Zu Hause liegt Vaters letzter Pelz, ein mit Seide überzogenes Schafsfell. Es ist zwanzig Silberdollar wert. Auf der Suche nach einem Käufer reist Onkel bei den Verwandten umher. Er kommt mit dem Pelz zu dem allerreichsten und bekanntesten Kaufmann und Großgrundbesitzer im Kreis. Es ist der Sohn der Cousine des Großvaters, also mein Onkel dritten Grades. Er heißt Tschan. Aber im ganzen Bezirk ist er bekannt unter dem Namen »Hundekopf«. Hundekopf ist ein Wucherer und Großaufkäufer. Er nimmt den Bauern das Baumöl, die Baumwolle, den Senf und die Wolle ab und schickt seine Körbe und Fässer bis nach Hankau hinunter. Er ist dick wie ein Buddha und geht nicht, sondern schiebt sich vorwärts wie ein Schrank, der umgestellt wird.
Hundekopf ist bereit, den Pelz zu nehmen. Es macht ihm Vergnügen, der Familie eines Verwandten zu helfen. Er hat, sagt er, einen Freund, der gerade einen Pelz braucht und ihn nehmen wird ... für, nun sagen wir, nicht gerade zwanzig, aber vierzehn Silberdollar.
Was kann man machen? Das Geld wird gebraucht. Der Onkel gibt den Pelz für vierzehn her. Ein chinesisches Sprichwort sagt ja: »Je magerer das Pferd, um so länger das Fell; je ärmer der Mensch, um so kürzer sind seine Wünsche.«
Hundekopf händigt Onkel gleich drei Silberdollar aus, der Rest soll morgen folgen. Morgen wird zu übermorgen, übermorgen zu überübermorgen, und schließlich sagt Hundekopf:

»Sobald mir mein Freund das Geld schickt, gebe ich Ihnen Nachricht.«
Und man hört nichts mehr von ihm. Der Tag, bis zu dem der Direktor das Geld geliehen hatte, geht vorüber. Meine Stellung in der Schule wird unangenehm. Der Koch drängt, kommt in den Schlafsaal und schimpft mich in Gegenwart der Schüler aus. Bald läßt er mir im Speisesaal nichts mehr vorsetzen. Es handelt sich nicht darum, daß ich mich schämen muß – ich brauche etwas zu essen!
Die Fährleute auf dem Fluß benutzen zwei Wege von der Schule in die Stadt. Der erste Weg ist der direktere und billigere, aber er ist gefährlicher. Denn zwischen der Stadt und der Schule liegen ein paar wilde Strudel, in denen manchmal das Boot entzweigeht und manchmal die darin Sitzenden ertrinken. Es ist gefahrloser, sie in großem Bogen zu umfahren, aber auch um einige Käsch teurer. Ich habe so wenig Kupferstücke, daß ich den direkten Weg nehme. Man muß unbedingt Hundekopf das übrige Geld abknöpfen.
Hundekopf begrüßt mich zurückhaltend und sagt mit süßlicher Stimme:
»Mein lieber Neffe, es ist mir sehr unangenehm, aber mein Bekannter hat kein Geld. Warte noch etwas, ich will ihn morgen bitten, daß er sich beeilt.«
Ich glaube schon nicht mehr an das »Morgen« des Onkels. Es geht schon viele Wochen lang so.
Schließlich verweigert mir der Koch überhaupt das Essen. Ich sitze am Tisch und sauge, während meine Kameraden kauen, an den Fingern.
Der Hunger macht mich entschlossen. Ich weiche Hundekopf nicht mehr von den Fersen. Wohin er geht, geh' auch ich. Er schielt mich mißtrausch an, ob ich ihm nicht vielleicht ein Messer zwischen die Rippen rennen will. Aber dann beruhigt er sich, und nun beginnt ein Wettkampf zwischen uns beiden Dickköpfen.
Hundekopf geht zum Dau-tai zum Tee. Ich folge ihm. Er setzt sich an einen Tisch und unterhält sich. Hochaufgereckt

steh' ich hinter seinem Stuhl wie ein Diener. Nach dem Tee begibt sich Hundekopf mit dem Dau-tai in den Dorftempel. Dort ist ein Spielklub für reiche Leute.
In dem höhlenartigen, dreiwandigen Zimmer, wo in einem Bassin Teleskopfische mit ihren Schleierschwänzen plätschern, läßt sich Hundekopf nieder, um Majong zu spielen. Es sind lauter sehr dicke, sehr einflußreiche Leute anwesend: Großgrundbesitzer, Großkaufleute, Schen-schi. Vor jedem liegt ein Haufen Silberdollar, Kleingeld und Banknoten.
Über die dicke Schulter Hundekopfs geneigt, die wie ein Autoreifen aussieht, sage ich zu ihm:
»Ich muß zurück in die Schule.«
Um einen Skandal zu vermeiden, zieht der Dicke aus einem ledernen Beutel zwei Kreditscheine aus dem Jahre 1912 hervor.
Ich triumphiere. Die Banknoten liegen fest in meiner Hand.
Überfahrt. Um schneller zum Koch zu kommen, nehme ich wieder den direkten Weg und schaukle durch die Stromschnellen. Wasser schlägt ins Boot. Meine Kleider werden naß.
Da ist die Schule, hier der Korridor. Fischschuppen liegen herum, und es riecht nahrhaft nach Küche. Zum Koch.
Ich strecke ihm die Banknoten hin. Er tritt zur Lampe, betrachtet sie und gibt sie mir mit verächtlicher Miene zurück.
»Das sind Noten aus der Revolutionszeit; sie sind jetzt keine Kupferkäsch wert. Du willst mich wohl betrügen?«
Schnell renne ich fort, um Hundekopf noch zu treffen, bevor er den Tempel verläßt.
Wieder das Boot, die Überfahrt, die Landungstelle, der Tempel.
Wieder tauche ich still und höflich über der Schulter Hundekopfs auf und streckte ihm die Scheine hin. Wir unterhalten uns flüsternd.
»Was ist denn los?«
»Das Geld taugt nichts.«
»Warum nicht?«

»Ich weiß nicht, man hat es mir gesagt.«
Er sieht mir lange in die Augen. Gleich, denke ich, wird er mich beschuldigen, daß ich die Noten ausgetauscht habe.
Ich schweige und warte ruhig.
Hundekopf nimmt Geldstränge vom Tisch. Auf einem Draht sind immer 1000 bis 4000 Münzen, sie wiegen bis 30 Pfund. Ich werfe diese Kupferketten über die Schulter. Mir zittern die Knie. Ich schwitze, mache halt und setze wieder meinen Armesünderweg fort. Ich schleppe mich bis zur Küche, übergebe meine Last dem Koch und esse gierig meine wohlverdiente Tasse Reis zum Abendbrot. Ich kenne den trägen Charakter Hundekopfs, und setze mir das Ziel, ihm den Rest des Geldes zu entreißen.
Ein paar Tage später gelingt es mir, ihm noch einen kleine Betrag abzuknöpfen.
Im ganzen kann ich dem Onkel nach und nach sieben Silberdollar abnehmen. Die restlichen sieben bleibt er schuldig.
Der Unterricht ist beendet. Die Schüler sind schon abgereist. Die Korridore in der Schule sind leer, aber ich sitze immer noch in der Schule, denn ich kann nicht abreisen, weil der Koch nicht bezahlt ist.
Meine Worte prallen an Hundekopf ab wie der Hund am Igel. Was bin ich ihm schon? Ein armer, lästiger Verwandter. Hundekopf war immer der Meinung gewesen, daß Vater sich beim Umsturz an den beschlagnahmten 800 000 Silbertael gesundgestoßen habe, und hatte Vater deswegen geachtet. Als er nach der Geschichte mit dem Haftbefehl merkte, daß Den Ja-Pu als Bettler herumlief, war die ganze Achtung verflogen.
Seit Vater sich versteckt hält, herrscht in unserem Hause die ärgste Not. Andere Leute essen dreimal am Tage, wir nur zweimal. Unsere Armut baut um unser Haus in Sjan-schi einen Zaun aus verächtlichen Worten, herablassenden Blicken und Gleichgültigkeit. Die Stiefmutter rennt vergeblich gegen die Staketen dieses Zaunes an.
Eine Heiratsvermittlerin kommt zur Stiefmutter, dieselbe,

die damals meinen jüngeren Onkel untergebracht hat, und sagt:
»Ihr Sohn Schi-Chua ist schon erwachsen. Noch zwei bis drei Jahre und er muß sich Kinder anschaffen. Meinen Sie nicht, daß es Zeit wäre, an eine Braut für ihn zu denken?«
Die Heiratsvermittlerin wählt diese Einleitung entsprechend den alteingebürgerten Sitten. Zuerst müssen die Eltern des Jungen befragt werden, und erst dann kann die Vermittlerin die Stimmung bei den Eltern der zukünftigen Braut erforschen.
»An welches Mädchen denken Sie?« fragt die Stiefmutter die Vermittlerin.
Die Vermittlerin nennt die dreizehnjährige Sjan, eine Schülerin des jüngeren Onkels. Ein kluges und angenehmes, aber häßliches Mädchen, der Liebling ihrer Gespielinnen. Die Sjans gehören zu den reichsten Familien des Dorfes Sjan-schi.
Da es sich um eine Schülerin des Onkels handelt, sucht die Vermittlerin ihn auf und beratschlagt sich mit ihm. Der Onkel ist begeistert. Eine bessere Braut hätte man nicht finden können. Sie wird eine solche Mitgift mitbringen, daß es möglich sein wird, aus der Armut herauszukommen, und die alten Schulden abzudecken, die von der Studienzeit her auf Vater lasten. Die Vermittlerin geht zu den Eltern Sjans.
Der reiche Schen-schi hört sich den Vorschlag, eine Sjan mit einem Den zu verheiraten, an, zuckt die Schultern und sagt verächtlich und herablassend:
»Unsere Tocher ist gewöhnt, jeden Tag zu essen.«
Das heißt soviel wie: Da hat der Zimmermann das Loch gelassen.
Diese ganze Heiratsvermittlung geschieht hinter meinem Rücken. In meiner Schule habe ich nicht die geringste Ahnung, wie peinlich und schmerzhaft unsere Armut im fernen Dorf auf der Stiefmutter und dem Onkel lastet.
Ich bin ganz gefangengenommen von meinem anstrengenden Sport, Hundekopf den Rest des Geldes abzuluchsen. Schließlich bleibt mir noch gerade so viel Kleingeld, um bis Sjan-

schi zu kommen. Ich packe meine Bücher, und was ich an Kleidern entbehren kann, zusammen, hinterlasse alles dem Koch als Pfand für das noch nicht bezahlte Essen und fahre ab.

Ein paar Tage vergehen. Da taucht in Sjan-schi plötzlich das Ungeheuer von Hundekopf auf. Sein Gesicht ist dunkelrot, seine Augen flimmern. Mit süßlichem und freundlichem Lächeln hält er mir den Packen hin, den ich beim Koch hinterlegt hatte. »Hier, mein lieber Neffe, ist dein Gepäck. Ich denke, du trägst deinem Onkel die Verspätung nicht nach. Glaub' mir, ich habe die letzten Nächte nicht geschlafen, um den Käufer des Pelzes zur Bezahlung seiner Schulden zu veranlassen. Mehr noch, lieber Neffe: Da er kein Geld hatte, habe ich mein eigenes hergegeben.«

Ich reibe mir die Augen, halte das Bündel mit den Hosen und Büchern in der Hand und kann nicht verstehen. Da muß irgend etwas Besonderes geschehen sein. Wahrscheinlich weiß Hundekopf mehr als ich, der ich mit dem kläglichen Trauerstreifen durch die Gassen von Sjan-schi trabe.

Ein paar Tage später klatscht ein unheimliches, unwahrscheinliches Gerücht den Tejanern wie eine Peitsche um die Ohren:

»Den Ja-Pu lebt, Den Ja-Pu lebt. Er zieht mit den Partisanen gegen Tejan.«

ZWEITER TEIL

BEINAH GOUVERNEUR

Jüan Schi-Kais Bestrebungen um die Wiederherstellung der Monarchie finden ein schnelles Ende. Die Abteilungen der revolutionären Freischärler dringen vom Süden nach dem Norden vor. Sie nennen sich »Hu-guo-tjün« – Armee zum Schutz der Republik. Bis jetzt hatten sie im Süden gesessen oder waren, die Bauern und Tu-fees aufwiegelnd und in den Kreisen Aufstände organisierend, von Ort zu Ort gezogen. Wenn Truppen Jüan Schi-Kais ihnen entgegentraten, verschwanden sie in die Wälder und Berge oder verwandelten sich in Bauern.

Die Freischärler nehmen ständig zu. Zu ihnen stoßen Massen von hungernden Bauern, die sich für die Verwüstung der Dörfer und die Schändung ihrer Frauen und Kinder an den Leuten aus dem Norden rächen wollen.

Die Hu-guo-tjün wird immer größer. Es sind schon keine Regimenter mehr, auch keine Brigaden, sondern Divisionen. Jeder Divisonskommandant hat zwei Helfer: einen Stabsoffizier und einen Sekretär.

Der Sekretär der Division, die gegen Tejan vorrückt, ist Den Ja-Pu, mein Vater.

Sein Kommen öffnet mir die Augen über Hundekopfs Verhalten. Das Ungeheuer von listigem Onkel taucht wieder an unserer Tür auf. Sein speckiges Gesicht glänzt, er lacht von einem Ohr zum anderen. Er »beeilt sich«, seinen verehrten Verwandten Ja-Pu »zu begrüßen«, und gibt gleich seiner Freude darüber Ausdruck, daß sich das Gerücht von seinem Tode als falsch erwiesen hat. Er hofft, daß Den Ja-Pu sich ihm gnädig erweisen und ihm irgendein bescheidenes Pöstchen geben wird, das seinen geringen Fähigkeiten entspricht.

Ich sehe, daß der Vater gar nicht versteht, was los ist. Er hat

niemals etwas mit diesem dicken Kerl zu tun gehabt. Warum drängt sich ihm dieser schwerreiche Mann als Schreiber auf, und noch dazu in der Hu-guo-tjün, die von einem Dorf ins andere zieht? Vater geht einen Augenblick aus dem Wohnzimmer. Freunde erzählen ihm die Geschichte mit dem Pelz.
Das Wort »Schafsfell«, das Vater fallenläßt, trifft Hundekopf mitten ins Herz. Er fängt an zu schwitzen, stottert, hebt die Arme und wiederholt immer nur: »Aber gar nicht die Rede« und: »Schrecklich schwer.«
Vater hört sich diesen Unsinn aufmerksam an und fragt: »Existiert der Mann wirklich, der den Pelz gekauft hat?«
Das Blut schießt dem Onkel dritten Grades in den feuerroten, glänzenden Kopf.
Vater fährt fort:
»Vielleicht ist der Mann, der vorhatte, den Pelz zu kaufen, zu arm? Wäre es nicht vielleicht besser, dem armen Mann die Pelzjacke zu schenken?«
Vergnügt betrachte ich den immer röter werdenden Hundekopf und versuche mir vorzustellen, wie weiß in diesem Augenblick seine Fersen und Waden sein müssen, wenn ihm alles Blut in den Kopf geschossen ist.
Ohne dem Dicken Zeit zu lassen, auch nur ein Wort zwischen den breiten Lippen hervorzubringen, fertigt Vater ihn ab.
»Ich bin immer bereit, notleidenden Mitbürgern das zu schenken, was sie brauchen.«
Sich immerfort verneigend, als klopfe ihm Vater auf den Nacken, geht Hundekopf rückwärts hinaus.
Alle Verwandten bringen in unser Haus Begrüßungsgeschenke – je reicher sie sind, um so eiliger: Kleiderseide, Geld, Obst und Gläser mit Eingemachtem.
Wieder findet sich Hundekopf an der Tür unserer Wohnung ein. Kulis tragen hinter ihm säuberlich verschnürte Bündel: Kissen, Decken und ein neues Gewand (so schwer liegt ihm Vaters Pelz auf der Seele). Darüber hinaus zieht Hundekopf zwanzig neue Silberdollar hervor.
Vater geht nicht zu ihm hinaus. An seiner Stelle erscheint

groß und mürrisch der jüngere Onkel. Er sagt ohne zeremonielle Phrasen:
»Nehmen Sie Ihre Leute und Sachen und scheren Sie sich nach Hause. Vor zwei Jahren, als wir Not litten, haben Sie sich nicht blicken lassen. Jetzt brauchen wir das alles nicht. Wir kommen ohne Sie aus.«
Die Kulis grinsen. Hundekopf hat sein Gesicht verloren. Die ganze Stadt wird davon reden, wie Den Ja-Pu ihn aus dem Hause geschmissen hat.
Der rote Hundekopf wird gelb und färbt sich dann lila. Er zieht sich hinter die Vorhänge der Sänfte zurück und reist ab.
Alle Verwandten, die es so eilig hatten, mich in jenen Tagen, als ich vor der Polizei floh, von Hand zu Hand zu schieben und den mageren Jungen fortstießen wie Schüler ihren Ball, kommen jetzt auf einmal in Massen in unser Haus.
»Was für ein Glück! Den Ja-Pu lebt!«
»Was für ein nettes Haus Sie haben.«
»Wir haben uns so nach dir gesehnt, Schi-Chua.«
Alles in allem wollen die Phrasen nur eins sagen: Schone und füttere uns, geliebter Hausherr.
Nun, warum nicht. Füttern können wir sie. Die Zeiten der Flucht sind zu Ende für Vater. Er hat wieder ein Gehalt, und wir essen wieder dreimal täglich.
Nach fünf Jahren Reaktion unter Jüan Schi-Kai fließen jetzt die lauen Wochen eines matten Liberalismus. Die Partei Ssinbu-dang hat sich verkrümelt, ist zerschmolzen, schweigt. Die Kuomintang ist am Ruder.
Der Präsident Chinas, General Li Jüan-Hung, legt große Freiheitsliebe an den Tag. Gouverneur von Hupeh und Jünnan ist der General Wang Tschang-Juen. Der kleine Tai, der frühere Polizeichef von Tschengtu, ist Sekretär dieses Generals.
Er empfiehlt dem General, Vater zum Zivilgouverneur der Provinz Anhwei zu machen.
Um diese Empfehlung zu verwirklichen, müßte man fünf-

tausend Silberdollar nehmen, nach Peking reisen, in den Ministerien herumlaufen, die Würdenträger und Parlamentsmitglieder ins Restaurant zum Essen einladen und ihnen wertvolle Schals und Porzellanvasen schenken. Wenn man dann abreiste, hätte man in der Brieftasche statt des ausgegebenen Geldes einen Befehl des Präsidenten, der Den Ja-Pu auf den hohen und einträglichen, mit unbeschränkten Vollmachten ausgestatteten Posten stellt.

Vater hat weder Geld noch Lust, den Gouverneur zu spielen. Aber das Gerücht von seiner Kandidatur verbreitet sich und läßt die Achtung und die Liebe in den Herzen seiner Landsleute und Verwandten unerhört aufwallen.

Jeder möchte Vater seine Gesichtszüge in Erinnerung bringen, aber jeder bemüht sich, es recht vorsichtig zu tun. Es ist eine sonderbare Zeit: Heute ist einer Gouverneur, und morgen läuft er wie ein wildes Tier durch die Wälder.

Jeder beeilt sich, Vater einen Dienst zu erweisen, für den er in Zukunft einen Gegendienst erbitten kann; aber jeder ist bestrebt, es so zu machen, daß der Dienst ihn nicht zuviel kostet.

HEIRATSVERMITTLUNG

Im Gänsemarsch spazieren die Tage einher, die ich mit Büchern und Heften in der Tejaner Schule und mit Besuchen bei Tschen Tsai-In im Dorf verbringe.

Immer lebhaft und lustig, voller Musik und Zärtlichkeit wächst Tsai-In heran. Die Stiefmutter hat sie gern und sagt: »Du bist für mich wie eine richtige Tochter.«

Wenn die Stiefmutter zu nähen hat, hilft Tsai-In ihr. Auch der schwerblütige und mürrische Vater blickt manchmal mit freundlichen Augen auf das zierliche, immer geschäftige Mädchen. Wenn ich zu Hause bin, ist sie immer bei uns.

Außer mit ihr habe ich mit fast niemand Umgang. Es sind schon keine Begegnungen mehr, wir sind fast unzertrennlich geworden. Ich bin fünfzehn, sie dreizehn Jahre alt. Aus den Scherzen früherer Jahre ist eine stille Beziehung voller Aufmerksamkeiten geworden. Vielleicht ist es Liebe, was hier wächst? Mir kam dieses Wort damals nicht in den Kopf. Auf jeden Fall reifte hier eine feste Freundschaft.

Ohne uns auch nur mit den Fingerspitzen zu berühren, können wir stundenlang einander gegenübersitzen. Sie spielt auf der Flöte und singt mit leiser Stimme feine Lieder. Ich bringe mit dem Pinsel höfliche Verse zu Papier, aber in diesen Versen ist nicht mit einem Wort von ihr die Rede. Nur von allen möglichen anderen Dingen: von Wolken, von Kiefern im Abendlicht, von den Heldenmädchen der alten Legenden und von den Wettkämpfen der Boote am Tage des Drachenfestes.

In Gedanken blättere ich in den dicken Büchern der alten Dichter, und nach ihrem Muster kommen Säulen zierlich gebauter und zarte Gefühle wiedergebender Verse zu Papier.

Tsai-In singt, und ich kaue am oberen Ende meines Pinsels und denke nach, womit ich ihren Gesang vergleichen soll: mit dem Lied der Drossel oder mit dem Gesang der Djin-lin-tsi (»Goldene Glocke« – kleine zirpende Käfer, die man in Schächtelchen setzt und unter das Kopfkissen stellt, um angenehm einzuschlafen).

Ich muß lange am Pinsel nagen, denn »Drossel« eignet sich, aber »Djin-lin-tsi« ist ein nicht weniger wohlklingender Vergleich, den schon ein alter Dichter erfunden hat. Wenn die Schüler mit zweideutig zusammengekniffenen, listigen Augen das Wort »Liebe« aussprechen, wende ich bleich und schroff den Blick ab und schweige. Mich interessiert die Physiologie der Liebe nicht. Vielleicht bin ich, dem der Kopf von verworrenen jugendlichen Gedanken brennt, noch nicht reif dafür. Die Physiologie der Liebe liegt noch oben im Speicher meines Gehirns. Ich kenne sie gut. Dafür haben schon meine Schulkameraden Sorge getragen mit ihren Erzählungen und Büchern, deren Seiten mit Liebesgedichten der kaiserlichen I-tai-tai und der Schanghaier Sängerinnen aus den »Teehäuschen« vollgeschrieben sind.

Der jüngere Onkel hat mich rechtzeitig über die Schrecken der Onanie und die Häßlichkeit venerischer Krankheiten aufgeklärt. Ich gehe an Feiertagen nicht mit den Gymnasiasten in jene Stadtviertel, wo Restaurants und neben den Restaurants jene Häuser liegen, aus denen Frauenlachen, Gesang, Versrezitationen und Pipaspiel herübertönt.
An den Eingängen dieser Häuser empfangen stämmige Hausdiener die Besucher mit vielen Verneigungen. Besucher, die Krach schlagen oder nicht bezahlen, können nachts leicht unter den Tritten ihrer mächtigen Füße auf die Straße fliegen.
In dem Hause nehmen die jungen Leute in einem Zimmer Platz, an dessen Tür nacheinander fein frisierte, mit Armspangen geschmückte Frauen erscheinen. Die Jungen blicken gierig und sagen dann den alten Kupplerinnen, wen sie einladen wollen. Mit der Miene der erfahrenen Kurmacher hören sie sich das gleichgültige Geschwätz an, betrachten flüchtig die Armbänder der erwählten Frau und berechnen in Gedanken, wie teuer sie das Liebesspiel kommen kann, wenn es zu Bett geht.
Schön aufgereiht, wie Bücher im Archiv, bewahre ich in meinem Gedächtnis genaue Kenntnisse alles dessen auf, was Mann und Frau betrifft, angefangen vom Mittelalter, wo die öffentlichen Häuser staatlich waren und die Provinzgouverneure dafür Sorge trugen, daß die herumziehenden Reisenden und Kaufleute in jeder Stadt, in die sie kamen, ein staatlich konzessioniertes, fertiges Stück Frauenfleisch fanden, bis zum heutigen Tage mit seinen fuchsartigen alten Kupplerinnen, die in den vom Hunger betroffenen Dörfern hübsche Mädchen aufkaufen, sie herausfüttern und dann den Fluß hinunterführen in die Freudenhäuser von Hankau, Schanghai und Nanking.
Vater kommt von seinen Zügen mit der aufständischen Division im Spätherbst 1917 nach Hause. Er ist müde und nervös.
Die Revolution wankt. Sie entwickelt sich nicht so, wie er

gern möchte. Man kann nicht in Setschuan allein Revolution machen, wenn alle übrigen Provinzen still bleiben.
Wieder erscheint die honigsüße Heiratsvermittlerin in unserem Haus. Sie flüstert lange mit der Stiefmutter und geht auch einmal in Vaters Zimmer.
Mir macht das Erscheinen der Heiratsvermittlerin Freude. Ich verstehe nicht recht, was sie will, aber ich habe so ein Gefühl, als würde im Nebenzimmer ein unerwartetes, besonders erfreuliches Geschenk für mich vorbereitet.
Die Vermittlerin sitzt nicht lange bei Vater. Sie kommt heraus. Der Honig ihres Lächelns ist von ihren Lippen verschwunden. Mit hochroten Wangen ruft mich die Stiefmutter zu sich und sagt:
»Die Vermittlerin hat Vater um Erlaubnis gebeten, dich mit Tschen Tsai-In zu verheiraten. Weißt du, was Vater geantwortet hat? Er hat gesagt: ›Obwohl ich mich in Familienangelegenheiten nicht mische und nicht richtig weiß, ob diese Heirat nötig und möglich ist, so kann ich sie für meinen Teil nicht billigen. Ich kenne zu gut den Vater des Mädchens. Er ist ein Beamter, der mit den schlimmsten Fehlern behaftet ist: er ist bestechlich, läßt sich schmeicheln und ist ein gefühlloser und grausamer Egoist. Nach meiner Erfahrung schlagen die Nachkommen den Vätern nach. Eine solche Heirat kann den Charakter des Sohnes eines Revolutionärs verderben.‹«
Mir wäre es lieber gewesen, Vater hätte mir mit hundert wütenden Schlägen des Bambuslineals die Handfläche zerfetzt. Er hätte mich lieber erschießen sollen wie das Huhn, das damals auf seinen Tisch sprang. Aber er hätte nicht solche Worte über die zärtliche, schwache, höfliche und vorsorgliche Tsai-In sagen sollen.
Es war, als hätte Vater mich mit seinem geraden Säbel in zwei Hälften zerteilt. Die Hälften schmerzen und können nicht zusammenwachsen.
Die Stiefmutter sieht mein niedergeschlagenes Gesicht, meine zitternden Finger und die Zähne, die auf die Lippen beißen. Sie sagt:

»Schi-Chua, geh zum Vater hinein, geh gleich und sag ihm, daß du nicht einverstanden bist.«

Ich tue einen Schritt und bleibe wieder stehen. Zum Vater gehen? ... Ihm fest in die unbarmherzigen Augen blicken und sagen, daß ich mit ihm nicht einverstanden bin? ... Tsai-In von ihm für mich fordern? Meinen Willen gegen den meines Vaters stellen?

Das kann ich nicht. Vater ist für mich mehr als alle Bräute auf der Welt zusammengenommen, mehr als die Schule, mehr als die Erinnerung an Mutter. Ich bin zu allem bereit, nur nicht dazu, Vater gegenüberzutreten.

Ich gehe ans Fenster und versuche, unruhig und nervös, eine Verteidigung für Vaters Verhalten zu finden.

Er hat Erfahrung, er versteht besser als ich, was not tut. Woher soll ich wissen, ob ich Tsai-In liebe oder nicht? Vielleicht ist das nur Einbildung, und wir sind einfach Freunde? Ihr Vater ist wirklich ein widerlicher Kerl. Düster und böse sage ich:

»Nun gut denn; mag es so sein, wie Vater will.«

Vaters Weigerung trifft mich schwerer als eine Krankheit. Von diesem Tage an beginne ich, den Weg zum Haus der Familie Tschen zu vergessen.

Tsai-In kommt jeden Tag. Sie singt immer und ist geschäftig und lustig mit ihren schönen Augen und dem angeborenen Lächeln.

Ich sage ihr nichts von dem, was vorgefallen ist. Wenn nur die Vermittlerin nichts erzählt, wenn nur kein Klatsch tausendfüßig durch die Straßen von Sjan-schi kriecht.

Die Vermittlerin schweigt.

Vaters Absage ist für sie ein Berufsunfall. Warum sollte sie irgend jemand von ihren Mißerfolgen erzählen. Das würde nur ihre Firma in schlechten Ruf bringen.

Zu der Stimme Tsai-Ins gesellt sich in den Zimmern unseres Hauses noch eine Mädchenstimme. Sie gehört meinem Schwesterchen Guee. Guee ist mit Tsai-In befreundet, besucht die Schule und bringt der Stiefmutter für ihre schriftlichen Ar-

beiten lobende »Eier« nach Hause. Sie ist schon neun Jahre alt. Vielleicht auch erst acht. Es ist schwer, in den blauen Fernen der vergangenen Jahrzehnte ein Alter zu bestimmen. In China gibt es zwei Berechnungsarten; ohne es zu wollen, bringt man sie durcheinander.
Tsai-In spielt auf der Bambusflöte und blickt mir in die Augen. Wäre die ältere Tschen hier, sie würde mich schon lange mit gerunzelter Stirn bei der Schulter genommen und gesagt haben:
»Sag, Schi-Chua, was ist mit dir? Du bist nicht in Ordnung.«
Bei Tsai-In steigt kein Verdacht auf. Vielleicht haben die Jahre im Kloster mich gelehrt, den hilflosen Glanz meiner Augen zu verbergen?

VERURTEILEN SIE UNS!

Nach dem großen Skandal, bei dem wir die Teller zu Boden warfen, war die Selbstherrschaft des Kochs gebrochen, und in die Küche zogen zwei Kontrolleure ein, die von den Gymnasiasten gewählt wurden.
Während des ersten Jahres arbeiteten sie gut, verhinderten, daß die Köche faulen Reis kauften und die Portionen verkleinerten. Für den Koch war das ungünstig. Er machte für die Kontrolleure seinen Säckel auf und steckte ihnen die besten Stücke zu. Die Taschen und Backen der Kontrolleure wurden dick, und das Essen verschlechterte sich.
Die Schulkameraden bemerkten die ständige Verschlechterung der Portionen und die Verkommenheit der Kontrolleure vielleicht nicht. Aber ich, der nach zweijähriger Unterbrechung aus dem Kloster zurückkam, entdeckte es sofort und protestierte. Ich hasse Bestechung, hinter der stinkende Feigheit und verräterische Gemeinheit stecken.
Aber die Kontrolleure haben Parteigänger. Mit ihnen teilen sie ihre Beute.
Ich schweige nicht und organisiere einen Aufruhr, und bald

zerfällt das ganze Gymnasium in zwei einander äußerst feindliche Parteien. Wir sind in der Mehrzahl, aber es ist nicht leicht, die Kontrolleure zu besiegen, weil man nicht weiß, wo man anpacken soll.

Aber eines Tages bringt einer von meiner Partei einen Zettel, den der Koch verloren hatte, als er eilends zu einem überkochenden Kessel sprang. Der Zettel enthält die Aufstellung der laufenden Ausgaben für den Tag, und unter diesen Ausgaben steht: Soundso viel Geld den Kontrolleuren geborgt.

Unsere aufgeregte Partei versammelt sich im Korridor. Spione der Gegner drängen sich heran, um zuzuhören, aber sie werden von den Wachen verjagt.

Wir beschließen, zum Direktor zu gehen. Er soll die Sache untersuchen. Wenn die Bestechung sich bestätigt, müssen die Halunken aus der Schule hinaus.

Der Direktor dreht den Zettel in den Händen herum und hört sich unseren Bericht an. Er möchte zu gern einen Skandal mit dem Koch vermeiden, aber die Geschichte nimmt eine solche Wendung, daß er nicht gut die Partei des Kochs und der Kontrolleure ergreifen kann.

Der Direktor läßt die Kontrolleure zu sich kommen. Wir beobachten gebannt, wie die listigen Augen der beiden hin und her irren. Ich halte ihnen den Zettel hin.

»Was ist das für eine Anleihe?«

Die Jungen sind verlegen, stecken die Hände in die Taschen, schieben ihre Röcke hin und her und antworten nicht auf meine Frage.

Wir lassen uns die Einkaufsbücher des Kochs zeigen, während die beiden Verbrecher unter Bewachung zurückbleiben. In den Büchern ist doppelt so viel Reis eingetragen, wie die ganze Schule zusammen essen kann.

Wir fragen den Koch, in welchem Laden er diesen Reis gekauft hat. Er antwortet:

»Im Eckladen auf dem Markt.«

Dann laufen wir zu den Kontrolleuren zurück und stellen

ihnen die letzte, entscheidende Frage:
»In welchem Laden hat der Koch den Reis gekauft?«
Eine Sekunde lang blicken sie einander an, und dann platzt einer heraus: »Im Laden am Ufer.«
Der Direktor gibt dem Buchhalter Befehl, sofort die Entlassungszeugnisse für die beiden zu schreiben. Fünf Minuten lang schnarrt der Direktor eine langweilige Rede über den Nutzen der Ehrlichkeit, das öffentliche Vertrauen und das Ansehen der Schule herunter.
Die zwei Gruppierungen in unserer Schule blieben unverändert bestehen. Fast alle Speichellecker aus der Partei der Kontrolleure traten später in die Partei Ssin-bu-dang ein und krochen in den Kanzleien als Schreiber oder Einnehmer der Opiumstrafen unter.
Unsere Gruppe hingegen ging nach Beendigung des Gymnasiums fast vollzählig auf die Pekinger Universität und ins Ausland, und viele kämpften zur Zeit des großen Marsches nach Norden (1927) in den Reihen der revolutionären Koalitionsarmee.
Die Partei der Ehrlichen und die Partei der Bestechlichen, so stellte ich mir während der Gymnasialzeit auch die Kuomintang und die Ssin-bu-dang vor.

DIE VERLOBUNG

Vater ist weit fort auf Reisen und Feldzügen. Ich habe ganz ganz die Fühlung mit den Verwandten verloren. In unserem Hause wächst ohne Verbindung mit mir das Schwesterchen auf.
Die Stiefmutter schlägt die Augen nieder, wenn sie mich trifft, als wäre sie schuldig. Sie fühlt sich mitschuldig mit Vater, der mir verboten hat, Tsai-In zur Frau zu nehmen, und gleichzeitig sind ihre Gedanken darauf gerichtet, mich möglichst bald und günstig zu verheiraten.
Um mich herum werden, eine nach der anderen, die Verlo-

bungen meiner fünfzehnjährigen Schulkameraden gefeiert. Einige von ihnen, die aus reicheren Familien, werfen die langweilige Geometrie, Geographie, englische Sprache und die alte Poesie hin und fahren mit ihren jungen Frauen fort, um sich mit der Leitung ihres Gutes vertraut zu machen oder in der Kanzlei irgendeines Onkels unterzukriechen.

Jede dieser Verlobungen gibt der Stiefmutter einen Stich ins Herz: sie fühlt sich beleidigt und lächerlich gemacht. Sie weint in den Nächten und läuft am Tage bei den Verwandten herum, jammert über ihre Armut und ihr Schicksal und ist bereit, der Heiratsvermittlerin, die noch hin und wieder in unser Haus kommt, in jeder Weise den Weg zu ebnen. Die Heiratsvermittlerin erkundigt sich, ob man nicht meine Verheiratung mit einem der Mädchen aus Sjan-schi oder aus den nächsten Dörfern einleiten kann.

Die Stiefmutter antwortet kläglich und mit Tränen in den Augen:

»Wir sind arm. Wir sind von vornherein bereit, Schi-Chua an jedes Mädchen zu verheiraten, wenn es nur einverstanden ist, ihn zu nehmen. Sie müssen nicht uns fragen, sondern die Eltern der Mädchen, ob sie sich mit unserer halbverarmten Familie verbinden wollen, in der es, wie Sie selbst sehen können, nicht einmal genug Geld gibt, um dreimal am Tage zu essen.«

Ich spüre dieses Verlobungsgeflüster hinter meinem Rücken. Ich beobachte, wie die Vermittlerin schnell ihrem Mann etwas zuflüstert, wenn er mich an Festtagen in den Straßen von Sjan-schi trifft. Aus den Scherzen und Bemerkungen der Freunde, mit denen ich mich auf den Junggesellenabenden treffe, wo wir bei Wein und Trinksprüchen die neueste Heirat eines Schulkameraden feiern, entnehme ich, daß etwas nicht in Ordnung ist.

Wie immer folgen einander die Tage des Neujahrsfestes, gleich Karten, die ein geschickter Spieler gibt.

Ich bemühe mich, möglichst wenig zu Hause zu sein. Zu Hause läuft immer eine Menge von Verwandten herum.

Diese ewig grinsenden Gesichter hängen mir schon zum Halse heraus. Dieselben Hände, die mir in den Tagen der Flucht ängstlich Silbertael zusteckten, versuchen jetzt, mir herablassend auf den Rücken zu klopfen.

»Ein richtiger Erwachsener. Er hält sich wie ein Staatskanzler.«

»Nein, wie ein Sippenältester.«

»Aber was ist das für ein Sippenältester, der allein herumläuft ohne Frau?«

Wer gibt ihnen ein Recht, sich über mich lustig zu machen? Mögen sie mit der Stiefmutter klatschen, mögen sie endlos Tee trinken und erzählen, was ihren Kindern fehlt und wie teuer sie in diesem Jahre die Mandarinen verkauft haben.

Ich gehe fort, einen Freund zu besuchen, Schach zu spielen, Verse zu lesen und über Frankreich und die Universität zu plaudern.

Zum Mittagessen komme ich nach Hause. Ich bin verwundert: Feine, salzige und scharfe Gerüche von besonders guten Speisen, wie sie sonst bei uns nicht üblich sind, schlagen mir entgegen.

Warum gibt es heute ein Festessen? Vielleicht ist Vater zurückgekehrt? Nein, Vater ist nicht da.

Warum so viele fremde Leute im Haus? Außer den allmorgendlich vorsprechenden Verwandten noch die Nachbarn und Gäste aus den Dörfern.

Warum blicken alle nur auf mich? Was habe ich damit zu tun? Ich habe doch nicht Geburtstag und bin noch nicht mit dem Gymnasium fertig.

Ich bin verwundert, daß die Gäste mich feierlich begrüßen und die Verwandten keine Scherze machen, sondern bedeutungsvoll lächeln.

Ich trete schnell in den Saal. Die Verwandten setzen sich nicht zu Tisch. Sie blicken in eine Ecke.

In der Ecke steht ein besonderer Tisch. Auf den ersten Blick scheint es, als läge auf ihm ein Berg glühender Kohlen, so rot ist er.

Die Verwandten blicken bald in die Ecke, bald auf mich.
Mit entschlossenen Schritten trete ich an den Tisch. Hefte in roter Glanzleinwand, mit roten Seidenbändern umwundene Bücher, Tuschestäbchen, die ihre schwarzen Enden aus einer rotlackierten Schachtel hervorstrecken, rot emaillierte Pinsel und rote Eier.
Jetzt ist mir alles klar. Die Geschenke sind für mich ausgebreitet. Man hat über mich verfügt. Ich bin verlobt!
Diese roten Dingerchen sind von den Eltern irgendeines mir unbekannten Mädchens als Antwort auf die Geschenke gekommen, die meine Stiefmutter demnach vorher schon der Familie der Braut geschickt hat.
Wann hat sie nur die nach den Regeln der Zeremonie notwenigen Seidenkleider, Stoffe, klebrigen Süßigkeiten in Säckchen und die zwei rosa gefärbten Gänse im Bambuskorb als Zeichen unserer zukünftigen ehelichen Treue – denn nach chinesischen Begriffen gibt es auf der Erde, im Wasser und in der Luft keine treueren Gatten, als die Gänse –, wann hat sie nur das alles herangeschafft?
Die rote Farbe der Geschenke steigt mir zu Kopf. Ich fühle, daß Zorn in meine Augen tritt. Noch einen Augenblick, und ich brülle los. Gleich werde ich diese Sachen nehmen und sie zur Freude der herumstehenden und flüsternden Gäste auf die arme, aber über ihren Erfolg strahlende Stiefmutter schmeißen. Aber nicht umsonst haben alle – der Onkel, die Großmutter, die Lehrer und die Mutter – mich von Kindheit an zu Anstand und den sieben Tugenden angehalten. Mutters letzte Worte waren:
»Zank dich nicht, Schi-Chua.«
Äußerlich bin ich ruhig. Aber jeden Augenblick kann ich platzen wie eine schwarze japanische Handgranate.
Die Tanten kichern. Eine von ihnen sagt teilnehmend hinter meinem Rücken:
»Siehst du, Schi-Chua, du bist nun schon erwachsen und brauchst eine Braut.«
Das halt' ich nicht aus. Ich wende mich den Verwandten zu,

beiße die Zähne zusammen und zische laut die beleidigenden Worte:
»Es ist, scheint's, mehr die Stiefmutter, die eine Braut braucht.«
Die Stiefmutter steht mitten unter den Verwandten. Ich höre, wie sie ihre Hausfrauengespräche abbricht, als sie meine Worte auffängt. Sie beißt sich auf die Lippen und senkt die Augen. Sie ist empört, aber sie verliert ihre Ruhe nicht.
Sie braucht nichts zurückzunehmen. Sie ist die Siegerin. Als ob ich der einzige fünfzehnjährige Junge in China wäre, der am Tage seiner Verlobung vor Wut schreit!
Die Hocker werden an die Tische gezogen. Aus den Porzellanschüsseln steigt geringelter Dampf auf. Automatisch nehme ich Platz und fühle, daß die ganze auf dem Tisch ausgebreitete Pracht mir widerwärtiger ist als der faule Reis in der Schule.
Mit den Leuten zusammenzusitzen, die mich eben erst noch lachend zu dem von roten Geschenken glühenden Tisch genötigt haben, zu hören, wie sie kauen und zwischen zwei Bissen irgendeinen Verlobungswitz vorbringen, ihnen die Schüsseln hinreichen, in die unverschämten Augen blicken und dazu lächeln zu müssen!
»Ich – will – nicht! – Ich – mach – nicht – mit!«
Die Stiefmutter bittet mich mehrmals, mich doch hinzusetzen, aber ich kann es nicht aushalten und renne aus dem Hause. Die Gäste sind vor Erstaunen über meine Unhöflichkeit verstummt.
Mit wütenden Schritten zähle ich die Steinfliesen. Ach, wenn mich doch irgend jemand auf der Straße beleidigt hätte, daß ich ihn dafür schlagen könnte, lange schlagen, bis aufs Blut, bis er schrie.
Wie haben alle diese Tanten und die Stiefmutter, diese fremde Frau, die Vater aus Tschengtu mitgebracht hat, wagen können, über mein Schicksal zu bestimmen? Ich bin alt genug, um selbst Entscheidungen zu treffen.
Wenn der Vater mir verbietet zu heiraten, so ist das seine

Sache. Aber wenn die Stiefmutter mich hinter meinem Rükken mit der Schlinge der Lächerlichkeit einfängt . . .
Wer ist die Braut? Welches Mädchen will man neben mich an den Eßtisch setzen und am Hochzeitstag zu mir ins Bett legen? Vielleicht ist sie eine Vogelscheuche? Kann nicht lesen und schreiben? Ist dumm? Eine Schlampe?
Ich weiß nicht, wer sie ist, wie sie heißt, aus welchem Dorf sei stammt. Ich bin vom Essen fortgelaufen, ohne danach zu fragen.
Ich sitze bei einem Schulkameraden. Er stellt langsam die Schachfiguren auf und sieht sehr ruhig zu, wie ich aufspringe und mit aufgeregten Schritten durchs Zimmer gehe.
»Man hat mich verlobt!« schleudere ich ihm entgegen.
Er ist ruhig.
»Ich weiß. Deine Braut heißt Guan.«
»Guan? Ich kenne keinen solchen Namen. Aber was hat das überhaupt für eine Bedeutung für mich? Guan, Wuan, Muan, Suan oder sonstwie?«
»Beruhige dich«, sagt mein Freund. »Setz dich, spielen wir eine Partie Schach!«
Aber ich kann mich noch nicht setzen. Ich muß umhergehen. Zwei Gedanken zerreißen mein Gehirn. So reißt der Verkäufer im Laden den Seidenstoff auseinander, nachdem er mit der Schere einen Einschnitt gemacht hat. Der erste Gedanke ist: Ich will keine Frau. Der zweite Gedanke: Die Stiefmutter tut mir leid, sie denkt ja, daß sie etwas Wichtiges und Nützliches getan hat. Sie hat mich nur aus Liebe verlobt. Eigene Kinder hat sie nicht, und so verfügt sie über mich.
Aber in diesen mitleidigen Gedanken hinein fährt wie lautes Hundegebell der erste: Ich will keine Frau.
»Höre,« sage ich zu dem Kameraden, »ich werde *doch* nicht heiraten.«
»Ach, Unsinn«, antwortete ruhig der Kamerad. »Naürlich wirst du heiraten. Verlobungen kann man nicht rückgängig machen. Und wenn du dich weigerst, so beleidigst du die

Familie. Die Eltern deiner Guan strengen einen Prozeß gegen die Vermittlerin an, die Vermittlerin schiebt die Klage auf die Stiefmutter weiter, und dann heißt's, Geld aufs Gericht schleppen! Und ihr müßt noch froh sein, wenn es bei der Geldstrafe bleibt. Die Richter können auch fürchten, daß die Stiefmutter flieht — sie haben ja jetzt, weiß der Himmel, eine Ahnung, wie fix ihr Dens auszurücken versteht —, und können sie für die Dauer des Prozesses ins Gefängnis sperren ... Hör auf herumzulaufen, Schi-Chua, und spiele eine Partie Schach. Der Schachkönig sollte sich schämen, sich wegen einer so unbedeutenden und so unvermeidlichen Geschichte aufzuregen.«

Das Neujahrsfest geht zu Ende. Ich fahre in die Schule zurück, und während meiner Abwesenheit wird in den stillen Vierteln unseres Dorfes eine prächtige Hochzeit vorbereitet. Die ältere Tschen heiratet einen reichen Mann aus dem Dorf. Die Familie der Tschens und die Familie des Bräutigams tun sich groß und überbieten sich mit reichen Geschenken, luxuriöser Mitgift, Orchestergedröhn, unerhörten Banketten und einer überwältigenden Zahl von Gästen.

Der Mann meiner »dritten älteren Schwester« ist einer der reichsten Großgrundbesitzer im Kreise. Er hat in den Bergen 10 000 Mu Land, auf dem die Dörfchen und Hütten der Pächter liegen, die das Land ebenso bearbeiten, wie es mein Vater seinerzeit bearbeitet hat. Für dieses Land, für diese Dörfer und Bauern ist er der Kaiser. Sein Gutshaus liegt auf den Bergterrassen. Es ist von einer Mauer umgeben. Auf ihr stehen Polizisten mit Gewehren, halten Wache und schützen den Besitzer vor Überfällen der Tu-fees.

Nach der Hochzeit fährt die ganze Familie Tschen, mit ihr Tsai-In, in dieses Schloß zu Gast.

So endet meine Freundschaft mit den Schwestern Tschen. Ich habe noch oft an Tsai-In gedacht. Aber ich habe nie versucht, ihr weiteres Schicksal zu erfahren.

Wohin soll ich nach Beendigung des Gymnasiums reisen?
Nach England möchte ich nicht – die Leute sind dort zu stolz, und sie laden mich ja auch nicht ein.
Nach Japan fahre ich nicht. Die Menschen dieses Landes haben China zu übel mitgespielt. Man liest die schändlichen »21 Forderungen« auf den Deckplatten billiger Fächer, damit China sie nie vergißt.
Amerika? Aber nach Amerika werden nur die Schüler der amerikanischen Schulen, und hauptsächlich Christen, genommen.
Frankreich, das ist das Land der Revolution. Eine Republik. Die Heimat Jean Jacques Rousseaus.
Außerdem: Frankreich liebt uns.
Hoch lebe die billige Arbeitskraft des Chinesen! Arbeitskräfte haben in Frankreich guten Kurs. In Schanghai mieten Anwerber kräftige Männer für die Arbeiten in den französischen Häfen und Fabriken. Sie tragen die Kosten der Reise und bezahlen die Arbeit nicht schlecht.
Der Kamerad, der mir darüber berichtet, frohlockt. Das einzige Problem ist, wie man nach Schanghai durchkommt. Er ist ein kräftiger Kerl und hat gute Muskeln. Acht Stunden am Tage wird er arbeiten und sechs Stunden lernen. Er wird es aushalten. Das ist sogar nützlich, körperlich und geistig abwechselnd zu arbeiten.
Wir bilden um uns herum eine Gruppe, die mit uns nach Frankreich fahren will. Wir beraten, woher wir das Geld kriegen sollen. Nachts im Traume sehen wir Frankreich vor uns, Frankreich, das helle. Es wird uns unterrichten und wird uns bezahlen; unsere muskulösen Hände sind bereit, jede beliebige Last zu heben, wenn wir dafür die sechs Stunden Studium erkaufen können, die wir für unseren Kopf brauchen.
Zwei Jahre später waren diese Träume verflogen. Das lustige, kluge und liebenswürdige Frankreich hatte sich in einen ekelhaften Geizhals mit speckigem Bauch, gierigen Fingern, fauligen Zähnen und einem höhnischen Lächeln verwandelt.

Mein Kamerad war nach Frankreich gefahren. Er hat nicht durchgehalten. Von Brief zu Brief verflog sein Eifer. Die Ballen waren zu schwer, es bleib ihm keine Zeit zum Studium, seine ganze Aufmerksamkeit galt den Schiffstreppen – wie macht man es, daß man nicht ausgleitet –, und am Ende des Arbeitstages zitterten Arme und Beine und verlangten nach dem Bett oder wenigstens nach einer Pritsche.

Der gute Lohn – als was für ein Schatz waren uns in Setschuan diese paar Dutzend Franken erschienen! – erlaubte dem Studenten nicht einmal, ebensoviel Nudeln oder Kartoffeln am Tage zu kaufen, wie sich in Sjan-schi ein Sänftenträger für seinen Tagelohn besorgen kann.

Solange der Krieg dauerte, brauchte man die Hände der chinesischen Studenten. Aber der Krieg ging zu Ende, die Soldaten kehrten nach Hause zurück, und die französischen Hafenarbeiter kamen wieder in die Häfen.

Nieder mit der billigen chinesischen Arbeitskraft!

Auf dem Wege von den Ballen zu ihren Baracken mußten die Chinesen zwischen Reihen böser und hungriger Blicke hindurch.

Einer nach dem anderen wurden die Studenten entlassen. Nach Frankreich hatte man sie umsonst gebracht, aber das Rückreisebillett kostete Hunderte von Dollars. Statt zu studieren, klebten die Studentenkulis vor den Schaufenstern mit den leckeren Eßwaren.

Man sah die Studentenkulis an Straßenecken die Hand zum Betteln hinhalten, aber die Leute gingen vorüber und gaben ihnen nichts. Auf den Straßen von Marseille und Lyon brachen Studentenkulis zusammen; gleichgültige Polizisten hoben sie auf wie verreckte Hunde und übergaben sie den Krankenwagen. In den Spitälern glaubten die Ärzte nicht, daß sie krank seien: die Temperatur und der Puls waren normal. Hunger ist ja nicht Typhus oder Scharlach; jemand auf Staatskosten vom Hunger zu heilen, dazu ist die französische Regierung nicht verpflichtet!

Faulpelze! Drückeberger!

Für die letzten Centimes wurden Papier und Marken gekauft. Der Brief brauchte Monate, um nach Setschuan, nach Hunan oder Jünnan zu gelangen, und dann kamen Antwortbriefe aus China, und es geschah, daß die Briefe bei der angegebenen Adresse nicht angenommen wurden.
»Der Adressat wohnt nicht mehr hier.«
»Und wo wohnt er?«
»Nirgends. Auf dem Kirchhof. Vor zwei Wochen hat er sich aufgehangen. Lassen Sie den Brief zurückgehen.«
Manch einer starb ohne Schmerzen. Er ging und ging, aß zuerst nur jeden zweiten, dann nur jeden dritten Tag, nährte sich schließlich beinah eine ganze Woche von einer Kartoffel. Er starb ohne Temperatur und ohne Fieber und verging, wie die Bauern in unseren Bezirken umkommen, die vom Hunger heimgesucht werden. Sie legen sich aufs Bett, liegen und sparen so die Körperwärme, die durch die Adern rinnt. So stirbt man langsam. Und man verwest auch schwer, weil wenig frisches Fleisch übrigbleibt: es ist alles eingetrocknet wie Papier.
So endete mein lustiger Schulkamerad in Frankreich. In seinem Magen fand der Anatom einen Klumpen unverdauter Kartoffeln. Er hatte nur noch Kartoffeln ohne Salz gegessen. Der Magen hatte die Kartoffeln nicht mehr angenommen und den Tod hereingelassen.
Aber das alles geschah später, viel später.

DIE KLUGE STIEFMUTTER

Das Jahr 1919 strömt dahin wie der Jangtse zwischen seinen steilen Ufern. Weit in der Ferne, in einem anderen Erdteil, bricht der Krieg ab.
Die Schen-schi sind vergnügt. Beim Klappern der Majong-Steine beraten sie umständlich und selbstzufrieden, was unser unerschütterliches China wohl bekommen wird, das zusammen mit den Verbündeten die Deutschen besiegt hat. Die

Schen-schi reiben sich die Hände und träumen davon, wie die fremdstämmigen Teufel China zum Dank für seine Hilfe und seinen Mut verlassen und ihm das geraubte Land zurückgeben werden: Korea und das Gebiet von Ussuri, die Insel Taiwan – und das französische Indochina. (Später habe ich auf den berühmten »Karten der Schande«, die an die Häuserwände gemalt wurden, das Gebiet von Ussuri, Taiwan usw. mit roter Farbe hervorgehoben gesehen. Es war charakteristisch, daß die Halbinsel Liaotung und die Konzessionen von Schanghai, Tientsin und Kanton auf der Karte nicht vermerkt waren.) Die Schen-schi brüsten sich: Während des Krieges sind längs des Jangtse so viele chinesische Fabriken entstanden! Jetzt ist Friede, da werden ihrer noch mehr werden.

Aber die aus Schanghai heraufkommenden Händler mit eingesalzenem Kohl, Senf, Baumöl und Tuch lächeln nicht bei den Worten der Weisen von Tejan. Die chinesischen Kaufleute und Fabrikanten haben jetzt in Schanghai ein schweres Leben, und es wird noch schwerer werden.

Während des Krieges sind fast alle Textilfabriken in Schanghai chinesisch geworden. Aber jetzt geht eine nach der anderen in die Hände der Japaner über. Mit den Japanern kann man es nicht aufnehmen. Die Arbeiter gehen zu ihnen. Bei ihnen sind die Löhne höher. Das ist verständlich, denn die Japaner bezahlen nicht den Binnenzoll, der auf den Waren liegt, die von einer Fabrik in die andere gehen.

Viele chinesischen Fabriken sind ganz in Verfall geraten. Die Chinesen haben ungeschickte Hände. Sie verstehen vieles noch nicht. Die Regierung müßte ihren Industriellen helfen. Sie müßte die Einfuhr von verschiedene Dingen verbieten, müßte andere Dinge mit höherem Zoll belegen.

Aber was soll man gegen die ausländischen Teufel tun? Der Zoll ist eine englische Behörde. In anderen Ländern ist der Zoll ein Pfropfen, der den Eingang ins Land versperrt und verhindert, daß die ausländischen Waren das Land überschwemmen. Aber in China ist der Zoll ein Ventil, durch das ununterbrochen Stoffe und Reis, Gummi und Streichhölzer, Zucker, Petroleum und Eisen hereinfließen.

»Wir bezahlen das japanische Eisen und das amerikanische Petroleum, und unser Eisen, unser Petroleum liegen weiter im Boden. Warum frohlockt ihr über den Sieg, ihr Bierbankphilister von Tejan? Seht ihr nicht selber, wie Reis und Kattun teurer werden?«

Aber die Schen-schi glauben den Händlern nicht. Sie denken: Sie sind nervös. Ihre Herren verstehen nicht zu handeln. Sie sind verärgert von der langen Fahrt auf dem Jangtse.

Von den Neujahrsferien aus Sjan-schi zurückgekehrt, eile ich in die Schule. In der Klasse sitzt schon mein liebster und nächster Freund, der kurzsichtige Dschuan, auf seinem gewohnten Platz.

Mit ihm hatte ich davon geträumt, nach Paris zu fahren. Wir hatten zusammen ausgerechnet, was die Schiffskarte kostet und wieviel Geld wir bei wem auftreiben könnten. Aber dann mußten wir traurig den Gedanken an Frankreich aufgeben, weil sich niemand fand, bei dem wir die nötigen Dollar hätten zusammenkratzen können.

Ich rufe ihm zu:

»Dschuan! Besinnst du dich noch auf meinen Vetter Den Schan-Ssu? Er ist der, der auf der Universität studiert. Sein Vater ist kürzlich zu meiner Stiefmutter gekommen und hat geheult, als zöge man ihm mit einer Winde die Gedärme aus dem Leibe. Die Sache liegt nämlich so: Man hat San-Ssu vor seiner Abreise verlobt, und jetzt hat er seinem Vater einen Brief geschrieben, daß er auf keinen Fall beabsichtigt, seine Braut zu heiraten. Er schreibt, daß er nicht eher nach Hause zurückkommt, als bis der Heiratsvertrag gelöst ist. Mein Onkel fürchtet, daß die Familie der Braut ihn ganz zugrunde richtet. Du hättest sehen müssen, wie die Stiefmutter seufzte und stöhnte und wie sie mich mißtrauisch ansah, als der Onkel ihr seinen Kummer ins Ohr flüsterte. ›Die Jugend von heute‹, murmelte er, ›wird bald die Tafeln mit den Namen der Ahnen im Litang entzweischlagen und an den

Festtagen nicht mehr Schalen mit Reis vor sie hinstellen.‹ Aber was schweigst du, Dschuan? Es ist doch wirklich so; sie werden die Schalen mit Reis nich mehr hinstellen! Die Ahnen werden nichts zu essen haben. Sie werden im Jenseits mager werden und schließlich sterben.«
Ich bin mit dem Vorgehen Schan-Ssus sehr zufrieden. Mir scheint, daß er mit seinem Brief auch mich gerächt hat. Aber Dschuan runzelt die Stirn.
»Was macht dir daran solchen Spaß?«
»Was mir Spaß macht? Bin ich etwa schlechter als er?«
»Hör auf, Schi-Chua«, sagt Dschuan mit ruhiger und weiser Stimme. »Vor deiner Hochzeit findest du in Sjan-schi nicht einen Silbertael für die Schiffskarte. Dafür verbürge ich mich.«
Ich schiebe überlegen die Unterlippe vor.
»Oho! Wer kann mir verbieten, Geld zu borgen?«
Über die Feiertage fahre ich nach Sjan-schi und komme zurück. Dschuan fragt spöttisch:
»Nun, wie steht's?«
Jetzt ist die Reihe, sich lustig zu machen, an ihm. Alle Leute, an die ich mich mit der Frage wandte, ob sie mir Geld für die Reise zur Universität borgen wollten, antworteten: »Nach der Hochzeit sprechen wir darüber.«
»Nun, siehst du«, meint Dschuan zufrieden, »nicht umsonst gilt deine Stiefmutter als eine kluge Frau. Schließlich war sie es, die deinen Vater aus dem Gefängnis des Tu-tsun Dschu gerettet hat.«

DER 4. MAI

Die Tage werden heißer und heißer. Der blaue Jangtse trübt sich von dem Frühjahrsschlamm der Wüsten, aus denen er kommt.
Würde man die Erdkugel durchbohren, so könnte man durch dieses Loch zuhören, was in Versailles die Diplomaten der

Siegerstaaten sagen und was die Abgesandten Chinas in ihrer Hilflosigkeit von ihnen fordern.
Die Berge werden dunkel vom Laub der Wälder. Die Kleider der Stadtbewohner werden heller und die Hutkrempen breiter. Schon rascheln in den Händen der Verkäufer Fächer, und auf den Fächern stehen immer noch die beleidigenden »21 Forderungen« Japans.
Noch einen Monat, und die Schulzeit ist beendet. Man setzt uns schon an die Prüfungsarbeiten.
In diesem Augenblick platzt über unseren Köpfen der 4. Mai 1919 wie eine japanische Handgranate.
Ganz beschäftigt mit unserem lauten Büffeln, haben wir gar nicht bemerkt, wie die Lehrer eilfertig in das Kabinett des Direktors gelaufen sind. Erst die Diener, die uns die Teekessel mit heißem Wasser ins Arbeitszimmer bringen, können schnell in unsere unaufmerksamen Ohren flüstern:
»Ein Brief, ein wichtiger ... aus Peking.« Sie wissen noch nicht, ob sie den Schülern davon Mitteilung machen sollen oder nicht.
Uns nicht Mitteilung machen? Oho! Sollen wir nicht vielleicht an die Tür des Direktorzimmers gehen und dort brüllen, warum er den Schülern nicht vertraut? Aber da kommt der Direktor schon mit dem Inspektor und dem Schreiber über den Schulhof, und der Schreiber klebt einen langen Brief an das schwarze Brett der Schule.
Eine halbe Minute später stehen die Schüler laut atmend im Halbkreis um das Brett.
Unser bester Deklamator liest den Brief vor, und mit murmelnden Stimmen wird jeder Satz dieses bedeutenden Dokuments, das die Epoche der sogenannten »Wiedergeburt Chinas« einleitete, wiederholt und erläutert.
Der Brief kommt von den Pekinger Studentenorganisationen und ist an alle Schulen Chinas gerichtet. Ich kann mich jetzt nicht mehr genau an den Wortlaut des Briefes erinnern, obwohl wir ihn nicht ein- oder zwei-, sondern ein dutzendmal lasen. Aber an den Inhalt erinnere ich mich gut. Der Brief

handelt von folgendem:
Die Revolution von 1911 warf die verfluchte Mandschu-Dynastie nieder und schuf die chinesische Republik, aber sie gab dem Lande keine Ruhe. Übelwollende, habgierige, selbstsüchtige und ehrgeizige Leute, die in den Provinzen und in der Hauptstadt die Macht in ihre Hände nahmen, führten untereinander Krieg um die Reichtümer der Städte und Dörfer und verkauften die Schätze Chinas en détail und en gros an die Ausländer, die alten Quälgeister Chinas.
Jüan Schi-Kai, der Usurpator, hätte beinah die schändliche Forderung Japans angenommen, die China in ein zweites Korea verwandeln sollte.
Die gewinnsüchtigen und verlogenen Herrscher Chinas, die einer auf den anderen folgten, borgten sich Geld bei den Ausländern und zahlten für diese Anleihen mit dem Boden, den Zöllen, den Fabriken Chinas, mit dem chinesischen Handel, dem chinesischen Erz, dem chinesischen Eisen, mit Tee und Leder.
Die Herrscher Chinas nahmen am Krieg auf der Seite der Alliierten teil und verjagten die Deutschen von den durch sie besetzten chinesischen Gebieten. Beim Abschluß der Friedensverträge konnte das chinesische Volk für die Dienste, die es den Alliierten geleistet hatte, mit einer Entschädigung und einer Erleichterung seiner schweren Lage rechnen.
Aber es zeigte sich, daß die Alliierten die Schwäche Chinas mißbrauchten und sich anschickten, die von den Deutschen befreiten Teile chinesischen Bodens einem anderen Feinde Chinas, Japan, zu übergeben.
Außer der China schon entrissenen Insel Taiwan, außer Korea und der Halbinsel Liaotung ist Japan jetzt drauf und dran, sich auch noch Tsingtau und die Halbinsel Schantung anzueignen.
Statt den Feinden eine gehörige Abfuhr zu erteilen, ist der Ministerpräsident Tuan Dji-Jui bereit, Japan dieses Land gegen eine gute Anleihe auszuliefern. Durch Vermittlung des chinesischen Gesandten in Japan, Tschang Tsung-Siang, hat

der durch seine Unehrenhaftigkeit berüchtigte Außenminister Tsau Ju-Lin, Verhandlungen mit den Japanern geführt.

Am 4. Mai erfuhren die Studenten der Nationaluniversität Pekings, daß im Schlosse Tsau Ju-Lins mit Tschang Tsung-Sjang entscheidende Verhandlungen darüber geführt wurden, um welchen Preis man den Japanern das chinesische Schantung verkaufen könne.

Die Hörsäle, Laboratorien und Wohnhäuser leerten sich, und ein noch nie dagewesenes Meeting fand statt. Empörte Reden wurden gehalten, und schon bildete sich eine Studentendemonstration, die die studierende Jugend anderer Lehranstalten in sich aufnahm und stürmisch zum Schloß des Oberschiebers und Ausverkäufers Chinas, Tsau Ju-Lin zog . . . Die Wachen waren nicht imstande, das Eindringen der Vertreter des Volkes in den Verhandlungsraum der Verräter zu verhindern.

Tsau Ju-Lin, der die Lage der Zimmer und Höfe besser kannte als seine Gäste, gelang es, durch eine Hintertür zu fliehen. Tschang Tsung-Sjang wurde von den Studenten ergriffen und nach Gebühr bestraft.

(Später haben wir erfahren, worin die Bestrafung bestand. Tschang Tsung-Sjang wurde verprügelt. Mit Fäusten, abgebrochenen Stuhlbeinen und Füßen wurde er bearbeitet. Man schlug ihn ausgiebig, erbost und wütend. Dann ließ man ihn in Ruhe, und beschmutzt mit seinem eigenen faulen Verräterblut kroch er fort, blutige Spuren auf den Fliesen der reichgeschmückten Höfe hinterlassend. Diener Tsau Ju-Lins schafften ihn ins Spital.)

Statt die Studenten und die Intelligenz zu unterstützen und die Verräter, die der Rache des Volkes entgangen waren, zusammen mit ihren Mitschuldigen dem Henker zu übergeben, stellte sich die Regierung auf die Seite der Übeltäter.

»Wir«, teilte der Brief mit, »die Studenten aller Universiäten und Schulen Pekings,

erklären erstens den Streik zum Zeichen des Protestes gegen die Handlung der Regierung und rufen alle übrigen Uni-

versitäten und Schulen Chinas auf, sich diesem Streik anzuschließen.
Wir bilden zweitens den ›Verband der Studenten und Schüler Pekings‹ und empfehlen den Universitäten und Schulen aller übrigen Städte Chinas, unserem Beispiel zu folgen.
Wir rufen drittens das ganze chinesische Volk, die Intelligenz, die Grundbesitzer, Handwerker, Industriellen und Kaufleute auf, Japan zu boykottieren.
In den Läden sollen alle Waren vernichtet werden, die japanische Fabrikmarken tragen. Alle chinesischen Einlagen müssen aus den japanischen Banken zurückgezogen werden. Kaufleute, Fabrikanten und alle Bürger dürfen kein japanisches Geld zur Bezahlung annehmen. Chinesische Angestellte, die bei Japanern arbeiten, müssen ihre Plätze verlassen.
Das Geld zur Erhaltung des ›Verbandes der Studenten und Schüler‹ soll von den Mitgliedern der Organisation und in Gestalt von Spenden von den übrigen Bürgern eingesammelt werden.
Vereinigt euch! Erhebt euch und schließt euch zum Verband zusammen! Ernennt Bevollmächtigte, die die Durchführung des Boykotts kontrollieren.«
Unter dem Aufruf standen die Unterschriften der Studenten aus Tejan, die in Peking studierten.
Der Brief brachte die Gehirne in unseren Schädeln durcheinander.
Boykott ... Verband ... Statut ... Organisation ... Geldsammlungen.
Alles das waren unbekannte Worte und nie versuchte Dinge. Die Last einer großen politischen Sache legte sich schwer auf unsere noch schmalen, jungen Schultern.
Vor dem Brett mit dem Brief hört das Murmeln und Brummen nicht auf, als stochere man mit einem Stock in einem Bienenkorb.
In dem großen, feierlichen Litang der Schule wimmeln und schreien die Gruppen der sich versammelnden Gymnasiasten.
Wir fühlen uns als Aufständische. Der bedächtige Dschuan,

mein liebster Freund, runzelt die Stirn.
»Schi-Chua, wir haben den Brief wohl bekommen, aber wie ist es mit den beiden anderen Gymnasien und der Mädchenschule? Wenn die ihn nun nicht erhalten haben? Wie bringen wir sie dazu, sich uns anzuschließen?«
Mir fällt der sonnverbrannte, unrasierte, immer beschäftigte Vater aus den Tagen vor dem Sturz der Mandschu ein, und ich bin vergnügt.
Nachts schlafen wir nicht. Beim Licht der Öllampen lärmt unsere Versammlung. Zwischen den rauhen Stimmen unserer im Stimmbruch befindlichen Fünfzehnjährigen läßt sich das Sperlingsgezwitscher der Kleinen vernehmen.
Die Versammlung kriecht langsam vorwärts wie eine Regenwolke. Im Brief ist die Rede von einem Statut, aber wir haben kein Statut, und wir wissen nicht, wie Statuten aussehen.
Wir halten lange, unzusammenhängende, schwerverständliche Reden und beschließen endlich, ein Komitee zu wählen: einen Vorsitzenden, einen Sekretär, einen Kassenwart und zwei Delegierte, die morgen die Verbindung zu den anderen beiden Gymnasien herstellen sollen.
Zum Sekretär werde ich gewählt.
Es muß Geld gesammelt werden. Resolution: Jeder Schüler muß einen Silberdollar geben.
Eine Stimme hinter uns ruft:
»Die Lehrer haben den Brief gelesen und erklärt, daß sie einen Teil ihres Gehaltes geben.«
Die Versammlung spendet den Lehrern Beifall.
»Morgen müssen wir zu den Händlern gehen und sie um Geldspenden bitten.«
»Werden sie auch geben?« fragt jemand zweifelnd.
Ein allgemeiner Ruf antwortet ihm.
»Sie werden!«
»Mein Vater gibt etwas!«
»Meiner auch.«
»Meiner auch.«

In dieser Nacht denke ich schon nicht mehr an die verhaßte auf den Herbst angesetzte Hochzeit.
Die Delegierten laufen in die Schulen und kehren befriedigt zurück. Alle haben schon Kenntnis von dem Brief und schließen sich uns an. Überall sind Komitees gewählt.
Die Generalversammlung der Schüler aus der ganzen Stadt findet in unserem Gymnasium statt. Es hat den größten Litang.
Am Tage der Versammlung wimmelt es in dem Litang von Menschen wie noch nie. Dreihundert Gymnasiasten drängen sich im Saal. Aufgeregte Reden, Gemurmel und Rufe.
Ein begeisterter Schüler nach dem anderen steigt auf die Tribüne.
Wann haben sie nur gelernt, so zu reden? Woher kommen diese Jungen, die sich gestern noch geknufft haben? Woher haben sie diese pathetischen, überzeugenden Reden genommen, mit denen sie die Lehrer, den Direktor und die Vertreter der Kaufleute für sich einnehmen?
Die drei Knabengymnasien widmen sich bis zum letzten Mann dem antijapanischen Boykott. Die Schülerinnen schließen sich den Schülern an. Die zwei Mädchengymnasien sind bereit, mit uns zu gehen. Aber die Schulleitungen erlauben den Mädchen nicht, an den Versammlungen der Jungen teilzunehmen. Die Mädchen sitzen zu Hause. Sie haben nicht einmal Delegierte geschickt. Aber der Versammlungsleiter liest ihren säuberlich geschriebenen Brief vor.
Jedes Wort der Redner fällt in das knatternde Feuer der applaudierenden Hände.
Der Kassenwart teilt mit, daß die Bundeskasse ständig wächst. Ich berichte als Sekretär, eine Zeichnung der Stadt in der Hand schwingend, wie wir den Boykott durchführen werden.
»Alle japanischen Waren müssen vernichtet werden,« schreie ich.
»Vernichtet!« unterstützt mich begeistert der Saal.
»Kein japanischer Gegenstand darf versteckt werden.«

»Nein!« schreit die Versammlung.
»Wählt für dieses Werk Leute mit reinen Händen.«
»Mit reinen Händen, mit reinen!« brüllt die Versammlung.
»Die Pekinger Genossen rufen zum Streik.«
»Zum Streik!«
Einer nach dem anderen springen Redner auf die Tribüne und loben den Streik. Nach ihnen ergreift Dschuan das Wort:
»Streik – das ist sehr schön. Das ist richtig. Streik – das bedeutet das Studium hinwerfen und für die Verstärkung des Protestes arbeiten. Aber wir werden ja nicht mehr unterrichtet. Wir haben doch gerade Examen, und übermorgen fangen die übrigen Schüler die Sommerferien an. Wie sollen wir da streiken?«
Die Versammlung wird traurig. Wirklich, wie sollen wir streiken, wenn wir ohnehin freihaben?
Der Direktor löst das Problem. Er sagt:
»Es bleibt einfach alles beim alten, aber wir teilen nach Peking mit, daß wir uns dem Streik angeschlossen haben.«
Das ist ein Ausweg.
Wir werden so tun, als hätten wir keine Ferien, sondern als streikten wir.
Die Stadt wird nach der Zahl der Gymnasien in drei Bezirke geteilt. Jedes Gymnasium muß die Läden und Lager in seinem Bezirk von dem japanischen Zeug reinigen.
Zwölf Delegierte und Kontrolleure aus jedem Gymnasium gehen den ganzen Tag herum und kontrollieren die Waren. Sie werden begleitet von Kulis mit Tragbahren und Körben.
Feierlich, mit wichtigen und ernsten Mienen gehen die Delegierten herum. Die Verkäufer in den Tabakläden und die Agenten der Schanghaier Fabrikanten begrüßen die Delegierten, denn die Fabrikanten sind bereit, die Studentenbewegung für den Boykott mit all ihren Geldmitteln zu unterstützen. Auch die kleinen Kaufleute, die mit Obst, Gemüse, Kohlen, Holz und Fellen, kurz mit einheimischen Produkten handeln, nehmen unsere Umzüge lächelnd auf.

Aber die Besitzer der Läden für Textil- und Galanteriewaren und Geschirr runzeln die Brauen, sowie sie die Delegierten sehen. Sie dachten, daß alles nicht so schlimm sein würde. Die Gymnasiasten würden schreien, würden ihnen zehn oder zwanzig Silberdollar als Spende abnehmen, und das würde alles sein.

Aber die Dinge nehmen einen ernsten Verlauf.

Der Delegierte tritt in den Laden. Im Schaufenster steht eine Thermosflasche neben einem Aschbecher. Beides ist mit japanischen Firmenzeichen versehen.

Der Delegierte hebt die zerbrechlichen Dinge hoch und schleudert sie schwungvoll auf die Fliesen der Straße. Die Kulis schieben mit ihren Bastsandalen die Scherben zur Seite, damit die Sänftenträger sich nicht schneiden.

Die Hände der Delegierten wühlen alles im Laden durcheinander. Der Ladeninhaber zittert vor Wut. Er hatte sich nicht vorgestellt, daß der Schaden so groß sein würde.

Die Kulis, die hinter den Delegierten stehen, fangen schon an zu lachen und zeigen auf den Ladeninhaber. Der Ladenbesitzer versucht das Brett zu verstecken, auf dem die Tassen stehen. Das würde ihm gar zu teuer kommen. Es sind ihrer zu viele. Er ist bereit, die Tassen im Lager unter Verschluß zu halten. Man möge ihm erlauben, sie den Japanern zurückzuliefern und sein Geld wiederzubekommen. Das ist doch sein ein und alles ...

Der Delegierte schiebt den Ladeninhaber von dem Brett fort und schleudert mit einer Bewegung das bläuliche Porzellan krachend auf die Erde.

Der Ladeninhaber kommt schon nicht mehr dazu, sich mit dem Ärmel den kalten Schweiß abzuwischen, der ihm vor lauter Wut auf die Stirn getreten ist. Er lädt den Delegierten ins Hinterzimmer ein.

Im Glauben, daß sich dort das Lager befindet, geht der Delegierte mit ihm. Aber er findet dort nichts, als den Ladeninhaber, der ihm aufgeregt zuflüstert:

»Hier, nehmen Sie. Das ist für Sie persönlich. Lassen Sie nur

meinen Laden in Ruh. Nehmen Sie.«
Und er drückt dem Delegierten Geldnoten in die Hand.
Der Delegierte erblaßt, zittert und schreit, daß man es im ganzen Laden hört:
»Wenn Sie nicht wollen, daß ich Sie auf den Platz führen lasse, wo man die japanischen Waren verbrennt, so stecken Sie sofort Ihr schmutziges Geld wieder in die Tasche!«
Die schwereren Gegenstände, die man nicht gleich an Ort und Stelle zerschlagen kann, werden von den Kulis mit lustigem Lärm auf Tragbahren in eine von den Gymnasiasten zu diesem Zweck besetzten Tempel geschleppt. Dort werden sie streng bewacht. Später, wenn sich viele angehäuft haben, bringt man sie auf einen entfernten Platz. Unterwegs hört man die betrübten Kaufleute jammern und alte kahlköpfige Weiber erschreckt ausrufen:
»Die sind verrückt! So schöne Sachen, so teure Sachen, und dann einfach verbrennen!«
Eine Menschenmenge steht um den Scheiterhaufen herum, auf dem mit spitzen Stichflammen Kämme aus Zelluloid, mit häßlichem Gestank Gummi und Toilettenseife und Stücke japanischen Kattuns verbrennen, Flaggen und Spielwaren schwelen und Flaschen mit Eau de Cologne zerplatzen.
Die Menschen blicken mit gierigen Augen zu: Wenn man doch etwas daraus retten könnte! Aber neben dem Scheiterhaufen stehen die drohenden Wachen der Gymnasiasten und passen scharf auf, daß die Rache auch wirklich bis zu Ende geführt wird.
Es sind herrliche Tage. In Hankau, Tschangscha, Tschungking und Schanghai: in allen Städten, wo es Gymnasiasten oder Studenten gibt, brennen in diesen Tagen die Scheiterhaufen der Rache. Hell aufflammende Streichholzschachteln, Zahnpulver, Wanduhren, stoffbespannte Schirme zerbröckeln zu Asche. Spiegel platzen, während ihr Quecksilber schmilzt. Ganze Berge von Packpapier und Schachteln mit Patentmedizinen sinken zusammen, und neben den Scheiterhaufen stehen die Menschen und weinen vor wütender Aufregung.

Die Leitungen der Organisation ersticken in Arbeit. Stundenlang sind sie umgeben von schreienden Kaufleuten, die Bündel von Rechnungen und Fakturen schwenken. Die Kaufleute sind empört über einen Delegierten, der chinesische Waren zerschlagen und verbrannt hat statt japanischer, weil er sich im Warenzeichen geirrt hat.
Wir beruhigen die Kaufleute:
»Wir werden etwas unternehmen. Wir geben den Delegierten Anweisung. Was sollen wir machen? Wir haben nicht genug Erfahrung. Da können schon Fehler vorkommen.«
Aber auch die Kaufleute benehmen sich ungehörig. Anstatt alle japanischen Waren vor den Laden hinauszubringen, verstecken sie sie. Sie kratzen die Warenstempel ab und überkleben die japanischen Warenzeichen mit amerikanischen und chinesischen. Ohne daß wir es wollen, verwandelt sich die Vernichtung der Waren stellenweise in einen Krieg gegen die Kaufleute.
»Kommen Sie mit!« Die Kaufleute schreien schon nicht mehr, sie brüllen: »Kommen Sie mit, man wühlt jetzt bei mit herum. Aber ich werde Ihnen beweisen, daß man die Waren nicht richtig aussucht. Ich habe Ihnen schon fünfzig Silberdollar in die Kasse gezahlt. Sie fordern zuviel! Auf diese Weise richten Sie nicht Japan zugrunde, sondern den chinesischen Handel . . . Sie sind zu jung.«
Ich gehe mit dem Kaufmann in seinen Laden. Im Laden sieht es wirklich aus, als habe hier ein General in Kriegszeiten gehaust.
Schwitzend vor Anstrengung schleppt der Delegierte mit Hilfe der Kulis Ballen Kattun auf einen Haufen. Die Ballen tragen englische Warenzeichen, aber ein Kuli erklärt dem Delegierten, daß die Zeichen frisch und sichtlich eben erst aufgeklebt seien, und wenn man den Stoff gegen das Licht hält, so erkennt man deutlich ein Quadrat, auf dem früher eine andere Marke geklebt hat.
»Sehen Sie doch«, hält mir der Kaufmann, rasend vor Wut, die englische Warenmarke unter die Nase, »englische Ware,

und die hier wollen sie verbrennen, als wenn es japanische wäre.«

Die Kulis prüfen den Stoff mit den Fingern und sagen, ungläubig den Kopf schüttelnd.

»Keine englische Ware! So schlechte Ware kommt nur aus Japan!«

Dem Kaufmann hängen Speichelfäden aus dem Mund. Er wirft sich auf einen Kuli.

»Raus aus dem Laden, Taugenichts! Drecksack! Wer hat dir erlaubt, dich hier einzumischen?«

Der Delegierte erklärt mir seine Zweifel hinsichtlich der Warenmarke. Hinter dem Ladentisch sehe ich den Sohn des Kaufmanns, einen meiner Klassenkameraden.

Der Junge schweigt, aber er ist blaß und sichtlich erregt.

Ich sage zu dem Kaufmann, der mir zugewandt steht:

»Sie bestehen also darauf, daß hier das englische Warenzeichen klebt, aber wir glauben, daß früher ein japanisches drauf war.«

Ich blicke seinen Sohn an. Er neigt bestätigend den Kopf.

»Wo sind die japanischen Warenzeichen?«

Der Kaufmannssohn zieht das Schubfach der Kasse halb auf und blickt hinein.

Ich kommandiere:

»Nachsuchen, ob hier nicht irgendwo japanische Warenzeichen sind.« Ich selbst gehe zur Kasse.

In der Kasse liegen die abgerissenen japanischen Zeichen. Ich vergleiche sie mit dem trockenen Leimquadrat auf dem Stoff. Sie passen.

Der Kaufmann versucht zu lachen.

»Das ist kein Beweis!«

Aber der Ton seiner Stimme ist unsicher. Ich frage ihn:

»Sind alle Waren, die Sie haben, hier?«

Der Kaufmann stottert:

»Alle.«

Da der Kaufmann schweigt, wende ich mich an seinen Sohn und frage ihn:

»Sind sonst noch Waren da?«
Der Junge blickt von seinem Vater auf die Tür zum Nebenzimmer.
Ich sage zu dem Delegierten:
»Geh durch diese Tür und suche nach, ob da noch Waren sind.«
»A-a-a-a-!« Man hört einen bestialischen Schrei.
Das ist der Kaufmann, der entdeckt hat, was sein Sohn mir geantwortet hat.
»Was, du Taugenichts, du gehst gegen deinen Vater?«
Der Sohn erblaßt, krümmt sich, blickt auf den Vater, dann auf mich und platzt heraus:
»Nicht gegen den Vater, aber gegen die Japaner und Verräter.«
Der Kaufmann ist erstaunt über die Antwort seines Sohnes.
Der Kaufmann wird rot – er wird rasend.
»Zu Hause sprechen wir uns.«
Dieser Kaufmann hat es wenigstens leichter als andere; er hat etwas, woran er heute seine Wut auslassen kann.
Wir werden reifer und klüger, wir lernen besser sehen. Unser ursprünglich ungeschickter Enthusiasmus verwandelt sich in geschäftstüchtige Hartnäckigkeit.
Aber schon strömt das Geld langsamer in die Kasse unseres Komitees, schon wird es schwerer, den bissigen Kaufleuten Geld abzuknöpfen. Auch die Agenten der Fabrikanten sagen uns nur noch freundliche Worte, ziehen aber nicht den Beutel.
In meiner Sekretärmappe sind schon vier Anzeigen eingeheftet gegen Delegierte, die Bestechungsgelder von den Kaufleuten angenommen haben. Die Anzeigen sind mit ungeschickten Zeichen geschrieben, als hätte sie jemand mit einem Ast in den Sand gemalt. Wahrscheinlich waren es Kulis oder Träger, die nicht richtig schreiben können.
Acht Jahre sind jetzt schon seit jenem 4. Mai vergangen. Wir, die Gymnasiasten von damals, haben längst die Universitäten absolviert, und die damals noch keine waren, sind inzwischen Gymnasiasten geworden. Und doch werden jedes

Jahr in den Städten Boykottdelegierte gewählt, und der antijapanische Boykott lebt weiter fort, bald unterirdisch und schwelend wie Feuer im Torfmoor, bald von neuem offen aufflammend, wie es zum Beispiel 1924 geschah, als die Studenten in der Provinz Fukien, gegenüber der Insel Taiwan, eine ganze Straße mit japanischen Fischen pflasterten und die Fische sich dann mit dem Blute der Studenten färbten, das unter den Kugeln der Generalspolizei floß.

Der Süden, Fukien und der Pekinger Bezirk sind die nie zur Ruhe kommenden Herde des Boykotts, wo bis zum heutigen Tage die Kaufleute und Geldwechsler gewohnheitsmäßig mit ablehnenden Grimassen die Zähne zeigen, wenn ein Käufer ihnen eine der blaßgelben japanischen Yens hinhält.

In jenem Sommer fuhren die Schüler der Gymnasien von Tejan nicht nach Hause in ihre Dörfer. Die Ferien des Jahres 1919 waren wirklich keine Ferien-, sondern Streiktage.

VOR DER HOCHZEIT

Die Hochzeit ist auf den Herbst angesetzt.

Zwei Monate vor der Hochzeit, während ich noch in der heißen Stadt umherlaufe, die nur manchmal von plötzlichen, wasserreichen, schwülen Regengüssen überschwemmt wird, ruft die Stiefmutter Vater aus seiner Division zurück.

Ich komme ins Dorf. Aus dem frischen Wind der politischen Arbeit tauche ich unter in die faule Atmosphäre des Dorfklatsches.

Es fangen die langen quälenden Gespräche mit dem Vater an. Heftig und erbost erkläre ich ihm meinen ganzen Kummer.

»Wie konnte man es wagen, mich zu verloben, ohne überhaupt mit mir zu sprechen? Wie konnte man es wagen, mich mit einer Frau zu verkuppeln, die ich gar nicht kenne? Es war doch schon genug, daß man mir das Recht abgesprochen hat, die zu heiraten, die ich wollte. Aber wer hat ihnen das Recht gegeben, über mich zu verfügen wie über ein Kalb,

eine Katze oder einen Schrank?«
Vater ist unzufrieden. Er merkt, daß neben ihm ein Erbe aufgewachsen ist, der ihm schon bis zur Schulter reicht. Bisher hat er über meinen Kopf hinweggesehen und nur an seine ernste und wichtige Arbeit gedacht. Aber jetzt kann man schon nicht mehr über mich hinwegblicken; man muß mir gerade in die Augen sehen, und wir beide haben einen hartnäckigen Blick.
Dem Vater ist die ganze Schererei unangenehm. Sein Herz schlägt nicht hier, sondern dort, bei der Division der Aufständischen. Was er zu mir sagt, ist matt und nicht überzeugend. Manchmal versucht er freundlich zu sein. Aber auch das gelingt ihm nicht recht. Manchmal will er den Ärgerlichen spielen, aber er fühlt, daß er unrecht hat.
Abend für Abend redet er auf mich ein und versucht, die zerrissenen Enden, den Willen der Stiefmutter und meine Weigerung, zusammenzubringen.
»Siehst du denn nicht, daß die Stiefmutter dich liebt? Weißt du etwa nicht, daß sie bereit ist, für dich und dein Schwesterchen ihr Blut tropfenweise herzugeben? Nun ja, ich bin mit dir einverstanden, man hätte vorher mit dir reden müssen. Da das nun einmal unterlassen worden ist, wollen wir nüchtern überlegen. Nimm an, du bleibst bei deiner Weigerung. Dann fängt für die Stiefmutter und für das ganze Haus die Schererei von neuem an. Den Prozeß würden wir zweifellos verlieren, und neue Schulden würden unser Haus belasten. Du würdest dann kaum noch das Geld für die Reise zur Universität auftreiben können. Du würdest wahrscheinlich hierbleiben, dir irgendeinen Kanzleiposten suchen und vielleicht zehn Jahre lang wie ein blindes Maultier in der Tretmühle Silber in die Taschen der Gläubiger pumpen müssen.«
Ich langweile mich. So sonderbar es scheinen mag – Vaters Worte treffen mich nicht. Statt zu erschüttern, macht Vaters Stimme mich nur müde und böse.
Vater schweigt lange, zieht die Brauen hoch, wobei sich seine Stirn in Falten legt, die nebeneinander herlaufen wie Tele-

grafendrähte. Er beißt sich die Lippe und lenkt die Unterhaltung auf das bevorstehende Studium.
Auch hier können wir uns nicht einigen. Ich liebe die Literatur. Ich begeistere mich für die neuen Lehren, die die Professoren Hu Schi und Tschen Tu-Sju im fernen Peking vertreten, nämlich, daß die neue chinesische Literatur und die chinesischen Zeitungen statt in der alten Literatursprache, die nur den Mandarinen, die lange studiert haben, verständlich ist, in einer Volkssprache geschrieben werden müssen.
Ich träume davon, wie ich selbst für eine Zeitung arbeiten und Romane, Erzählungen und Verse, chinesische sowohl wie ausländische, studieren werde.
Vater ist geneigt, mich mit meiner Literatur für einen Nichtstuer zu halten. Er möchte, daß ich Ingenieur werde.
»Wenn ich eine technische Spezialwissenschaft beherrscht hätte, wäre mir in der Revolutionszeit vieles leichter gefallen«, sagt er zu mir. »Ich bin Jurist, kann Befehle schreiben, mich in den Gesetzen zurechtfinden und kommandieren. Aber die Reaktion braucht mich nur in den Wald und auf die Flucht treiben, dann kann ich nur mit Mühe und Not meinen Lebensunterhalt verdienen. Ich habe nur meine zwei Hände, die die Hacke führen können, und auch das nicht einmal mit sehr großem Geschick. Das ist das allgemeine Unglück der Revolutionäre während und nach der Niederwerfung des Kaiserreiches. Glänzende Reden halten und Bomben werfen — das ist alles, was wir können, und das ist wenig.«
Vielleicht hat Vater recht, aber ich will nach Peking fahren.
Wieder ist Vater nicht einverstanden.
»Peking ist eine rückständige Stadt. Dort lebt ein aufgeschwemmtes, fettes und dumpfes Volk. Die Leute aus dem Norden. Zuviel Kanzleipolitik und zuviel Versuchungen für einen Jungen aus der Provinz. Ein Stab von Nichtsnutzen, bestechlichen und käuflichen Kriechern.«
Durch Vaters Haß hindurch höre ich die Stimme unseres verbannten Ahnen, der vor dreihundert Jahren Peking verlassen und sich in Setschuan angesiedelt hat.

Bedrückt und ohne Schwung – denn ich sehe an Vaters Augen, daß er mich nicht versteht – beweise ich ihm, wie großartig die Literaturwissenschaft ist.
Und wieder versinken wir in Schweigen und gehen dann auf unsere Zimmer. Und am anderen Morgen treffen wir uns wieder, verdrießlich, mit krauser Stirn und dickköpfig.
Es vergeht mehr als ein Monat. Unsere Gespräche kommen nicht über den toten Punkt hinaus. Ich werde nur noch nervöser. Die von der politischen Arbeit des Sommers überanstrengten Nerven machen sich bemerkbar. Ich schlafe nicht mehr richtig, esse schlecht und erschrecke leicht; manmal packt mich solche Wut, daß ich denke, ich müsse tot umfallen.
Vater erkrankt. Er hat einen riesigen Furunkel am Bein. Seine Temperatur steigt. Er kann nur mit meiner und der Stiefmutter Hilfe gehen. Meistens sitzt er im Sessel, das Bein wie einen Stock vor sich, und legt sich dann aufs Sofa. Der Arzt kommt zu ihm und schüttelt besorgt den Kopf: Man wird schneiden müssen.
Wenn früher Vaters Reden wenig überzeugend klangen, so muß er jetzt in seiner Qual ganz die Zähne zusammenbeißen. Mir tut dieser starke Mann, dem der Eiter im Bein brennt, leid. Ich habe beinahe das Gefühl, daß er recht hat. Wie komme ich dazu, ihn mit meinen Kleinigkeiten, mit meiner Hartnäckigkeit von der Division fernzuhalten und ihn zu zwingen, tagaus, tagein, schon vierzig Tage lang, ohne Sinn und Zweck mit mir zu reden?
Das Mitleid, jenes selbe Mitleid, das mich angesichts der Schwäche und Hilflosigkeit eines anderen schon mehr als einmal hat umfallen lassen, bringt unseren Streit zu Ende. Ich kann die leidenden Augen Vaters nicht aushalten, obwohl ich mir ganz klar darüber bin, daß er sich nicht mit dem quält, was die Stiefmutter angestellt hat, sondern mit seinem Furunkel. Ich hebe die Hände und sage unterwürfig: »Also gut, ich heirate, Fu-tjin. Sag der Stiefmutter, daß ich einverstanden bin.«

Die Stiefmutter kommt, gerührt durch mein Nachgeben, zu mir gelaufen. Aber ich lasse sie gar nicht erst den Mund öffnen, um Dankesworte hervorzubringen, drehe mich um und gehe aus dem Hause.

Was will sie von mir? Ihr verzeihe ich sowieso nicht, und nicht mit ihr habe ich Mitleid. Um die Krankheit Vaters nicht zu verschlimmern, habe ich meinen Nacken unter das Beil der Heirat gehalten.

Schnell füllt sich das Haus mit Gelärm, Geflüster, Geschrei, Befehlen und Verhandlungen. Um die Stiefmutter herum wimmelt es von Tanten und von allen möglichen Frauen, die zum Waschen, Putzen und Kochen gemietet sind.

Der jüngere Onkel ist der Kassenwart meiner Hochzeit. Er läuft zu den Verwandten, bringt Anleihen auf und holt Geld herein, und Geld brauchen wir nicht wenig, jedenfalls nicht weniger als zweitausend Silberdollar.

Ich kümmere mich um gar nichts. Ich halte mich abseits von den Menschen und Sachen, die in unser Haus kommen. Ich gehe den jungen Verwandten aus dem Wege, die die Listen der Gäste aufstellen und die roten Einladungskarten mit liebenswürdigen Texten vollschreiben! Wie schwer diese Packen von roten Kärtchen sind! Mit einer Hand kann man sie nicht anheben.

Tagelang sitzt der gemietete Schreiber und malt Adressen.

Das Haus wird festlich hergerichtet. Die Innenwände werden geweißt und glänzen heller als Bohnenmilch. Die Eckpfeiler und die unteren Kanten der Außenmauern werden schwarz angestrichen und der obere Teil der Mauern und die Fensterrahmen mit frischer roter Farbe angemalt. Schwarz und rot steht das Haus da wie das Gesicht eines mutigen Theaterhelden.

Frisches Papier, das unter den Windstößen knattert, ist an Stelle der alten, zerlumpten, staubigen und vergilbten Fetzen fest, ohne Falten und Löcher, in die Fensterrahmen gespannt.

Die ganze Woche lang hört man auf dem Hof unseres Hauses ein dumpfes Trommeln. Das sind die Frauen, die mit

Bambusstöcken den Staub aus Pelzen, Decken, Matratzen und Überröcken klopfen und sie dann auf den dünnen Bambusstangen, die bei uns die Wäscheleinen ersetzen, aufhängen und ausbreiten.

Auf den Höfen blinken kleine Teiche. Die Möbel stehen hier frisch gewaschen und glänzend zum Trocknen. Es herrscht eine schreckliche Unordnung, und die von allen Seiten heranreisenden Gäste machen die Unordnung noch größer. Kein Tag vergeht, ohne daß fünf oder zehn neue Gäste eintreffen.

Ich drücke mich an den Wänden entlang und gehe all diesen Leuten, die herumwimmeln wie Fische in einem zu engen Aquarium, aus dem Wege. Unser Haus kann schon nicht mehr alle Gäste fassen. Um jeden aufzunehmen, wird ein Gasthof gemietet. Der Onkel geht bei den Nachbarn und den Geistlichen der Dorftempel ein und aus, um bei ihnen Räume für die Hochzeitsfeierlichkeiten zu mieten.

Auf Tischen und Etageren stehen Vasen mit frischen Blumen. Blumen gibt es viele im ganzen Umkreis. Man braucht nur vors Dorf hinauszugehen und die Hand nach ihnen auszustrecken.

Unter der Decke hängen rote und grüne Lampions, Kugeln und Würfel, die mit Bildern und Schriftzeichen bemalt sind. Wenn Insekten daranfliegen, raschelt das feine Papier. In jedem der Lampions befindet sich ein kleiner Docht. Er wartet darauf, daß man ihn am Abend der Feier ansteckt.

Lange arbeitet man an dem neuen Zimmer, das für mich und meine zukünftige Frau bestimmt ist. Man baut darin ein riesiges Bett auf, überspannt es mit neuen Laken und legt bauschige, wattierte Decken, mit rosaroten Quadraten aus glatter Seide in der Mitte, darauf. Am Kopfende liegen Kissen in Rollenform mit rührenden Stickereien an den Seiten: kleinen Kindern, die auf einem aufgeschnittenen Granatapfel sitzen.

In Reihen sind die Schränke und Tische mit der ganzen Mitgift der Braut aufgebaut. Ich ziehe die Augenbrauen zusammen, wenn ich diese dickbäuchigen dunklen Holzgegenstände ansehe. Ich weiß schon: Nach einem Monat wird all dieses für billiges Geld hergestellte wacklige Zeug zerplatzen und auseinanderfallen.

Nachdem im Brautzimmer alles untergebracht und Ordnung gemacht ist, führt man die Verwandten hinein, damit sie das Bett bewundern. Sie blinzeln sich listig an und stoßen einander mit den Ellenbogen. Dann wird die Tür dieses Zimmers bis zum Hochzeitstage verschlossen.

Die zugereisten Verwandten entdecken in unserem Hause einen schrecklichen Defekt: Es fehlt der Schenkan, der Gebetsschrein mit den Ahnentafeln.

Die Verwandten blicken sich an, flüstern miteinander und schnattern dann los wie Gänse:

»Ohne Heiligenschrein und ohne die Tafeln mit den Namen der Ahnen kann man keine Hochzeit feiern! Die Ehe wird unglücklich und führt zu nichts Gutem. Die Geister der Ahnen werden böse, daß man sie nicht achtet, und stiften Unheil nicht nur euch, sondern auch uns. Auf jeden Fall muß ein Schrein heran.«

Die Stiefmutter leistet Widerstand. Sie weiß, daß Vater keinen Schenkan machen lassen wird.

Als die Verwandten die Verwirrung der Stiefmutter sehen, handeln sie auf eigene Faust. Sie rufen einen Tischler, einen Holzschnitzer, einen Maler, und bald prangt an der Wand des Litang ein riesiger, schwarzer, vergoldeter Ahnenschrein. Die Seiten des Schreins tragen holzgeschnitzte Ornamente und in diesen Ornamenten sieht man den Vogel Feng, dessen Kommen das goldene Zeitalter einleitet, und den Drachen, den Wächter des Wassers, das einzige Lebewesen, dessen Anwesenheit die stolzen Seelen der Ahnen neben ihren mit Gold auf die schweren, lackierten Tafeln gemalten Namen zu dulden bereit sind.

Die Verwandten bezahlen den Schrein und teilen lächelnd der Stiefmutter mit, daß sie ihn unserer Familie schenken.

Wenn man in China sagt: »Ich schenke«, so bedeutet das soviel wie: »Richte ein Gegengeschenk her.« Wir hätten den

Verwandten die Kosten des Schreins ersetzen müssen, aber ich glaube, daß wir sie ihnen noch heute schuldig sind.
Ein roter Seidenvorhang teilt den Litang in zwei Hälften und verbirgt den Schrein vor dem Eintretenden. Ein riesiger Teppich liegt auf dem Boden. Am Tage vor der Hochzeit kommen die nächsten Verwandten und die Brautwerber zu uns ins Haus. Sie werden hier übernachten.
Sie ziehen aus ihren Körben raschelnde rote Rosetten und stecken sie an ihre Parade-Ma-guas. An diesen Rosetten werden die Gäste morgen die Festordner erkennen.
Es erscheint der eingeladene Oberkoch und übernimmt nicht nur die Leitung der Hauptküche in unserem Haus, mit ihrem zehnfachen Bestand an Köchen, Köchinnen und Geschirrwäschern, sondern auch die der Nebenküchen, die in den Nachbarhäusern eingerichtet sind.
Abends ist die Vorfeier der Hochzeit. Die Familie feiert das Ende meiner Junggesellenzeit. Meine nichtverheirateten Schulkameraden aus dem Gymnasium trinken und essen mit mir zu Abend. Unter ihnen sind viele Fünfzehnjährige, meine Altersgenossen, aber auch viele von dreizehn und vierzehn Jahren.
Ich sitze auf dem Ehrenplatz und schweige, als wenn mir die Kehle zugeschnürt wäre. Ich bin krank. Meine Nerven zittern, und ein heftiger Schmerz zieht durch meinen ganzen Körper, bald an den Augen, bald in der Schulter, bald in den Fingern durchbrechend.
Rings um mich werden Witze erzählt und Trinksprüche ausgebracht. Besonders wichtig tun sich die Kleinen, die es den Alten gleichmachen wollen. Aber die Witze ziehen nicht recht; alle sehen, daß ich eigentlich ins Krankenhaus und nicht auf die Hochzeit gehöre, und alle wissen, daß ich nur mit Gewalt zur Hochzeit gehe.
Man steht auf, streckt mir Schalen mit angewärmtem Wein entgegen und deklamiert Verse und Glückwünsche. Man sagt: »Heute, Schi-Chua, essen und trinken wir mit dir, aber übers Jahr gibt es schon rote Eier.«

Das bedeutet, daß man dann die Geburt eines Kindes feiern wird.

Wenn ich mir etwas aus meiner Braut machen würde, würden an diesem Abend die Scherze über sie nicht aufhören. Die Kameraden würden mir auf den Rücken klopfen und sagen:

»Paß auf, Bruder, hab ein Auge auf deine Schöne; man könnte sie dir stehlen!«

Aber dieser Junggesellenabend verläuft wie eine Beerdigung. Jedesmal, wenn von meiner Braut die Rede ist, runzele ich die Stirn. Deshalb bemühen sich die Kameraden, in ihren Trinksprüchen nicht einmal das Wort »Braut« auszusprechen.

Bald verkrümelt sich die Festgesellschaft. Das Haus mit all seinen Sorgen hat keine Zeit für meine Freunde. Der kranke Vater braucht Ruhe.

Der jüngere Onkel reißt sich förmlich Beine und Zunge aus, um dem Vater zu helfen, die Gäste zu empfangen und Besuchsgespräche mit ihnen zu führen. Und da kommt dann noch das Gequassel meines Junggesellenabends!

Der letzte Kamerad verschwindet mit einer Verneigung durchs Tor. Der Onkel sagt zu mir:

»Schi-Chua, lauf schnell in den Gasthof und sieh zu, ob auch alle Gäste Tee bekommen haben: guck auch gleichzeitig nach, ob die Kissen reichen. Mir scheint, wir müssen noch welche borgen und sie hinschicken.«

Wie ein gehorsamer Automat laufe ich ins Gasthaus.

Es ist Herbst, aber es ist noch warm; nur ein leicher frischer Abendwind streicht über meinen verschwitzten Rücken. Den ganzen Tag habe ich mich abgerackert, bin müde, habe keinen Appetit und trinke nur Wasser.

Diese Nacht komme ich nur wenig zum Schlafen; es fehlt an Betten, und wir mußten sogar einige Gäste zu zweit unterbringen. Ich lege mich neben einen Vetter auf eine dünne Matratze.

Das Lager ist eng und hart. Alle paar Minuten wache ich auf. Ich lausche auf mein unruhig schlagendes Herz und feuchte mir von Zeit zu Zeit die trockenen Lippen an.

Spät und langsam kommt an diesem Herbsttag das Morgenrot herauf.

Das Haus fängt an, sich zu schütteln wie ein Hund, der sich vom Schlaf aufreckt. Im morgendlichen Halbdunkel reden die Leute mit verschlafenen Stimmen.

Meine Gelenke schmerzen.

Ich höre trappelnde, brummende, dumpfe Laute vor dem Tor. Ich trete auf die Straße. Acht Träger aus der »hellen Trägerkompanie« (so heißt das Büro, das Hochzeitsumzüge organisiert) setzen vorsichtig die Hochzeitssänfte auf die Erde nieder. Die Sänfte ist ganz mit raschelnden gestärkten Seidenblumen überzogen, zwischen denen stark riechende, im morgendlichen Tau noch nicht geöffnete Blüten sitzen.

Die Blumen bauen einen wohlrichenden Korridor in den Schweißgeruch der hin und her tretenden und sich räuspernden Träger.

Neben der Sänfte stehen mit faßartigen Trommeln und langhalsigen Trompeten zwanzig Mann herum: das Orchester. Sie sind die ganze Nacht über von Tejan herauf mit dem Kahn gefahren und warten jetzt auf das Brautgeleit, um mit ihm weiterzuziehen in das Dorf, wo die Braut wohnt.

Der ältere Onkel steht auch hier am Tor. Er betrachtet die Sänfte mit einem liebevollen Blick.

»Sechzig Silberdollar hat sie gekostet.«

Behutsam glättet er die Blumensträuße, hebt den vorderen, bestickten Vorhang und das hinter ihm hängende einfache Tuch auf und betrachtet das weiche gespolsterte Innere dieser tragbaren Kabine, die mit roter Seide ausgeschlagen ist.

Die Sänfte bringt den Onkel in feierliche Stimmung.

»Ach, Schi-Chua, in ganz China gibt es keine so prächtige Sänften wie in Setschuan. In den anderen Provinzen begnügt man sich mit toten Seidenblumen, und nur bei uns, wo Millionen von Blumen wild wachsen, so daß man sich schämen würde, welche zu verkaufen, können wir die Stoffe

pfundweise mit frischen, duftenden Blumen beladen.«
Jetzt kommt die Heiratsvermittlerin mit ihrem Mann. Sie sind die ersten Gäste, die von den Trompetern mit einem Begrüßungssignal empfangen werden.
Die Vermittlerin ist festlich gekleidet. Die Seide ihrer Jacke glänzt, wirft Falten und raschelt. Nach der neuesten Mode trägt sie in ihrer Haarfrisur im Nacken eine prächtige Seidenblume. Goldene Armspangen klirren unter dem Saum ihrer weiten Ärmel, und die Steine an den Ringen leuchten fröhlich wie ihre Augen.
Sie hat gut an meiner Hochzeit verdient. Die Stiefmutter hat ihr schon ein Geschenk gemacht, das sie für vierzig Silberdollar beim Juwelier erstanden hat.
Da die Vermittlerin gekommen ist, kann der Zug losgehen. Die Musikanten werfen ihre Trommeln auf den Rücken. Die Kulis heben die Tragstangen der Sänfte auf die Schultern, und die Vermittlerin nimmt in einer zweiten, einfacheren Platz.
Durch die engen steilen Gassen steigen die Sänften, auf den Schultern der Träger schwankend, zum Anlegeplatz hinunter. Die Braut wohnt vierzig Li entfernt. Bis dorthin fährt man im Kahn, aber der Rückweg wird zu Fuß zurückgelegt. In sechs, in acht Stunden kann man sie hier erwarten.
Um acht Uhr morgens frühstücken wir. Ich sitze am Tisch, lasse die Hände im Schoß liegen und den Kopf hängen.
Wir essen schnell, fast ohne zu sprechen. Man hört nur die Eßstäbchen an die Ränder der Porzellanschalen schlagen.
Der Onkel sagt:
»Iß, Chua, iß nur. Stärke dich, du hast einen schweren Tag vor dir.«
Mir dreht sich alles im Kopf, und mit Mühe kann ich an mich halten, um nicht eine widerwillige Grimasse zu schneiden. Alles ekelt mich an: das Essen, der Dampf, der aus den Teetassen aufsteigt, das Geflüster der Festordner und das Hinundhergelaufe der Stiefmutter.
Nur mit Mühe tragen meine Schultern den grauen Parade-

rock und die Ma-gua, als wären sie nicht aus Seide, sondern aus Eisenblech.

Nach dem Frühstück sammeln sich die Gäste.

Während sie zum Tor hereinkommen, begrüßt ein Trompeter sie mit seinem Spiel und kündet sie den Ordnern an.

Mit wichtigen Mienen und in Festkleidern treten die Verwandten über die Schwelle. Ein Mann mit einer roten Rosette hält die Türflügel geöffnet.

Immer kürzer und kürzer werden die Abstände zwischen den Gruppen der Gäste. Fast ohne Unterbrechung blasen die Trompeter. Wenn einem Hornisten die Puste ausgegangen ist, kommt ein anderer dran, der inzwischen seine Brust mit Luft gefüllt hat.

Die Gäste schreiten einher wie bei einer Demonstration, als gingen sie zur Wahl oder zu einer interessanten Hinrichtung.

Vater liegt im Saal auf einem Ruhebett hinter einem Seidenvorhang. Die Gäste treten zu ihm und sagen, den Kopf neigend:

»Dau-ssi.«

Dau-ssi ist ein Glückwunsch. Man spricht ihn nur an Hochzeits- oder Geburtstagen aus.

Auf den Ellenbogen gestützt und immer besorgt, daß nichts sein bandagiertes krankes Bein berührt, antwortet Vater:

»Entschuldigen Sie mich, daß ich Sie nicht stehend begrüßen kann.«

Dann treten die Gäste zum älteren Onkel, sagen zu ihm dieselben Worte und neigen ebenfalls den Kopf und gehen dann zum jüngeren Onkel, zur Stiefmutter, zu den Frauen der Onkels.

Nach der Begrüßung gehen die Gäste im Hause umher.

Das ganze Haus hat sich in einen Klub verwandelt. In allen Zimmern liegen auf den Tischen Bücher, steht Tee, klappern die Steine des Majongspiels und werden Karten geklopft. Verwandte und Bekannte, die sich jahrelang nicht getroffen haben, sehen sich hier wieder und überschütten einander mit

Klatsch und Neuigkeiten.
In jedem Zimmer stehen ein oder zwei Ordner. Die Gäste treten zu ihnen und lassen sich flüsternd unterrichten.
»Wer ist der unbekannte Mann dort, der neben der Tür steht?«
»Kann man das Zimmer der Neuvermählten nicht sehen?«
»Wo ist die Mitgift aufgebaut?«
»Wie geht man zur Toilette?«
Unser Haus, alle Zimmer und Höfe sind bis in den letzten Winkel mit einer dichten Menschenmasse in knisternden seidenen Überröcken und mit glänzenden Frauenfrisuren gefüllt.
Schon kann das Haus die Besucher nicht mehr aufnehmen. Die neuen Gäste kommen nur zu uns, um Vater ihre Aufwartung zu machen, und gehen dann in die Nachbarhäuser hinüber. Nach und nach wird der ganze Häuserblock um unser Haus zu einem einzigen Sammelpunkt der Gäste, die sich zu meiner Hochzeit eingefunden haben.
Jeder, der kommt, um Dau-ssi zu sagen, und ein Geschenk bringt, kann uns begrüßen und sich an unseren Eßtisch setzen. Die Geschenke häufen sich zu Bergen in den Zimmern, die in der Nähe des Tores liegen. Die Ordner nehmen sie den Gästen aus den Händen und stapeln sie auf.
Man bringt Geld, Körbe mit Obst, hauptsächlich aber roten Seidenstoff und rote Dan-tjaus als Geschenk, längsgestreifte Seidenstücke, die Begrüßungsaufschriften tragen. Bei vielen Dan-tjaus sind diese Inschriften aufgenäht oder aufgeklebt. Man kann sie entfernen und die Seide verarbeiten. Der Wert der Geschenke ist größer als die Kosten des Essens, welches der Gast vorgesetzt bekommt. Die Geschenke sind eine Art Bezahlung für das Essen.
Die Kulis, die kein Geld haben, bringen ihre Arbeit als Geschenk. An den vergangenen Tagen haben sie Lasten geschleppt, Tische und Schränke aufgestellt; heute haben sie sich frisch angezogen und wimmeln in dem allgemeinen schwarzen Gästeteig herum.

Es läßt sich schon jetzt erkennen, daß auch die Nachbarhäuser nicht alle Gäste fassen. Zwei ununterbrochene Schlangen bewegen sich an unseren Toren, eine der Hereinkommenden und eine der Hinausgehenden. Die Ordner führen die Hinausgehenden in die Tempel, wo wir die geräumigen Höfe als Speisesäle hergerichtet haben.

Ich drücke mich im Haus herum und versuche, mich in irgendeinem entfernten Winkel zu verkriechen, um nicht auf die Begrüßungen und Fragen antworten und mit den Verwandten Gespräche führen zu müssen.

In einem der Zimmer sehe ich im Vorbeigehen mein Schwesterchen Schi-guee. Sie spielt mit ihren kleinen piepsenden Freundinnen Schach. Sie denkt ernst über ihre Züge nach und hat deshalb keine Zeit für mich und die Gäste.

Unter den Gästen sind ein Onkel zweiten Grades, Tanten, deren Brüder und Schwestern, Vettern dritten Grades mit ihren Verwandten und Dutzende von Angehörigen vierten und fünften Grades – zusammen sind es nicht weniger als hundert Besucher allein von der Verwandtschaft. Dazu kommen alle Dorfgenossen, denen der Vater irgendwann einmal Besuche gemacht und Geschenke gegeben hat, alle Mitglieder der Kuomintang aus unserem Dorfe und den Nachbardörfern, die Brüder des Geheimbundes Ko-lau, die gekommen sind, um ihren Da-ko zur Hochzeit seines Erstgeborenen zu beglückwünschen. Dazu noch die Gutsbesitzer, Lehrer, Händler und die vorsichtigen und linkischen Beamten von Sjanschi.

Es ist zwei Uhr mittags.

Schon sind sechzehnhundert Gäste bei uns versammelt.

Jetzt kommen die auf der Straße lungernden Jungen auf den Hof gelaufen und schreien:

»Lai la, lai la! Sie kommt, sie kommt!«

Ganz aufgeregt packen die Jungen das Dienstmädchen am Rock und ziehen es zum Tor, als solle gleich eine Explosion stattfinden.

Vier Trompeten dröhnen.

Die Ordner stürzen zum Tor. Sie nehmen am Tor Aufstellung und bilden in der dichten Menge der neugierigen Gäste einen engen Durchgang zu der Eingangstür des Hauptsaals. Man bringt mich eilig in den Saal. Es gehört sich für den Bräutigam nicht, während des feierlichen Moments der Zeremonien auf dem Hofe herumzustehen.

Unter die schmetternden Trompeten mischen sich das Rasseln der näher kommenden Trommeln und die lustige Melodie der Musikanten, die die blumengeschmückte, verhängte Sänfte begleiten.

Im Zuge erkennt man die schaukelnden einfachen Sänften der Vermittlerin und der Verwandten der Braut.

Aus den einfachen Sänften heben besondere Helfer am Tor ehrwürdige dicke Frauen, die nach dem Aufenthalt in den schwülen Kabinen schwitzen, in seidenen Hosen glänzen und schwerfällig auf den kleinen hufartigen Füßen schwanken. Das Orchester nimmt spalierförmig in dem Durchgang Aufstellung, der vom Tor zur Schwelle des Saales führt. Durch diesen Durchgang tragen acht Kulis, wankend vor Anstrengung und zufrieden, daß der Weg beendet ist, mit vorsichtigen, kleinen Schritten die Sänfte der Braut. Dumpfer Geruch von Schweiß und welken Blumen geht von ihnen aus.

Ohne etwas vor mir zu sehen, halb erstickt von der dumpfen Luft und von krankhaftem Fieber geschüttelt, tue ich zwei Schritte auf die Sänfte zu. Das Orchester schreit auf, und die Trommler schlagen, als wollten sie die Trommeln zum Platzen bringen. Platzende Raketen übertönen das Orchester wie Maschinengewehrknattern.

Zwei Ordnerinnen mit der Rosette heben den ersten Paradevorhang der Sänfte auf, schlagen den zweiten zurück und helfen aus der stoffgeschmückten Kammer einem Menschen hervor.

Während mich der ohrenbetäubende Lärm des Orchesters umgibt, taucht vor mir eine Gestalt in einem roten bis zu den Fersen gehenden Seidenkleid auf, in roten Strümpfen, roten Pantoffeln und eingehüllt in ein dichtes rotes Tuch.

Dieses rote Wesen ist meine Frau.
Sie stellt sich, das Gesicht dem Ahnenschrein zugewandt, neben mir auf den Teppich. Wir verneigen uns dreimal bis zum Gürtel vor den lackierten Tafeln mit den goldenen Namen der Ahnen, dann dreimal vor den Verwandten und schließlich dreimal voreinander.
Die Ordnerinnen nehmen die Frau in Rot und führen sie in ein zuvor hergerichtetes Zimmer. Dort wird sie in ein gewöhnliches Kleid aus scharlachroter Siede umgekleidet. Sie legt den Geruch ab, den sie nach dem langen Weg in der dumpfigen Blumenkiste angenommen hat. Man wischt ihr das verschwitzte Gesicht ab, pudert Stirn, Nase und Kinn, schminkt die Wangen und Schläfen und zieht Augenbrauen und Wimpern mit Schwarz nach.
Während sie so hergerichtet wird, bittet man den ältesten unserer Sippe, den weißbärtigen, in den Knien zitternden Bruder des Großvaters, in den Saal.
Ich stehe noch immer auf meinem Platz. Das Schlimmste soll erst noch kommen.
Meine Frau kommt herein und tritt neben mich. Ihr Gesicht ist aufgedunsen. Jetzt beginnt die Zeremonie der familiären Verbeugungen. Wir verneigen uns vor dem Alten, danach vor einer alten Frau, dann vor den aus entfernten Dörfern herbeigekommenen runzeligen alten Leuten, indem wir streng die Reihenfolge des Alters einhalten.
Sie antworten uns mit Verneigungen und machen uns Geschenke: die einen einen Ring, die anderen Ohrgehänge, wieder andere Armbänder und Petschafte.
Ich nehme mich zusammen, um nicht aufzuschreien, so quälend empfinde ich es, mich immer wieder verneigen zu müssen: die einundachtzigste, zweiundachtzigste, dreiundachtzigste, hundertzwanzigste, hundertvierzigste Verneigung. Ein Eisenstab wäre längst gebrochen, wenn man ihn so oft gebogen hätte.
Hinter meinem Rücken steht der ältere Onkel. Er flüstert mir Mut zu.

»Es ist bald zu Ende. Halt aus; was meinst du, zu unsern Zeiten hat man sich nicht nur verbeugt, sondern mußte niederknien und sich bis auf den Erdboden verneigen.«
Ich weiß das, jeder chinesische Junge weiß es. Das ist auch der Grund, warum manche Verliebte die Hochzeit fürchten.
Die Galerie der ältesten Verwandten geht zu Ende. Bei jeder Verbeugung schießt mir das Blut in einer heißen Welle zu Kopfe. Meine Frau ist ausdauernder. Sie biegt sich wie ein Stück Gummi, und ihr Gesicht bleibt immer gleich ruhig und gleich aufgedunsen.
Nach den ältesten Verwandten kommen die jüngeren an die Reihe. Jetzt bleiben ich und meine Frau als die Älteren schon stehen, und die kleinen Vettern und Basen zweiten, dritten und vierten Grades treten vor und verneigen sich vor uns.
Bei den Verbeugungen wird nicht gesprochen. An solchen Tagen verbieten die Eltern den Kindern zu reden. Kinder sind eine undisziplinierte Gesellschaft. Am Ende bringen sie noch irgendein unglückliches Wort vor, wie »Sarg« oder »Tod«. Und an Hochzeiten, zu Neujahr und an Geburtstagen dürfen schlechte Worte nicht ausgesprochen werden, sonst kann es ein Unglück geben.
Ich habe auf meiner Hochzeit keine schlechten Worte gehört. Aber wenn ich nach dem »Glück« meiner Ehe urteilen soll, so hat irgend jemand an diesem Tage nichts anderes getan, als immer nur solche Worte ausgesprochen.
Meine Frau und ich beschenken die jungen Leute. Allerdings geben wir ihnen keine Geschenke, sondern sprechen nur davon. Die Geschenke werden später nach den Zeremonien verteilt.
Die Verneigungen sind beendet. Meine Frau geht in ihr Zimmer. Dort sitzt sie, ohne mit jemandem zu sprechen. Die Gäste drängen sich an der Tür und betrachten sie wie einen Vogel in der Menagerie und tauschen Bemerkungen und Scherze aus:
»Dicke Beine hat sie.«
»Wird sie nicht zu rotbäckig werden?«

»Ich seh's an ihren Augen – das ist eine zänkische Frau.«
Besonders tun sich die jungen Leute hervor.

Aber sie sitzt da, ohne beleidigt zu sein oder ohne es zu zeigen. So macht man sich in ganz China über die Neuvermählten lustig.

Dann kommt das Essen. Tische in den Zimmern, Tische auf den Höfen, Tische in den Tempeln. Auf die Tische trägt man Schale nach Schale der Gerichte. Der Dampf, der von den vielen hundert Schalen aufsteigt, zerfließt in der klaren herbstlichen Luft von Sjan-schi.

Meine Frau sitzt am Eßtisch ebenso ruhig, wie sie in ihrem Zimmer gesessen hat, die Hände auf den Knien gefaltet und ohne die Speisen zu berühren. So will es der Brauch.

Neben ihr stehen zwei Dienstmädchen, die sie von Hause mitgebracht hat; sie setzen ihr die vollen Teller vor und nehmen sie unberührt wieder fort, ziehen die Falten ihrer Jacke und das Haarnetz zurecht, das die fest zusammengepreßten Haare hält.

Der ganze Häuserblock kaut, klappert mit den Stäbchen am Porzellan, schlürft Suppe aus dem Löffel und schmatzt.

Das Hochzeitsmahl ist für mich – eine einzige lange Reise. Ich gehe von Tisch zu Tisch, und hinter mir trägt das Mädchen ein Tablett mit acht Schalen Wein. Die acht Gäste, die immer an einem der quadratischen Tische sitzen, nehmen die Schalen, trinken, wünschen mir Glück und zeigen mir lächelnd die trockenen Boden der Schale. Ich verneige mich. Ich gehe herum und verneige mich.

Das Essen zieht sich in die Länge. Schon geht die Sonne unter. Krank, grün und überanstrengt kann ich kaum noch ein Bein vors andere setzen.

Die Sonne verschwindet hinter den Bergen, als das Essen endet und die Gäste, die Stühle beiseite schiebend, anfangen aufzustehen, sich dankend verneigen, rülpsen und die Speisereste zwischen den Stümpfen ihrer verdorbenen Zähne hervorsaugen.

Die Bekannten und die entfernteren Verwandten zerstreuen

sich. Viele von ihnen reisen noch am selben Abend in die näheren Dörfer ab. Es bleiben nur die näheren Verwandten zweiten und dritten Grades, die Lehrer und ihre Kinder.

Beim Abendessen habe ich es leichter. Es sind nur zehn Tische, das heißt achtzig Menschen da. Jetzt ist an mir die Reihe, hinter dem Eßbesteck zu sitzen; und meine Frau geht mit Tassen und Verbeugungen von Tisch zu Tisch.

Vom Trinken angeheitert, machen sich die am Tisch Sitzenden über jeden ihrer Schritte lustig. Die Jüngeren zeigen mit Fingern auf die Älteren und fragen:

»Wer ist das? Nun, sag seinen Namen!«

Die junge Frau kennt die Namen nicht, verwechselt sie, und das schallende Gelächter der Gäste läßt ihre Bäuche wackeln und die Tische erzittern.

Das Klirren der Lampengläser und -glocken und das gelbe Petroleumlicht über den Tischen verrät, daß die Nacht hereingebrochen ist.

Ich höre schon, wie der ältere Onkel aufgehört hat, Dichter zu zitieren, und anfängt, auf die Revolutionäre zu schimpfen, die den Kaiser verraten haben. Der eine oder andere steht eilig auf, wirft seinen Stuhl um, hält sich an der Wand und verläßt den Saal. In einer Ecke trällert eine dünne, unreine Frauenstimme den Anfang einer Arie.

Als ich mich von meinem Platz erhebe, wenden die glänzenden, speckigen Köpfe mir ihre betrunken glitzernden Äugelchen zu, und die Münder öffnen sich zu den üblichen Hochzeitsredensarten: »Hehe, er hat's eilig, ins Schlafzimmer zu kommen. Man muß eine Wache vors Schlafzimmer stellen, damit er seinen Gästen nicht wegrennt.«

Der kranke Vater hat sich schon zurückgezogen. Den jüngeren Onkel hat die Müdigkeit übermannt, und er ist auf seinem Stuhl sitzend eingeschlafen.

Ich habe keinen Appetit. Ich blicke auf die Saucenreste in meinem Teller, und alles fängt an, sich zu bewegen und sich in Tiere, menschliche Gesichter, Bäume und Schafherden zu verwandeln.

Fieber schüttelt mich. In heißen Wellen tritt Schweiß auf mein Gesicht. Es ist sicher ganz grün. Ich höre, wie jemand einen letzten Witz macht:
»Ihm wird's schon ganz anders, er kann es nicht aushalten.«
Einander stützend stehen die angeheiterten Tanten und Onkel vom Mahle auf. Im Speisezimmer schnarchen auf den Tischen verstreut Betrunkene.
Ich entferne mich und gehe in die Brautkammer.
Das unbekannte Mädchen, das heute zu meiner Frau erklärt wurde, ist eifrig mit seiner Toilette beschäftigt und gähnt entsetzlich.
Mit dem Rücken ihr zugewandt, setze ich mich auf den Rand des Bettes. Schnell habe ich mich ausgezogen und verkrieche mich unter der Decke, denn ich muß mich wärmen vor dem Fieber, das auf meinen Zähnen trommelt.
Durch die Müdigkeit, die Schmerzen und die Gleichgültigkeit hindurch fühle ich, wie sich hinter meinem Rücken, am anderen Ende des Bettes, ohne ein Wort zu reden, meine Frau ausstreckt und schnell in einen müden, tiefen Schlaf fällt.

DER HONIGMOND

Am anderen Morgen kann ich kaum vom Bett aufstehen. Tür und Fenster tanzen mir vor den Augen. Fröstelnd zieht sich meine Haut zusammen. als ich mich wasche und mir die Ohren spüle, verweilen meine Hände über den Ohrmuscheln.
Was für eine wunderbare Sache ist die Stille. Wie sehr waren meine Trommelfelle ermüdet von dem Scharren der vielen Pantoffeln, von dem Knirschen der Seidengewänder, von den gemurmelten Begrüßungen, dem Knistern des Herdfeuers und von dem lauten Prasseln der Pfannen auf der Ofenplatte.
Der Onkel treibt mich zur Eile an.
Zu zwei Paaren – ich mit meiner Frau und die Vermittlerin mit ihrem Mann – fahren wir in das Dorf meiner Frau, um

dem Schwiegervater unsere Aufwartung zu machen.
Auch dort erwartet uns ein Litang, nur nicht ein so festlich ausgestatteter. Auch dort sind Gäste, nur weniger an Zahl.
Wieder beginnt die quälende Übung der dreifachen Verbeugungen vor den älteren, worauf die an Jahren jüngeren uns wie geschäftige Kaufleute ihre obligatorischen tiefen Knixe vormachen.
Dann wieder ein Essen, ein langsames, lang sich hinziehendes, betrunkenes und satt machendes Reden, Glückwünsche, Trinksprüche.
Den In, meine Frau, die jetzt lustiger geworden ist, sitzt neben mir.
Ihr Vorname In ist der Name einer bunten Blume, die auf unseren Wiesen wächst, ähnlich der Chrysantheme.
Gestern hat unser Haus Den In mit weitaufgerissenen Augen angeglotzt wie ein aus weiter Ferne hergekommenes wildes Tier; heute starren ihre Verwandtschaft und die Schar der Dorfgenossen mich ebenso mißtrauisch und ironisch an. Sie sagen mir Komplimente, schieben mir über den Tisch betäubende Getränke zu; aber bei sich und auf den entfernteren Höfen nennen sie mich wahrscheinlich einen unreifen Hungerleider, einen trockenen Zweig, ein Mückenbein, weil ich von der Krankheit so matt bin, keinen Appetit habe und kaum die Lippen auseinanderbringe.
Auf dem Rückweg im Kahn verlassen mich die letzten Kräfte. Ich versuche, mich zusammenzureißen, um nicht zu zittern, aber jeder meiner Knochen schmerzt, und jeder Quadratzentimeter meines Halses tut weh, als wäre er mit heißem Wasser übergossen.
Als meine Frau sieht, daß ich drauf und dran bin umzufallen, versucht sie, vielleicht weil sie glaubt, daß ich betrunken bin, ihre in roten Seidenhosen steckende Knie unter meinen Kopf zu scheben. Aber noch jetzt, da ich halb ohnmächtig bin und beinah Halluzinationen habe, wende ich mein Gesicht von ihren Schenkeln fort und lehne mich mit der Nase an die Wand des Kahns.

Ich hasse diese Frau, die man an mich gefesselt hat, wie der Zuchthäusler den Klotz haßt, den man ihm an die Knöchel geschmiedet hat, damit er nicht weglaufen kann.
Wieder ist ein Tag zu Pulver verrieben, die Nacht vergeht mit schrecklichen Träumen und Schreien; bald springe ich vom Bett auf, bald versinke ich wieder, zitternd und schwitzend, in schweren Schlaf.
Am anderen Morgen weigere ich mich aufzustehen, und Vater schickt mich nach Tejan.
Ich liege im Hause meines Schulkameraden Dschuan. Es ist ein schönes Haus an einem stillen Platz, und es ist so still, daß man – wenn nicht eine Maus über den Boden läuft – außer dem Pulsieren des eigenen Blutes nichts hört.
Immer sind einige Schulkameraden um mich. An ihren Gesichtern sehe ich, daß sie sich Sorge um mich machen. Stundenlang sitzen sie neben mir, und wenn es mir besser geht, erzählen sie mir halblaut Neuigkeiten aus dem Gymnasium über den Boykott und über die Universitäten. Sie geben mir Tee zu trinken. Wenn sie vorsichtig meine Decke glätten, rascheln ihre Überröcke an meinem Bett.
Sie blicken dem bärtigen Doktor in die besorgten Augen, wenn er auf weichen Sohlen unhörbar zu mir tritt und, meinen Puls haltend, leise murmelt:
»Sie müssen an nichts denken, nichts tun.«
Mit Anstrengung schlucke ich die bittere, tintenfarbene Medizin hinunter. Mein Körper ist in eine dunkle Decke eingewickelt, und in meinem Nacken liegt ein heißes Kopfkissen. Die Ohren genießen die angenehme Stille. Meine Augen verfolgen die ruhigen Parallelstreifen der Bretter an der Decke. Über ihnen hört man ganz leise Käfer krabbeln.
Von Zeit zu Zeit wälze ich mich auf die Seite und betrachte lange den Fußboden, der ebenso regelmäßig ist wie die Bretter der Decke.
Einsamkeit und Stille beruhigen meine Nerven. Ich kann schon an die Stiefmutter denken, ohne zusammenzufahren und mit den Zähnen zu knirschen. Ich kann mir schon ganz

ruhig meine Frau vorstellen.
Dschuan vertritt mich – ich bin doch Sekretär der Schülerorganisation gewesen –, und deshalb hat Dschuan jetzt viel zu tun und kommt spätabends nach Hause.
Er tritt ins Zimmer, blinzelt geblendet, neigt sich über mein Gesicht, schiebt mit seinen guten Händen das Kissen zurecht und drückt mir ein neues, interessantes Buch in die Hand, das ich mit großem Interesse lese.
In diesen Büchern stehen Märchen von Teufeln, Füchsen und Geistern. Es kommt mir komisch vor, denn ich glaube nicht an Teufel und wunderbare Abenteuer der Geister. Aber die Erzählungen sind spannend geschrieben, und jede Seite macht Appetit auf die folgende.
Langsam schreitet meine Gesundung fort. Es fällt mir noch schwer, mich mit den Angelegenheiten der Schülerorganisation zu beschäftigen, aber die Teufelserzählungen habe ich schon über. Es zieht mich jetzt zu den Zeitungen.
»Die ›Partei der Armen‹ hat in Rußland gesiegt«, schreiben die Zeitungen. »Diese Partei hat die Vornehmen und Reichen fortgejagt, Städte und Dörfer in Aufruhr gebracht und richtet Tausende von Menschen hin. Alles Land ist den Besitzern räuberisch weggenommen und unter die Bauern aufgeteilt worden.«
Über den Telegrammen stehen die Zeichen der Telegrafenagenturen: Reuter, Ho-Wen, Tschun-Mee, Tojo.
Ich kenne diese Agenturen. Vor einigen Jahren haben sie Tag für Tag trompetet, daß man die deutschen Übeltäter zermalmen und daß China in die Reihen der edlen Verbündeten treten müsse.
Obwohl ich Hinrichtungen fürchte und Räuber hasse, habe ich nichts gegen die »Partei der Armen«. Das Land der Großgrundbesitzer ist unter die Bauern aufgeteilt? Nun, warum nicht? Das ist gar nicht übel. Ich habe doch gesehen, wie mein Vater während seiner Flucht, als er mit der Hacke die Erde bearbeitete, von Jahr zu Jahr sich aus einem Beamten in einen Bauern verwandelte. Ich selbst habe auf den Fel-

dern des Klosters gearbeitet und die ganze Schwere der Bauernarbeit kennengelernt.
Schon im Kloster habe ich mich gewundert, warum der Bauer als Pächter den Nichtstuern die Hälfte seiner Arbeit abgeben muß.
Es macht mir beinah Freude, daß in diesem fernen nördlichen Land der Boden beschlagnahmt worden ist. Aber was ist diese »Partei der Armen«?
Hätte mir jemand gesagt, daß diese »Partei der Armen« die Partei der Arbeiter ist, so hätte ich gar nicht verstanden, was das bedeutet. In unserer Provinz gibt es keine Fabriken, sondern nur Landarbeiter, die mit Sensen und Gabeln von Dorf zu Dorf ziehen, um Arbeit zu suchen, und Kulis, die in den Häfen Barken schleppen und Lasten tragen, auf Booten die Ruder ziehen und unter den Stangen der Sänfte laufen; sie alle sind auch halbe Bauern. Ihre Gedanken sind darauf gerichtet, ein bißchen Geld zu sparen, um wieder seßhaft zu werden oder im günstigsten Fall in der Stadt einen kleinen Laden aufzumachen.
Die »Partei der Armen« heißt auf chinesisch »Ho-ti-pee«, das bedeutet: »die allerextremste Richtung«. In dem Worte liegt der gefährliche Klang des Abenteurertums, beinahe der Räuberei.
Aber ich weiß, wo diese Benennung ihren Ursprung hat. Sie stammt aus Japan. Aus den Zeitungen weiß ich, daß Japan seine Truppen nach Sibirien gebracht hat und mit dem russischen Fernen Osten dasselbe machen möchte wie mit unserer Mandschurei. Natürlich geben die Japaner der »Partei der Armen« eine verächtliche und beleidigende Benennung.
Die »Partei der Armen« ist wahrscheinlich eine Bauernpartei. Vielleicht stützt sie sich auf die Lehren Kropotkins? Von dem russischen Anarchisten Kropotkin haben wir Schüler schon durch Studenten, die nach Tejan kamen, gehört. Vom eigentlichen Führer der »Partei der Armen«, Lenin, haben wir noch nichts erfahren.
Ich sitze im Bett, raschele mit den Zeitungen und strenge

mich an, aus den kargen und feindlichen Zeilen der Zeitungstelegramme zu erraten, was das für eine Revolution in dem rauhen Land des Nordens ist. Viele Bewohner des Nordens haben ja zur Zeit meiner Geburt in der Mandschurei die Chinesen mit Handschellen und Blechnummern geschändet und sind zwei Jahre vor der Niederwerfung des Boxeraufstandes in Peking mit Bajonetten und Gewehrkolben durch die Straßen und Dörfer und Städte, durch die stillen Tempel und die schönen, mit seltenen Gegenständen vollgestellten Schlösser gezogen.

Aufteilung des Bodens!

Ich erinnere mich an die Taipings, die vor siebzig Jahren im Süden den Bauernaufstand organisierten, die Zöpfe abschnitten, Opium und Wein in Bann taten, Buddha durch Christus ersetzten, mit hundertfünfzig Millionen Einwohnern ihren eigenen Staat mit der Hauptstadt Nanking errichteten, aber dann ihren Feldzug nach Norden gegen die Mandschu-Hauptstadt Peking einstellten, seßhaft wurden, zur Ruhe kamen und schließlich durch die mandschurischen Heere unter Führung von dreitausend Engländern geschlagen, auseinandergejagt und vernichtet wurden.

Als die Taipings noch als Sieger und Befreier vorwärts stürmten, zeigten sie sich großmütig gegenüber dem Eigentum und dem Leben der Bürger. Aber als die feindlichen Heere sie vom Norden her zu bedrängen anfingen und Verrat sie von innen her untergrub, fingen sie an, Lebensmittel zu konfiszieren, den Reichen Geld und Gut abzunehmen und Verräter und geheime Feinde aufzuspüren.

Drei Millionen Menschen wurden während der Kämpfe gegen die Taipings von den Mandschu und den Engländern umgebracht. Die unwissenden Dörfer des südlichen Chinas luden ihren Haß wegen des Blutvergießens auf die Taipings und die Revolutionäre aus den Geheimbünden ab. Jahrzehnte mußten vergehen, bis die mürrischen Bauern über die Schultern der erfolglosen Aufständischen hinweg die wirklichen Feinde erkannten: die mandschurischen Würdenträger

und die herbeigerufenen grausamen Europäer.
In dem mir unbekannten geheimnisvollen Rußland teilt die »Partei der Armen« das Land der Gutsbesitzer unter die Bauern auf.
Aber bei uns in Setschuan streifen die Bataillone der Regierungstruppen durch die Dörfer und kämpfen gegen die Partisanen und die von der Kuomingtang und Sun Jat-Sen gegen Peking mobilisierte Hu-guo-tjün.
Mein alternder Vater verfolgt als Revolutionär und Rebell das gleiche Ziel wie der Kuli, der die mit breitstirnigen Kaufleuten und mißtrauischen, mürrischen Bauern besetzten Barken den Fluß hinaufzieht.
Nach und nach komme ich zu Kräften, meine Füße tragen mich, das Gehirn arbeitet ruhiger. Die Hände zittern nicht mehr, meine Lippen zucken nicht mehr, und der Haß gegen Frau und Stiefmutter sinkt wie Schlamm auf den Grund der Seele.

MEINE FRAU

In der Familie sind Mädchen billig und Jungen teuer. Das Leben liegt in der Hand der Jungen. Sie haben den Auftrag, das Andenken der Ahnen zu wahren. Das Mädchen gehört in die Küche oder in die Kinderstube. Es tritt erst hervor, wenn es Mutter eines Sohnes wird.
Wenn eine Frau kinderlos bleibt, darf nicht einmal ihr Sarg in den Litang des Hauses gestellt werden, in dem sie ihr ganzes Eheleben verbracht hat. Jungen werden in die Schule geschickt. Von den Mädchen sagen die Väter: »Unwissenheit ist der Schmuck der Frau.«
Aber mein Schwesterchen geht in die Schule. Wie ist das gekommen? Vater kümmert sich doch ebensowenig um sie wie um mich. Bis heute weiß ich noch nicht, wem sie es zu verdanken hat, daß sie die Schule besuchen konnte: dem jüngeren Onkel oder der Stiefmutter.

Aber meine Frau ist ungebildet, wie es sich gehört. Sie ist ein Jahr jünger als ich. Für mich ist sie ein fremdes Mädchen, von dem ich mich abwende wie von einem toten Tier.
Gewöhnlich spricht in China der Mann ein oder zwei Jahre lang nach der Hochzeit kein Wort mit seiner Frau und beachtet sie nicht, wenn er ihr begegnet. Genauso verhalte auch ich mich.
Wenn ich an Feiertagen nach Sjan-schi zurückkomme, gehe ich in unser Haus und mache zuerst nach alter Sitte dem Vater und der Stiefmutter, den Onkeln und Tanten meine Aufwartung, sage ihnen höfliche Worte, erkundige mich nach ihrer Gesundheit, antworte auf ihre Fragen nach Neuigkeiten aus Tejan und kann erst dann, wenn ich bei allen die Runde gemacht habe, zu meiner Frau gehen.
Aber ich gehe nicht zu ihr. Ich ziehe die Unterredungen mit den Älteren in die Länge oder setze mich in Vaters Zimmer, nehme den Pinsel und helfe ihm die Listen der Abteilung prüfen, Rechnungen durchsehen und Zahlen addieren. Ohne seine Arbeit zu unterbrechen, sagt er gewöhnlich:
»Nun, wie ist's? In drei Monaten geht's nach Schanghai zum technischen Studium?«
Ich schweige. Er wiederholt die Frage. Dann antworte ich:
»Mich interessiert die Literatur.«
Vater vertieft sich wieder in die Arbeit, ihm gefällt meine Antwort nicht. Aber das macht nichts. Morgen wird er seine Worte über das Ingenieurstudium wiederholen und wird davon reden, daß die Chinesen Fabriken errichten, Dampfer bauen, Lokomotiven konstruieren und Kohle aus der Erde heraufholen müssen.
Aber mir werden zur gleichen Zeit die wohlklingenden Verse der Tang-Zeit im Kopf herumschwirren.
Mit meiner Frau treffe ich nur beim Mittag- und Abendessen im Speisezimmer zusammen. Hier kann ich ihr nicht mehr aus dem Wege gehen. Wortlos mache ich nur eine flüchtige, verhaltene Verbeugung, ohne sie dann noch weiter anzusehen. Abends lege ich mich an die äußerste Kante des breiten Bet-

tes, mit widerwillig gekrümmtem Rücken, um die mich erwartende Frau nicht zu berühren.
Sie schweigt. Es gehört sich für eine Chinesin nicht, ihrem Mann mit Winseln und Schluchzen zuzusetzen, damit er sie liebt, oder zu ihm zu kriechen oder ihn zu sich ins Bett zu bitten. Die chinesische Sitte bestraft übermäßige Gefühlsausbrüche der Frau mit Scheidung.
Die Stiefmutter blickt mich bekümmert an, wendet sich oft ab und hält den winzigen Zipfel ihres Tüchleins an die Nasenlöcher. Sicherlich beschwert sich meine Frau bei ihr.
Unser Haus ist mir fremd und widerwärtig. Durch die papiernen Wände und Fenster dringt Geschluchze und eiliges Flüstergespräch der Frauen zu mir: »Es ist kein Enkel da, ein Enkel muß kommen, was wird mit dem Enkel?«
Das ist die Stiefmutter, die sich flüsternd mit dem Vater und mit meiner Frau unterhält, weil sie sieht, daß ich mich nicht an die Frau gewöhne und daß die Hochzeit vielleicht zu nichts führt, weil ich nicht mit meiner Frau schlafen will und keine Hoffnung auf die Ankunft eines Kindes besteht.
So kriechen die schwarzen Monate meiner Ehe dahin. Ich glaube, in eurer Sprache nennt man diese Monate »Honigmond«.
Im Hause herrscht eine Atmosphäre, als wäre ein Verbrechen geschehen oder als trauere man um einen Toten. Ohne mich noch aufzuregen, habe ich mich schon daran gewöhnt, über meine Frau hinwegzublicken, das Gejammer der Stiefmutter anzuhören und Vaters Gerede über Schanghai und die Technische Hochschule über mich ergehen zu lassen.
Einmal kommt die Stiefmutter zu mir. Sie zittert. Mit dem Tuch vor dem nassen Gesicht, gesteht sie, daß sie einsieht, es war ein Fehler, daß sie mich verheiratet hat, und sie bittet mich, ihr zu verzeihen.
»Ich wußte nicht, daß es so kommen würde. Verzeihe mir, Schi-Chua.«
Es fehlte nicht viel, und sie wäre hingefallen. Wie engbrüstig, mager und kümmerlich sie ist. Die Worte fließen schnel-

ler und unzusammenhängender aus ihrer Kehle als die Tropfen aus ihren Augen.
Ich bin erschüttert. Ich berühre ihre Hand. Auf einmal habe ich Mitleid mit ihr und mit mir und auch mit dem schwerfälligen Mädchen, das man gegen ihren Willen in unser Haus gesteckt und zu meiner Frau gemacht hat.
Ich gebe mir Mühe, die Stiefmutter zu beruhigen. Ich sage zu ihr:
»Nicht weinen. Was machen Sie? Warum quälen Sie sich? Es wird schon alles gut werden.«
Sich verneigend, aufgeregt und erniedrigt, schluchzend und schluckend geht sie auf ihr Zimmer.
Als ich an diesem Abend am Tisch neben dem leeren Sessel Vaters Platz nehme, frage ich zum erstenmal das fremde Mädchen:
»Wohin ist Vater gegangen?«
Sie ist erstaunt und antwortet:
»Ich weiß es nicht genau, aber ich glaube zum Dorfältesten.«
Das Gesicht der Stiefmutter klärt sich auf. So strahlt das Gesicht einer Mutter, die das lang erwartete Kind geboren hat.
Drei oder vier solcher Sätze richte ich jeden Tag an meine Frau:
»War ein Schulkamarad hier? Was fehlt dem Onkel? Warum geht die Schwester nicht in die Schule?«
Das ist alles. Ich stelle diese kargen Fragen in den Augenblicken, wenn die Stiefmutter dabei ist.
Es zieht Den In sichtlich zu mir hin. Es genügt ihr nicht, Frau zu sein, sie will Mutter werden. Was ist eine Ehe ohne das?
Das Fleisch ist stärker als der Haß und hartnäckiger als der Zorn. Das gemeinsame Lager tut das seinige. Aber Zärtlichkeiten bringe ich nicht auf. Und als am folgenden Morgen meine Frau sich mit liebevollen Worten an mich wendet und mir beim Ankleiden helfen will, schiebe ich wie früher die Hand, die mir die Pantoffeln hinhält, mit Widerwillen bei-

seite, streife die Kleider über und gehe aus dem Zimmer und schenke der Frau gerade nur soviel Aufmerksamkeit, wie nötig ist, um einen Menschen zu beleidigen, ihn in sich selbst zurückzujagen, ihn um einen halben Kopf zu erniedrigen, sein Lächeln ersticken und seine Augen stumpf werden zu lassen.

Mit zusammengebissenen Zähnen, ohne nachzudenken, erfülle ich meine ehelichen Pflichten. Ich sehe, daß mein Zorn jetzt auch auf meine Frau übergreift. Aber es ist mir gleichgültig.

Sie bittet um Erlaubnis, zu ihren Verwandten reisen zu dürfen. Sie kommt von dort in lustiger Stimmung zurück, wird aber dann schnell wieder still und antwortet unterwürfig auf die seltenen Fragen, die ich ihr hinwerfe, wie man einem Hund den Knochen hinwirft.

Die Reisen zu den Verwandten werden häufiger. Ich protestiere nicht, ich bin sogar zufrieden. Mir ist es recht, daß diese Frau mit dem unangenehmen Gesicht und der groben bäuerlichen Sprache seltener vor mir auftaucht.

Vom Himmel brennt der gelbe Setschuaner Sommer des Jahres 1920, den nur die Bergwinde mildern.

Der General Ssün Ke-Wu macht in den Dörfern Jagd auf die Hu-guo-tjün. Aufgeregte Leute kommen zu Vater gelaufen und flüstern ihm zu:

»Flieh!«

Schnell hat der Vater, der gewöhnt ist, vor dem Beil zu fliehen, seine Vorbereitungen getroffen.

Vor seiner Abreise, als die Träger schon vor dem Tor husten und die Stiefmutter die Koffer verschließt, läßt Vater mich rufen und sagt mir beinah im Kommandoton:

»Hier herumzusitzen hat keinen Zweck. Du fährst nach Schanghai und wirst Ingenieur.«

Ich schweige.

»Laß dir von der Stiefmutter hundert Silberdollar geben. Hundert Silberdollar sind nicht viel, aber leider ist alles andere bei deiner Hochzeit draufgegangen.«

Ich schweige.
»Hundert reichen für die Reise und für einen Monat Aufenthalt in Schanghai. In dieser Zeit werden der Onkel und die Stiefmutter im Dorfe Geld aufbringen und es dir schikken. Vierhundert im Jahr sind, glaube ich, genug. Telegrafiere sofort, wenn du angekommen bist.«
Länger zu schweigen ist nicht angängig.
»Gut, ich telegrafiere. Mach dir keine Sorge, Fu-tjin. Glück auf die Reise! Nimm dich in acht.«
Vater eilt auf das ferne Schloß, daß dem Mann der älteren Tschen gehört. Das Schloß liegt in einer abgelegenen Gegend, und er bekommt für billiges Geld ein Zimmer. Er kann dort unter fremdem Namen Wohnung nehmen, da der Schloßverwalter ihn nicht persönlich kennt.
Zwei Monate nach Vaters Abreise packe ich meine Koffer. Die Kulis laden sie auf ihre Rücken, um sie zu dem Boot zu bringen, das mich nach Tschungking zur Dampferstation bringt.
Die Stiefmutter, die Frau, die Schwestern und Tangen begleiten mich bis zum Anlegeplatz. Die Stiefmutter streichelt meinen Arm und fragt mich beim Abschied:
»Wohin fährst du eigentlich, Schi-Chua?«
Ich blicke die Frauen an, lächle, verneige mich vor ihnen und wünsche ihnen alles Gute. Das Wasser gluckst, das Ufer verschwindet. Ohne eine Antwort auf ihre Fragen bekommen zu haben, werden die Frauen kleiner und kleiner, und ich sehe sie das steile Ufer hinaufsteigen.
In Tschungking erwarten mich meine Reisegefährten und die Karte für den Dampfer, der von Tschungking nach Itschang geht.
Wohin ich fahren soll, habe ich längst mit meinen Freunden beschlossen. Vor siebzehn Jahren, als ich noch ganz klein war, fuhr Vater, ohne es jemand zu sagen, nach Japan. Jetzt fahre ich, ohne es jemand zu sagen, nach Peking.

Wir reisen zu viert; ich, Dschuan, Genosse Min und mein Vetter Den Schang-Ssu, jener Student, der seinem Vater solchen Kummer bereitete, indem er sich weigerte, die ihm verlobte Braut zu heiraten. Er ist ein Hauptkerl. Er hat Charakter gezeigt. Vor kurzem ist seine Braut gestorben, und er hat eine Studentin geheiratet, die er sich selbst gewählt hat.

Einige Freunde begleiten uns. Sie hängen mir ein Paket mit Mandarinen an den Finger, bitten, ihnen recht bald die Lehrpläne der Universität zu schicken und über Peking, die Studenten und den antijapanischen Boykott zu schreiben.

Der Dampfer liegt in der Mitte des Flusses. Fährleute bringen uns zur Schiffstreppe, an der schon Dutzende von Booten kleben.

Am Ufer schwenken die Freunde ihre Tücher. Der Dampfer hat die amerikanische Flagge gehißt, er gehört der amerikanischen Gesellschaft Robert Dollar. In Setschuan toben augenblicklich Kämpfe, und alle chinesischen Dampfer sind entweder von den Generälen beschlagnahmt und transportieren Brigaden und Kanonen oder verkehren in den Provinzen am Unterlauf des Jangtse.

Robert Dollar ist kein Dummkopf. Seitdem er das Monopol besitzt, hat er sofort die Preise für die Billetts erhöht. Früher kostete das Billett dritter Klasse von Tschungking nach Itschang – anderthalb Tage Reise flußabwärts – zehn Silberdollar; flußaufwärts zwanzig. Jetzt sind aus den zehn Silberdollar vierzig geworden. Es gibt keine Wahl, und ich opfere vierzig von meinen hundert Silberdollar. Banknoten zu nehmen ist nicht angebracht; ihr Wert ist in den einzelnen Provinzen unterschiedlich. Nur die Silbermünzen mit dem Kopf Jüan Schi-Kais haben in allen Städten Chinas den gleichen Wert.

In der ersten Klasse reisen Mandarine, Fabrikanten und solche Leute wie Hundekopf.

Aber es gibt noch eine Klasse über der ersten. Die liegt im

dritten Stock des Dampfers und hat besondere Kajüten für die Ausländer. Dorthin wird auch ein Hundekopf nicht zugelassen, ja nicht einmal der Dau-tai, soviel sie auch bezahlen würden.
Allerdings gibt es solche Kajüten für Ausländer nur auf den Dampfern, die von Itschang flußabwärts gehen. Unser Dampfer ist klein und hat einen flachen Kiel; er verkehrt nur im Oberlauf des Jangtse.
Die dritte Klasse befindet sich im Zwischendeck. Die Menschen liegen auf, zwischen und unter Gepäckstücken. Wenn man sich hindurchzwängt, tritt man bestimmt auf Füße. Man denkt, daß einen gleich jener Kopf dort anbrüllen wird, aber es brüllt ein ganz anderer, der auf den ersten Blick mit dem getretenen Bein gar nichts zu tun hat.
Das menschliche Skelett ist nicht darauf eingerichtet, sich so zu verbiegen, wie es von einem Passagier im Zwischendeck der Dampfer Robert Dollars verlangt wird. Schnarchende Menschenköpfe, deren aufgerissene Münder gegen die Decke gerichtet sind, hängen von den Koffern herunter.
Über dem Zwischendeck liegt der Geruch verschwitzter Dekken und ungewaschener Kleider. Der Ventilator ist machtlos.
Das Zwischendeck versetzt mich in Aufregung. Ich besinne mich: In genau so einem Menschenbrei habe ich in jener Nacht geschlafen, als ich vor der Polizei fliehen mußte.
Die Leute halten unter Qualen bis zum letztmöglichen Augenblick an sich, bevor sie auf die Toilette gehen. Räuspernd und krächzend suchen sie lange auf dem Fußboden nach einer nicht mit Sachen zugestellten Ritze, wohin sie ausgiebig spucken können.
Der ausländische Kontrolleur mit Uniformmütze, der in das Zwischendeck kommt, um die Billetts zu prüfen, geht über die Decken, über das warme Menschenfleisch und die vielen Beine hinweg, schiebt diese Beine beiseite und flucht, obwohl die Passagiere sich ihm gegenüber keines einzigen beleidigenden Wortes schuldig machen.
Hinter den Kontrolleuren kommen Angestellte in weißen

Kitteln. Sie befehlen den Schlafenden:
»Mach den Koffer auf; schnür das Bündel los.«
Mit flinken Händen wühlen sie das Innere der sorgfältig gepackten Bündel und Kissen durcheinander. Die Hände des Kontrollbeamten fahren unter die Stapel von Büchern in meinem Koffer. Ich weiß nicht, was sie suchen. Jedenfalls keine Schmugglerware; denn es sind keine Zollbeamten.
In der Abenddämmerung macht der Dampfer gegenüber der Stadt Wan-sjan halt. Am Fuß eines dunklen Berges zieht sich die Stadt entlang, und ein Kamm von Schiffsmasten am Ufer des Flusses verdeckt die Lagerhäuser. Oberhalb der Stadt heben sich, von einem riesigen Park umgeben, die grauen Umrisse eines Gebäudes ab. Das ist das pädagogische Seminar. Wie die runden Zementgräber eines reichen Sippenfriedhofes stehen die Benzintanks der Asiatischen Kompagnie und der Standard Oil da.
Gegenüber der Standard Oil sinkt unser Anker ins Wasser. Wie Eisenspäne auf einen Magnet streben die Boote auf unseren Dampfer zu. Bald steckt er wie ein Finger im Ring der Bootslampen und der Händler, die laut schreiend ihre Waren anpreisen.
Von den Booten aus werden Gläser Bier verkauft. Der Händler wartet, bis der Passagier ausgetrunken hat, und fängt geschickt das zurückgeworfene Glas auf.
»Wein, warmer Wein!« schreien die Händler.
Dichter Dampf quillt aus den Garküchen, auf deren Herden fette Fleischpasteten zischen und Nudelsuppe brodelt.
Die hungrigen Passagiere kaufen Eier, Wurst und kalte Sülze. Schwimmende Speisehäuser, mit halbkreisförmigen Planen überdacht und innen von Petroleumlampen beleuchtet, legen an Bord des Dampfers an und laden die von der langen Reise ermüdeten Kaufleute ein, die gewöhnt sind, ordentlich zu Abend zu essen.
In den Spielkähnen lärmen schreiend die Spieler. Dort klappern die Steine des Majong, und kupferne Geldstücke fliegen von einem Spieler zum anderen.

Im Zwischendeck steht unbeweglich die heiße Luft. Statt mit Sauerstoff ist sie mit den Ausdünstungen menschlicher Lungen und Därme gefüllt. Durch die tonnenförmigen Boote weht der frische Wind, der über den Fluß streicht.
Hinter den Spielkähnen kommen schaukelnd die Freudenhäuser angeschwommen. Über die Wände dieser Boote blikken Frauen mit weißgeschminkten Gesichtern und goldenen Ohrringen und Armspangen. Hinter den geflochtenen Schutzdächern hervor hört man ganz leise Gefiedel und halblauten Gesang feiner Falsettstimmen.
Unermüdliche Ausrufer lassen ihre Stimmen ertönen und preisen die Namen und Vorzüge der Frauen an. Die Passagiere blicken lange zu den Frauen hinüber, klimpern mit Geld in der Tasche, überschlagen offenbar schnell ihre Barschaft; dann beugen sie sich über Bord, legen die Handflächen wie ein Sprachrohr an den Mund, und unter den kräftigen Schlägen des Ruders am Heck drängt sich das öffentliche Haus zwischen den übrigen Barken zur Schiffstreppe vor, und die Ausrufer nehmen den dicken Hintern eines aus dem Dampfer heruntersteigenden Kunden auf ihre vorsorglichen Hände.
Die ärmeren Leute, die im Schiff bleiben, sind neidisch. Die Glücklichen werden die Nacht in frischer Luft mit einer Frau verbringen, die von hier, vom Dampfer aus, im Schein der Lichter als erstklassige Schönheit wirkt.
Eine ganze Nacht steht der Dampfer vor Wan-sjan, von den kleinen, goldenen, hin und her tanzenden Bootslaternen umgeben. In der Nacht kann man nicht fahren; die großen Stromschnellen und die stillen Sandbänke des riesigen Jangtse sind zu gefährlich.
Das Morgenrot kommt herauf. Die Dampfersirene schreckt die verschlafenen rotbäckigen und hüstelnden Passagiere aus den Booten auf.
Schnell werden die letzten Pasteten und Gläser mit Bier gekauft.
Wan-sjan bleibt zurück. Zu Mittag sind wir in Itschang. Hier

müssen wir in einen größeren Dampfer umsteigen, der nach Hankau fährt.
In Itschang gibt es Dampfer, soviel man will. Wir nehmen einen chinesischen. Nach der Nacht im Zwischendeck beschließen wir, einmal ordentlich zu leben. Wir lösen uns Billetts zweiter Klasse. Sie kosten acht Silbertael für die anderthalb Tage Wegs, die übrigbleiben.
Wir reisen beinah, als wären wir Millionäre. Die zweite Klasse hat ein Deck. Auf ihm kann man in Schanghaier Rohrmöbeln sitzen, spazierengehen, sich angeregt über Peking unterhalten und sich über die leicht aus der Fassung zu bringenden Töchter einer vielköpfigen Kaufmannsfamilie lustig machen, die von einer Stadt in die andere reist. Auf dem Deck gehen Buchhändler herum. Sie bieten den gelangweilten Passagieren Erzählungen und dicke Romane aus Schanghaier Verlagen an, und wenn der Passagier besonders gelangweilt aussieht und nicht Geeignetes findet, ziehen sie unten aus dem Bücherstapel andere Bände hervor, auf deren Umschlägen Schauspielerinnen und Kurtisanen abgebildet sind. Das sind pornographische Bücher.
In Hankau endet der Wasserweg, und man muß mit der Eisenbahn weiterfahren. Nach fünfzehn Minuten Aufenthalt auf dem Anlegeplatz von Hankau bin ich wie in Hackfleisch verwandelt. Das Rattern der Karren und der Dampferkrane, der Staub, der unter herabfallenden Ballen aufgewirbelt wird, der melancholische Singsang der im Schritt dahintrabenden Träger, jene Automobile, die ich bisher nur auf Bildern gesehen habe, die mit durchdringenden Schreien herumlaufenden Kulis, die vor Karren gespannt sind, vor allem aber der Staub, der einem in die Nasenlöcher, in die Gurgel, in die Augen und in die Ohren dringt, sich zwischen die Finger setzt und die Haut austrocknet – alles das ist gänzlich ungewohnt für mich.
Ich kenne mich nicht mehr aus. Die Agenten der Hotels schwenken Reklamelampen ihrer Häuser, packen uns frech am Ärmel und schreien uns ihre Angebote direkt ins Ohr.

Ich werde taub von dem Lärm der Lastautos. Meine Augen ertragen die ganzen Hebe- und Verladevorrichtungen nicht. Meine Ohren baumeln wie Lumpen an beiden Seiten des Kopfes. Ich bin bereit zurückzurennen, den Jangtse hinauf, und jedes Zwischendeck und alle Flüche der Beamten hinzunehmen, um mich nur in einem der stillen Zimmer unseres Hauses in Sjan-schi vergraben und in der stillen Nacht die fernen Gongschläge des Nachtwächters hören zu können.
Mein Vetter lacht.
»Halt dich fest, Schi-Chua, das ist etwas anderes als dein Dorf.«
Er ist nicht zum erstenmal in Hankau. Er schiebt die Hotelagenten beiseite, schreitet flink über die Straße und führt uns ohne die Automobile zu fürchten, zu einem ihm bekannten Hause.
Ein fixer Kerl, dieser Schan-Ssu; er gefällt mir! Seine sichere Stimme gibt mir das Gleichgewicht wieder. Ich schäme mich, daß ich schon die Rückreise antreten wollte, ohne bis Peking gekommen zu sein. Sollen mich wirklich, wenn ich es schon fertiggebracht habe, gegen Vaters Willen zu handeln, der Lärm und der Staub des Hankauer Hafens kleinkriegen?
Der Bahnhof riecht nach Steinkohle. Die Lokomotive macht mir Angst. Sie ist schwer und fettig, und ich fürchte, daß der zischende Dampf sie zum Platzen bringt. Besonders entsetzt bin ich über die Schienen. Nach den Illustrationen in den Büchern habe ich gedacht, daß die Schwellen aus Eisen und daß die Schienen viel dicker seien. In Wirklichkeit sind die Schienen jetzt einfach zwei eiserne Striche. Ich kann mir nicht denken, wie diese Eisenbänder die Last der vielrädrigen Lokomotive aushalten sollen.
Ich springe auf die Schwellen hinunter und befühle mißtrauisch mit dem Finger den Schienenrand. Er gibt nicht nach. Ich werde etwas ruhiger, aber trotzdem ...
In der dritten Klasse gibt es nur Sitzplätze, immer zwei auf einer Bank. Der Zug ist voll Soldaten. Ihr Gepäck füllt die Netze, die längs der Wände angebracht sind, und die Solda-

ten haben ihre Flinten neben sich.
Die Soldaten schlafen schon mit hochgezogenen Knien, so daß sie zwei Plätze einnehmen. Man muß sie bitten, Platz zu machen. Sie fangen an, grob zu fluchen, rücken unwillig zur Seite und betrachten argwöhnisch unsere Koffer, als wögen sie den Inhalt ab.
Die Reise nach Peking dauert sechsunddreißig Stunden. An Schlaf ist nicht zu denken. Die Soldaten laufen von einem Waggon zum anderen und springen auf den Stationen rudelweise hinaus. Sie nehmen ihre Bündel aus den Netzen und schleppen sie mit sich fort. Wenn sie nur nicht einen unserer Koffer mitnehmen! Während zwei von uns in der stinkigen, dicken Luft beim Rattern der Räder und unter dem Schnarchen, Räuspern und Fluchen der Soldaten dahindösen, muß einer Wache halten. Er sitzt mit wackelnder Nase und versucht, in der draußen vorbeifliegenden Dunkelheit Felder, Häuser und Bäume zu erkennen. Den Schan-Ssu ist in Hankau geblieben. Sein Weg führt nach Süden.
Ich versuche, auf die Gespräche zu lauschen, die ringsum geführt werden. Es ist schwer. Ich kann nicht alles verstehen. Die Sprache der Leute aus dem Norden klingt fremd für mein Setschuaner Ohr. Mit vieler Mühe verstehe ich die Fragen, die meine Nachbarn an mich richten.
Am Morgen taucht eine neue Landschaft auf. Schachbrettförmige Felder ziehen sich bis zum Horizont hin. Selten, ganz selten sieht man Bäume; sie wachsen nur längs der Kanäle und über den Grabhügeln bei den Dörfern. Ich kann mir vorstellen, wie teuer in diesen Gegenden das Holz sein muß. Die am häufigsten vorkommenden Stämme sind die Telegrafenmasten. Sie tragen Porzellanblüten.
Nach und nach bekommen wir Hunger. Die Kehle ist wie ausgetrocknet. Man möchte essen, vor allem trinken. Auf jeder Station stürzen wir ans Fenster und suchen unter den Händlern Wasserträger. Es gibt keine. Auch heißes Wasser bekommt man auf den Stationen nicht. Es ist eine Schweinerei – die Bahnlinie gehört den Franzosen. Da laufen sie

herum, die Angeber mit glänzenden Knöpfen, spazieren über die Bahnsteige und geben hochmütige Befehle.
Ich warte so lange, bis ich es nicht mehr aushalten kann, und beschließe dann, in den Speisewagen zu gehen. Wir machen uns zu zweit auf den Weg. Nicht ohne Gefahr klettern wir von Waggon zu Waggon über die klirrenden Puffer. Da ist die zweite Klasse. Auch hier ist es eng, und auch hier gibt es immer zwei Sitzplätze, aber die Luft ist rein, die Leute sehen stattlich aus, ihre Kappen glänzen, und der Saft der Früchte, die sie essen, lackiert ihnen die Lippen.
Durch die erste Klasse gehen wir über einen Korridor und blicken in die Abteile. Hier gibt es weiche, mit Wachstuch überzogene Polster; auf ihnen liegen Plaids, und auf den Plaids sitzen wichtig aussehende bebrillte Beamte oder laut lachende Gruppen von zähnebleckenden Japanern.
Die Ausländer tragen helle Anzüge.
»Jang-gwee-dse«, sage ich zu meinem Kameraden.
»Jang-gwee-dse«, wiederholt er.
Jang bedeutet: von jenseits des Meeres, ausländisch, aber auch: Hammel. Und bei dem Wort Jang-gwee-dse fallen einem die hervorstehenden grauen Hammelaugen der Ausländer ein. Mir kommt das komisch vor. Die Chinesen haben schwarze, flache Augen.
An der Tür zum Speisewagen hält uns ein Kellner in einem weißen, grün eingefaßten Überrock an. Er betrachtet uns und besonders den Saum unserer Röcke und sagt:
»Was wollen Sie?«
»Wir wollen essen.«
Immer noch uns anblickend, schneidet er unsere Rede ab:
»Das geht nicht.«
»Warum geht es nicht? Der Speisewagen ist für alle da.«
»Ich habe gesagt, es geht nicht.«
Im selben Augenblick springt er zur Seite und läßt mit einer Verbeugung einen Zigarre rauchenden Ausländer in einem gestreiften grauen Anzug an sich vorbei.
»Außerdem kostet das Essen zwei Silberdollar.«

»Für beide?« frage ich.
Der Kellner lacht, antwortet nicht und schließt die Tür.
Verwirrt und erbost kehren wir zu uns in die dritte Klasse zurück.
Ein Handwerker, der aus Peking in seine Heimat gereist war, um seine Großmutter zu beerdigen, erklärt uns teilnehmend:
»Ohne Ma-gua darf man dort nicht hin, sie lassen niemand hinein. Und überdies: Es ist teuer, lassen Sie es bleiben. Für zwei Silberdollar kann man bei den Verkäufern auf den Stationen für eine ganze Woche zu essen bekommen.«
Wir geben uns zufrieden und kaufen auf der nächsten Station eine rote, in Pfeffer gebratene Pekinger Ente und steinharte Birnen. Wir essen die Ente, indem wir sie mit den Fingern auseinanderreißen und die Knochen zum Fenster hinauswerfen.
Felder fliegen vorbei, Pagodenspitzen, Barken auf den Kanälen, Lokomotivendepots mit ihren Schornsteinen, Grabhügel und aus Sperrholz geschnittene buntbemalte Generäle auf den Zinnen der Stadtmauern. Quer über die Generäle geht eine Reklameinschrift: »Die besten Zigaretten.«

PEKING

Die Ankommenden laden das Gewicht ihrer Körper und Bündel auf lange Tische ab, zwischen denen Beamte mit Uniformmützen herumgehen. Hier findet die Gepäckkontrolle statt.
Ich glaube, es gibt in China keinen Ort, wo nicht Zollbeamte das Gepäck revidieren und Gebühren einziehen. Das ist unverständlich: Unsere Zollbehörden unterstehen Ausländern, und diese nehmen das Geld als Rückzahlung der Anleihen, die sie unserem Präsidenten, unseren Premierministern und Militärparteien gegeben haben.
Ausländer, denen Kulis auf den Schultern Lederkoffer nach-

tragen, gehen unkontrolliert an den Tischen vorbei. Sie haben besondere Ausweise für den Durchlaß.

Was gibt es in unseren ärmlichen Studentenhabseligkeiten, die in dicke Steppdecken eingewickelt sind, schon groß zu kontrollieren? Wir binden unsere Sachen wieder zusammen, und dann treten wir drei Provinzler – Dschuan, Min und ich – durch einen Bogen, der durch die Pekinger Mauer führt, auf einen Platz.

In Hankau habe ich zum erstenmal ein Telefon gehört. Ich habe allerdings nicht selbst telefoniert, sondern nur das durchdringende, vogelschreiartige Klingeln gehört. Hier auf dem Platz ist es, als klingelten Tausende von Telefonen. Das sind die Rikschas, die abfahren, nachdem sie ohne Rücksicht auf ihre gebrechlichen Räder recht beleibte Passagiere aufgeladen haben. Andere Rikschas hinter ihnen schleppen die Koffer.

Das Wort »Rikscha« habe ich erst sehr viel später bei meinen russischen Lehrern kennengelernt. Im Chinesischen heißen diese Karren, »Jang-tschö« – »Ausländisches Fahrzeug«. Erst die Ausländer haben sie vor gar nicht langer Zeit, vor etwa dreißig Jahren, in China eingeführt. Diese Karren haben sich hauptsächlich in den Küstenplätzen und in eben gelegenen Städten eingebürgert und geben jetzt hunderttausend Kulis Nahrung.

Bei uns in Tejan und Sjan-schi gibt es keine Rikschas und kann es sie nicht geben, weil kein Mensch einen Wagen über die steinernen Stufen der Bergwege oder über die abschüssigen Straßen ziehen könnte.

Fünfzehn Rikschakulis stürzen uns mit dem Schrei: »Zu mir, zu mir!« entgegen.

Sie geraten mit den Deichselstangen über unseren Köpfen ineinander und zerren uns so hin und her, als wären wir ein Rindsknochen und sie ein Rudel verhungerter Hunde.

Aber wir wissen nicht recht, ob es uns erlaubt ist, in einer Rikscha zu fahren. Mißtrauisch betrachten wir die luftgefüllten Gummireifen der Räder und die dünnen Achsen; dann wenden wir uns dem Ende des Platzes zu, wo die Lo-tschö stehen. Das sind riesige Fahrzeuge auf eisenbeschlagenen Rädern und ohne Federn. Sie sind mit einem halbkreisförmigen Dach aus Stoff überdeckt.

Lo-tschö ist das älteste chinesische Fahrzeug. Man findet es auf allen alten Bildern. »Lo« heißt Maultier und »tschö« Fahrzeug.

Wir klettern unter das dumpfige Wagendach; durch zwei kreuzförmige Fenster können wir Peking betrachten. Im Takt des Pferdetrabs werden wir so geschüttelt, daß uns übel wird und uns das Schlucken kommt.

Die Straßen sind voll von rennenden Menschen, die vor Karren gespannt sind. Unbeweglich, als seien sie bandagiert, sitzen in ihnen solide Passagiere und drücken nur von Zeit zu Zeit mit der großen Zehe auf den Knopf der Signalklingel, die am Fußbrett des Karrens angebracht ist.

In geschlossenen Pferdedroschken fahren langsam Hausbesitzer, Inhaber von Antiquitätenläden und reiche Geldwechsler mit ihren Frauen und Töchtern vorbei.

Der Wind läßt den straff gespannten Stoff des Dachs knattern. Der Himmel ist bronzefarben. Ein Taifun treibt gelben Sand aus dem Westen heran.

Sand knirscht in den Zähnen, trocknet die Nasenlöcher aus, setzt sich als schwarzes Pulver in die Augenwinkel und bedeckt die von der Hitze feuchten Gesichter mit Puder. Unsere Taschentücher, die wir an die Nase drücken, weil uns die schmutzige Luft den Atem verschlägt, sehen längst wie Küchentücher aus.

Staub – das ist das erste, was mir in Peking auffällt. Das zweite sind die mandschurischen Frauen, hochgewachsene Gestalten in langen Röcken und mit geschminkten Schläfen und Wangen. Sie tragen auf der Straße Frisuren, wie ich sie bisher nur im Theater gesehen habe.

Fliegende Händler gehen die Straßen entlang oder sitzen an den Kreuzungen. Sie spielen Instrumente, schlagen Gongs und Trommeln und singen ihre Anpreisungen in einem mir

unverständlichen Dialekt.
Unsere Lo-tschö verläßt die großen Straßen, wo in den Schaufenstern und an den Häuserfassaden Ketten elektrischer Lampen in der bläulichen Dämmerung aufblitzen, und führt uns zwischen den engen Mauern der Gassen hindurch. Wohin man uns fährt, haben wir bei dem Geratter schon längst aufgehört zu verstehen.
Die Lo-tschö hält vor dem Tor eines großen Hotels. Wahrscheinlich steht unser Fuhrmann in Geschäftsverbindung mit diesem Hotel und bekommt für jeden von uns bezahlt.
Die Zimmer sind kärglich möbliert und ohne eigentliche Betten. Hier sehe ich zum erstenmal den »Kang«, die fest stehende Bettlade, die ein Drittel des Zimmers einnimmt.
Ich untersuche diese Lade. Es zeigt sich, daß unter ihr ein Hohlraum ist. Wir haben jetzt Sommer, und der Eingang in diesen Hohlraum ist mit Brettern verlegt. Im Winter wird ein Kohlenbecken hineingestellt, und die Wärme, die dann unter der Bettlade hervorströmt, hüllt den Schläfer wie eine zweite Decke ein.
Die schlimmste Überraschung kommt ein paar Minuten später, als der lächelnde Hotelbesitzer uns mitteilt, daß er jedem von uns für Wohnung und Essen nur achtzig Cent am Tage berechnet.
Achtzig Cent am Tage, das sind vierundzwanzig Silberdollar im Monat nur für Wohnen und Essen! Und die Kleidung, die Lehrbücher, das Fahrgeld?
Wir halten eine kurze Beratung ab. Es heißt jetzt schnell Briefe an Landsleute schreiben, die in Peking leben, damit sie uns aus diesem verfluchten Ort forthelfen, wo die neuangekommenen Provinzler geneppt werden. Die Post funktioniert pünktlich. Einen Tag später sind wir bei unseren Landsleuten. Sie schelten und belehren uns:
»Das beste ist, in einem Studentenhaus Unterkunft zu nehmen. Dort kostet der Schlafplatz in einem Zimmer für zwei Personen sechzehn Silberdollar für das ganze Schuljahr. Aber jetzt sind keine Plätze in den Studentenhäusern frei. Ihr

müßt zunächst einmal in den extra für Studenten bestimmten möblierten Zimmern Unterkunft suchen, wo das Essen und ein Platz auf dem Kang zehn bis zwölf Silberdollar monatlich kostet.«
Zehn Silberdollar ist nicht übel, wenn auch das Zimmer zehn Li von der Universität entfernt liegt.

Ich sitze über den Universitätsstatuten und Lehrplänen und überlege, was ich tun soll.
Vater hat recht gehabt, wenn er alles, was mit Naturwissenschaft zusammenhängt, bevorzugte. Aber die Chemiker und Agronomen müssen besondere Gebühren für die Benutzung der Laboratorien entrichten, und die Bücher sind teuer. Die Literaturfakultät ist viel billiger.
Aber am Ende falle ich im Examen durch? Man muß sich irgendwie sichern.
Ich stelle also noch einen Antrag an das Medizinische Institut und fülle den langen Fragebogen aus.
Der Schreiber steckt seine Nase in mein Gymnasialzeugnis und gibt es mir dann über die Schranke zurück:
»Sie sind zu jung. Sie können erst nächstes Jahr drankommen.«
Aus dem westlichen Teil von Peking, wo ich wohne, laufe ich in den nördlichen mit seinen riesigen Universitätsgebäuden.
Schon sind die letzten fünf Silberdollar gewechselt. Schon habe ich anderthalb Silberdollar für das Telegramm in die Heimat mit der Bitte um Unterstützung ausgegeben.
Die Zeitungen bringen schlimme Neuigkeiten. Wu Pee-Fu und Tsau Kun bedrängen die Armeen der Pekinger Regierung. Briefe und Geldsendungen aus Setschuan gelangen nur langsam und unter Schwierigkeiten nach Peking.
Dschuan, den ich im Korridor der Universität treffe, faßt mich an der Hand und sagt:
»Was für ein Glück wir gehabt haben? Wir sind gerade zur rechten Zeit durchgekommen. Jetzt hat der Krieg alle Verbindungen mit dem Süden und Westen abgeschnitten.«

Für mich ist dieses »Glück« kein großer Trost. Noch ein paar Tage, und das letzte Geld ist ausgegeben. Dann beginnen die unangenehmen Verhandlungen mit den Landsleuten, die selber nichts Rechtes im Beutel haben.

Wir sind mitten im Sommer. Wolkenbrüche überspülen die Pekinger Straßen. Bis zum Bauch im Wasser, ziehen die Rikschakulis ihre Passagiere. Aber dann hören die Regenfälle auf, das Wasser verdampft, und die Sonne brennt so auf das staubige Peking herunter, daß man meint, es liegt auf einem Amboß und soll geschmiedet werden.

Ich spare, wo ich kann. Morgens laufe ich, ohne zu frühstücken, die zehn Li bis zur Bibliothek. Zur Mittagszeit drücke ich mich an der Schattenseite der Häuser entlang.

Ich weiß, daß der erste Mann, dem ich begegne, der Hausdiener mit der immer länger werdenden Rechnung sein wird. Er kommt in mein Zimmer und fängt davon an, daß es Zeit ist zu bezahlen, daß die Steuern abgeliefert werden müssen und die Lebensmittel teurer werden. Ich werde mit langen Erklärungen antworten, daß er sich etwas gedulden muß, daß ich ganz bestimmt bezahlen werde, daß man mir schon von Hause Geld geschickt hat, aber das Geld wegen des Krieges nicht durchkommt. Aber meine Stimme wird unsicher klingen, denn womit kann ich beweisen, daß mir meine Familie wirklich Geld geschickt hat? Vielleicht hat Vater, erzürnt über meinen Ungehorsam, den Verwandten verboten, sich mit mir abzugeben?

Ich bitte den Kellner, mir Essen zu geben. Der Kellner schweigt und geht fort.

Eine halbe Stunde vergeht, eine Stunde. Das Essen kommt nicht. Mir wird schwach, denn ich habe seit gestern abend nichts gegessen. Das Gehirn ist ohne Blut, und ich kann nicht nachdenken.

Ich gehe zum Wirt. Ich lächle, verneige mich, bitte ihn um ein Essen und gebe der Hoffnung Ausdruck, daß morgen das Geld kommt.

Der Wirt schweigt.

Lange muß ich neben ihm stehen, mich verneigen, mit lächelnder Miene Höflichkeiten vorbringen, bis ihm diese Schererei selbst langweilig wird und er dem Kellner befiehlt, mir Essen zu bringen.

Man setzt mir irgendwelche Küchenreste vor. Schon lange habe ich den Appetit verloren. Mein Magen hat aufgehört zu knurren, und der Speichel bleibt mir aus.

Das Essen widersteht mir. Die Speisen liegen wie ein Stein in der Magengrube. Aber am meisten Widerwillen weckt in mir die Erinnerung daran, wie ich lächelnd und knicksend bei dem Wirt betteln mußte und wie ich morgen zu demselben Zweck wieder lächeln und knicksen werde.

Die Aufnahmeprüfung wird schriftlich abgelegt. So war es in alten Zeiten in den Mandarinenkäfigen. So ist es auch jetzt noch in unseren modernen Universitäten.

Die ersten drei Tage sind die entscheidendsten: Prüfung in Mathematik, Chinesisch und einer Fremdsprache, meist Englisch, das in den chinesischen Mittelschulen am häufigsten gelehrt wird.

Am vierten und fünften Tage lege ich die Prüfung in Geschichte, Geologie, Zoologie, Botanik, Mineralogie, Chemie und Physik ab.

Dann kommt ein Monat Erholung, wenn man die ständige Aufregung und das Hungern Erholung nennen kann.

Einen ganzen Monat lang muß man das Ergebnis der Examen abwarten. Einen ganzen Monat lang zucken die Nerven bei dem Gedanken: Was wird, wenn ich durchgefallen bin? Und durchfallen kann man leicht. Zweitausend Schüler bemühen sich um dreihundert freie Universitätsplätze, und es gibt Hochschulen, wo die Zahl der freien Studienplätze noch geringer ist.

Und dann kommen alle Freuden auf einmal.

Geld aus Setschuan, und aus der Universitätskanzlei die Nachricht: Ich habe bestanden, ich bin angenommen, ich bin Student! Jetzt heißt es, schnell aus dem möblierten Zimmer fortkommen und in das Wohnhaus der Universität übersiedeln. Aber die Hauptfreude ist: Meine eigenmächtige Reise nach Peking hat mein Verhältnis zu Vater nicht erschwert.

WIE ICH LEBE

Den Studentenausweis in der Tasche, Geld im Beutel und jeden Tag ein Essen im Magen zu haben – was kann sich ein Provinzler Besseres wünschen?
In meiner Freude kaufe ich mir einen feinen seidenen Überrock und eine Brille. Ich brauche sie nicht zum Lesen. Meine Augen sind gesund. Aber eine Brille gibt ein gelehrtes Aussehen. Eine Brille gibt Kunde von Tausenden von Schriftzeichen, die man gelesen hat.
Aber die Brille macht auch Schererei – immerfort muß man sie putzen. Staub setzt sich darauf. Sie drückt auf den Nasenrücken und zieht hinter den Ohren. Aber das Aussehen ist wichtiger als alles andere.
In meiner Tasche klirrt ein Schlüsselbund: Es sind flache Drücker für die Koffer und das Zimmer. Mein Silbergeld steckt in einem Zwirnbeutel. Unter dem Taschentuch liegt ein Taschenmesser. Mit ihm spitze ich nicht sosehr die Bleistifte, als daß ich die staubigen Pekinger Äpfel schäle. An dem Notizbuch steckt ein neuer Füllfederhalter. Er taugt nicht viel, und ich habe immer Angst, daß er Tinte in meine Tasche fließen läßt. Ein Päckchen Visitenkarten steckt innen im Rande meines Strohhuts. Dort werden sie nicht gedrückt, aber es besteht die Gefahr, daß sie durchschwitzen. Wenn man eine neue Bekanntschaft macht, zieht man den Hut und entnimmt ihm eine Visitenkarte, um sie höflich auszuhändigen.
Es fehlt in meiner Tasche nur eine rote Zigarettenspitze. Ich bin schwach auf der Brust und rauche nicht.
Mit meinen Landsleuten schlendere ich durch die stillen Gassen Pekings und durch die wild gewordenen, klingenden, schreienden, im Gold der Aushängeschilder blinkenden Handelsstraßen. Hier dringt aus den nach Urin stinkenden Toren

der Theater der durchdringende Lärm der Schauspiele, und aus den Geschäften, die geschmückt und lackiert sind wie eine Braut am Hochzeitstage, kommen träge Pekinger, mit der Hand die dicken, gewirkten Decken von den Türen zurückschlagend, hervor. Diese Vorhänge tragen aufgenähte Schriftzeichen. Wir nennen die Pekinger »Bee-kuaidse« – Klumpen aus dem Norden. Sie wirken auf uns naiv und temperamentlos.

Über einer Tür steht die Inschrift: »Fotograf«. Und zu beiden Seiten der Tür hängen in Glaskästen Porträts in Lebensgröße. Links eine Schönheit aus einem berühmten öffentlichen Haus und auf der anderen Seite, im Schatten des Federbusches seines Helms und fast erstickend im hohen Goldkragen seiner Uniform, der General, der an der Spitze Pekings steht.

Ich trete in das Fotografenatelier und stelle mich vor das Objektiv. In einer steifen Längsfalte fällt mein Überrock bis auf die Füße. Die Brille glänzt. Mit dem Arm stütze ich mich graziös auf einen dekorativen Stein, aus dem Grasbüschel hervorgucken.

Ich bin später oft an diesen beiden Glaskästen vorbeigekommen und habe mit Befriedigung festgestellt, wie unsicher die Generäle unter dem Glas sitzen. An die Stelle Ssü Schi-Tschaus tritt Li Jüan-Jung, statt Li Jüan-Hung kommt Tsau Kun, statt Tsau Kun Tuan Dji-Tui, statt Tuan Dji-Tui Feng Jü-Sjang, statt Feng Jü-Sjang Tschang Tso-Lin.

Es wechseln die Präsidenten, aber es blühen die Geschäfte, und die berühmte Schönheit hält unentwegt ihr Tüchlein in zarten Händchen.

Ich wandere mit meinen Freunden durch den Zentralpark, der einstmals dem Kaiser gehörte. Dichte schwarze Lebensbäume stehen wie versteinert hinter den Bänken. Wir lachen laut und machen Witze. Mit kühnen Blicken fixieren wir die auf der Allee spazierengehenden, leicht verwirrten Kaufmannstöchter, die herausgeputzt sind, blaue Hosen und goldene Armbänder tragen, und die Studentinnen mit den ausrasierten Nacken und den nach ausländischer Mode kurzen

Röcken und die Kurtisanen mit ihren feinen, versteinerten Gesichtern und sorgfältig aufgebauten Haarfrisuren. Die Kurtisanen gehen an uns vorbei, ohne uns anzublicken.
Diese Frauen haben zuviel Erfahrung. Weder unsere Überröcke noch unsere Brillen können die Leere unserer Geldbeutel vor ihnen verstecken.
Ich liebe den Zentralpark mit seinen Alleen, auf denen die Professoren zu den Meetings eilen, liebe seine frische Luft und die kleinen Restaurants längs der Alleen, wo die Schalen klirren und man an Tischen endlose Stunden sitzen und eines meiner Lieblingsspiele spielen kann, das »Ui-ti«, bei dem weiße und schwarze Plättchen auf die einzelnen Felder gesetzt werden müssen, wobei der gewinnt, der mit seinen Steinen den Gegner einkreist.
»He! Alter aus Setschuan!« rufen mir von den Tischen aus Studenten und Landsleute zu.
Wir trinken Tee, und die Alteingesessenen erzählen mir davon, wie in früheren Jahren hier Streitereien zwischen den verschiedenen Gruppen von Studenten ausgefochten wurden, die sich für das Theater interessierten.
Meine Landsleute erwähnen auch, daß das unruhige Jahr 1919 mit den Theaterdiskussionen, den Versen und den abendlichen Zusammenkünften bei Gesang und Wein aufgeräumt habe. Die Studenten strömten in die politischen Arbeitsgemeinschaften, in die Versammlungen und Sitzungen, drangen in die Wohnung der verhafteten Würdenträger und zwangen die Regierung samt ihren Truppen, Polizisten und Gefängnissen, sich den Schreien der Studentenmassen zu beugen.
Diese Stimmung ist auch jetzt noch lebendig. Wenn ich im Zentralpark sitze, fühle ich erregt, daß alle Studenten Revolutionäre sind. Ich bin es auch. Ich bin stolz, und meine Brille leuchtet.
Meiner Brille war kein langes Leben beschieden. Es stahl sie mir jemand in unserem Wohnhaus. Und ich besorgte mir keine neue.

Ein klarer Herbst steigt über Peking herauf. Der Staub hört auf, durch die Straßen zu wirbeln, und die Pflaumenbäume, die in den Vorgärten der ausländischen Hotels wachsen, verlieren ihre Blätter.

Auf den Höfen formen Handwerker schwarze Klöße aus Steinkohlenstaub, die aussehen wie verkohlte Kartoffeln. Sie stellen Brennstoff für den Pekinger Winter her.

Die Leute holen die porzellanenen Kohlenbecken aus der Rumpelkammer hervor, die wie die Becken der ausländischen Klosetts aussehen. In diesen Kohlenbecken werden während des ganzen schneearmen Pekinger Winters durchsichtige blaue Flämmchen züngeln, über denen Teekessel kochen und die Menschen ihre erfrorenen Finger wärmen.

Die Pekinger Nationaluniversität besitzt fünf Wohnhäuser mit je hundert Zimmern. In vier Häusern wohnen die Studenten, im fünften die Studentinnen.

In einem der zugigen Kämmerchen wohne ich mit dem Chemiker Li. Die Türen der Zimmer, in denen jedesmal zwei Mann wohnen, führen auf den gepflasterten Hof, der jetzt im Herbst schon mit mächtigen Reisigbündeln bedeckt ist.

Morgens um sechs Uhr weckt uns die Glocke des Pförtners. Sie läutet lange und bohrend. Es ist halbdunkel, und der vom Schlaf noch warme Körper bekommt eine Gänsehaut. Die eisernen Anthrazitöfen sind über Nacht ausgegangen. Schon kommt der Heizer angeschlurft.

Über Hemd und Unterhose, in denen ich geschlafen habe, streife ich schnell die Hose, den Sweater, und dann ziehe ich Socken und Stiefel an. Vor der Toilette steht eine hin und her trampelnde Reihe. Aus einem großen Bottich, von dem Dampf aufsteigt, schöpfen wir mit einer Kelle heißes Wasser.

Am Fenster jedes Zimmers stehen auf hohen Tischchen die Waschbecken. Weiße Tropfen fallen von der Zahnbürste auf den Fußboden. Von der Bewegung angeregt, meldet sich schon der Appetit. Noch eine Minute – Überrock und Mantel sind angezogen, und wir laufen zum Frühstück.

Rings um die Wohnhäuser des Universitätsviertels verstreut

liegen viele kleine Garküchen.
Ich trinke eine Tasse warmer Sojamilch für vier Kupferkäsch (der Silberdollar = zwei Mark entsprach damals hundertfünfzig Kupferkäsch). Zur Milch gibt es zwei fetttriefende Pasteten für zehn Kupferkäsch oder weiche »Mantou« – blasse, im Dampf aufgewärmte Semmeln – für fünf Kupferkäsch.
Aus der Garküche geht es in die Universität. In der Pförtnerbude kann man für einen Kupferkäsch die Universitätszeitung kaufen.
Ich laufe in den Lesesaal, um sie und die große »Volkszeitung« zu lesen, die vier Kupferkäsch kostet und die schon um sechs Uhr morgens von den Zeitungsverkäufern durch die Gassen getragen wird.
Um zwölf Uhr gibt es Mittagessen. In den Restaurants sammeln sich die Studenten nach ihren Provinzen. Ich esse in einem Speisehaus, dessen Besitzer ein Setschuaner ist. Hier treffen sich »die Wilden aus dem Süden«. So nennen die Pekinger scherzhaft uns Südländer.
Dieses Restaurant ist berühmt für seine in Bierkuchenteig eingewickelten Fleischgerichte, für seinen gekochten Rotkohl und sein Bohnengelee. Ich esse für zehn bis zwölf Kupferkäsch Suppe und als zweiten Gang Fleisch mit Gemüse. Wer am Abend vorher im Kartenspiel gewonnen oder aus der Heimat Geld bekommen hat, ißt etwas Besseres: Hühnerbrühe, in der einige Stücke brauner Seegurke schwimmen, die aus der Bucht von Wladiwostok kommt. Ein Teller von dieser Suppe kostet vierzig Kupferkäsch. Wer schlecht bei Kasse ist, nimmt klare Suppe oder gekochtes Fleisch mit Salz und eine Schale Reis. Für Reis wird nichts bezahlt. Man gibt ihn bei uns zum Essen wie in Europa das Brot.
Dreimal im Jahr, an den großen Feiertagen, zahle ich dem Kellner ein oder zwei Silberdollar Trinkgeld. Der Kellner bedankt sich, indem er sich halb auf ein Knie niederläßt.
Nach dem Essen geht es ins Wohnhaus. Man muß sich den Mund spülen, und dann kann man sich aufs Bett werfen und

über Neuigkeiten aus der Universität plaudern.
Die Universitätsglocke teilt das Ende der Pause mit. Wieder beginnen die Stunden, nach denen es um sechs Uhr ein Abendessen für vierundzwanzig Kupferkäsch gibt. Man bekommt dasselbe wie zu Mittag, nur ohne Suppe.
An einem sonnigen Novembermorgen fliegt mir aus dem dunklen Fenster der Pedelloge ein Brief entgegen. Die Schriftzeichen der Adresse könnten von der Hand des Onkels stammen.
Ich habe – eine Tochter! Das und noch verschiedene andere Hausangelegenheiten, Geld und den Vater betreffend, der sich immer noch im alten Schloß versteckt hält, schreibt mir die Stiefmutter. Meine Frau kann mir keinen Brief schreiben, sie hat es nicht gelernt.
Der Brief ruft mir meine Frau und meine alte Wut gegen sie ins Gedächtnis zurück. Aber die Wut macht bald einer ruhigen Stimmung Platz.
Eine Tochter? Nun, meinetwegen, warum nicht? Freue ich mich? Ja, vielleicht freue ich mich – ich weiß nicht. Wahrscheinlich freue ich mich. Jedenfalls bin ich froh darüber, daß die Stiefmutter sich freut, die so lange auf das Kind gewartet hat.
Nach der Geburt der Tochter bin ich mit der Stiefmutter quitt; jetzt hat sie nichts mehr von mir zu fordern.

DAS RUSSISCHE SEMINAR

Der größten Popularität unter der chinesischen Jugend erfreuen sich zwei Bücher: die »Biographie Kropotkins« und die »Volkserzählungen« Tolstois.
Ich verschlinge die Kapitel aus Kropotkin und träume von der Gleichheit der Menschen in der Arbeit. Ich fresse mich mit den Augen in frisch gedruckte populäre Broschüren; eine berichtet über »Die russische Stadt« und die andere ist betitelt: »Jetzt hat in Rußland der Sozialismus gesiegt, den

Genosse Kropotkin seit langer Zeit vorbereitete«.

Die Volkserzählungen Tolstois sind eben erst übersetzt, und mir scheint klar zu sein: Es gibt keine höhere politische Lehre als den Anarchismus; der Anarchismus ist der Bolschewismus, und Tolstoi ist der revolutionärste Schriftsteller Rußlands.

Über die Schultern Tolstois und Kropotkins ragt die Figur ihres Verbündeten auf, des alten Weisen Lau-dse (Laotse), dessen Leben unter dem Namen Dauismus (Taoismus) die Religion der Intelligenz des alten Chinas war.

Nach meiner Meinung ist Lau-dse ein ebensolcher Anarchist wie Kropotkin und Tolstoi. Kropotkin ruft die Menschen zur Gleichheit auf. Und hat nicht Lau-dse geschrieben:

»Warum besteht die Teilung der Welt, die Teilung in Gut und Böse, die Teilung in Weise und Dumme? Daß es auf der Welt Weise gibt, schafft schon Ungleichheit. Die Weisen müssen ausgerottet werden, denn sie vergewaltigen den Willen der anderen. Wenn die Weisen nicht stürben, würde das Leben auf der Erde versteinern.«

Tolstoi sagt:

»Widerstrebe nicht dem Bösen. Mit Bösem kann Böses nicht besiegt werden. Richte niemand. Streite mit niemand. Erhebe gegen niemand deine Hand oder deine Stimme. Geh den Versuchungen aus dem Wege. Vervollkommne dich selbst.«

Und steht nicht bei Lau-dse geschrieben:

»Das Herz ist ruhig, wenn es ringsumher keine Gegenstände für die Begierde gibt. Jede Schönheit, die die Begierde anfacht, macht sich der Beunruhigung des menschlichen Herzens schuldig. Ein ruhiges Herz ist die Krone der Schöpfung.«

Dieser Anarchismus der gefalteten Hände ist weit verbreitet bei den chinesischen Bauern: Den Steuereinnehmer möglichst schnell bezahlen. Den Vorgesetzten nicht vor die Augen kommen. Sich nicht mit Polizisten herumzanken. Rechtzeitig seine Schulden begleichen. Niemals aus dem heimatlichen Dorf fortdrängen. Unentschlossenheit, Willenlosigkeit, Angst

vor Erschütterungen.
Das ist der schreckliche weiche Strick, an den die Geschichte das chinesische Landvolk gelegt hat. Deshalb fürchtet und verachtet es jeden unruhigen Menschen, der die Grenzen des gewöhnlichen Lebens überschreitet, sei es, um Räuber oder Soldat oder auch nur Reisender zu werden. Wie schwer ist es, diesen Bauern gegen den Reichen aufzubringen, von dem er Jahrzehnt um Jahrzehnt das Stückchen Erde pachtet, das er kaum bezahlen kann.
Nach Tolstoi und Kropotkin fällt mir die »Theorie des Anarchismus« in die Hand.
Sie macht auf mich den stärksten Eindruck. In den Jahren der »Wiedergeburt« war der Anarchismus die Religion der neuen Intelligenz Chinas. Auch der Rektor Tsai Jüan-Pee ist Anarchist.
Auf den Meetings beherrschen die Anarchisten die Tribüne. Sie haben keine Konkurrenten. Ihre Worte oder Flugblätter sind von kämpferischen Protesten, Rufen und Schreien erfüllt.
Aber wenn dem Redner aus dem Saal der kräftige Ruf entgegenfliegt: »Ihr Programm! Lesen Sie uns Ihr Statut vor! Wo bleibt die Organisation? Wo sollen wir uns sammeln?«, dann ist der Anarchist auf der Tribüne nur einen Augenblick lang verwirrt.
»Wir haben keine Partei. Wir sind gegen Parteien. Partei ist Gewalt. Wir haben keine Statuten, wir sind gegen Statuten. Statuten sind Gräben. Wir sind eine freie Vereinigung freier Protestierender.«
Das Wort »Rußland« taucht immer häufiger auf den Lippen der Studenten auf. Die Zeitungen schreiben von Intervention. Die Japaner, Tschechen, Amerikaner, Engländer, Franzosen und Italiener rennen gegen die fest verschlossenen Türen des neuen Staates an, und dieser Staat treibt trotz Hunger und Armut die ausländischen Armeen aus seinem Lande.
Die Zeitungen berichten, wie auf den Strecken Sibiriens die

Züge mit den Verteidigern des alten Rußlands eingefroren sind. Und manchmal zeigen mir Studenten in der Nähe des größten Hauses von Peking, des Hotels »Peking Fan-tjän«, Männer mit dichten Bärten in langen grauen Mänteln mit blutroten Kragenspiegeln und sagen:

»Von Bolschewiken vertriebene russische Generäle.«

An der philologischen Fakultär gibt es mehrere Seminare: ein chinesisches, englisches, französisches, deutsches und japanisches. Ich kann in das chinesische Seminar eintreten. Dort werde ich die Klassiker und die alten Dichter studieren, die in der Volkssprache geschrieben haben, und die neuen eben erst aufkommenden Erzählungen, die man in den mageren Sonntagsbeilagen der radikalen Zeitungen lesen kann.

Ich kann auch in das englische Seminar gehen. Ich kenne diese Sprache. Ich habe sie in Tejan eifrig studiert. Mit dieser Sprache kann ich in Zukunft als Beamter in den Zoll-, Eisenbahn-, Post- und Bankdienst eintreten, kann nach Amerika reisen und Übersetzer bei einer Botschaft werden. Aber ich mag dieses Studium nicht.

An die schwarzen Bretter der Universität sind Dutzende von Mitteilungen über Lektionen, Kurse, neue Gesellschaften und Regeln für die Benutzung der Laboratorien geheftet. Eine Mitteilung lautet:

»Seminar für russische Literatur an der philologischen Fakultät. Es werden noch Aufnahmegesuche angenommen. Studenten, die sich für diese Übungen einschreiben, aber die russische Sprache und Grammatik nicht kennen, sind verpflichtet, einen zweijährigen Vorbereitungskurs zur Erlernung der Sprache mitzumachen.«

Auf den Zehen stehend, lesen junge Leute aus den verschiedenen Provinzen, aus Hunan und Schantung, Kiangsi und Setschuan, diesen Anschlag, und eine lebhafte Diskussion entspinnt sich.

»Eine schwere Sprache.«

»Das russische Seminar ist interessant.«

»Die russische Literatur ist revolutionär.«

»Wer Russisch kann, kann eine Stelle als Konsul bekommen.«
»Die Russen haben solche revolutionären Schriftsteller wie Tolstoi.«
»Auf der ostchinesischen Eisenbahn werden Übersetzer gesucht.«
»Wenn wir die russische Literatur studieren, verstehen wir den russischen Sozialismus.«
»Übersetzer werden gut bezahlt.«
»Kropotkin ist ein Russe.«
»Die Übersetzungen Tolstois gehen gut.«
Die zukünftigen Konsuln sprechen übrigens halblaut. Ihre Bemerkungen könnten Unwillen erregen, und es könnte ihnen am Ende jemand ein Buch auf die Wange klatschen.
Fünfzig Studenten schreiben sich ein. Als diese Masse sich zur ersten Zusammenkunft im Seminar versammelt, blicken sich die jungen Leute mit weitaufgerissenen Augen an.
Wer hat sie zusammengebracht?
Wer? Eben jene Kropotkins und Tolstois.
Staunend vor Hochachtung lernen wir die russischen Buchstaben. Was für eine schwere Sprache! Wie soll man genau die Grenze ziehen zwischen b und p, k und g, f und w, s und sch? Wie soll man dieses rollende r aussprechen, das unsere Sprache überhaupt nicht kennt? Es zieht uns viel mehr zur revolutionären Literatur eines revolutionären Landes, aber aus dem Lesebuch tönt es von Seite zu Seite:
»Im Haus läuft eine Maus. Die Hütte hat nicht rote Ecken, sondern rote Flecken . . . Ohne Fleiß kein Preis.«
Das Lehrbuch und das Wörterbuch, das wir wälzen, ist von russischen Mönchen der Mission in Peking zusammengestellt.
Das Studium macht keinen Spaß. Aber wir halten aus in der Hoffnung, daß sich niemand hinter den Ecken und Flecken die wunderbare Literatur Rußlands auftun wird.
Den Unterricht erteilt ein Chinese – Tschen Tschan. Er ist Arzt, hat lange in Moskau gelebt und spricht nach Angabe wohlunterrichteter Leute gut Russisch. Aber die Grammatik kennt er nicht.

Er lehrt uns, wie man Briefe schreibt. Die Anrede muß lauten: »Hochverehrter Herr«, und vor die Unterschrift muß man schreiben: »In vorzüglicher Hochachtung Ihnen ergeben« oder »Empfangen Sie den Ausdruck meiner tiefsten Hochachtung und Ergebenheit«, und das »Sie« muß man unbedingt mit großen Buchstaben schreiben.

Wir fragen Tschen Tschan nach Moskau, nach dieser wundervollen Stadt, die so neue Worte in die ganze Welt hinaus schreit.

Tschen Tschan schüttelt den Kopf und sagt:

»Früher konnte man in Moskau leben. Eine schöne Stadt Aber jetzt ... Sehen Sie – ich bin abgereist. Da wird gekämpft mit Maschinengewehren und Kanonen, einfach auf der Straße. Brot gibt es nicht. Statt dessen ißt man Stroh und Sonnenblumensamen. Wenn ein gutangezogener Mensch auf die Straße geht, zieht man ihn aus. In Rußland gibt es mehrere Regierungen, die gegeneinander Krieg führen. Man muß warten, bis eine einheitliche Regierung entsteht. Dann (und sein besorgtes Gesicht glättet sich zu einem Lächeln) können Sie Konsul in Rußland werden. Aber auch jetzt schon (und aus dem Ton des Lehrers klingt ein tiefer Glaube) können Sie nach Beendigung des Kurses Posten als Stationsvorsteher auf der ostchinesischen Eisenbahn bekommen. Dort treffen wir uns wieder, denn,« so endet er, »ich reise bald nach Charbin ab, wohin ich neulich berufen worden bin.«

Und zu dem unterbrochenen Unterricht zurückkommend, spricht er schnell aus:

»Grütze ist dem Magen nütze.«

Das ist langweilig! Wir machen saure Mienen. Wir fühlen, daß man uns betrogen hat. Aber es ist nichts zu machen. Nach den Universitätsregeln darf man vor Beendigung des zweijährigen Vorbereitungskurses nicht das Fach wechseln.

Außerhalb der Hörsäle ist es interessanter.

Die Kurse und Vorlesungen werden zeitweilig unterbrochen. Die älteren Studenten spüren mit ihren erfahrenen Ohren, daß neue Ereignisse herannahen.

Die Regierung schuldet der Universität eine Million Silberdollar. Aber diese Summe wandert an der Universität vorbei in die Taschen der Ministerialbeamten. Der Rektor fährt zum Minister und quetscht ihm ein paar Tausender ab.

Seit einem halben Jahr haben die Professoren schon kein Gehalt mehr bekommen. Vor jedem Ersten geht es in den Professorenzimmern lauter zu. Die Professoren haben es schwer. Schon lange leben und essen sie in ihren Wohnungen von der Gnade ihrer Wirte und der Händler in der Nachbarschaft, die ihnen von Monat zu Monat borgen. Es naht der Neujahrstag, an dem jeder seine Schulden bezahlen muß.

Das Geld fließt in die Schlünde der Beamtenkassen und der Generäle.

Die Studenten werden ärgerlich: Wegen der Streitereien der Militaristen bekommen sie keine Briefe und kein Geld.

Den Studenten geht es schlecht. Die Wirte der Speisehäuser fangen an, laut zu schimpfen und die hungrigen Augen der jungen Leute blinzeln mit bösem Glanz zu den Polizeiposten mit den aufgepflanzten Bajonetten hinüber.

Besonders stark sind die Polizeiposten an den Toren des Diplomatenviertels, in das die kürzlich gestürzten Minister geflohen sind.

Der Sieger Wu Pee-Fu hat ausgewählte Soldaten in weißen Wickelgamaschen und Litzen dort aufgestellt, um die geflohenen Minister zu fangen. Sie stehen vergeblich dort. Längst sind alle Minister nach Tientsin abtransportiert; von den Botschaften zum Bahnhof sind es nur zwei Minuten.

Die Patrouillen gehen auf und ab, blicken ins Tor hinein und wagen nicht, die Schwelle zu überschreiten. Für bewaffnete Chinesen ist der Eingang ins Diplomatenviertel verboten.

Ein fremdes Quadrat mit grauen Mauern ist in das chinesische Fleisch Pekings eingeschnitten und von der Stadt abgetrennt. Die dicken Mauern sollen das Viertel vor plötzlichen Überfällen schützen.

Durch die Tore des Diplomatenviertels eilen stille, wie Mut-

ters Sarg glänzende Automobile. Die Straßen sind mit spiegelndem Asphalt belegt.
Ich gehe nicht gern durch dieses Viertel. Die lange Straße ist leer. Kahle Mauern schließen die Gärten der Gesandtschaften ein. Von einem Eingangstor bis zum anderen ist es weit.
Vor den Eingangstoren stehen Posten in verschiedenen Uniformen und Ketten von wartenden Rikschas. Da liegen die deutsche, belgische, französische, japanische und holländische Botschaft und am äußersten Ende des Viertels, neben dem alten kaiserlichen Palast, die amerikanische mit ihrem aus Eisen geflochtenen Funkturm, der so hoch ist, daß einem der Kopf abbrechen kann, wenn man zu ihm hinaufblickt.
Der amerikanischen Botschaft gegenüber liegt die riesige, jetzt still gewordene russische Botschaft.
Unter den Bäumen des russischen Parks sieht man ganz selten einmal einen weißen Kittel. Er gehört einem der Emigranten, die die Bauernrevolution aus jenem Lande vertrieben hat, dessen Sprache ich lerne.
Ich beeile mich, wieder aus dem Viertel herauszukommen. Hier riecht es nach Bajonetten, Spionen und Schecks. Über dem Viertel leuchtet das Kreuz der Kirche. Es erinnert mich an die kanadischen Missionare, die meinen Landsmann betrogen haben. Hier liegen die Wurzeln für meinen Ekel vor diesem Viertel.
Alle zur Versammlung!
Alle zur Versammlung!
Vorbei an dem faulen Kanal, in dem verrostete Büchsen und toten Katzen schwimmen, vorbei an den Bäumen, die vor Alter ganz morsch sind; durch die weiten Höfe ehemaliger Prinzenschlösser geht es in den Versammlungssaal der Nationaluniversität. Hunderte von Füßen rascheln über die Treppe.
Köpfe und Zeitungen.
Ich erfahre den Grund für die Einberufung der Versammlung. Aus Moskau ist ein Telegramm an das chinesische Volk eingetroffen. Die neue russische Regierung schlägt China vor,

auf der Grundlage der Gleichberechtigung einen Vertrag abzuschließen. Die russische Regierung lehnt die zaristische Politik als unsaubere Gewaltpolitik ab. Zwei Völker müssen sich wie zwei Kameraden die Hände reichen.

Unterschrift: Karachan. Der Name hört sich mongolisch an.

Ein Redner nach dem anderen springt auf die Bühne. Strahlend und mit den Händen fuchtelnd, streuen sie heftige und lustige Worte über die Studentenköpfe aus.

Der Saal klatscht ihnen Beifall. Auch ich werde kühn und fröhlich. Das Telegramm ist an das Volk gerichtet. Das Volk, das sind wir, die Studenten. Wir befehlen den Ministern, den Platz zu räumen, wir werden mit der Nachbarrepublik verhandeln. Wir werden China helfen, die Bajonette in den fleischigen Nacken derjenigen zu bohren, deren Flaggen träge über den Gesandtschaften hin und her schaukeln.

Die Versammlung lärmt. Polizisten gehen auf der Straße auf und ab, blicken ins Tor hinein, horchen auf die von fern herübertönenden Rufe der Studenten und fangen Bruchstücke aus den empörten Gesprächen der Herauskommenden auf.

Die Polizisten wagen nicht, auf den Hof zu kommen. Die Regierung ist noch zu schwach, um uns gegenüber einen strengen Ton anzuschlagen. Die Feinde des Emporkömmlings Wu Pee-Fu sind noch nicht genügend zur Ruhe gebracht.

ICH WERDE POLITIKER

Gung-du bedeutet: Studium und Arbeit.

Der Gung-du-Klub ist gleichzeitig eine Gesellschaft zur gegenseitigen Hilfe und eine Arbeitsgemeinschaft.

Leise sind wir eingetreten.

Mit vorgestrecktem Hals lauschen wir dem Mann, der hinter dem Lehrerpult steht. Der wirre Schopf seiner leicht gelockten Haare (was man selten in China findet) fällt auf eine blasse Stirn.

Gutmütig blickende, ein wenig hervorstehende Augen. Ein

großer Schnurrbart, der den Mund verhängt.
Das ist Professor Li Da-Tschau.
Er zieht beim Sprechen die Worte lang und gestikuliert, als böge er mit den Händen Sträucher zur Seite, die ihm im Wege stehen. Er schlägt uns vor, eine Vereinigung zum Studium des Marxismus zu gründen.
Ein Porträt geht von Hand zu Hand.
»Marx«, so nennt er den Mann, dessen Haare der Mähne der Löwen vor dem Schloß gleichen und dessen Bart dreimal so dicht ist wie der Leo Tolstois.
Wir betrachten das behaarte Gesicht und versuchen mit einer leichten Lippenbewegung, uns das für chinesische Ohren schwierige, zum erstenmal gehörte Wort »Marx« einzuprägen.
Li Da-Tschau liest uns das »Kommunistische Manifest« vor, und begeistert vernehmen wir die Botschaft, daß die Revolution unvermeidlich ist.
Aber wir sind etwas verwundert, daß die Anführer dieser Revolution die Proletarier sein sollen: die Kulis und Kahnschlepper.
Li Da-Tschau erzählt uns von den Fabriken und Fabrikarbeitern. Aber unter Fabrik kann ich mir nichts vorstellen, denn in Peking ist es in dieser Hinsicht ebenso wie in Tejan und Sjan-schi. Über Peking rauchen wenig Fabrikschlote.
»Proletarier aller Länder, vereinigt euch!«
Gut. Aber was soll geschehen, bis sie sich vereinigt haben? Es scheint uns, daß es genügt, ausgezeichnete und ehrliche Worte auszudenken und sie der ganzen Welt in die Ohren zu schreien; dann werden alle Völker sich beeilen, ihre Sünden zu bekennen und, sich bei den Händen nehmend, mit dem leichten Schritt der allgemeinen Freundschaft über die Erde dahinziehen. Aber woher soll man sie nehmen, diese Worte?
Wir strömen in die Hörsäle, wo Esperanto gelehrt wird, diese Weltsprache, die die Menschen zu Brüdern machen soll.
Aber die Pekinger Polizei ist anderer Meinung.
Zur Esperantostunde kommt ein ganz in Schwarz gekleideter

Offizier mit einem vernickelten Säbel; zwei Polizisten begleiten ihn. Die Hände auf dem Rücken, horcht er höflich zu und tritt dann, als der verwirrte Lehrer schweigt, an die Studenten heran und fragt sie:
»Was für eine Propaganda treibt ihr hier?«
Die Studenten blicken einander an und lächeln.
»Wir treiben keine Propaganda, wir lernen eine Sprache, die für alle Völker verständlich ist. Hören Sie zu, Herr Offizier, und nehmen Sie an dem Unterricht teil.«
»Eine Sprache, die für alle Völker verständlich ist?« murmelt der Offizier und hört zu, in der Überzeugung, daß das, was für alle Völker verständlich ist, auch für einen Polizeibeamten verständlich sein muß.
Er sitzt so lange, bis das gewaltsam zurückgehaltene Gähnen die Sehnen seiner Kinnbacken zu zerreißen droht. Ein Ausdruck von Langeweile und Verständnislosigkeit überzieht das von stiller Würde erfüllte Gesicht des Polizeioffiziers. In Begleitung der zwei Posten geht er, die Hände mit den weißen Handschuhen auf dem Rücken, mit selbstsicheren Schritten hinaus.
Der Geruch unserer politischen Studien beunruhigt die Nasen der Polizisten. Immer häufiger tauchen auf den Höfen der Universität zwischen den leichten, bis auf die Fersen herabfallenden Überröcken der Studenten Gestalten in schwarzen Hosen und weißgeränderten Mützen auf. Das sind Polizisten. Das bedeutet, daß die Macht Wu Pee-Fus sich festigt.
Zuerst spazieren sie auf den Außenhöfen herum, dann wagen sie sich auch zu den Brettern vor, wo die Ankündigungen ausgehängt sind.
Offensichtlich benachrichtigt sie jemand vorher. Mit schnellen Blicken überfliegen die Polizisten die Mitteilungsblätter, und schließlich weist ein Finger auf die Ankündigung der nächsten Unterrichtsstunde der »Gesellschaft zum Studium des Marxismus«.
»Wo ist hier die Organisation, die sich mit der Propaganda des Marxismus beschäftigt? Zeigen Sie uns diesen Hörsaal!«

Ein Teil der Studenten springt zurück und gibt keine Antwort, aber es findet sich ein listiger Spaßvogel. Er versteht, daß man diese Angelegenheit gleich beilegen muß, sonst kommt ein Unsinn heraus und die Stunde wird gestört.
Er macht erstaunte Augen.
»Marxismus, Studium des Marxismus? Was ist denn das, ›Marxismus‹?«
Der Polizist wird ärgerlich.
»Na, das müssen Sie doch besser wissen als wir. Stellen Sie sich doch nicht dumm.«
Aber der Student läßt sich nicht aus der Fassung bringen.
»Marxismus sagen Sie? Aber wo haben Sie denn dieses sonderbare Wort gefunden?«
»Was? Wo wir es gefunden haben? Hier haben wir es gefunden!«
Und wieder zeigt der Polizist mit dem Finger auf den Zettel.
Der Student betrachtet den Finger und fährt naiv fort:
»Sehen Sie doch hin, Herr Polizist, was da geschrieben steht. Sehen Sie aufmerksam hin. Dort steht: ›Gesellschaft zum Studium des Maxismus.‹ Wir studieren Maxismus. Sie suchen Marxismus, aber den gibt es bei uns nicht.«
Uns rettet der Umstand, daß es in der chinesischen Sprache kein r gibt. Der Universitätsschreiber hat wirklich »Maxismus« geschrieben.
In der Gesellschaft sind wir unser zwanzig. Zweimal in der Woche hören wir bei Li Da-Tschau, ohne eine einzige Stunde zu versäumen. Unter dem Druck der gewichtigen Sätze von Marx zerfällt in unseren Köpfen der Anarchismus.
Chinesische Bücher über den Marxismus gibt es noch nicht. Wir lesen englische und japanische. Die Teilnehmerzahl wächst. Außer Marx lesen wir den »Gesellschaftsvertrag« von Rousseau und Werke der zeitgenössischen Philosophen Bertrand Russell und Dewey (diese beiden Ausländer hatten in Peking Vorträge gehalten und ihre Namen verschwanden seitdem nicht mehr aus den Spalten der Zeitungen), dazu noch Bücher mit dem Titel »Die neue Gesellschaft« und »Der

moderne Sozialismus«.
Die bloße Theorie ist uns zu wenig. Wir wollen Praxis. Wenn die Kulis die Revolution durchführen sollen, wie kann das geschehen, wenn sie immer bloß bei ihren Rikschas sitzen und Würfel spielen; wenn sie, gebeugt unter der Last der Tragstangen und Körbe, herumlaufen und Tag für Tag ein und dieselben Rufe ausstoßen; wenn sie die Höfe der Universität ausfegen, aber nicht einmal ihren Namen schreiben können? Wir bilden einen Propagandazirkel, den wir: »Volksaufklärung« nennen. Die Arbeit des Zirkels wird von der »Gesellschaft zum Studium des Marxismus« geleitet.
Der Rektor weist uns ein besonderes Häuschen zu. Wir stellen Bänke auf, bringen vom Speicher der Universität große, rundgeränderte grüne Spucknäpfe mit, richten die wackeligen Tische her, und unser Propagandaklub ist fertig. Nach sechs Uhr abends, wenn die Hörsäle sich leeren, ruft die Glocke der Universität die Heizungswärter, Pedelle, Ausfeger und Bibliothekswächter zusammen sowie einige Kulis aus den benachbarten Teestuben, wo sie den Abend verbringen, um später die Professoren und reicheren Studenten nach Hause zu bringen.
Das Klubzimmer füllt sich. Ohne zu scherzen, verhalten und ernst sitzen die Leute da. Die dicken Lippen saugen an den gläsernen Mundstücken der langen Pfeifen, aus denen in Ringeln ein weißlicher Rauch von billigem Tabak aufsteigt. Der Reihe nach halten die Studenten Vorträge. Wir sprechen über einfache Dinge: Was ist der Staat? Was ist Japan? Welchen Platz nimmt China in der Welt ein? Woher kommen die Krankheiten?
Die Leute hören zu. Es fällt ihnen schwer, zu verstehen, aber sie wollen vorstehen. Von Zeit zu Zeit räuspern sie sich, aber sie spucken nicht auf die Erde, sondern springen auf und eilen zum Spucknapf. Auch das haben wir ihnen beigebracht. Wir haben ihnen erzählt, wie ansteckend die Schwindsucht ist, und jetzt sind sie bemüht, das Klubzimmer und ihre Lungen zu schützen.

Nach dem Vortrag sitzen sie lange schweigend da oder flüstern miteinander. Wir warten auf Fragen.
Tage und Wochen vergehen bis sie sich an uns gewöhnen, bis sie Fragen stellen und mit den Lehrern diskutieren.
Die Nachricht von dem Studentenklub geht bei den Kulis von Mund zu Mund. Bei jedem neuen Vortrag sieht man neue Gesichter. Das erstemal drücken sich die Kulis an den Türen herum, um nur einmal hineinzublicken; dann interessiert sie der Vortrag, und auf den Zehenspitzen wagen sie sich ungeschickt in die Mitte des Zimmers vor, um auf einer Bank Platz zu nehmen. Nach den Kulis kommen die Köche und Kellner der Restaurants. Setzer aus der Druckerei finden sich ein mehrere gutgekleidete Arbeiter aus dem Elektrizitätswerk und schließlich auch einige Eisenbahner.
Ich stehe am Pult, um meinen Vortrag zu halten. Ich bin ein guter Sekretär, aber ein schlechter Vorsitzender, ein guter Opponent, aber ein schwacher Vortragsredner. Zwar bin ich gewöhnt, vor einem Auditorium zu reden, aber hier ist es schwer zu sprechen. Es ist, als hätte man mir ein Kissen vors Gesicht gedrückt. Ich versuche, möglichst einfache Worte, möglichst verständliche Sätze zu wählen und sehe doch, daß die Leute mit glanzlosen Augen dasitzen. Zu dicht hüllen sie sich in Rauch ein und langweilen sich, aber aus übergroßer Höflichkeit lassen sie durch kein Gähnen, keinen Zwischenruf erkennen, wie sehr sie sich langweilen.
Inmitten meines Vortrages merke ich, was los ist. Ich rede im Setschuaner Dialekt, und sie sind alle Pekinger. Wir hätten zu unserer Verständigung einen Übersetzer gebraucht. Ich beeile mich, meinen Vortrag zu Ende zu bringen, und nehme mir vor, meiner Sprache so bald wie möglich zu verbessern, der Pekinger anzunähern.
Mag auch dieser Zirkel nicht lange bestanden haben, weil die Polizei und der Zerfall der Studentenbewegung zu seiner Auflösung führten – ich weiß doch: Durch die rauchige, gespannte Stille unsers Häuschens, durch die Vortragsschule des Zirkels »Volksaufklärung« sind die ersten revolutionären

Kulis und die erste Organisatoren der Eisenbahnergewerkschaften gegangen.
Im Feuer der Propagandaarbeit wächst auch der marxistische Zirkel über sich hinaus. Auf Vorschlag Li Da-Tschaus wird der »Verband junger Sozialisten« gegründet.
Es ist die Zeit des höchsten Aufschwungs der chinesischen Studentenschaft, der Frühling 1921. Allerorts reifen die Kämpfer für die kommenden Jahre, die zukünftigen Kommunisten und Jungkommunisten.
Februar 1921. Siedepunkt. Die Geduld der Professoren reißt. Die Professorenschaft erklärt den Streik.
In den Laboratorien erkalten die Bunsenbrenner, und die Universitätsdiener fegen mit Besen und Hühnerfedern den Staub von den gelblackierten Tischen und leeren Kathedern. Die Glocke über der Tür, die sonst Beginn und Ende der Stunden anzeigte, steht still und setzt Grünspan an.
In unserem Wohnhaus ist es kalt. Die Universität hat kein Geld, nicht nur keins zur Bezahlung der Professoren, sondern auch keins zum Ankauf von Kohlen. Der Preise für die in der Universitätsdruckerei hergestellten Lehrbücher werden jetzt statt wie früher in Kupferkäsch, in Cents festgesetzt. Das ist verständlich: Der Wert des Kupferkäsch fällt von Tag zu Tag. Diese Neuregelung belastet die Studententaschen, und mehr als einmal bedenken die Studenten in ihren Gesprächen den Rektor Tsai Jüan-Pee mit giftigen Ausdrükken.
Durch die langen Referate Li Da-Tschaus, durch die Stunden im verräucherten Propagandazirkel, durch das Frühlingslaub der grünen Bäume hindurch schleppen wir uns in die Tage der ersten Sommerhitze.
Der Studentenverband hängt in den Korridoren aller Pekinger Universitäten und Institute folgenden Befehl aus:
»Der Streik der Professoren zieht sich in die Länge und macht die Anwesenheit der Studenten sinnlos. Alle Studenten sollen in die Heimat zurückkehren.«
Ich leiste dem Befehl Folge. Ich packe meine Bücher, Flug-

blätter, meine Bilder von Peking, den neuen seidenen Überrock und die Nummern der Zeitungen, in denen über die Verprügelung der Professoren vor dem Gebäude des Ministeriums berichtet wird, in den Koffer.
Mit einer Gruppe von Landsleuten klettere ich in den Zug. In den Bergen von Setschuan dröhnen Kanonenschläge. Jan Sen, ein emporgekommener Soldat, den Marschall Wu Pee-Fu zum Hauptgouverneur von Setschuan zu ernennen geruht hat, ist dabei, zwei Generäle, die sich in der Provinz festgesetzt haben, zu vertreiben.

ZWEI VÄTER

In dem halbleeren Haus empfängt mich nur die Stiefmutter. Vater lebt immer noch unter fremdem Namen auf dem Bergschloß. Das Schwesterchen ist irgendwo bei Verwandten zu Besuch. Die Onkel sind auf Reisen. Meine Frau ist mit dem Kind bei ihren Verwandten.
Mit leiser und schuldbewußter Stimme berichtet mir die Stiefmutter von meiner Tochter.
Meine Frau liebt das Kind nicht: Es ist kein Junge. Sie will es nicht selbst nähren. Die Stiefmutter hat versucht, in Sjanschi Kuhmilch aufzutreiben. Aber es gibt keine; die Kühe sind bei der Arbeit, oder man braucht die Milch für eigene Kinder. Man mußte eine Amme nehmen. Aber zu allem Unglück ist die Amme ein Schmutzfink. Das Kind ist schon voller Grinde und Flechten, und die Stiefmutter muß der kleinen Dun jeden Tag die Läuse absuchen.
Mit neuer Macht überfällt mich die Wut auf die nicht geliebte Frau, und mein Gesicht verzerrt sich. Ungeduldig höre ich die Stiefmutter an und warte, wann denn endlich der Kuli zurückkommt, den wir nach meiner Frau ausgeschickt haben, und wann sie selbst erscheint, um sich zu verantworten.
Ich höre Schritte auf dem Hof. Aha, endlich!

Ein schmuddeliges fremdes Weib mit einer widerwärtig großen, den Kittel aufblähenden Brust trägt das in einem reinen Hemdchen steckende Kind. Man sieht, daß man ihm das Hemdchen eben erst angezogen hat.

Das Weib – es ist die besagte Amme – streckt mit das Mädchen hin, aber ich nehme es nicht auf den Arm. Ich habe Angst. Ein Kind ist ein kleines und zappliges Ding. Man nimmt's, und dann fällt es einem am Ende aus den Händen und schlägt auf den Steinboden des Hofes.

Ich betrachte das mit großen Augen mich anstarrende kleine Wesen, für das ich den Vater darstelle. Unter dem Ohr sehe ich auf dem dünnen weißen Halse feuchte, grindige Stellen.

Und da steht auch meine Frau in der Tür, verneigt sich und lächelt.

Ohne meinen Zorn zu verbergen und auch ohne mich vor meiner Frau zu verneigen, zeige ich der Stiefmutter die schmutzigen Flecke. Nach einer vorwurfsvollen Pause fragt die Stiefmutter meine Frau:

»Hat sich das Kind wieder was geholt?«

Meine Frau antwortet nicht. Ihre Augen werden glanzlos. Sie ist abgemagert in diesem Jahr. Ohne das Kind, die Stiefmutter oder mich anzublicken, geht sie an uns vorbei in ihr Zimmer.

Ich reise zu Vater. Eine Sänfte schaukelt mich über die Wege. Ich komme durch Wälder, in denen Holzfäller arbeiten, durch Ölbaumgärten und Bambushaine am Ufer der Flüsse.

Es ist weit zum Versteck des Vaters. Das Schloß, zu dem ein ganzes Dorf gehört, ist durch Gräben und Mauern gesichert. An zwei Seiten stützt es den Abgrund, an den anderen beiden eine Mauer. Zum Tor führt ein Pfad über einen Steinwall. In diesem Schloß kann sich ein einzelner Mann gegen eine ganze Rotte verteidigen. Der Steindamm ist nur im Gänsemarsch zu passieren, und eine Kugel würde so viele Leute umlegen, wie sie durchschießen kann.

Vaters Zimmerchen ist klein. Er sitzt in einem weißen, an der Seite geschlossenen Bauernhemd da.

Ich sage:
»Guten Tag, Vater.«
Er antwortet:
»Guten Tag, Vater. Du bist doch jetzt auch Vater, Schi-Chua.«
Ich blicke Vater beinah erstaunt an. Er lächelt und versucht zu scherzen. Aus Briefen weiß ich längst, daß er mir wegen Peking verziehen hat, erwartete aber doch eine Rüge.
Aber nein. Nichts dergleichen. Er fragt, ob mir die Prüfungen schwer geworden sind, ob mir die Universität gefällt, ob es im Wohnhaus warm ist, ob die Bibliothek ausreicht und die Professoren gescheit sind.
»Was die Professoren betrifft, so kann ich nichts sagen. Sie streiken doch«, antworte ich.
Er stellt mir in aller Ruhe Fragen, und ich höre seinen Worten zu wie denen eines Lehrers.
»Wenn auch bei euch jetzt gestreikt wird, Schi-Chua, so paß auf: Deswegen brauchst du das Studium nicht zu unterbrechen. Das Studium ist die Hauptsache. Das Wissen ist wie ein Kahn, der gegen die Strömung angeht. Wer nicht vorwärts rudert, kommt unbedingt zurück. Sammle Wissen, Schi-Chua sammle Wissen! Ich sitze hier unter fremdem Namen in einem Zimmer des Schlosses und denke schon so viele Monate darüber nach, woran unsere, der Väter, revolutionäre Bewegung krankt. Es fehlt uns an Wissen, an Spezialwissen. Wir dachten nicht, daß die Mandschu so schnell verschwinden würden. Wir bereiteten uns auf einen längeren Kampf vor und legten deshalb nicht so sehr auf die Wissenschaft Wert als auf die Fähigkeit, Bomben herzustellen und mit Flinten umzugehen. Wir haben als Soldaten, als Zerstörer gearbeitet; aber als es sich um den Aufbau handelte, hat man uns niedergeschlagen. Viele von meinen Kameraden haben Politik, Wirtschaftslehre und Jurisprudenz studiert, aber sie haben sie offenbar schlecht studiert, denn bis heute wissen sie noch nicht, was für eine Macht wir brauchen. Die Revolution ist vorüber, und geschickte Beamte halten die Kom-

mandohöhen der Kanzleimaschinen in Händen, nachdem sie die ungeschickten Revolutionäre verjagt haben. Wenn du, mein Sohn, in Zukunft an führender Stelle stehen und Einfluß haben willst, mußt du nicht nur die Theorie, sondern auch die Praxis jeder Wissenschaft studieren.«

»Fu-tjin«, unterbreche ich seine Rede, »der Professor Li Da-Tschau hat bei uns eine Gesellschaft zum Studium des Marxismus gegründet. Marx sagt, daß die Macht denjenigen gehören soll, die die Dinge produzieren, die arbeiten. Marx sagt, daß die Staatsmacht immer die Herrschaft einer Klasse zum Ausdruck bringt. Marx sagt, daß man die politische Form nicht verändern kann, ohne die wirtschaftlichen Beziehungen zu verändern. Darum haben wir in Peking angefangen, an der Aufklärung der Kulis zu arbeiten.«

Vater fährt fort:

»Ich kenne deinen Marx nicht. Aber das, was du sagst, ist wahrscheinlich richtig. Ich habe niemals gedacht, daß das Wahlrecht den Bauern und Kulis dazu verhelfen kann, ihr Leben zu verbessern, solange sie von ihren Herren abhängen. Sie werden ja doch ihre Stimmen den Herren geben. Wie kann ein Pächter gegen den Großgrundbesitzer stimmen? Der kündigt ihm dann doch einfach den Kredit. Solange unsere Bauern von den Wucherern, Aufkäufern und Grundbesitzer abhängen, werden, soviel Wahlrecht man ihnen auch gibt, doch immer nur die Herren an diesem Wahlrecht gewinnen.«

»Aber, Fu-tjin«, sage ich empört, »dazu existieren wir doch, wir Revolutionäre, um den Armen zu erklären, wie sie ihre Rechte verwenden sollen.«

»Ich weiß nicht, Schi-Chua. Ich weiß nicht. Vielleicht liegen die Dinge jetzt anders. Zu unseren Zeiten konnte man die Revolutionäre an den fünf Fingern abzählen. Es gab nur sehr wenige, und was die Hauptsache ist, es waren immer nur Studenten, die im Ausland gelernt hatten. Ihr wollt, daß die Bauern und Kulis Revolutionäre werden. Es ist sehr gut, daß ihr den Propagandazirkel durchführt; aber auch die Bauern-

revolutionäre brauchen auf jeden Fall Leiter, und diese Leiter könnt nur ihr sein, ihr Studenten. Wer anders kann den Bauern und Kulis helfen, ein neues Regime aufzurichten, wer erklärt ihnen die drei Prinzipien Sun Jat-Sens: Nationalismus, Demokratie und Sozialismus?«
Ich streite nicht, mit Vater fällt es mir schwer zu streiten. Er hat über diese Fragen länger nachgedacht als ich.
Ich bin mit Vater zufrieden. Ich bin ein bißchen stolz über diese Unterhaltung zwischen zwei Revolutionären, zwischen zwei Vätern.
Wir kommen zum kitzligsten Punkt unserer Unterhaltung: Ich möchte wissen, wie Vater über mein Studienfach denkt.
»Fu-tjin, ich habe an der philologischen Fakultät das russische Seminar gewählt.«
»Das russische Seminar, das ist gut, Schi-Chua. Das russische Volk ist ein revolutionäres Volk. Als ich in Japan studierte, führten die Japaner mit Rußland Krieg und besiegten es. Das war ein dummer Krieg. Die russischen Fürsten und Generäle waren ebenso unersättlich wie unsere Gouverneure. Auf die Niederlage antwortete das Volk mit einer Revolution. Das war eine gute Revolution. Mächtige Streiks. Die Bauern zündeten die Gutshäuser der Grundbesitzer an, die Arbeiter in den Städten bauten Barrikaden. Wir chinesischen Revolutionäre freuten uns über jeden Erfolg der russischen. Studiere gut am russischen Seminar, Schi-Chua, lerne die Sprache. Vielleicht gelingt es dir, zur Vervollkommnung deiner Ausbildung in dieses Land zu fahren.«
»Du hast recht, Fu-tjin. Nur wenn ich dorthin fahre, kann ich, wie es sich gehört, die Literatur des Landes studieren.«
Vaters Gesicht verzieht sich bei dem Worte »Literatur«.
»Gibt es denn außer der Literatur keine wichtigeren Fächer? Nun meinetwegen. Studiere Gedichte und schreibe Erzählungen, wenn dir das gefällt. Aber kannst du denn nicht wenigstens gleichzeitig Ingenieur, Chemiker, Techniker oder Jurist werden?«
Unser Gespräch gerät ins alte Gleis. Ohne mich aufs Streiten

einzulassen, beruhige ich Vater.

»Es ist schwer, beides zu vereinen, Vater. Aber wenn Sie darauf bestehen, so werde ich neben der Literatur irgendeine praktische Sache studieren. Vielleicht werde ich die juristische Wissenschaft wählen oder das Militärfach; es ist jetzt schwer zu sagen, weil ich die Lehrpläne für das nächste Jahr noch nicht kenne.«

Ich lenke das Gespräch aus diesem unangenehmen Fahrwasser.

»Ist die Gefahr für Sie vorüber, Fu-tjin? Wäre es nicht an der Zeit, einen Ortswechsel vorzunehmen?«

Vater ist vergnügt.

»Nun, damit steht es jetzt viel besser. Zum Chef ist ein Mann ernannt worden, der dem Gouverneur völlig ergeben ist. Gegen den Gouverneur kämpft jetzt mein alter Freund Ssün Ke-Wu so hartnäckig, daß er keine Zeit für mich hat.«

»Und was werden Sie weiter tun, Fu-tjin?«

»Dasselbe wie immer«, sagt Vater lachend. »Die Kuomintang ist jetzt in Setschuan illegal. Zu mir kommen von allen Seiten Leute. Ich halte die Verbindungen aufrecht, spreche dem einen Mut zu und erinnere den anderen daran, daß die Illegalität nicht ewig dauert. Ich möchte gern nach Kanton zu Sun Jat-Sen fahren. Ich habe den Alten schon lange nicht mehr gesehen. Aber es ist schwer; es fehlt an Geld, und überall wird Krieg geführt. Man bleibt entweder am Rande der Kriegszone stecken, oder man fällt den Soldaten in die Hände.«

Er betrachtet mich aus dem Grau des dichten Bartes hervor mit seinen jetzt freundlich blickenden Augen.

Schnell vergehen die Tage in den Zimmern des fernen Schlosses.

Ich muß mich auf den Rückweg machen. In Sjan-schi habe ich nichts zu suchen. Der Sommer geht zu Ende, es ist August. Und auf dem Jangtse wird gekämpft. Es ist ungewiß, wie oft der Dampfer haltmachen muß, bevor er nach Hankau kommt.

Das russische Seminar ist in einem dreistöckigen Haus von europäischem Typus untergebracht, das auf einem leeren Platz unweit des Ma-schi-mjau-Tempels liegt. Durch das Fenster des Hörsaals sieht man die vergoldeten Bambusdächer des Kaiserlichen Schlosses und den »Kohlenhügel« – einen hohen, grün bewachsenen Berg mit einem Pavillon auf dem Gipfel.

Hinter dem Hügel ragt der graue Tempelturm, der wie eine Benediktinerflasche aussieht, in den Himmel.

Unter dem vergoldeten Bambus wohnt Pu I, der Thronfolger der Mandschukaiser. Er bekommt fünf Millionen Silberdollar Gehalt jährlich, hat einen großen Harem und einen englischen Gouverneur. An Festtagen legt die vornehme Welt den Mandarinenschmuck an und fährt zum Kaiserlichen Prinzen, ihm ihre Aufwartung zu machen.

Unsere Korridore sind eng und dunkel, die Hörsäle klein. Das Gebäude war nicht für Vorträge bestimmt. Es war früher einmal als Wohnhaus gebaut worden. Dann hat man die Wände zwischen den Zimmern herausgebrochen, längs der Wände Regale aufgestellt, lange Tische hereingebracht, und nun rascheln in den Lesesälen die Seiten chinesischer, englischer, französischer, japanischer und deutscher Bücher.

Im Lesezimmer unserer Fachschaft stehen auf fast leeren Borden einige abgegriffene Grammatiken, Lesebücher, dicke Wörterbücher und ein paar Bände Tolstoi, Turgenjew und Lermontow.

Wir zieren die Wände mit den Porträts zweier bärtiger Männer – Tolstoi und Kropotkin –, die wir aus chinesischen Broschüren gerissen haben. Später kommen Tschechow und Puschkin hinzu.

Fünfzig Augenpaare blicken auf einen kleinen Mann mit gewölbtem Brustkasten und einer scharfen Raubvogelnase.

Das ist unser erster russischer Professor. Er spricht gut Chinesisch. Wir sind froh, jetzt wird es leichter gehen.

Aber diese schwierige Sprache macht uns auch weiterhin Sorge. Wir haben ja nur noch den Winter zum Studium vor uns. Das erste Jahr ist ziemlich nutzlos verstrichen, und vom nächsten Jahr an wird vorausgesetzt, daß wir die Sprache kennen, und wir müssen uns dann mit der Literatur beschäftigen.

Wir setzen dem Professor zu. Bei jedem Wort unterbrechen wir ihn und fordern Erklärungen. Aber er liebt es nicht, die Grammatik zu erklären, und wir lieben den nicht, dem es nicht beliebt, Erklärungen zu geben. Oft antwortet er auf unsere Fragen:

»Seht in der Grammatik nach.«

Oder:

»Ihr sollt nicht eine Frage zweimal stellen. Ich hab' euch das schon erklärt.«

Manche glauben, daß der Professor uns unrichtige Erklärungen gibt. Sie fangen an zu streiten. Dann bekommt der Professor einen roten Kopf, so rot wie eine mit Pfeffer gebratene Ente, und in seiner Stimme lassen sich die scharfen Töne eines Menschen vernehmen, der es nicht gern hat, wenn man ihm widerspricht.

Wir werden still, aber zwischen uns und dem Professor bildet sich eine Barriere.

Am 31. Dezember 1921, am Abend vor Neujahr, während die Gemeindediener in blauen Jacken längs der Alleen mannshohe Bogen aufstellen und abgenutzte rote Lampions für die morgige Illumination daran anbringen, teilt der Sekretär des »Verbandes junger Sozialisten« den Funktionären den Inhalt eines an den Verband gerichteten Briefes mit, den er eben erhalten und geöffnet hat:

»Die Eisenbahner von Tschan-ssin-tjen schicken uns fünf Fahrkarten und laden uns ein, bei ihnen zu sprechen.«

Ich gehöre zu den fünf Rednern, die man hinschickt.

Ich bin stolz und aufgeregt. Eisenbahner – das ist schon etwas anderes als die Kulis und Heizer, die auf das Glockensignal in den Klub kommen. Die Eisenbahner sind eine Macht. Wenn es uns gelingt, sie von der Richtigkeit unserer Prinzipien zu überzeugen, so können wir im Notfall die Züge aufhalten und feindliche Transporte zum Entgleisen bringen.

Ich gehe in die Bibliothek, blättere in den Zeitungen und mache mir Auszüge.

Wir sollen morgen sprechen. Die Reise nach Tschan-ssin-tjen dauert vier Stunden. Wir werden uns um sechs Uhr morgens auf dem Südbahnhof versammeln. Die Fahrkarten und den Brief hat der Sekretär des Verbandes. Er ist der Leiter der Delegation.

Um drei Uhr morgens bin ich schon auf den Beinen. Ich bin nicht ausgeschlafen, und die Schläfen tun mir weh. Ich gähne, als wollte ich den Mund zerreißen.

Auf der Straße ist es dunkel. Der Wind pfeift in den Jalousien der Läden und treibt trockenen Schnee vor sich her. Soviel ich mich umsehe, so laut ich schreie: keine Rikscha läßt sich blicken.

Die Hände in die Zipfel meines zwei Meter langen Schals gewickelt, der auf den ärmlichen Mantel herunterhängt, schlage ich mich über die dunklen gefrorenen Straßen bis zu den verlassenen Bahnsteigen durch und setze mich hin, um zu warten.

Nach und nach sammeln sich Leute. Ich halte Ausschau und lausche auf jeden neuen Schritt. Da kommen die Unsrigen ... Nein ... Aber dort ... Auch nicht ...

Verschlafene Leute schleppen Decken und Pakete vorbei, die mit Hanfseilen verschnürt sind und rote Zettel mit den Ladenadressen tragen.

Nur wenige Minuten fehlen bis zur Abfahrt des Zuges. Ich gehe vor bis zur Bahnsteigsperre, wo der Kontrolleur steht, um mit den Kameraden noch schnell zum Waggon laufen zu können.

Der Zug fährt ab. Ich überlege, was weiter geschehen soll. Ich erfahre, daß es noch eine andere Strecke nach Tschan-

ssin-tjen gibt, die einen Umweg macht und zwei Stunden später vom Tientsiner Bahnhof abgeht.
Wieder verstecke ich bald das eine, bald das andere Ohr vor dem eisigen Wind, halte mir die Augen zu und gehe so zum Bahnhof. Wieder warte ich zwei Stunden. Der Zug fährt ein, die Leute nehmen Platz, er fährt ab. Von den Kameraden ist keiner zu sehen.
Ich gehe nach Hause, mache mir heißen Tee, vertreibe die blaue Farbe von der erfrorenen Nase und den Lippen und suche die Kameraden auf.
Drei von ihnen liegen noch im Bett. Sie dehnen sich, horchen ärgerlich auf meine empörten Fragen, lächeln und sagen höflich:
»Verzeih, lieber Schi-Chua, wir haben verschlafen. Wahrscheinlich ist das schlechte Wetter daran schuld.«
Ich gehe zum Sekretär. Er ist eben erst aufgestanden und schickt sich an spazierenzugehen. Er ist erstaunt, mich auftauchen zu sehen.
»Warum sind Sie noch hier? Sind denn die anderen nicht abgefahren?«
Ich antworte:
»Ich bin hier, und die anderen sind nicht abgefahren, weil Sie die Fahrkarten haben. Und wenn ich auch eine Fahrkarte gehabt hätte, wäre die Reise für mich nutzlos gewesen; ich kenne die Arbeiter nicht und weiß nicht einmal den genauen Ort, wo die Versammlung stattfindet.«
Er zuckt die Schultern und hebt die Arme. Er steht am Tisch und ordnet, völlig sinnlos, irgendwelche Bücher. Dann sagt er zu mir:
»Nun, was macht's; entschuldigen Sie ...«
Er geht auf die Straße, ruft einen Rikschakuli und fährt zu seiner Arbeit.
Ich bin so angewidert wie schon lange nicht mehr. Ich hasse diese Leute, die nur schwatzen können und denen ihr Schlaf unter der warmen Decke mehr wert ist als eine wichtige Arbeit.

Auf der nächsten Sitzung erhebe ich wütenden Protest gegen den Sekretär und fordere, daß man diesen jungen Herrn absetzt. Aber die Mehrheit steht hinter ihm. Er erklärt ganz ruhig, daß die Sache gar nicht so schlimm sei und daß er meine Wut verstehe, weil ich bei dem Gelaufe von Bahnhof zu Bahnhof so gefroren habe. Die Zuhörer lächeln.
Ich gehe nicht mehr in die Sitzungen. Als man mir den Fragebogen für die Neuregistrierung vorlegt, gebe ich ihn schweigend zurück.
Die Umwandlung des »Verbandes junger Sozialisten« in den »Verband junger Kommunisten«, in den chinesischen KJV, spielt sich schon ab, ohne daß ich daran teilnehme.

VATER WIRD VERRATEN

Wieder ist es Herbst. Die Höfe der Universität sind voller Lärm. Die im Sommer schwarzen Bretter tragen wieder die herbstlichen Blätter der Ankündigungen.
Von Hause kommen Alarmbriefe. Die Kuomintang rührt sich. Dr. Sun Jat-Sen hat den Kuomintangleuten von Setschuan befohlen, die Truppen der kämpfenden Generäle zu zersetzen, sich in den Kampf zu mischen und die einen wie die anderen zu schlagen.
Das bedeutet, daß Vater das Schloß verlassen hat.
Das bedeutet, daß in unserem Hause wieder in der Dunkelheit verdächtige und schweigsame Menschen auftauchen.
Vater sammelt wieder seine alten Bekannten zu einer Abteilung, die ehemaligen Polizisten aus der Tejaner Schule und die Kämpfer aus den Reihen des Ko-lau-Bundes, die sich auf den Straßen von Setschuan herumtreiben.
Aber die Anwerbung macht Schwierigkeiten. Die Menschen haben das Vertrauen zur Revolution verloren. Sie sind geneigt, Vaters Abteilung für eine der vielen Banden zu halten, die ihr Unwesen im Setschuaner Gebiet treiben. Sie haben keine Lust, Geld und Leben für die Phantasien eines im fer-

nen Kanton sitzenden Dr. Sun Jat-Sen zu riskieren. Sie ziehen die Losung der Klugen vor: »Wer Milch hat, ist meine Mutter.«
Diese Losung hat sich auch mein Schwager verschrieben, der Bruder meiner Frau, ein ehemaliger Kuomintangmann und Offizier in Vaters Abteilung. Er meldet sich bei den Li U-sjan-Leuten und bietet seine Dienste an. Die Offiziere, zu denen er kommt, wissen, daß er Kuomintangmann war, und glauben nicht an die Aufrichtigkeit dieses schnellen Übertritts und fordern Garantien.
Garantien sind leicht gegeben; der Schwager antwortet den Offizieren:
»Hier ist der Beweis für meine Bereitschaft, Ihnen zu dienen: Den Ja-Pu, der Schwiegervater meiner Schwester, wirbt jetzt auf Anweisung der Kuomintang eine Abteilung an. Ich habe ihm bis zum letzten Augenblick dabei geholfen. Soll ich Ihnen behilflich sein, ihn zu fassen?«
Dieser Unterredung wohnt ein Offizier bei, der früher einmal, im Jahre 1911, unter Vaters Leitung bei der Polizei gedient hat. Treue gegenüber dem Vorgesetzten, auch dem ehemaligen, ist eine der Haupttugenden des chinesischen Sittenkodex! Es gelingt dem Offizier, Vater eine kurze Nachricht zu schicken: »Man macht Jagd auf Sie, fliehen Sie!«
Am Abend vor Neujahr 1923 flieht Vater aus dem Haus, das sich gerade zu den festlichen Feiertagen zum Empfang und zur Bewirtung der Gäste rüstet, in einen einsamen Bauernhof, der einem seiner Genossen gehört. Wahrscheinlich ist dieser Genosse ein Verwandter meiner Mutter, da er den Namen Ljau trägt.
Am Neujahrstag erscheint eine Abteilung Soldaten in Sjanschi. Sie kommt nicht zu uns. Es ist zwecklos. Man weiß schon, daß Vater geflohen ist.
Am 2. Januar reist meine Frau zu ihren Verwandten, und am 3. Januar dringt eine Abteilung Soldaten, ohne lange zu suchen, geradenwegs, beinah im Laufschritt, in das Haus Ljaus.

Am Neujahrstag ist es Sitte, die Gräber der Verwandten aufzusuchen. Glücklicherweise ist Vater an diesem Tag morgens zum Grab der Großmutter gegangen. Bauern, die ihn unterwegs treffen, berichten ihm von dem Überfall.
Die Soldaten durchsuchen die Hütte, kehren das Unterste zuoberst, stochern mit den Bajonetten im Futter herum, drohen Ljau und gehen fort, um dem Dau-tai von ihrem Mißerfolg zu berichten.
Kurz darauf verreist mein Schwager in die Berge, und einige Monate später ernennt der Dau-tai von Tejan ihn zum Chef der zur Verstärkung gebildeten Stadtwache.
Stille liegt über meinem Vaterhause. Ohne Sjan-schi zu berühren, tritt Vater auf Umwegen von Dorf zu Dorf, von Landungsstelle zu Landungsstelle seine lang ersehnte Reise nach Kanton an.

RUSSISCHE LITERATUR

Von den fünfzig Studenten, die sich 1920 für das russische Seminar eingezeichnet haben, bleiben zum zweiten Kursus, 1923, nur fünfzehn übrig. Es wird angenommen, daß wir nach drei Jahren Vorbereitung die Sprache können.
Am französischen Seminar gibt es einen Professor I Fa-Örl, der von Geburt Russe ist. Er nimmt den Platz unseres bisherigen gleichgültigen Lehrers ein.
Professor I Fa-Örl lebt schon lange in Peking. Seine Wohnung liegt in den Räumen eines alten Tempels. Er kennt Peking besser als wir, die auswärtigen Studenten, und liest die chinesischen Zeitungen pünktlicher und aufmerksamer als wir. Er gefällt mir. Er ist lebhaft und umsichtig. Seine Haare sind hell und weich wie Wolle (etwas Ungewöhnliches für unsere Begriffe), und seine Augen liegen so tief, daß man, wie es im chinesischen Sprichwort heißt, den Augapfel nicht mit Erde zuschütten könnte. Er geht im Hörsaal auf und ab, reibt sich die kräftigen Hände, und seine Stimme klingt im-

mer so fröhlich, als hätte er gerade im Spiel gewonnen.
Er zeigt auf einen Gegenstand und fragt prüfend:
»Qu'est-ce que c'est?«
Wenn er uns zur Tafel ruft, sagt er:
»S'il vous plaît.«
Meine Freunde suchen lärmend im Wörterbuch, um diese Worte zu verstehen, aber ich beruhige sie, wenn sie verdutzt sind, indem ich erkläre, daß das keine russischen Worte sind, sondern französische und das sie bedeuten: »Was ist das?« und »Bitte«.
I Fa-Örl spricht gut Chinesisch. Nur etwas umständlich. Wo ein Chinese einen Satz sagt, braucht er drei. Er macht sich über uns und unsere früheren Lehrbücher lustig.
Nach den langweiligen Lesebüchern gibt er uns Erzählungen von Tschechow zu lesen. Sie sind kurz, aber sehr verständlich und lustig. Von den Erzählungen gehen wir zu größeren Werken über und lesen »Die Möwe«.
Wie sehr ähnelt die Stimmung dieses Dramas derjenigen unserer Jungen und Mädchen, die dem Weltschmerz, der Melancholie und den Selbstmordträumen verfallen, weil sie nicht wissen, daß man die Freude auf Wegen suchen muß, die zur Revolution führen.
Es fällt uns nicht leicht, die »Möwe« zu lesen. Es gibt eine Übersetzung, allerdings eine schlechte, von einem gewissen Tschen Tschen-Do. Er ist jetzt der Redakteur der »Commercial Press«, eines literarischen Journals der Kompradorenkreise (Großaufkäufer) in Schanghai.
Die ganze Fachschaft interessiert sich für Tschechow. Wir überbieten einander an Ausdauer in der Bibliothek und reißen uns um die Übersetzung, obgleich unser ganzer Wortschatz aus einigen Dutzend Hauptwörtern besteht, die wir nicht deklinieren können, und aus Zeitwörtern, von denen wir meist nur die unbestimmte Form konjugieren können.
Nach unserer Bekanntschaft mit Tschechow sind wir schon bereit, ihn als revolutionären russischen Schriftsteller neben Tolstoi und Kropotkin zu setzen. Aber da gibt I Fa-Örl der

Sache plötzlich eine unerwartete Wendung. Er erklärt, daß Tschechow das Kleinbürgertum vertritt und daß er wenig mit der Revolution zu tun hat, besonders mit der Revolution, die sich jetzt in China abspielt.

Solange I Fa-Örl über Tschechow herzieht, sind wir nur verwundert, aber als er es wagt, seine Hand gegen Tolstoi zu erheben, halten wir nicht mehr an uns.

Ich hatte schon viele Erzählungen Tolstois in einer Übersetzung gelesen, die, scheint es, leider nicht sehr gut ist, und sogar den Roman »Auferstehung«, der schon lange übersetzt war, allerdings nicht aus dem Russischen, sondern aus dem Japanischen; »Auferstehung« ist nämlich eines der populärsten Bücher in Japan, wo über Katjuscha sogar ein Volkslied entstanden ist.

I Fa-Örl behauptet, daß Tolstois Philosophie nicht revolutionär sei. In den Pausen zwischen den Vorlesungen brechen Dispute aus.

I Fa-Örl bringt riesige, auf dickem, brüchigem Papier gedruckte Zeitungen aus Moskau mit. Wir gleiten mit dem Bleistift über die grauen Zeilen des engen Schriftsatzes und freuen uns, wenn wir bekannte Worte finden. Wir lesen die Artikel, die vor einem Monat im »Staat der Armen« geschrieben worden sind. Wir lesen und übersetzen das Buch »Kunst und Leben« von Woronski, die Deklaration der »Lef« (»Linke Kunstfront«) und die Deklaration der Gruppe »Na Postu« (»Auf Posten«), einer Gruppe proletarischer Schriftsteller Rußlands. Wir versuchen, »Die Zwölf« zu deklamieren (eine der Revolution gewidmete Dichtung des Symbolisten Alexander Blok).

Mühsam radebrechend lesen wir die schweren Wortbrocken der Einleitung zu »Mysterium Buffo« von Majakowski.

Die von der Universitätsdruckerei nach unseren Übersetzungen hergetellten Broschüren erscheinen in der Universität auf dem Verkaufstisch des Bücherkiosks. Wir nehmen Verbindung mit dem russischen Oberkurs auf, wo Fu Sjau die »Zwölf« von Blok übersetzt und der dicke Li über die »Ge-

schichte der russischen Literatur« von Lwow-Rogatschewksi schwitzt.
Beim Lesen der interessanten und heftigen Worte in den Zeitschriften »Na Postu« und »Lef« sehe ich: Das neue Rußland spricht in einer anderen Sprache, als Tschechow und Tolstoi gesprochen haben.
Wir treiben für den Lesesaal ein Porträt Gorkis auf und bitten I Fa-Örl, eine Fotografie des Mannes zu besorgen, der im neuen Rußland das ist, was Sun Jat-Sen für China bedeutet, eine Fotografie Lenins.
In diesen Wochen leidenschaftlichen Studiums gelingt es Vater, an den Feldwachen der Tu-fees und den Schlagbäumen der Zöllner vorbei, den Staub der Waggons schluckend, in Sänften schaukelnd und auf Booten das Wasser der schmutziggelben Kanäle zerschneidend, sich nach Kanton durchzuschlagen. Es gelingt ihm, sich durchzuschlagen, um einen neuen Befehl des Lehrers, Freundes und Führers Sun Jat-Sen entgegenzunehmen, einen Befehl, der den früheren Befehlen so sehr gleicht: Nach Setschuan zurückkehren! Eine militärische Abteilung bilden und die Führung übernehmen!
Ein neuer Feldzug steht bevor. Es ist Zeit, in die Intellektuellenadern der Kuomintang das frische Blut der städtischen Kulis und der besitzlosen Bauern zu gießen, die gebückt in den Reissümpfen arbeiten.
Gerade als Kanton den Kuomintang-Parteitag vorbereitet, kehrt Vater nach Norden, nach Hause zurück.

BLAUE FLECKE

Ich halte das Versprechen, das ich Vater gegeben habe, außer der abstrakten Literatur noch irgendein praktisches Fach zu studieren.
Der Rektor Tsai Jüan-Pee hat an der Universität eine militärische Abteilung geschaffen. Neben die Sportgruppen – die Tennisspieler mit ihren feinen Hosen, die Fußballer mit

dem Getrampel ihrer Fußballschuhe, die Leichtathleten mit ihren Spikes – treten dreihundert im Gleichschritt marschierende Rekruten in staubgrauen Windjacken und Hosen, mit Tropenhelmen und Wickelgamaschen und dazu Gewehren, richtigen Gewehren, mit kurzen Bajonettmessern, aber ohne Patronen.

Eine halbe Stunde vor den »Zivilisten« springen wir Mitglieder der Abteilung aus den Betten, lassen die Überröcke in den Koffern schlummern, ziehen Hosen und Jacken an und laufen auf den Hof der Universität, wo wir antreten, wo wir exakte Wendungen und kurze Griffe machen, aufs Knie niedergehen, schießen, stechen, uns in Schützenketten auflösen und wieder in Kolonnen formieren lernen.

Wir sind die Soldaten dieser Abteilung. Aber wir sind auch Offiziere. Der Reihe nach übernehmen wir das Kommando einer Gruppe, einer Korporalschaft und der ganzen Abteilung.

Nach Beendigung des Exerzierens hallt der große Hörsaal vom Lärm unserer hereindringenden Masse wieder. Wir hören Vorträge über Strategie und Taktik, über die Organisation der modernen Armeen und über die Grundlage der Landesverteidigung.

Unser Instrukteur ist Tsjan Bee-Li.

Er ist Schriftsteller. Er ist bekannt geworden durch sein Buch »Die Geschichte der Renaissance in Europa«. Aber noch berühmter ist er wegen seiner militärischen Kenntnisse. Er lehrt uns, die jungen Radikalen und Anarchisten, wie man Krieg führt.

Ein paar Jahre später ging er als Ratgeber zu unserem Feind Wu Pee-Fu über. Von ihm wechselte er zu Ssun Tschuan-Fan hinüber. Wir erinnerten uns an seine Vorträge und träumten davon, wie wir, seine früheren Schüler, wenn er uns als Gefangener in die Hände fiele, zu ihm sagen würden:

»Tsjan Bee-Li, was für ein guter Lehrer sind Sie, wenn Sie sich von Ihren eigenen Schülern gefangennehmen lassen!«

Und dann wollten wir ihn voller Achtung freilassen.

Dreimal in der Woche klopfen sechshundert Füße das Pflaster des Universitätshofes. Unter der hoch oben flatternden Fahne der Universität stolzieren unsere Reihen.
Hier stehen die zukünftigen Offiziere, die jeder General wegen ihrer Kenntnisse gern in seine Armee aufnimmt und die dann den Kuomintangleuten die Tore zur Militärlaufbahn öffnen.
Hier stehen die zukünftigen Leiter der örtlichen Polizeitruppen, die die Dorfwälle vor den Tu-fees und vielleicht einmal, wer weiß es, vor den Angriffen der hungernden Pächter verteidigen werden.
Hier stehen die Führer der revolutionären Divisionen der Zukunft, denen die Geschichte befiehlt, den Feind im Namen eines befreiten, eines neuen, mächtigen Chinas zu schlagen.
Vorläufig sind wir es, die geschlagen werden, an verschiedenen Tagen und auf verschiedenen Straßen, wenn wir mit hocherhobenen Fahnen und Plakaten vorbeiziehen oder auf den Plätzen unsere Versammlungen abhalten. Man prügelt uns an den revolutionären Feiertagen, wenn über den Toren der Kasernen und Kanzleien die fünfstreifigen Fahnen der chinesischen Republik sichtbar werden. Man prügelt uns an den »Tagen der Schande«, wenn die Kanzleien heuchlerisch schweigen und nur die von uns ausgestreuten Flugblätter sprechen.
Der 7. September ist der erste Tag der Schande. Wir ziehen an den Mauern des Gesandtenviertels vorbei. Der 7. September hat diese Mauern geboren. An diesem Tage wurde 1901 unter den Bajonetten der sieben Großmächte, die China in einen dicken, mit Menschenblut angerührten Brei von Ruinen verwandelten, das »Boxerprotokoll« unterschrieben, nach dem China mit Land, Geld und Erniedrigungen bezahlen mußte.
Der 9. Mai ist der zweite Tag der Schande. An diesem Tag nahm der gefügige Jüan Schi-Kai die »21 Forderungen« Japans zum größten Teil an:
Nie die Waffen gegen Japan erheben.

Nur japanische Ratgeber einstellen.
Japaner dürfen in der Mandschurei und Mongolei Wohnung nehmen und Handel treiben wie bei sich zu Hause.
China nimmt Anleihen nur bei Japan.
An den Orten, wo Japaner wohnen, muß die Polizei japanisch sein.
Pachtvertrag von Port Arthur und der südmandschurischen Eisenbahn wird von 25 auf 99 Jahre verlängert.
Die ehemaligen deutschen Besitzungen in Schantung werden Japan übergeben.
China läßt keinen anderen »Pächter« nach Schantung hinein.
Japan erhält die Erlaubnis zum Bau einer Eisenbahn in Schantung.
China muß japanisches Kapital in das Tschanjapiner Metallwerk hineinnehmen (gegenwärtig sind dort 75 Prozent japanisches Kapital angelegt).
Und noch ... und noch ... und noch ...
Diese Forderungen waren so unverschämt, daß die Japaner den Großmächten eine stark abgeänderte »Kopie« übergaben.
Jüan Schi-Kai starb, bevor es ihm gelang, China vollends zu verkaufen.
Aber die nachfolgenden Regierungen haben einige von diesen Forderungen erfüllt.
Deshalb ertönen am 9. Mai in den chinesischen Städten die Schreie der Jugend:
»Fort mit der japanischen Tatze!«
»Nieder mit den ›21 Forderungen‹!«
Der 4. Mai ist der Tag unserer Geburt, der Tag, an dem wir den Ruf »Schande« in einen Kampfruf umwandelten und den antijapanischen Boykott begannen.
Aber außer an diesem Tage tauchen wir auch bei anderen Gelegenheiten bald vor den Toren des Ministeriums, bald am Schloß des Präsidenten, bald vor dem Parlament auf und verlangen unter Schreien, Trillerpfeifen und Transparenten Aufmerksamkeit für unsere Forderungen und drohen den-

jenigen, die sie nicht beachten, mit dem Tod.
Nach der Demonstration, von der ich gleich erzählen werde, floh Tsai Jüan-Pee, der Rektor unserer Universität, der nicht mehr die Kraft hatte, sich mit den Würdenträgern herumzuschlagen, nach Japan.
An der Spitze Chinas steht ein Parlament, eine Versammlung von Leuten, die schon im Jahre 1916 gewählt worden sind und die ihre Stimme demjenigen verkaufen, der mehr bezahlt.
Der Präsident Li Jüan-Hung klammert sich an den Präsidentensessel und manövriert zwischen den ihn bedrängenden Gouverneuren, den kleinen Herrschern der Provinzen, herum. Neben ihm steht ein Ministerrat, der aus den bekanntesten Gelehrten gebildet ist.
In diese Versammlung graubärtiger Pedanten und Philosophiedoktoren beruft Li Jüan-Hung als Minister für Volksaufklärung seinen Liebling, den Gouverneur von Hunan, einen ausgemachten Kriecher, Schmeichler und Schieber – Pen Jün-I.
Die Minister weigern sich, diesen »studierten Strolch«, wie man Pen mit Spitznamen nennt, in ihrer Mitte aufzunehmen. Dem Präsidenten bleibt nichts anderes übrig, als den Ministerrat mundtot zu machen.
Der erste Vorsitzende des Parlaments beschuldigt einen der Minister der Bestechung. Der Präsident unterschreibt den Haftbefehl. Man setzt den Minister ins Gefängnis und ernennt einen neuen Ministerpräsidenten.
Es ist ein frischer Januartag. Vom frühen Morgen an sind wir in fröhlicher Stimmung. Zusammen mit den Professoren ziehen wir zum Parlament, um die Entlassung des studierten Strolches zu fordern. Vor den Toren sammeln wir uns. Wir stehen da, in einer dichten riesigen Menge.
Aber außer uns stehen vor den Toren des Parlaments auch noch andere Leute. Es mögen Lakaien von den Galawagen oder Ladenschwengel oder einfach verkleidete Soldaten sein; sie gehen mit ungewöhnlich festen Schritten in ihren Über-

röcken einher. Wir schenken ihnen übrigens wenig Aufmerksamkeit.

Wir lachen über die Polizeikette vor dem Eingang. Wir sind überzeugt, daß die Polizisten auseinanderstieben werden, wenn wir uns mit Geschrei auf die Tore stürzen und über den Hof und in die Vorhalle zum großen Saal stürmen werden.

Die Polizei macht in der Menge einen Korridor für die anfahrenden Automobile und Wagen frei. Da bleibt ein Automobil im Dickicht der Menschenmenge stecken. Die warnenden Hupensignale werden von dem Geschrei der Menge übertönt. Unsere drohenden Fäuste erheben sich vor den Fenstern des Autos, in dem der Parlamentsvorsitzende fährt. Stöcke und Fäuste in der Luft schwingend, fordern wir:

»Fort mit dem studierten Strolch! Nieder mit dem Gesindel!«

Unsere Masse drängt zum Tor vor. Noch eine Minute, und wir werden den Machthabern unsere Bedingungen diktieren.

Da ertönt plötzlich ein Kommandopfiff. Aus den Toren des Parlaments stürzt eine Menge Polizisten hervor. Ihre schwarzen Jacken bilden einen dichten Ring um uns. Die unbekannten Leute reißen unerwartet ihre Überröcke auf, machen die dort versteckten Stöcke frei und krempeln die Ärmel hoch.

Die Knüppel treffen sicher und schmerzhaft. Die Fäuste sind gut trainiert.

Es sind Polizeispione, gemietete und verkleidete, Berufsboxer von den fernen Bazaren und Söldlinge der Parlamentsmitglieder.

Als wir uns auf die Schläger stürzen, verstecken sie sich schnell und geschickt hinter den Rücken der Polizisten. Und als wir versuchen, die Polizeimauer zu durchbrechen, hält sie stand, und auf jeden Stoß gegen ihre uniformierte Brust antworten die stämmigen Männer damit, daß sie mit den Säbeln dreinschlagen.

Wir formieren einen Keil, schlagen uns mit letzter Anstrengung eine Bresche und ziehen in voller Auflösung ab.

In den Wohnhäusern angekommen, streifen wir die Überröcke ab, schütteln uns, reiben die getrockneten Blutflecke aus den Hemden, bepinseln die blauen Flecke und die Schrammen mit Alkohol, zählen, wie viele es sind, und sind auf diese Kampfmale nicht weniger stolz als auf die »Eier«, die wir in der Dorfschule für gutgemalte Schriftzeichen bekommen haben.

DIE SCHEIDUNG

Es kommt ein langer und ausführlicher Brief von Vater an:
». . . Jener Offizier, von dem ich kurz vor Neujahr den Zettel zugeschickt bekam: ›Man macht Jagd auf Sie, fliehen Sie!‹, hat um Aufnahme in meine Division nachgesucht. Er hat mir Dinge berichtet, die ich früher schon ahnte; aber ich hatte den Verdacht fallenlassen, weil er mir zu widerlich und unwahrscheinlich erschien. Der Mann hat mir mitgeteilt, daß mich Dein Schwager damals an die Li U-sjan-Leute verraten hat. Aber das ist noch nicht das unangenehmste. Dein Schwager wußte, daß ich in Sjan-schi war, aber nicht mehr. Wer hat aber den Soldaten die Adresse der Hütte Ljaus mitgeteilt? Ich habe Deine Frau kommen lassen und sie geradezu gefragt: ›Woher konnte Ihr Bruder wissen, wo ich mich versteckt hielt?‹ Sie geriet aus der Fassung und brachte kein einziges Wort hervor. Es war klar, daß hier etwas nicht in Ordnung war. Ich ließ sie gehen. Sie ging gleich in ihr Zimmer, schloß es dann ab, nahm sich eine Sänfte und fuhr zu ihren Verwandten, ohne mich oder die Stiefmutter um Erlaubnis zu fragen. Erst hatte ich Skrupel, ob wir sie nicht etwa mit unserem erniedrigenden Verdacht beleidigt hätten. Ich stellte Untersuchungen an. In meinem Auftrag gingen verschiedene Leute herum, forschten nach, erkundigten sich und brachten mir alle dieselbe Antwort: Das Jagdkommando war auf Veranlassung ihres Bruders gegen mich ausgeschickt worden. Das sind die Tatsachen. Ich denke, Du weißt selbst, was sie bedeuten. Ich schicke Dir diesen Brief mit Eilpost, um von

Dir möglichst schnell eine Antwort zu erhalten, was Du zu tun gedenkst ...«

Was ich zu tun gedenke? Weiß ich, was man in solchen Fällen tun muß? Dieser böse Zwischenfall in der eigenen Familie schüttelt mich wie ein Fieber.

Warum ist das eigentlich alles so gekommen? Konnte diese schwerfällige Frau nicht ihre Zunge im Zaum halten? Sie hätte doch zu Hause sitzen und möglichst wenig von sich reden machen sollen, um unsere Ehe, die auch ohnedies nur schwer zusammenwuchs wie die gebrochenen Knochen eines alten Mannes, nicht noch mehr zu belasten.

Aber schon beginne ich zu frohlocken: Vielleicht hat der Verrat meiner Frau auch sein Gutes. Ich kann ihn benutzen, um unsere Ehe aufzulösen und sie fortgehen zu lassen, wohin sie will. Ich kann mich von ihr befreien und werde, wenn ich nach Hause komme, nicht mehr ihren Atem an meiner Schulter spüren.

Ich versammele meine Landsleute, und wir beraten lange. Die einen denken nach, die anderen schnalzen besorgt mit der Zunge und schütteln den Kopf, wieder andere sind freudig erregt.

»Scheide dich so schnell wie möglich von dieser Frau. Du liebst sie ja nicht. Was zauderst du?«

Diesem Rat folge ich.

»Es ist nur gut, daß dein Vater damals Glück gehabt hat. Es hätte auch schlimmer kommen können. Setz die Scheidung durch. Du bist nie sicher vor einer Wiederholung des Verrats. Das ist gefährlich.«

Ich schlage dem Vater vor, die Vorbereitung zur Scheidung zu treffen.

Die Stiefmutter ist dagegen. Die Scheidung ist für sie ein Schlag ins Gesicht. War sie es doch, dic Guan In ausgewählt und auf der Heirat bestanden hat.

Sie schlägt vor, daß wir auseinandergehen und getrennt leben, aber uns nicht scheiden lassen.

Damit ist Vater nicht einverstanden. Zum erstenmal nach

vielen Jahren lehnt er einen Ratschlag der Stiefmutter scharf ab und stellt den Eltern meiner Frau in einem Brief rundheraus die Frage, was für eine Scheidung sie wollen – eine gerichtliche oder eine Scheidung nach freiwilliger Vereinbarung.

Die Lage ist ernst. Wenn sie antworten: »Gerichtliche Scheidung«, so können wir arg in die Klemme geraten. Wie, wenn das Gericht die Argumente unserer Familie nicht annimmt? Im Gericht sitzen Leute, die nicht die geringste Neigung haben, die Familie des Rebellen Den Ja-Pu nachsichtig zu behandeln.

Ob nun Guan In darauf bestanden hat, weil sie die widerwärtige und unerfreuliche Ehe satt hatte, oder ob ihre Eltern, einer günstigen Entscheidung des Gerichts nicht ganz sicher, die Ausgaben fürchteten – jedenfalls erhält Vater die Antwort, daß über die Scheidung auf einer Konferenz der Verwandten entschieden werden soll.

Die Dens und Guans versammeln sich in unserem Hause. Der Di-bau – schon nicht mehr jener, der unser Eigentum konfiszierte, sondern ein neuer – schreitet in Paradeuniform als offizieller Zeuge über die Schwelle.

In gespanntem Schweigen nehmen die Meinigen – der Vater, die Stiefmutter, der jüngere Onkel, zwei Onkel zweiten Grades und die drei Frauen der Onkel – am Eßtisch Platz. Zwischen ihnen rascheln die Röcke der vornehmen Kaufleute aus der Familie Guan. Da sitzen die Urheberinnen des Streits, meine Frau, ihre Eltern, der Bruder ihres Großvaters, ein Onkel, ihr älterer Bruder und ihr zweiter Bruder, ein Student des Pekinger Juristischen Instituts, mit seiner Frau und die Frau des Verräters. Der Verräter selbst, der jetzt an der Militärschule in Hupeh studiert, fehlt. Noch ein Paar ist da und sitzt, ebenso verärgert wie die Stiefmutter, mißtrauisch am Tisch: die Heiratsvermittlerin und ihr Mann.

Man ißt langsam, und in gedrückter Stimmung wird das Mahl eingenommen. Wenn das Mädchen einen neuen Gang serviert, sagen die Dens höflich:

»Bedienen Sie sich bitte ... Kosten Sie doch bitte von dieser Suppe ... Es macht mir Kummer, daß Sie sowenig essen ...«
Als Antwort auf diese einladenden Worte wenden die Guans den Kopf und grinsen. Man sieht nicht gleich, ob zum Lachen oder zum Beißen.
Dann schweigt man wieder bis zum nächsten Gang.
Nach dem Essen kommen an Stelle der nahrhaften, sättigenden Speisen Tee und Eingemachtes auf den Tisch, und die Sitzung beginnt.
Vater legt seine Gründe nach Punkten dar.
Die Guans leisten den Forderungen Vaters Widerstand. Sie sind beleidigt. Es kann gar keine Rede davon sein, daß es in ihrer Familie Verräter gibt. Das ist alles von Anfang bis Ende erfunden. Sie sind überhaupt zur Scheidung nur bereit, um ihre Verwandte aus einer zänkischen Familie freizubekommen, die dem armen Kind das Leben vergiftet hat.
Der Onkel meiner Frau durchbricht die Einheitsfront der Guans. Er gibt zu, daß Guan In zweifellos schuld hat, daß die Forderungen der Dens berechtigt sind und daß es keinen Sinn hat, diese quälende Sitzung in einen Streit um Geschäfte zu verwandeln. Dieser Onkel ist ein gebildeter Mann. Aus ihm spricht das Wohlwollen des Intellektuellen gegenüber dem Intellektuellen Den, der sich mit den Kaufleuten herumschlägt.
Wie eine Last, die einen steilen Berg hinuntergelassen wird, gehen die Guans Silberdollar um Silberdollar mit ihren Forderungen herunter. Und jeder Silberdollar ist wie eine verwundete Hand in unendlich lange Binden von klagenden Vorhaltungen eingewickelt.
Es wird beschlossen, die Mitgift zurückzugeben, zweihundertfünfzig Silberdollar jährlich an die Guans zu bezahlen und das Kind beim Vater zu lassen.
Unter dem Protokoll stehen neunzehn Unterschriften: acht von uns, acht von ihnen und drei von den Zeugen.
Man ruft meine Frau. Statt ihres Namens setzt sie, da sie nicht schreiben kann, ein Kreuz darunter und hört damit auf,

meine Frau zu sein.
Schnell reist man auseinander. Am Tor grinst man sich ein letztes Mal an. Dann hören die Verbeugungen auf, und eine hohe Wand von Feindschaft, Vorwürfen und bösem Klatsch richtet sich zwischen den beiden Familien auf.
Vater kehrt in das Zimmer zurück. Das unterschriebene Protokoll liegt noch immer auf dem Tisch. Er legt das Papier in den Schrank. Die Stiefmutter sitzt in hysterischer Aufregung und niedergeschmettert von den zwanzig Unterschriften neben dem Kind und weint. Nach ihrer Meinung ist Dun seit diesem Tage ein Unglückskind, eine Halbwaise geworden.
Auch Vater ist erregt und beugt sich über die verstörte Dreijährige und die vor Schluchzen zuckende, alt gewordene Frau, streichelt das Mädchen und sagt:
»Armes Enkelkind, armes kleines Enkelkind.«
Vaters Brief mit der Mitteilung der Scheidung läßt mich aufatmen.
Und doch:
Obwohl ich weiß, daß meine Frau sich sehr wenig um das Kind gekümmert hat, will es mir scheinen, daß mit dem Weggang der Mutter das Mädchen zu einem herrenlosen Hündchen geworden ist. Es macht mir Sorge. Ich rufe mir sein Gesicht, seine Augen, sein schmutziges Hälschen ins Gedächtnis. Und Mitleid überkommt mich.
Das Triumphgeschrei meiner Kameraden reißt mich von dem Brief los. Auf die Nachricht von der Scheidung hin kommen sie zu Besuch, um mich zu beglückwünschen, daß ich wieder ledig bin. Am meisten freut sich mein Zimmergenosse, der Chemiker Li.
Vielleicht hat ihn die bedrückende, nervöse Atmosphäre, die immer von mir ausging, gestört.
Meine ausgelassenen Setschuaner Landsleute zerren mich aus der Wohnung fort. Wir gehen spazieren, plaudern und nehmen schließlich in einem billigen kleinen Restaurant Platz.
»Es lebe Den Schi-Chua, der Junggeselle!«

Die Geldsendungen von daheim werden unregelmäßig und ungenügend. Vater ist unterwegs, und dem Onkel fällt es sichtlich schwer, die nötigen Silberdollar für mich zu beschaffen.

Die Verdienstmöglichkeiten in Peking sind gering und ungewiß. Ich schreibe Erzählungen für die Sonntagsbeilagen der Zeitungen. Meine Erzählungen erinnern an Tschechow, Gorki oder Tolstoi. Die Zeitungen bezahlen für tausend Schriftzeichen einen Silberdollar. Nach deutschem Gelde bedeutet das ungefähr eine Mark für fünfunddreißig Zeilen.

Meine Erzählungen haben Erfolg. Die Zeitungen bestellen neue.

Einige Kameraden aus Setschuan, die Schriftsteller und so berühmt wie Gorki und Tolstoi werden wollen, schreiben auch Erzählungen.

Wir gründen einen literarischen Zirkel und beschließen, eine Zeitschrift herauszugeben. Herausgeber soll die Landsmannschaft der Tejaner sein. Wir überreden einen Drucker, uns Kredit einzuräumen. Sorgfältig lesen wir Korrektur und geben kleine Bücher von fünf Bogen Umfang für fünfundzwanzig Cents heraus.

Wir binden die frisch gedruckten Bogen in Tücher und laufen in die Geschäfte, zu den Bücherständen auf den Jahrmärkten und laden unsere Schöpfungen auf den Verkaufstischen der unerschütterlichen Buchhändler ab.

Die Händler legen unsere Erzeugnisse herablassend zwischen den buntscheckigen Umschlägen der Abenteuer- und Liebesromane aus, nehmen für sich zwanzig Prozent Kommissionsgebühren in Anspruch, sind aber selbst schwer zum Zahlen zu bringen.

Was wir an Schuhsohlen auf den Straßen Pekings ablaufen, macht mehr aus als das Geld, das wir hereinbekommen. Wir schicken unsere Bücher als Drucksache in die Provinz.

Aber wenn es uns in Peking noch gelingt, das Geld für die

verkauften Bücher hereinzubekommen, so machen wir über unsre in die Provinz geschickten Bücher nur Witze: Sicherlich kommt plötzlich einmal der blaue Briefträger mit der Nachricht in unser Wohnhaus, daß die Läden in der Provinz unsere Zeitschrift ausverkauft haben und unserer Landsmannschaft klingende Silberdollar schicken.

Ein Landsmann ist mehr als ein Verwandter. Ein Landsmann ist alles: Unterkunft, Anleihe, Ratschlag, Empfehlung für eine Stelle, Krankenwärter.

Pu Tschau-Wen, unser Landsmann, der nach Frankreich gefahren ist, läßt sich über den Ozean herüber vernehmen. Er konnte es nicht mehr aushalten, zuzusehen, wie die chinesischen Studenten, die nach Frankreich zum Studium gefahren sind, vor Hunger umkamen. Pu Tschau-Wen machte seinem Leben ein Ende, um durch sein Todesröcheln die Aufmerksamkeit der Gleichgültigen auf die jungen Chinesen zu lenken, die in den kleinen Zimmern von Marseille und Paris dahinwelken.

Aber die Zeiten sind zu unruhig, und es fließt zuviel Blut, als daß der Tod Pus Widerhall fände. Noch ist auf den Bahnsteigen das Blut nicht getrocknet, das die Eisenbahner unter den Schüssen Marschall Wu Pee-Fus verloren haben.

Ein paar Zeilen in den Zeitungen – das ist alles. Darüber hinaus nur noch eine Totenfeier in der Setschuaner Landsmannschaft:

Bleich vor Erregung schreibe ich ein Poem zur Erinnerung an Pu. Mein Pinsel springt über das Papier, als hätte er vor Kummer und Empörung das Schlucken bekommen.

Die Landsmannschaft besitzt einen großen Saal. Stuhlreihen stehen vor einem Altartisch, der eine kleine Fotografie des Selbstmörders, von Bergen leuchtender künstlicher Blumen umgeben, trägt. Ich stehe hinter dem Altar. Meine Stimme zittert. Die Verse sind nach den besten Traditionen geschrieben, aber manchmal hat der Zorn die Strophen lang gemacht, und grobe Ausdrücke durchbrechen die Reihen der kunstvoll aufgebauten Gleichnisse.

Der Saal liegt schweigend da. Die Trauer erlaubt keinen Beifall. Ich lese mit aufgeregter Stimme und springe von Wort zu Wort. Ich sehe Trauer in den Augen meiner Kameraden glänzen.
Wir verneigen uns dreimal tief vor dem Bild Pu Tschau-Wens.
Dann tragen wir die Tafeln, die mit den Schriftzeichen meines Poems bedeckt sind, auf den Hof hinaus und verbrennen sie. Wir machen das nach alter Sitte. In Wirklichkeit glauben wir nicht daran, daß in diesem Augenblick die Seele Pu Tschau-Wens im papiernen Rauch meine Zeilen liest und sich beruhigt.

ES LEBE DIE SOWJETUNION!

Generalskriege brechen vor den Toren Pekings aus und verziehen sich in die Ferne.
Tsau Kun – »Papa Tsau Kun«, wie man ihn nennt – hat die Stimmen des Parlaments gekauft und sich auf den Präsidentensitz geschwungen.
Im Mukden wartet Tschang Tso-Lin auf den Tag, an dem er gegen Peking losziehen kann. In der Stadt Loyang mustert Marschall Wu Pee-Fu, dem Anschein nach »Papas« ergebener Schüler, in Wahrheit sein Herr, Soldaten an und schreibt zierliche Verse.
Als neuer Rektor der Universität amtiert der hinterlistige Tsjan Men-Lin mit den schlangengleichen Bewegungen. Er versteht es, die in der Universität ausbrechenden Unruhen wie mit einem weichen Kissen zu ersticken.
Man hört nichts von Li Da-Tschau. Vielleicht versteckt er sich vor Wu Pee-Fu in der Stadt, vielleicht ist er nach Schanghai gefahren, wo er sicherer ist.
Wie dumpfes Donnern hallt es von fernher aus den Spalten der Zeitungen:
»Lenin ist tot.«

Die Zeitungen mit den chinesischen Namen und den ausländischen Redakteuren frohlocken und sagen voraus, daß der »Staat der Armen« auseinanderfallen wird. Wir sind unruhig und besorgt, erkundigen uns nach Lenin und fragen, ob man nicht seine Bücher, seine Reden und seine Artikel bekommen kann.

Sun Jat-Sen läßt die Sitzungen des Parteitags der Kuomintang in Kanton für drei Tage unterbrechen und ordnet aus Anlaß des Todes des größten Weisen unserer Zeit und des besten Freundes Chinas Trauer an.

Mein Freund Li hält die Diskussionen nicht mehr aus, die sich lärmend in unserem Zimmer abspielen.

»Schon wieder Politik!« Er macht eine Bewegung mit der Hand und geht fort ins Laboratorium.

Wir streiten, wer der Stärkere sein wird: Hu Wee-Tsun oder Wang Tschen-Tin. Wang Tschen-Tin verhandelt mit Karachan über einen Vertrag zwischen dem neuen Rußland und China.

Die Pekinger Zeitungen wissen absolut alles. Über die geheimsten Beratungen im Präsidentenschloß schreiben sie morgens schon mit ihren eigenen Worten.

Hu Wee-Tsun ist der Feind Wang Tschen-Tins. Er ist Minister des Auswärtigen und steht in Verbindung mit den Amerikanern. Er fürchtet ein Bündnis zwischen China und Rußland. Noch mehr aber fürchtet er die Popularität Wang Tschen-Tins.

Über alle Punkte sind Vereinbarungen erzielt. Schon ist die Mehrheit des Kabinetts dafür. Auch Wu Pee-Fu kommt und spricht telegrafisch seine Befriedigung über den Vertrag aus. Der Rohentwurf des Vertrages ist nach der angespannten letzten nächtlichen Sitzung paraphiert. Er trägt die Unterschriften Wang Tschen-Tins und Karachans. Es fehlt nur noch das Siegel des Präsidenten.

Es geht das Gerücht um, wonach das Siegel am Nachmittag unter den Vertrag gesetzt werden wird. Dann heißt es: am Abend. Dann wird es auf morgen verschoben. Dann auf die

Zeit nach der Sitzung des Ministerrats. Dann . . .
Es ist klar: Hu Wee-Tsun hat das Zustandekommen der Vereinbarung verhindert.
Der Studentenverband ruft zu einer Versammlung, zu einer Demonstration vor dem Palast des Präsidenten auf. Wir versammeln uns in der Universität. Unsere Stimmen lassen die Korridore und Säle erzittern, aber es gelingt uns nicht, auf die Straße zu kommen.
Die Polizei hat die Universität mit einem doppelten Ring eingeschlossen und läßt die Menge nicht heraus. Hinter der nächsten Ecke wiehern die Pferde der Gendarmerie. Früher fing uns die Polizei da ab, wohin wir mit unseren Forderungen gingen. Jetzt packt sie uns in unserem eigenen Haus am Bein.
Wir fordern die Polizisten heraus. Aber wir tun es in gedrückter Stimmung, denn die Mündungen ihrer Mauserpistolen sind noch rauchgeschwärzt vom Schießen; das ist noch von der Erschießung der Eisenbahner.
Auf dem Treppenabsatz höre ich Studenten mit einem Offizier sprechen. Der Offizier versucht, sich Haltung zu geben.
»Sie sollten sich schämen, meine Herren Studenten, Unruhen anzuzetteln. Wissen Sie, was man über Sie redet? Karachan hat Ihnen Geld gegeben, damit Sie die Unterzeichnung des Vertrages fordern.«
Die Studenten empfinden die Beschuldigung, sie hätten sich kaufen lassen, wie einen Peitschenschlag über die Augen. Von Von einem Ohr bis zum anderen lachend und sich höflich verneigend, wendet sich einer der Studenten an den Polizeioffizier, der sich hochmütig an der Wirkung seiner Worte weidet.
»Sagt man das wirklich, Herr Polizist? Aber wissen Sie, was wir gehört haben? Man sagt, daß der Minister Hu Wee-Tsun Ihr Schwager ist.«
Einen Menschen Schwager nennen, bedeutet, seine Familie in Gestalt der Schwester schwer beleidigen.
Der Polizist bekommt einen roten Kopf.

»Das ist eine Lüge! Wer wagt das zu sagen?«
»Und wer wagt zu sagen, Herr Polizist, daß Karachan Geld gegeben hat?«
Die Sensationslüsternen erzählen:
»Die ausländischen Banken haben Wang Ke-Min (den Finanzminister) aufgehetzt, und Wang steht in hohem Ansehen bei Papa. Man sagt, er hat Papa kürzlich eine seiner schönsten I-tai-tai geschenkt.«
Einige Skeptiker versuchen zu trösten:
»Die Minister kommen um den Vertrag sowieso nicht herum. Hu Wee-Tsun will einfach nicht haben, daß ein so günstiger Vertrag von Wang Tschen-tin unteschrieben wird. Er will ihn selbst unterschreiben.«
Die Skeptiker behalten recht. Am 30. Mai wird zur Überraschung für alle, auch für die verschmitztesten Reporter der halbausländischen Zeitungen, bekannt:
»Der Vertrag zwischen China und der Sowjetunion ist unterzeichnet.«
In Gruppen und Reihen füllen wir die Höfe und Säle des Universitätsgebäudes. Wir lauschen der Rede eines lustigen Mannes mit schwarzem Bart: Karachan. Über ihm hängen zwei gekreuzte Flaggen: unsere fünffarbige und seine, die rot ist.
An den Augen unserer Kameraden sehen wir, daß sie auf die Übersetzer warten. Wir sind glücklicher daran als sie. In dem unbestimmten Chaos von Lauten erkennen wir uns bekannte Worte:
»Ablehnung ... Kontribution ... Sowjets ... Vertrag ... Eisenbahn ... Gleichberechtigte ... Zerreißen ... Volk ... Imperialisten ...«
Und zusammen mit dem ganzen Saal schreien wir:
»Tausend Jahre Sowjets! Tausend Jahre China! Es lebe die Volksrevolution!«

Ich besuche jetzt den dritten Kurs. Wir sind unser wenige. Nur zwölf Mann. Einige sind auf der Suche nach Verdienst als Schreiber in die Militärkanzleien abgewandert und setzen in der Etappe rote Stempel unter die Befehle, statt in den stillen, hellen Bibliotheken mit Papieren zu rascheln.
Wir warten auf Professor Te Ti-Ko. Er ist in diesem Jahr aus Moskau gekommen. Wir haben ihn noch nicht gesehen und fürchten uns vor seinem Unterricht.
Der Professor kann kein Wort Chinesisch. Wie, wenn wir uns überhaupt nicht verstehen und seine Vorlesungen nichts anders bleiben als Deklamationen in einer unverständlichen Sprache?
Es ist halb acht Uhr morgens. Draußen vor den Fenstern dröhnt die Glocke.
Auf den Gängen hallen die Schritte der letzten in die Hörsäle strömenden Studenten. Langsam schreiten die Professoren in ihre Klassen. Dann wird es still.
Vielleicht kommt der Professor gar nicht?
Da hört man vom Ende des Korridors schnelle Schritte, die so laut dröhnen, als wollten sie Nägel einschlagen. Ein ungewöhnlich langer kahlköpfiger Mann erscheint hinter dem Katheder.
Er sagt:
»Guten Tag, Genossen.«
Wir antworten im Chor:
»Guten Tag. Wie geht es Ihnen?«
Das ist die Höflichkeitsformel, die wir uns noch unter Tschen Tschan angeeignet haben.
Danach sagt er einen Satz, und zwar zu unserem Schrecken so schnell, daß man ihn nicht versteht.
Er stellt eine Frage. Ein Student erhebt sich und beginnt, als packe er einen Koffer aus, die richtige Antwort aus sich herauszuziehen.
Der Professor hört sich die Antwort an und sagt dann, als

lege er Waren ins Schaufenster, Laut für Laut, Silbe für Silbe:
»Ich wer-de sehr lang-sam er-klä-ren. Wenn ich mich zu sehr beeile (hier merkte er offenbar an unserem Gesichtsausdruck, daß das Wort unverständlich ist, und erklärt): be-eile, von be-eilen, ich be-eile, du be-eilst ...« (Unser Kopfnicken beweist ihm, daß das Wort verstanden worden ist.) »... müßt ihr mich an-hal-ten ... An-halten ... halten, halt-machen ... Halt.«
Dann fährt er fort:
»Ich wer-de mei-ne Vor-le-sun-gen ... von; lesen, vor-lesen ... im vor-aus ... von: vor, vorher ... in die U-ni-ver-si-täts-druk-kerei ge-ben, da-mit Sie mir leich-ter ... von: leicht ... fol-gen kön-nen.«
Wir sind beruhigt. Unsere Kenntnisse reichen aus, um die Vorlesungen über Literatur ohne Übersetzer zu verstehen.
Wir schreiben uns jedes neue Wort geduldig auf.
In der Pause füllt Lärm die ganze Klasse.
»Da dschu-gan! Da dschu-gan!« rufen wir und lachen.
Da dschu-gan bedeutet: lange Bambusstange. Diesen Spitznamen bekommt Te Ti-Ko für seinen hohen Wuchs. Ich habe in Peking am Eingang des Zoologischen Gartens schon einen sehr großen Mann gesehen. Er war – glaube ich – zwei Meter lang. Außerdem bin ich einmal in Peking auf der Straße einem Offizier von kolossaler Länge begegnet. Aber das war eben im Zoologischen Garten, und das andere Mal handelte es sich um einen Militär. Daß nun eine so lange Stange zu unserer Universität gehören soll, kommt mir und meinen Kameraden ungewöhnlich vor.
Wir unterhalten uns eingehend über die erste Vorlesung, die Manieren und den Charakter Te Ti-Kos und kommen zu dem Schluß, daß er streng und empfindlich ist. Ein großer Mensch wird in China immer mit dem Offiziersstand in Verbindung gebracht. Die stämmigen Bewohner von Schantung sind die besten Soldaten und Banditen Chinas. Ist jemand Offizier, so ist er eingebildet und ehrliebend. Ist er

eingebildet und ehrliebend, so liebt er es zu befehlen, ist leicht beleidigt und geneigt zu bestrafen.

Wir sind sogar verwundert und beinah enttäuscht, als Te Ti-Ko anfängt (in derselben langsamen Sprechweise, Buchstaben für Buchstaben), mit uns zu scherzen, zu lächeln, als er Moskauer Zeitschriften mitbringt und von Moskau, seinen Schriftstellern, von dem Unterschied zwischen der Getreiderequisition und der Naturalsteuer erzählt und davon, wie man Lenin beerdigt hat.

»Nun, was gibt es Neues?« beginnt Te Ti-Ko seine Vorlesungen, und wenn wir nichs Neues haben, erzählt er selbst Neuigkeiten. Er berichtet von einem Pekinger Soldaten, der im Frühling aus Rache für den Polizeiknüppel (man ließ ihn nicht an der Mauer des Gesandtenviertels spazierengehen) Ausländer verprügelte.

Wir verstehen nicht, was Te Ti-Ko hieran so Besonderes findet. Der Soldat ist einfach ein Krakeeler.

Der Professor erzählt, wie im Sommer in Wan-sjan der Kapitän des Kanonenboots »Cockchafer« die Kanonen auf die Stadt richten ließ und die Hinrichtung zweier unschuldiger Bootsleute forderte. Sie wurden auch tatsächlich hingerichtet.

Wieder verstehe ich nicht, warum Te Ti-Ko sich so aufregt: derartige Dinge kommen in China seit Jahrzehnten vor.

Wenn Te erzählt, fängt er oft an, plötzlich schnell zu reden. Aber wenn er dann sieht, wie sich zwischen unseren Augenbrauen Falten bilden, hält er sich zurück.

»Kein ein-zi-ges Kunst-werk ist un-par-tei-isch. Je-de Melo-die ... Nicht verständlich? ... Lied ... Musik ... Je-der Schau-spie-ler, je-de Vers-zeile, je-des Bild lei-stet eine Arbeit ... Nicht verstanden? Es wirkt ... dient. Im Inter-esse ... zu-gun-sten ... ir-gend-einer Klasse ...«

Eines Morgens bringt unser Korridordiener einen Brief, den er neugierig hin und her dreht.

»Ich war schon bei allen Fakultäten, aber da sagen sie, daß der Brief nicht für sie ist. Es bleibt nur Ihr Seminar übrig.«

Auf dem Umschlag steht in russischen Worten:
China – Stadt Peking – Universität
An die Gruppe von Studenten, welche
Russisch lernt

Und das ist angekommen! Man mag sagen was man will, aber die Post in China arbeitet gut.

Von wem mag der Brief sein? Wovon er wohl handelt?

Wir öffnen ihn alle zusammen, lesen zusammen und übersetzen zusammen.

Es rascheln die Seiten von zwölf Wörterbüchern. Zwölf Bleistifte sind auf die schwer leserliche Handschrift gerichtet und unterstreichen die unverständlichen Wörter. Nach einer halben Stunde Arbeit haben wir heraus: Es schreibt ein Student namens G. Schergin von der Kommunistischen Universität im Ural. Er schlägt uns den Austausch von Briefen und Materialien vor.

Wir überschütten Te Ti-Ko mit Fragen: »Was ist der Ural? Was ist eine kommunistische Universität? Kann man die kommunistische Universität besuchen? Was bedeutet das »G.« vor dem Namen Schergin? Gibt es Frauen auf der Kommunistischen Universität?

Wir beraten uns und beschließen, einen Brief mit Vorschlägen nach dem Ural zu schicken. Mit der Abfassung des Briefes beauftragen wir Li Schu-Lin. Er soll ihn auch übersetzen.

Aus unseren Heften reißen wir die Blätter mit den besten Aufsätzen über die chinesischen Studenten und ihr Leben heraus. Eine Übersetzung des Briefes bringen wir in der Universitätszeitung zum Abdruck.

Wir sind stolz. Weder das englische noch das französische Seminar steht mit Studenten in Frankreich oder England in Briefverkehr.

Auf der nächsten Vorlesung wird Li Schu-Lins Entwurf der Antwort verlesen.

»Genosse Schergin!

Als ich Ihren Brief las, freute ich mich beinah verrückt. Und sofort übersetzte ich Ihren Brief, eines Tages später schon war er gedruckt in unserer Zeitung Universität. Weil meine Seele schon lange geflogen ist um Rußland und mit Kummer ich gefühlt habe, daß China meine geborene Mutter ist, aber Rußland meine seelene Mutter. Meine Kameraden möchten sehr Eure Fragen antworten, aber leider können wir die russische Sprachen zuwenig, nicht so wie Sie wünschen. Jetzt antworten wir nur folgendes: die Teilnahme der Studentenschaft in der Sozialen Bewegung Chinas; die Typen der chinesischen Studentenschaft; die allgemeinen Leben ... (auf besonderem Blatt).

Ich habe schon lange entschlossen, um in Rußland zu lernen, zuleiden habe ich jetzt noch nicht Gelde. Deshalb bitte ich Sie noch, schreiben Sie mir ausführlich über die Studentenschaft in Rußland, verschiedene Gestalt und über verschiedene Strömungen, sozialer oder politischer ...

Um ein wenig können ausheilen meiner unruhigen Schmerzen ...« (Das bedeutet: Um mein erhöhtes Interesse für die Sowjetrepublik ein wenig zu befriedigen.)

»Genosse. Ich glaube, bei mir, daß am endlich wir kann haben werden einen solchen Tag, an welchen wir sich versammeln in einem Zimmer miteinander zu sprechen. Aber wenn Sie einverstanden mit dieses Wort, warten Sie.

Ich drücke Ihre Hand.«

Wir alle unterschrieben diesen Brief.

NACHSCHRIFT

SUN JAT-SENS TOD

Hier endet Den Schi-Chuas Erzählung. Er schlug vor: »Sie haben mich in den Jahren 1924/25, als Sun Jat-Sen starb und die Ereignisse von Schanghai sich abspielten, selbst beobachtet. Ich werde Ihnen von diesen Tagen nichts erzählen.«
Gut. Mag jetzt Professor Te Ti-Ko von Den erzählen.
Wie wurde aus Tretjakow Te Ti-Ko?
Die chinesischen Namen bestehen aus drei, seltener aus zwei Schriftzeichen. Um den Namen T-r-e-t-j-a-k-o-w genau ins Chinesische zu übertragen, hätte man acht Schriftzeichen gebraucht. Das wäre umständlich, anmaßend und unverständlich gewesen wie der Titel einer Aktiengesellschaft.
Man mußte drei Schriftzeichen finden, die beim Lesen einen Klang ergeben, der meinem Familiennamen gleichkam. Ein erfahrener chinesischer Schriftgelehrter suchte mir den Namen Te Ti-Ko aus. In der Übersetzung bedeutet es: »Eisen, Scharf, Siegen.« Das klang tut, war poetisch und passend.
Ti-Ko sind meine Rufnamen, Te ist mein Familienname.
Anfangs konnte ich im russischen Seminar kein Gesicht vom anderen unterscheiden. Es vergingen drei Monate, ehe ich die Gesichter auseinanderhalten konnte.
Unter den zwölf Schülern des dritten Kurses fällt Den mir nicht gleich auf. Er hält sich abseits, ist unverbindlich und ganz ohne Aufdringlichkeit. Er geht nur öfter als die anderen mit schrecklichem Räuspern am Katheder vorbei zum Spucknapf. (Die staubige Pekinger Luft ist wie eine Feile für die durch Landluft verwöhnten Kehlen der Studenten.) Manchmal kommt Den nach der Vorlesung mit einem Buch zu mir, in dem die unverständlichen Wörter unterstrichen sind. Er holt sich schnell seine Auskunft und geht ebenso zurückhaltend, beinah gleichgültig, wieder weg.

Einmal habe ich Gelegenheit, ihn mit einer Gruppe von Russen zu besuchen. Den empfängt uns freundlich. In seinem Zimmer stehen zwei durch ein Tischen voneinander getrennte und von zwei Bücherbrettern eingefaßte Betten. In den Regalen liegen viele Klassikerausgaben. Der Tisch ist mit Heften und abgegriffenen Büchern bedeckt.
An der Wand hängt ein Plakat: ein Mädchen an einem See, mit einer Zigarette im Mund. Dieses Reklameplakat einer Tabakfirma hat sicherlich der Stubengenosse Dens auf einem Jahrmarkt der Schönheit des Mädchens wegen erstanden.
Unter dem Plakat hängt eine Fotografie, auf der eine Gruppe von jungen Leuten in festlichen, glänzenden Maguas abgebildet ist. Das sind sicherlich Schüler, Dens Freunde. Er zeigt auf einen und sagt mit verhaltenem, beinah feierlichem Ton: »Dieser mein Kamerad ist hingerichtet worden.«
Die Frauen, die mit uns gekommen sind, betrachten und befühlen die Sachen im Zimmer ohne alle Umstände, wie die Hausfrauen auf dem Markt pralle Kohlköpfe oder Ärzte in der Klinik Kranke befühlen.
In dem Lächeln, mit dem Den die Neugierigen mustert, scheint mir ein verstecktes, vielleicht ein wenig verächtliches Mitleid mit einer Sorte von Menschen zu liegen, die nicht sehr gut erzogen sind. Dieses Gefühl verstärkt sich, als eine der Frauen ihn mit Fragen überschüttet: ob er verheiratet ist, ob er Kinder hat, ob seine Frau kleine Füße hat, ob sie schön ist und vieles andere, wonach zu fragen bei uns gang und gäbe, in China aber offenbar nicht üblich ist.
In der ersten Hälfte des Jahres 1925 begegne ich Den nur hin und wieder.
Ich erkenne sein Gesicht in jenem freudigen Augenblick, als dem von seinem Krebsleiden grün gewordenen und in Pelze eingewickelten Sun Jat-Sen beim Aussteigen aus dem Zug die Schreie der Studenten entgegenbrausen, als die Hände Beifall klatschen, Begrüßungsfähnchen an Stangen in der Luft flattern und die vielzackigen Sterne der Kuomintang an Schilfrohren in die Luft geschleudert wie papierne Libellen über

den Köpfen schweben.
Es ertönen Stimmen, es klirren die Bajonette der Studenten aus den Militärabteilungen, die dem alten Revolutionär einen Weg durch die Polizeimenge auf dem Bahnsteig bahnen. Die Säbel der Polizisten fliegen heraus. Aber gleich greifen die Studentenhände zu und biegen die Säbel an ihren Knien krumm wie Feuerzangen.
Am Abend des andern Tages hat sich vor dem Eingang des größten Pekinger Hotels eine Studentendemonstration mit Lampions eingefunden.
Dort treffe ich Den wieder. Er faßt mich am Ärmel und ruft: »Sehen Sie, wie man uns fürchtet!«
»Man«, das ist die berittene Polizei, die in ihren dunklen Uniformen wie ein schwarzer Rahmen das Lampionmeer der Studenten umfaßt hält.
Die Augen der Studenten blicken an den weißbrüstigen Charlestontänzern vorbei, die an die Fenster des Hotels geeilt sind.
Die Demonstranten suchen in einem der Fenster den alten Sun, und als sie ihn erblicken, schwenken sie begeistert die Lampions in ihren Händen.

Zusammen mit Den und anderen Studenten gehe ich in die Wohnung des toten Sun Jat-Sen.
Kränze haben das Zimmer in ein Gewächshaus verwandelt und drängen sich bis auf den sonnigen Hof vor.
Schwarz und still stehen die Kuomintangleute mit weißen Schärpen über der Ma-gua Spalier zwischen dem Eingang und dem von Sprüchen eingefaßten Porträt Sun Jat-Sens. Der überladene, violette, mit Gold, Grün und Perlen ausstaffierte Kranz Tschang Tso-Lins leuchtet neben dem fünfzakkigen Stern Karachans.
Wir treten zum Altar und verneigen uns.
Auf dem Rückweg erzählt mir Den mit gedämpfter Stimme, wie die Studenten über den Tod des Führers trauern, daß Tin Jüa-Pin vor dem Altar Suns Krämpfe bekam, daß Du

Ge-Dschun und die Koreaner in ihrem verlassenen Hotelzimmer weinten und daß die Köche, Heizer, Portiers und Diener aus den Nachbarhäusern, das zerrissene Fensterpapier beiseite schiebend, die Weinenden betrachteten und vor Lachen prusteten.

Den erzählt von den Strebern unter den Studenten, die ihren in Amt und Würden befindlichen Verwandten nachschwätzten: Sun sei sozusagen vom Himmel für den Sturz des Kaiserhauses mit dem Tode bestraft worden.

Aus der abgerissenen, erregten und darum schwer verständlichen Erzählung Dens entnehme ich, daß es zu einem Skandal zwischen dem leicht aufbrausenden Den und einem hochnäsigen Erzreaktionär gekommen ist. Den beendet seine Erzählung mit der wütenden Bemerkung:

»Man müßte in China bald mit der Revolution beginnen. Dann kommen diese Kerle aufs Schafott.«

Der kleine, gelbe Sarg Suns, der in der dichten, tausendköpfigen Menge wie ein Unterseeboot dicht über dem Boden schwebt, zieht alle Studenten, ganz Peking hinter sich her.

Einige Tage lang kann ich nicht mehr erkennen, wer Kuomintanganhänger ist oder nicht. Die traditionelle Achtung vor dem Toten veranlaßt alle Leute, selbst die hinterhältigsten Würdenträger, sich die weiße Trauerchrysantheme an die Brust zu stecken und Worte der Trauer vorzubringen.

Soldaten und Polizisten gehen neben den Studenten einher, und die Studenten tragen an langen Stangen Losungen Sun Jat-Sens und schreien mit heiseren, erregten Stimmen:

»Nieder mit den Staatsverrätern!«

»Nieder mit den Lakaien der Ausländer!«

Aber die Trauerwochen gehen vorüber. Der Sarg wird aus Peking in eine hochgelegene Zelle des Tempels der Jaspiswolke gebracht. Die künstliche Einheit fließt wieder auseinander.

Eine Zeitlang scheint es mir, als versauerten die Studenten. Man sieht bei ihnen nicht mehr den unmittelbaren Drang zur Revolution. Die Stille in den bestreikten Fabriken von

Singtau, Schanghai und Kanton, eine Stille, die nicht selten durch Schüsse der Polizei unterbrochen wird, scheint die Studenten nicht zu berühren.

Die Regierung fürchtet die Studenten nicht mehr. Sie verbietet für den 4. Mai alle Feiern und Demonstrationen. Aber den 4. Mai verbieten, heißt soviel wie einen Geburtstag verbieten.

Die Züge der Studenten strömen zum Haus des Unterrichtsministers, der diesen Befehl gegeben hat. Sie dringen ins Haus. Der Minister rettet sich durch eine Hintertür.

Die Studenten schlagen Tische und Lampen, Schränke und Porzellanvasen in Stücke. Studentinnen klammern sich, Tränen in den Augen, an die Fensterbretter und springen in die Höhe, um die Zerstörung zu sehen, und schreien:

»Schlagt, schlagt! Schlagt ihn tot!«

Aber dann kommt Polizei angerannt, Säbel blitzen, und Pistolenschlösser knacken.

Die Studenten greifen mit bloßen Händen nach den Säbelklingen. Blut läuft über die Kleider. Studenten schleppen auf ihren Schultern die Verwundeten in die Hospitäler.

Am nächsten Tage tragen die Demonstranten in schmalen Zweierreihen die blutbefleckten Röcke der Verwundeten an Stangen wie Fahnen durch die Straßen von Peking und fordern schreiend Rache und Bestrafung.

So brausen sie auf . . . und kommen wieder zur Ruhe.

Als einige Tage später die Studenten (aber wie dünn sind ihre Reihen geworden) zum Präsidentenschloß ziehen, um die Absetzung des Polizeipräsidenten und des Unterrichtsministers zu fordern, sieht diese Demonstration fast einem Warten im Vorzimmer ähnlich.

Vor den Toren des Schlosses laufen zwei Reihen von Soldaten auf und ab und lassen die Studenten nicht zum Eingang vor. Die Studenten setzen sich an der Straßenkreuzung auf die Rinnsteine nieder, ziehen sich in den Schatten der Bäume zurück, kaufen harte Birnen und Brauselimonade und warten hartnäckig auf irgendeine Antwort.

Das Pulver wird feucht. Sogar mein unerfahrenes Auge kann erkennen, daß die Initiative der Revolution an den Arbeiter übergeht. Man findet sie dort, wo gestreikt wird, wo die Kulis die Fabriktore stürmen, um ihre Wiedereinstellung oder die Auszahlung von Entlassungsgeld zu erzwingen.

In jener Zeit kommt Den manchmal zu mir in die Wohnung. Er liebt es nicht, das Gesandtenviertel zu besuchen, aber es handelt sich um eine ernste Sache. Voller Unruhe und mit gedämpfter Stimme erzählt er, daß es seinem Kameraden Tin Jüa-Pin sehr schlecht gehe:

»Er liegt ohne Bewußtsein da und phantasiert, daß er die Prüfung in Russisch nicht bestehen wird.«

Den bittet mich, ins Krankenhaus zu kommen, in das französische Krankenhaus, das hier im Viertel liegt, und Tin Jüa-Pin darüber aufzuklären, daß er keine Angst vor der Prüfung zu haben brauche.

Ich brauche nichts mehr zu erklären. Tin Jüa-Pin sitzt aufrecht im Bett, sein Gesicht sieht grau und verfallen aus, von seinen Lippen tropft Speichel. Er streicht ununterbrochen mit der rechten Hand seine Wange und blickt durch mich hindurch, ohne mich zu erkennen.

Manchmal fällt er aufs Kissen zurück, krümmt sich in Krämpfen, ächzt und röchelt. Die Krankenschwester – eine alte französische Nonne – flattert mit den Flügeln ihrer gestreiften Haube herum, schimpft grob wie ein Kutscher, antwortet nicht auf die Fragen der Studenten, die um den Kranken herumstehen, und murmelt ärgerlich irgendeine unverständliche Antwort auf meine Fragen.

Grob ist auch die Wärterin, eine chinesische Nonne mit einem Kreuz, einem Rosenkranz und den gleichen gestärkten Haubenflügeln.

Den beschwert sich bei mir.

»Es ist ihnen unangenehm, daß ein Chinese in ihrem Krankenhaus liegt. Die chinesischen Ärzte wissen kein Mittel gegen diese Krankheit. Sie nennen sie: ›Widderhornkrankheit‹, weil der Kranke sich so krümmt. Andere sagen:

›Schweinestallkrämpfe‹, weil er in seiner Bwußtlosigkeit stöhnt und röchelt.«

Tin ist während seiner Krankheit gefühllos. Der chinesische Arzt stieß ihm den Splitter einer Porzellantasse in die Nagelwurzeln und massierte den Nerv am Ellenbogen – aber Tin reagierte nicht.

Ich schlage vor, den Kranken aus dem französischen ins deutsche Krankenhaus zu bringen. Da ist man aufmerksamer und die Behandlung besser.

Eine Sänfte bringt den röchelnden, bewußtlosen Tin Jüa-Pin ans andere Ende des Gesandtenviertels.

Als ich ihn am anderen Tage besuchen will, ist er schon zu Hause. Die Krankheit verließ ihn ebenso schnell wieder, wie sie ihn befallen hatte.

DIE TAGE VON SCHANGHAI

Die Ausländer lieben die sowjetische Botschaft nicht. Die Zeitung »Peking and Tientsin Times« schreibt: »Mr. Karakan and his jackals« – »Herr Karachan und seine Schakale.«

Am Tage leuchten die weißen Hosen der Schakale auf den schattigen kleinen Wegen zwischen den Häuschen, in denen wie Grillen die Schreibmaschinen der Gesandtschaftskanzleien zirpen.

Die Hitze treibt die silberne Ader des Thermometers in die Höhe.

Die Europäer umwickeln sich die Bäuche mit wollenen Leibbinden, nehmen mehrmals am Tage heiße Bäder und verschlingen in den Konditoreien schnell tauendes Eis.

Ganz plötzlich brechen die Schanghaier Tage heran.

Als ich am 31. Mai zur Vorlesung komme, treffe ich niemand an. Nur auf dem Korridor erklärt mir ein Student, fast ohne mich anzublicken, als wolle er schnell wieder forteilen:

»Die Engländer haben in Schanghai eine Demonstration beschossen. Der Unterricht fällt aus. Wir bereiten eine Aktion vor. Entschuldigen Sie, aber ich habe keine Zeit mehr, mich zu unterhalten.«

Die Studentenschaft lodert auf. Alle Mann zur Nationaluniversität! Alle Mann zur Demonstration! Alle Mann zu den Toren der britischen Gesandtschaft! Rache! Rache für das chinesische Blut!

Wie ein Reporter stelle ich mich mit meinem Fotoapparat in einer Straße auf, die von Studenten wimmelt. Ich bin der einzige Ausländer.

Vorsichtig drücke ich mich an den Rand der Straße. An der Spitze der Demonstration befinden sich alle Fahnen der Universitäten. Über den kilometerlangen Kolonnen flattern die kleinen Agitationsfahnen.

Zwei unbekannte Studenten – der eine trägt einen Stock in der Hand, der andere einen Schirm – beobachten mich. Jedesmal, wenn ich den Apparat einstelle, hebt der eine den Stock und zeigt seine weißen Zähne. Aber dann stößt ihn der andere sofort an, macht eine Bewegung auf mich zu und hält mir den Schirm vor das Objekt.

Ich sage zu ihm:

»Russe!«

Aber es hilft nichts.

Noch vor dem Gesandtenviertel machen die Demonstranten halt. Höflichkeit kämpft in ihnen mit Kampfeswillen. Einige der Anführer laufen, um bei dem Vorsteher des Viertels die Erlaubnis zu holen, zur englischen Gesandtschaft zu gehen und dort zu protestieren.

Man wartet lange. Die Antwort ist kurz:

»Nein.«

Schon sind die Anführer bereit, die Demonstration auf Umwegen um das Viertel herumzuleiten und der Empörung in einer lärmenden Versammlung Auspuff zu verschaffen.

Da reißen Studentinnen die Fahnen aus den unzuverlässigen Händen und stürzen vor zu den Stahltoren, die kilometerlange Menschenmasse mit sich reißend. Durch das offene Tor sieht man die graue Haut der Straße und die Bäume der

Parks um die Gesandtschaften. Irgendein herbeigelaufener Gesandtschaftsmensch in Frack und weißen Wickelgamaschen, auf dessen Kopf ein verschwitzter Zylinder glänzt, kommandiert:
»Die Tore zu!«
Die stählernen, mit Stacheln versehenen Torflügel schließen sich. Studentenfäuste trommeln gegen das Eisen.
»Nieder mit den Ausländern!«
Ein Zug französischer Marine-Infanterie nimmt durch die Schießscharten die brüllende Menge aufs Korn. Feuerwehrschläuche kriechen über den Asphalt. Das Viertel klirrt von einschnappenden Riegeln; die wenigen Läden schließen ihre Türen.
Und plötzlich ertönt eine Mädchenstimme:
»Nieder mit den Christen!«
Vom frühen Morgen an hört man in jedem Zimmer der Gesandschaftsgebäude das ferne Schreien der Menge, die die Mauern umbrandet. Von Stunde zu Stunde wird das Schreien wütender und höhnischer:
»Bomben hinein, Bomben hinein!« brüllt ein alter Straßenhändler vor den Mauern der britischen Gesandtschaft.
Es gibt keine Regierung in Peking. Die Regierung schweigt. An jeder Straßenkreuzung – Studentenversammlungen. An allen Toren versperren Geldsammler mit grauen, mächtigen Sparbüchsen den Vorübergehenden und Vorüberfahrenden den Weg.
Die Ausländer wagen nicht, sich außerhalb der Mauern des Viertels sehen zu lassen. Sie sitzen auf ihren Koffern. Im Gebäude der Christlichen Mission legt man Sandsäcke auf die Fensterbretter. Wenn in der Nacht auf dem amerikanischen Funkturm eine rote Lampe erscheint, werden die Europäer in die Gesandtschaften und Missionsgebäude eilen.
Man erwartet ein Gemetzel.
Peking sieht täglich brodelnde Ansammlungen. Von schnell errichteten Brettervorschlägen herab drohen und heulen schnell verfertigte Agitationsstücke. Die Rückwände dieser

Bühnen bestehen aus weißem Papier, auf dem die Schriftzeichen über das in Schanghai vergossene Blut klagen. Die Kulis hängen Flaggen mit der Aufschrift: »Wir fahren keine Ausländer« an ihre Rikschas. Die Boys und Heizer verlassen die englische Gesandtschaft. Maurer arbeiten Tag und Nacht, um mit Ziegeln die letzten Breschen in den Mauern des Viertels zu schließen.

In den Straßen, die zum Gesandtenviertel führen, liegt Stacheldraht.

Fotografien furchtbar verstümmelter Leichen werden an Pfosten geklebt. Ein chinesischer Lehrer hackt sich in einer Versammlung einen Finger ab und schreibt mit dem blutigen Stummel Worte des Hasses auf die Plakate.

Wie Heiligenbilder schweben über den Köpfen Darstellungen, auf denen stets das gleiche gezeigt wird: eine Straße, eine fliehende Menge, blutüberströmte Menschen, im Anschlag liegende Köpfe mit indischen Turbanen und ein Mann in englischer Uniform, der mit dem Zeigefinger ein Zeichen gibt – der Hauptmann Everson, der den Spahis befiehlt: »Feuer!«

Abends kommt Den zu mir.

Er ist in der Universitätsversammlung zum Delegierten des russischen Seminars gewählt worden. Gegenkandidat war Li Schu-Lin. Den kam mit den Stimmen der Jungkommunisten und linken Kuomintangleute durch.

Er ist nicht rasiert. Seine Augen liegen tief in den dunklen Höhlen, seine Lippen sind violett und vor Zorn, Schmerz und Haß zusammengepreßt.

Zwanzig Stunden am Tage brennt er. Tagsüber kommt er nicht herunter von den Postamenten auf der Straße und agitiert. Nachts schreibt er ein großes Drama mit langen Monologen über das Thema: Britische Kugeln und chinesisches Blut.

Ich habe Zweifel: Lohnt es sich jetzt, große Dramen zu schreiben? Besser wäre es, kurze Agitationsstücke zu verfassen, pathetische, anfeuernde oder satirische.

Den widerspricht: In den Agitationsstücken kann man sowenig sagen. Der Schauspieler hat nichts, woran er sich ereifern und in einen Zustand bringen kann, in dem aus der gepreßten Gurgel nicht mehr eine Stimme, sondern der Ton eines Bohrers dringt.

Das aufständische Peking bedrängt das Diplomatenviertel. Das Viertel bedrängt den Präsidenten. Der wartet ab, ob es dem Studentenverband und der Vereinigung mit dem Namen »Wascht die Schande ab«, gelingt, die Kaufleute zum Boykott der englischen Waren zu zwingen.

Tropische Regengüsse stürzen auf die Stadt. Über den Versammlungen brodeln gelbe Schirmblasen.

Die Wolkenbrüche hören auf, und an Stelle der Schirme erscheinen schwirrende Fächer auf den glühendheißen Plätzen. In der Pekinger Handelskammer wird über den Boykott der englischen Waren diskutiert. Der Boykott schädigt die Kaufleute. Sie haben ihre Verluste aus dem Boykott der japanischen Waren noch nicht vergessen. Sie möchten diesmal möglichst billig davonkommen.

Die Demonstration vom 10. Juni bringt die Entscheidung.

Die Handelskammer verspricht, an diesem Tag die Läden zu schließen und die Kaufleute auf den Platz zu schicken.

Die Kaufleute kommen auf den Platz, aber die Läden werden nicht geschlossen.

Der Protestbewegung ist das Rückgrat gebrochen.

Der Präsident hat auf einmal keine Schmerzen mehr an den Hühneraugen. Die Pekinger Polizei tritt auf den Plan. Der Außenminister überreicht im Gesandtenviertel Entschuldigungsschreiben.

Von Tag zu Tag werden die Ansammlungen matter. Man kann nicht einen ganzen Monat lang täglich demonstrieren. Man muß entweder die grauen Mauern des Viertels niederreißen oder sich wieder in die Winkel der Händlergassen, in die kleinen Höfe der Häuser zerstreuen.

Die Julihitze und die Armee Tschang Tso-Lins rücken gegen Peking an. Die Studenten strömen zum Bahnhof. Sie tragen die Zuckungen der Krämpfe, von denen Peking geschüttelt wird, in die Provinz hinaus.

DEN SCHI-CHUA VERSCHWINDET

Den Schi-Chua erzählte mir sein Leben im Jahre 1927 in Peking. Er war aus der Provinz dorthin zurückgekehrt an das russische Seminar, in dem ich unterrichtete.
Am Schluß seiner Erzählung sagte er:
»Tschiang Kai-Schek ist zum Verräter geworden. Aber es gibt einen Menschen, der weder die Revolution noch Moskau jemals verraten wird. Dieser Mensch ist Wang Djing-Wee. An ihn glaube ich. Nur an ihn. Wie an meinen Vater.«
Einmal blieb Den Schi-Chua aus. Er kam einen Tag nicht, den andern nicht, eine Woche lang nicht.
Wang Djing-Wee wurde sechzig Tage, nachdem ich Den Schi-Chua zum letztenmal sah, zum Verräter ...

Jahre sind seitdem vergangen. Den Schi-Chua ist in China untergetaucht und verschwunden. Auf Briefe antwortet er nicht.
Ich weiß nicht, wo und mit wem er lebt. Vielleicht gibt er literarische Flugblätter heraus. Vielleicht sitzt er als Schreiber bei Feng Jü-Sjang oder als Lehrer in Setschuan.
Aber vielleicht ist er auch, nachdem er der zerschlagenen Kuomintang ins Gesicht geblickt hat, Kommunist geworden und kämpft – wie sein Vater, der einst mit seinen aufständischen Abteilungen von Dorf zu Dorf zog – als Partisan in den volkreichen Dörfern von Hunan und Kiangsi.
Oder er ist in diesem Kampf für ein freies China der Arbeiter und Bauern dem Henker in die Hände gefallen und sein Kopf mit den wenigen Haaren und den stillen Augen blickt durch die Bambusstangen eines Käfigs auf einem der Marktplätze Chinas?

INHALT

ERSTER TEIL

ZWEITER TEIL

ZEITTAFEL

1850–1864: Taiping-Aufstand

12. November 1866: Sun Jat-Sen geboren

26. Dezember 1893: Mao Tse-Tung geboren

1899–1901: Aufstand der I-ho-tuan (Boxeraufstand)

1905: Bildung der revolutionären Organisation »Tung-meng-hui« (»Verbündete Liga«) durch Sun Jat-Sen

August 1910: Annexion Koreas durch Japan

März 1911: Aufstand unter Führung des Tung-meng-hui in Kanton

10. Oktober 1911: Aufstand in Wutschang unter Führung der Tung-meng-hui. Beginn der Revolution von 1911

Dezember 1911: Sun Jat-Sen wird von Vertretern der Provinzen zum provisorischen Präsidenten der Republik gewählt

12. Februar 1912: Im Namen des minderjährigen Thronfolgers Pu Ji wird die Abschaffung der Monarchie verkündet

16. Februar 1912: Jüan Schi-Kai, bisher Oberbefehlshaber der Mandschu-Truppen, Interessenvertreter der Großgrundbesitzer und der Kompradoren-Bourgeoisie, läßt sich zum Präsidenten der Republik wählen (Sun Jat-Sen verzichtete unter dem Druck der liberalen Bourgeoisie und der drohenden imperialistischen Intervention auf die Präsidentschaft)

August 1912: Aus verschiedenen revolutionären Vereinigungen wird unter der Leitung von Sun Jat-Sen die Kuomintang gegründet

Mai 1913: Sun Jat-Sen ruft die Bevölkerung der südlichen Provinzen auf, sich gegen Jüan Schi-Kai zu erheben. Nach Zusammenbruch des Aufstands muß sich Sun Jat-Sen ins Ausland begeben. Jüan Schi-Kai errichtet eine offene Militärdiktatur

18. Januar 1915: Überreichung der »21 Forderungen« Japans an China

9. Mai 1915: Annahme des größten Teils der »21 Forderungen« durch Jüan Schi-Kai

1916: Tod des Diktators Jüan Schi-Kai, der die Monarchie wiederherstellen wollte (Nachfolger: Li Jüan-Hung)

14. August 1917: China erklärt unter der Regierung Tuan Dji-Jui Deutschland den Krieg

September 1917: Bildung der südlichen Regierung in Kanton unter Sun Jat-Sen

4. Mai 1919 (Bewegung des 4. Mai): Protestdemonstration in Peking gegen die Beschlüsse der Pariser Friedenskonferenz. Unter dem Einfluß der Oktoberrevolution in Rußland wächst die revolutionäre Bewegung an.

März 1920: Im Kampf der verschiedenen militaristischen Cliquen um die Vorherrschaft gelingt es den anglo-amerikanisch orientierten Generalen Wu Pee-Fu und Tsau Kun, in Peking die Regierungsgewalt zu übernehmen und die projapanische Regierung Tuan Dji-Jui zu stürzen

Juli 1921: Gründungskongreß der Kommunistischen Partei Chinas

Februar 1923: Generalstreik der Eisenbahner an der Linie Peking–Hankau

7. Februar 1926: Niederschießung der Arbeiterdemonstration und Verfolgung der Gewerkschaften durch die Polizei Wu Pee-Fus

Januar 1924: I. Kongreß der Kuomintang, auf dem die Zusammenarbeit mit der Kommunistischen Partei Chinas vereinbart wurde

Oktober 1924: Truppen des Generals Feng Jü-Sjang vertreiben Wu Pee-Fu und Tsau Kun aus Peking. Eine neue Regierung unter Tuan Dji-Jui wird gebildet

30. Mai 1925 (Bewegung des 30. Mai): Protestdemonstration der Arbeiter und Studenten von Schanghai gegen die auf Befehl der Japaner in Tsingtau und Schanghai erfolgte Erschießung von Arbeitern. Englische Polizei eröffnete das Feuer auf die Demonstranten

März 1926: Auftreten Tschiang Kai-Scheks in Kanton gegen die Kommunisten und den linken Flügel der Kuomintang

Juli 1926: Beginn des Nördlichen Feldzuges der national-revolutionären Armee der Kanton-Regierung. Erfolgreicher Vormarsch bis Schanghai. In den Städten leisten die Gewerkschaften Vorarbeit. Die feindlichen Generäle werden verjagt. Viele gegnerische Soldaten laufen über

12. April 1927: Konterrevolutionärer Putsch Tschiang Kai-Scheks in Schanghai. Beginn des weißen Terrors

15. Juli 1927: Wang Djing-Wee und seine Truppen gehen in Hankau (Wuhan) gegen die Kommunisten und andere revolutionäre Elemente vor

1927–1936: Zweiter revolutionärer Bürgerkrieg in China. Partisanenverbände unter Mao Tse-Tung errichten ein kommunistisches Stützpunktgebiet, das »Sowjetgebiet« benannt wird

Dezember 1931: Mao Tse-Tung wird Vorsitzender einer »Nationalen Sowjetregierung«

Januar 1935: Wahl Mao Tse-Tungs zum Vorsitzenden des Politbüros der KPCh

1937–1945: Chinesisch-Japanischer Krieg

1946–1949: Nach dem Zusammenbruch Japans bricht der Bürgerkrieg in China von neuem aus. Die kommunistische »Volksbefreiungsarmee« drängt die Kuomintang-Truppen unter Tschiang Kai-Schek zurück

1. Oktober 1949: Ausrufung der Volksrepublik China

NACHWORT

In der bundesdeutschen Debatte über die Dokumentarliteratur Ende der 60er Jahre spielte der Begriff der *Faktografie* überhaupt keine Rolle: Das in der jungen Sowjetunion entwickelte Konzept einer Literatur der Fakten war Autoren, Lesern und Kritikern bis vor kurzem gleichermaßen unbekannt. Erst im Frühjahr 1972 erschien Heiner Boehnckes verdienstvolle Tretjakow-Auswahl*, die es ermöglichte, sich nun auch in der Bundesrepublik mit dem linkskommunistischen Programm der *literatura fakta* vertraut zu machen, dessen Grundzüge im Rahmen dieses Nachworts allerdings nur grob skizziert werden können.

Bereits 1923 stellte Tretjakow – ausgehend von Losungen wie »Die Kunst für alle!« – der Konsumtionskunst den Entwurf einer Produktionskunst gegenüber: »Eine wirkliche ›Kunst für alle‹ aber darf überhaupt nicht darin bestehen, daß alle Menschen in Zuschauer verwandelt werden, sondern umgekehrt darin, daß sich alle die Qualitäten und die Fähigkeit zur Konstruktion und Organisation des Rohmaterials aneignen, die besonders charakteristisch für die Spezialisten der Kunst waren. Das – erstens. Und zweitens in der Einbeziehung der Massen in jenen Prozeß des ›Schaffens‹, den bis jetzt Einzelgänger ›zelebrierten‹.« Kunst wird also nicht als Kulturgut zur passiven inneren Bereicherung mißverstanden, sondern als – tendenziell *jedem* Menschen mögliche – Praxis, als Element revolutionärer Veränderung begriffen: »Wir gehören nicht zu jenen den Marxismus ›vereinfachenden‹ Fatalisten, die behaupten, daß das Bewußtsein mit der Veränderung der Produktionsformen schon ›von selbst‹ kommt. Nein, jedes die revolutionären Aufgaben klä-

* Sergej Tretjakow »Die Arbeit des Schriftstellers. Aufsätze, Reportagen, Porträts«, hrsg. von Heiner Boehncke, Reinbek b. Hamburg 1972 (das neue buch 3). Alle Tretjakow-Zitate danach.

rende Wissen und jedes die revolutionäre Tätigkeit verstärkende Fühlen rechnen wir zu den wenn auch abgeleiteten, so doch aktiven Faktoren, die den Menschen umgestalten und unser Fortschreiten auf dem Weg zur Schaffung der ›Weltkommune der Produzenten‹ beschleunigen.«

Die in diesem kulturrevolutionären Modell angedeutete Funktionalisierung der Kunst gibt zugleich die Möglichkeit, die alte Form-Inhalt-Debatte als Trickschaltung zu entlarven und außer Kraft zu setzen, wie Tretjakow fünf Jahre später demonstriert: »Die Erzeugnisse der Kunst sind die Instrumente zur Bearbeitung menschlicher Emotionen. Das Erzeugnis der Kunst ist das Werkzeug für die direkte oder indirekte soziale Handlung. Darum können die Kunsterzeugnisse, gleich allen anderen Dingen, von drei Seiten betrachtet werden, und zwar: 1. von der Seite des Materials, 2. von der Seite der Konstruktion und 3. von derjenigen der Bestimmung (Funktion). Darum wird die Frage: was wird demonstriert, wie wird es demonstriert und wozu wird es demonstriert – zu einer gesetzlichen Frage des Beschauers und Nachfolgers gegenüber jedem beliebigen Erzeugnis der Kunst. Die alte Kunstwissenschaft verwirft gewöhnlich die dritte Frage. Sie ist unvorteilhaft, sie enthüllt unverzüglich die soziale Natur und Richtung des Erzeugten. Sie zwingt zur Beantwortung der Frage, wem das Erzeugnis dienen soll.«

Zur gleichen Zeit, als diese Sätze publiziert wurden, beantwortete Tretjakow die Frage bereits mit einer Praxis, die Walter Benjamin 1934 in seinem Vortrag »Der Autor als Produzent« beschrieben hat: »Tretjakow unterscheidet den operierenden Schriftsteller vom informierenden. Seine Mission ist nicht zu berichten sondern zu kämpfen; nicht den Zuschauer zu spielen sondern aktiv einzugreifen. Er bestimmt sie durch die Angaben, die er über seine Tätigkeit macht. Als 1928, in der Epoche der totalen Kollektivisierung der Landwirtschaft, die Parole ›Schriftsteller in die Kolchose‹ ausgegeben wurde, fuhr Tretjakow nach der Kommune ›Kommunistischer Leuchtturm‹ und nahm dort während zweier längerer Aufenthalte folgende Arbeiten in Angriff: Einberufung von Massenmeetings; Sammlung von Geldern für die Anzahlung auf Traktoren; Überredung von Einzelbauern zum Eintritt in die Kolchose; Inspektion von Lesesälen; Schaffung von Wandzeitungen und Leitung der Kolchos-Zeitung; Berichterstattung an Moskauer Zeitungen; Einführung von Radio und Wanderkino usw. Es ist nicht erstaunlich, daß das Buch ›Feld-Herren‹, das Tretjakow im Anschluß an diesen Aufenthalt verfaßt hat, von erheblichem Einfluß auf die weitere Durchbildung der Kollektivwirtschaften gewesen sein soll.«

Diese *operative*, eingreifende Tätigkeit war die Konsequenz aus einer Einsicht, die Tretjakow 1928 so formuliert hatte: »Wir leben in einer Übergangszeit. Diejenigen, die das interessante Material beherrschen, beherrschen oft nicht die Schreibfeder. Wir, die professionellen Literaten, müssen zu ihnen gehen als Interviewer, als literarische Sekretäre, und ihnen helfen, wobei wir uns klar sein müssen, daß wir uns einer Epoche nähern, wo die Menschen auch ohne Hilfe des Schriftstellers fixieren werden, was nötig ist, und agitieren werden, wen sie brauchen.« Zwei Absätze davor heißt es: »Wir sind nicht der Meinung, daß die Fähigkeit zu schreiben auf eine kleine Gruppe von Literaturspezialisten beschränkt sein muß. Im Gegenteil, die Fähigkeit zu schreiben muß zu so einer grundlegenden kulturellen Eigenschaft werden wie die Fähigkeit zu lesen.«

Tretjakows Aufforderung an die Literaturspezialisten, Hilfestellung bei der Abschaffung der eigenen Privilegien dadurch zu leisten, daß man diese Privilegien allgemein mache, stieß z. T. auf erbitterten Widerspruch. Kleinbürgerliche Schöngeister aller Richtungen fühlten sich z. B. durch einen Berlinbesuch Tretjakows 1931 und seine dort gehaltenen Vorträge provoziert: So angeblich völlig konträre Berufsbelletristen wie Gottfried Benn und Johannes R. Becher wetteiferten in Angriffen auf den Autor und sein Konzept, das allerdings beide richtig zu begreifen außerstande waren. (Becher war damals Präsident des Bundes proletarisch-revolutionärer Schriftsteller und forderte in dieser Eigenschaft seine Kollegen zur Produktion von Massenliteratur auf, die den proletarischen Lesern den eigenen Alltag politisch transparent machen sollte. Präsident Becher selbst publizierte zur gleichen Zeit lieber eine »Verdichtung« über den ersten russischen Fünfjahresplan – an dessen Verwirklichung Tretjakow mitgearbeitet hatte. Der Partei indes war letztlich der Bedichter lieber als der Mitarbeiter: Tretjakow wurde 1939 als »Spion« liquidiert, Becher überlebte ihn um fast zwei Jahrzehnte und starb 1958 als Kultusminister der DDR.)

Mehr Interesse und Verständnis brachte Tretjakow – neben Benjamin – auch Bert Brecht entgegen, der ihn in einem Nachruf-Gedicht seinen »Lehrer« genannt hat. Zu lernen wäre von ihm noch heute: seine Faktografie unterscheidet sich von unserer Dokumentarliteratur durch längere Beobachtungszeiträume – in denen nicht nur Fakten, sondern auch Prozesse fixiert werden können – sowie durch kritisch-parteiliche Montagetechniken, die diese Prozesse transparent machen und analysieren. Von dem neuen Naturalismus, zu dem unsere Dokumentarliteratur oft zu verkommen droht, unterscheidet sich die Faktografie außerdem durch ihr operatives Moment, von dem bei uns nur Spuren (etwa bei Günter Wallraff) zu bemerken sind.

Natürlich läßt sich ein solches Modell auch nicht mechanisch von einem Gesellschaftssystem aufs andere übertragen. Tretjakow selbst hielt sein Programm nur in einer proletarisch-revolutionären Gesellschaft für – längerfristig – realisierbar. Als diese Gesellschaft stalinistisch degenerierte, wurde das Programm zugunsten eines byzantinischen Klassizismus liquidiert, den man als Sozialistischen Realismus ausgab. Wer diese Entwicklung kritisiert, darf nicht übersehen, daß in kapitalistischen Ländern ein solches Programm nie mit staatlicher Unterstützung in Angriff genommen wurde: emanzipierte Massen scheut man hier wie dort. Das linkskommunistische Kunstkonzept ist ein utopisches Programm geblieben, dessen Verwirklichung bis heute aussteht – seine Aktualität ist unverändert.

Yaak Karsunke